修訂二版

保險學 理論與實務

Insurance Theory and Practice

邱潤容 著
林文昌博士 修訂

Insurance Theory and Practice

三民書局

國家圖書館出版品預行編目資料

保險學理論與實務／邱潤容著;林文昌修訂.－－修訂二版一刷.－－臺北市；三民，2003
面； 公分
參考書目：面
ISBN 957-14-3926-6 (平裝)

1. 保險

563.7

網路書店位址 http : // www. sanmin. com. tw

著作人 邱潤容
修訂者 林文昌
發行人 劉振強
著作財產權人 三民書局股份有限公司
臺北市復興北路386號
發行所 三民書局股份有限公司
地址／臺北市復興北路386號
電話／(02)25006600
郵撥／0009998-5
印刷所 三民書局股份有限公司
門市部 復北店／臺北市復興北路386號
重南店／臺北市重慶南路一段61號
初版一刷 2002年9月
修訂二版一刷 2003年10月
編 號 S 562140
基本定價 拾肆元
行政院新聞局登記證局版臺業字第〇二〇〇號

ISBN 957-14-3926-6 (平裝)

修訂二版序

近年來國人對於保險的觀念逐漸改變，傳統觀念中對於投保的排斥，也因體認到意外發生的不確定性而漸被接受，轉而意識到風險管理的重要性。「保險」就是在此種情況下逐漸發展的。

保險的範圍相當廣泛，本書從基礎的風險理論談起，結合實務上保險業之相關經營概念，並分篇敘述人身保險、財產保險、社會保險以及意外保險等各種險種，不僅架構完整、內容翔實，且務求理論與實務能密切配合。

本書原由國立臺中技術學院銀保系副教授邱潤容撰寫，出版以來承蒙士林先進及眾多讀者的愛護與指正，為了能更加切合市場上對保險知識的需求，因此決定修訂改版，並特別延請國立中正大學財務金融學系林文昌博士加以改寫，其乃美國天普大學 (Temple University) 風險管理及保險博士，以其在保險方面豐富的專業知識，針對原書中措辭不適宜或解釋不清之處加以修改及補充說明，以俾本書能以最完善的面貌問世。

本書雖經多次的校稿與核對，然疏漏之處在所難免，尚祈斯學先進及業界先達不吝賜教指正！

三民書局編輯部　謹識

自序

近年來在政府積極推動國際化、自由化的腳步之下，金融機構的業務日趨競爭，結合保險、證券、金融……等的金融控股公司陸續成立，未來不僅金融、保險人員必須熟悉保險，一般企業、家庭、個人也都需要瞭解保險。著者有感於保險對於社會與個人之重要性，特結合保險理論與實務之分析、探討，以期能讓讀者對於保險之經營與操作立即進入狀況，並作為實務界培育金融保險人才之用，藉以達到事半功倍之效果。

本書的撰寫除依照課程的需求與保險市場的狀況加以著墨，也考量我國保險主管官署與國內保險公司之營業情況加以編寫，因此有些在國內保險慣例與國外不相同之處也會做些許的修正與調整，以期讀者在理論之外能與實務作密切的配合。

本書得以付梓問世，除了感謝實務界先進、朋友之協助與提供寶貴資料之外，在編輯方面也感謝三民書局諸位編輯同仁之協助，使本書能順利完成。

本書雖經多方面之校稿與核對，然謬誤與疏漏在所難免，尚祈諸位讀者與學界先進不吝指正，至所企盼，無任感激！

邱潤容　謹識

大肚山下　2002 年 8 月

保險學理論與實務

目　次

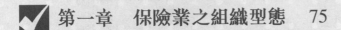

第二篇　保險業之組織與經營

第三篇　保險契約

第四篇 人身保險

第六篇　社會保險

第一篇

風險管理之理論與運用

第一章
風險管理之重要性

第一節　風險管理之意義與範圍

一、風險管理之意義

風險是指任何可能發生意外的不確定性。而風險管理 (**Risk Management**) 即是以經濟有效的管理方法，使其因風險所致之損失降至最低的一種管理過程。

若以數量化的方法來表示，對於風險成本可以區分為：㈠預防和控制風險的成本，與㈡遭遇風險的損失兩方面。其中的差異在於前者為主動，包括事前的預防與事後的控制，至於後者，則為被動的「損失支出」。

亦即是遭遇風險的損失成本，加上預防和控制風險成本的總和，由此用在風險管理，我們可以歸納出一個結論，就是風險管理的實際功能是指：維持一種合理的代價之下的風險水準，也就是在不確定的「結果」與「代價」兩者之間取得平衡的一種狀況。

對於一個企業而言要永續經營，就是要以經濟而有效的管理方法或減少損失。因此透過風險管理「趨吉避凶」，使得可以永續經營。

二、風險管理之範圍

風險管理可依風險標的物的不同，而劃分為人身風險管理、財產風險管理和責任風險管理，詳如下圖 1–1–1 所示。

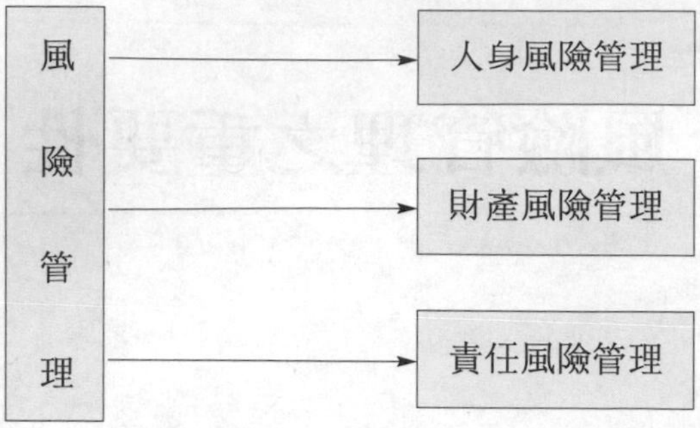

圖 1–1–1　風險管理的範圍

第二節　風險管理之目標

風險管理的目標可以分為：一、損失預防的目標 (Pre-Loss Objective)；二、損失善後的目標 (Post-Loss Objective)，詳如圖 1–1–2 所示，說明如下。

一、損失預防的目標

由於損失之事故隨時可能發生，因此可以透過以下四個損失的預防目標，減少不安，達成永續經營目標。

(一)減少憂懼心理 (Reduction in Anxiety)

每個人面對不確定的未來，均會產生憂慮，避免本身的憂慮，達成高枕無憂的目標是其中非常重要的損失預防目標之一。

(二)滿足外界環境之要求 (Meeting Externally Imposed Obligation)

企業的風險管理，必須符合外界環境之要求。為了保護遊客的安全，必須裝置安全的設備，以保障遊客的安全。

(三)節省經營成本 (Economy)

企業的風險管理的重點在於花費合理的成本，以降低意外，例如保險費、安全措施等等以減少損失。

(四)社會責任之履行 (Social Responsibility)

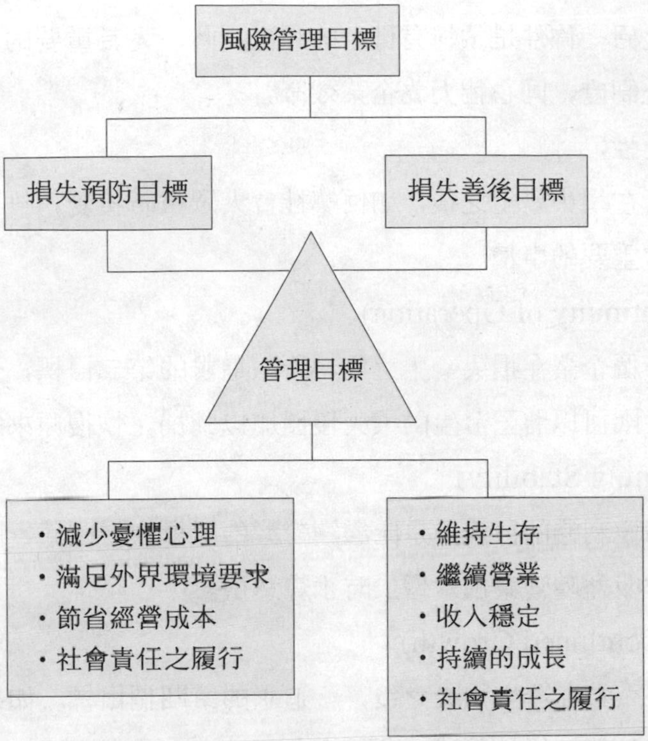

圖 1–1–2 風險管理目標與企業一般經營管理目標關係圖

企業經營之安全與社會之安定是息息相關的，因此企業之經營，若能採用適當風險管理之策略，可以避免或減少社會損失之責任。

二、損失善後的目標

㈠維持企業的繼續生存 (Survial)

求生存目標是企業在損失發生後之首要目標。如何達成生存目標對於企業的經營而言，端視個別規模而定，一般生存目標應包括以下四項：

1. 法律或契約義務之履行：

企業欲求生存，首要條件必須有足夠能力支付法律或契約上之義務與責任。

2. 足夠財產：

企業之經營之使用擁有足夠資產，在損失發生後讓資產之使用率與損失發生前相同。

3. 健全企業組織：

企業生存之另一條件是須擁有健全的經營團隊，尤其重要的是內部全體經營人員能有健全制度，同心協力為企業效命。

4. 社會的接受性：

企業之經營在損失發生之後，如何讓社會大眾重新接受，維持原來的形象和信譽都是非常重要的事情。

㈡繼續營業 (Continuity of Operation)

繼續營業是一個企業在損失發生之後，所欲追求的第二目標，企業如能在損失發生之後繼續營業，則可以將已發生的損失慢慢加以彌補，恢復原來的規模。

㈢收入穩定 (Earning Stability)

企業的經營穩定利潤的目標，是比繼續營業的目標來得困難，同時穩定利潤的目標，也必須在營業收益隨營業成本增加時才算達成。

㈣持續的成長 (Continued Growth)

持續的成長是企業在發生損失之後，所追求的第四個目標。如果一個企業開發案在損失發生後，無法繼續維持營業，將使本身所建立之信譽喪失，更談不上成長，因此可以說持續的成長，必須維繫於企業是否能維持繼續營業而定。

㈤社會責任之履行 (Social Responsibility)

企業風險管理的社會責任，除包括員工人身的安全，或是辦公場所的設施與消防，對外則包括使用者所使用設施的安全，食品、商品的安全責任，公共設施的保養與安全設施的裝置，這些都是企業經營方面必須重視的，才能確實盡到保護人權的社會責任。

關鍵詞彙

1. 風險管理 (Risk Management)
2. 損失預防 (Pre-Loss)
3. 損失善後 (Post-Loss)
4. 社會責任 (Social Responsibility)
5. 繼續營業 (Continuity of Operation)
6. 收入穩定 (Earning Stability)

習題

一、請說明風險管理之意義。

二、風險管理之範圍有哪些?

三、何謂損失預防的目標?

四、何謂損失善後的目標?

五、請說明企業風險管理目標的關係圖示。

第二章

風險管理之理論基礎

第一節　風險之特性

「風險」為「不確定性」(Uncertainty)，或稱「風險」為「損失之機會」(Chance of Loss) 或「損失之可能性」(Possibility of Loss)。

風險之不確定性可以從以下幾方面加以分析:

㈠發生與否不確定

哪些地方會發生地震，哪些地方會有颱風並無法確定，哪些人會罹患癌症，縱使醫療科技如此發達，也無法事先確定。

㈡何時發生不確定

俗語云:「天有不測風雲，人有旦夕禍福」，在人類日常經濟生活中，無論個人、家庭或企業，皆可能遭遇各種風險，但是卻沒有人知道何時會發生。

㈢引發原因不確定

例如，許多原因不明的病症，醫師均會束手無策，罕見疾病如玻璃娃娃、漸凍人、早老症等，醫學界到目前都無法瞭解其病因。

㈣事後結果不確定

九二一地震之前沒有人可以事先知道損失有多大，發生火災、颱風，更沒有人能事先預知損失金額有多大，這就是風險的特性，事前並不知發生的結果。

第二節　風險之分類

一、「純損風險」(Pure Risk) 與「投機風險」(Speculative Risk)

所謂純損風險指「僅有損失機會而無獲利機會」(There is a chance of loss but no chance of gain) 之風險，此類風險僅有「損失」(Loss) 或「無損失」(No Loss)。例如火災、車禍、地震，如一旦發生就只會造成損失。

而所謂「投機風險」係指「既有獲利機會亦有損失機會」(There is a chance of gain as well as a chance of loss) 之風險，此類風險有三種可能結果，即：獲利、損失、損益相抵。如買賣股票、房地產，就是其中一個例子。

二、「單獨風險」(Particular Risk) 與「基本風險」(Fundamental Risk)

所謂「單獨風險」，其發生多為個別原因，而其結果僅能影響某一或若干個體或較小範圍之社會群體，如火災、車禍事故等基本上較易控制。

而所謂「基本風險」，其發生非因任何個人之錯誤行為所致，而其結果對於整個經濟社會群體中之任何個體（包括個人、家庭及企業）皆有影響，如戰爭、社會政治動亂，影響面大且無法用個人力量加以控制。

三、「靜態風險」(Static Risk) 與「動態風險」(Dynamic Risk)

靜態風險乃指經濟社會未發生變動而存在之風險如火災、車禍影響僅及於少數個體，而且只有損失；動態風險乃指經濟社會發生變動而產生之風險如高科技的發明取代傳統產業，其結果可能一部分人獲利，另一部分人會遭受損失。

第三節　危險因素與危險事故

一、危險因素 (Hazard)

危險因素則是定義為「足以增加或促使危險事故發生機會之狀況或條件」。可將之分成三種主要之型態，分別敘述如下：

㈠實質危險因素 (Physical Hazard)

是指促使或增加危險事故發生機會之實質條件，如房屋堆放汽油容易發生火災。

㈡道德危險因素 (Moral Hazard)

是指被保險人積極的作為，故意促使或增加危險事故發生機會之情況。如保了火災保險的工廠負責人，故意縱火 (Arson) 造成損失。

㈢心理危險因素 (Morale Hazard)

是指被保險人消極不作為，以事不關己的心態促使事故發生的機率增加。例如汽車車主自知有保險，因此停車不加鎖而造成汽車失竊的損失。

二、危險事故 (Peril)

危險事故有學者定義為「損失之原因」(Cause of Loss)，或亦有學者將之定義成「可能引起經濟上損失之偶然事件」。例如，房屋焚毀是因為火災，所以火災是損失之原因。

關鍵詞彙

1. 不確定性 (Uncertainty)
2. 損失之機會 (Chance of Loss)
3. 純損風險 (Pure Risk)
4. 投機風險 (Speculative Risk)
5. 單獨風險 (Particular Risk)
6. 基本風險 (Fundamental Risk)
7. 靜態風險 (Static Risk)
8. 動態風險 (Dynamic Risk)
9. 危險因素 (Hazard)
10. 危險事故 (Peril)

習題

一、風險之特性為何？

二、比較純損風險與投機風險之差異性。

三、基本風險與單獨風險有何區別？

四、何謂危險因素？何謂危險事故？

五、何謂實質危險因素？

第三章

風險管理之步驟

企業風險管理之決策，是採取制定及執行能使意外損失之不利影響減至最低的決策過程，過去所選用的風險管理策略，必須依照實際組織活動的變動所產生的損失風險管理策略所需成本，配合法律及組織目標，不斷加以改善，同時在決策過程，決策人員也會就實際情況的變化而加以修正，因此法令的要求，組織目標的改變，或風險管理成本等因素，都會影響決策過程。若依照管理面與決策面的不同風險管理可以用下列表 1–3–1 的矩陣加以說明。

表 1–3–1　風險管理矩陣（管理面與決策面）

管理面 決策面	策　劃	組　織	用　人	指　導	控　制
認知與分析風險					
檢視各可行策略					
選定最佳之策略					
執行選定之策略					
監視結果與改進					

企業風險管理就純粹風險方面，其組織及系統化的管理步驟如圖 1–3–1 所示，依序為：

1. 鑑定分析與衡量風險。
2. 檢視可行策略。
3. 選擇風險管理措施。
4. 執行所選定的風險管理措施。
5. 監督與改進風險管理計劃。

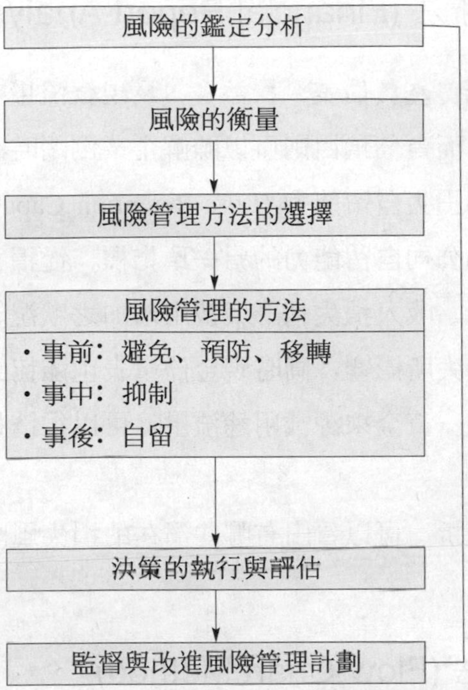

圖 1–3–1　風險管理實施之步驟

第一節　風險之鑑定

企業風險之鑑定方法可分為五種：

一、風險問卷分析法 (Risk Analysis Questionnaire Method)

問卷調查分析法為風險管理人員 (Risk Manager) 將可能面臨的風險，設計成問卷方式，其所列問題涵蓋所有風險問題，這種標準化的調查問卷可以促使好的風險管理人員去探究問卷上每一個與組織有關的問題，以及重大或顯著的損失風險。因此美國風險管理學會也出版一份風險管理調查問卷 (Fact-Finding Questionnaire for Risk Management)，目的也是有系統的調查與發掘有關企業營運方面的風險，提供決策者作為風險管理之用。

二、財務報表分析法 (Financial Report Analysis Method)

財務報表分析法包括資產負債表、損益表、及現金流量表。從資產負債表中瞭解可能有損失之虞的價值，而負債項目則可以瞭解企業倒閉時必須履行的義務，因此從資產負債表可以取得做為損失自留能力 (Loss Retention Capability) 的衡量，同時股東權益的準備金也可以做為公司自留能力的另一項指標。從損益表又可以得知當企業在開發過程如遇上營業中斷，收入損失情形與費用增加之狀況。現金流量表更可以看出有多少現金數額，會受損失所影響，同時現金流量表也能協助風險管理人員由報表上的淨營運現金流量瞭解每一資金來源或用途流量，可以很清楚看出企業損失風險的潛在變化。

因此從財務報表的分析，可以看出有哪些潛在的損失風險需要進一步分析，作為風險管理之參考。

三、營運流程圖法 (Flow-Chart Method)

以流程圖來做分析，可以顯示企業經營的技術面，讓經營管理者留意營運過程中不尋常的狀況。

詳細的日常營運流程圖可以讓經營者瞭解，任何會促使企業營運受阻的因素，因此運用營運流程圖可以發現一些平常不易注意的資訊，有助於異常風險之瞭解與解決，也可以直接改善企業營運的效率，降低意外，用以管制計劃的執行有極佳的成效。

四、保單對照法 (Insurance Policy-Check List Approach)

企業經營人員對於風險鑑定也可以將現存保單與風險分析調查加以比較，對照分析，評估保險項目的充分性，並協助風險管理人員發現存在的風險，因此是鑑定風險之重要工具。

五、實地查勘法 (Physical Inspection Method)

企業幅員廣大，在開發過程中，如要實際掌握風險的第一手資料，風險管理的查勘，並非等到事故發生之後才作補救式的查勘，其實事前的查勘就顯得更為重要。

這種實地查勘能夠確定什麼樣的個體、部門或單位會有損失之可能性，什麼樣的災因會侵襲這些價值，例如橋樑、涵洞、鐵軌、山坡、河堤、機械、招牌、電纜線、瓦斯石油等管線，在經過長時間日曬雨淋均可能毀損而導致事故的發生，透過現場的查勘，才能明白其危險程度。

例如，1999 年 7 月 29 日臺南縣左鎮地區臺電高壓電塔倒塌，造成臺灣有史以來最大規模停電，這場大停電造成國內產業的慘重損失，經查原因發現地質含有類似月世界薄層灰色泥岩，容易鬆動。這次大停電，對國家社會造成巨大損失，新竹科學園區初步損失高達數 10 億，中油桃園煉油廠全部停爐，石化、倉儲、金融、冷凍業、交通鐵路、航空損失難以估計，原因就出在電塔鬆動，平時缺乏實地查勘，才會造成如此重大的損失。

第二節 風險之分析與評估

風險的分析是在認識風險之後，評估在各種風險發生時，可能遭受的損失情形。進而選擇適當之風險管理工具，作有效之處理。

風險分析與評估主要目的在測定各種「潛在的損失」風險標的 (Exposure to Potential Loss)，在一定期間內可能發生之「損失頻率」(Frequency of Loss)，「損失幅度」(Severity of Loss)，及此類損失對企業財產的影響。

一、風險衡量的基本事項

分為三種基本事項，茲分述如下：

(一)損失頻率

所謂損失頻率，指特定之群體對象在某一期間內，平均每一風險單位遭受特定損失之次數 (Number of Losses)，以損失次數與風險標的單位總數之比表示，一般均以機率表示。

用公式表之如下：

$$損失頻率(\%)=\frac{損失次數}{風險標的單位總數}$$

風險管理人員也可依其專業經驗將損失頻率大致分為⑴不會發生 (**Almost Nil**)；⑵可能發生，但機率很小 (**Slight**)；⑶偶爾發生 (**Moderate**)；⑷經常發生 (**Definite**)，此種估計方法雖不如數字計算精確，但亦可使風險管理人就其過去經驗，對損失作一有系統之分析研究。

㈡損失幅度

損失幅度係指在一定期間內，特定數量之風險標的單位 (Risk Unit) 所可能遭受損失之程度，以損失金額與損失次數之比表示之。

用公式表之如下：

$$損失幅度=\frac{損失金額}{損失次數}$$

就風險衡量之重點而言，損失嚴重性之評估，遠比損失次數之預測來得重要。風險衡量的結果可以圖 1–3–2 表示如下：

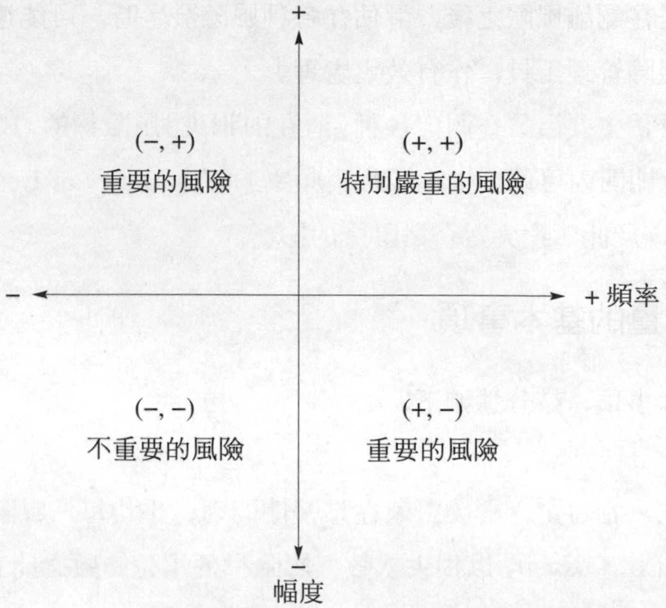

圖 1–3–2　風險衡量座標圖

因此風險之衡量應較重視對損失程度之分析，且風險管理人於衡量損失程度時，尚必須就某一事故發生所可能引起之直接、間接損失，及其對企業財務之影響，加以全盤考慮。

衡量損失嚴重性的方式中，最常採用的方法即是最大可能損失 (**Maximum Possible Loss, MPL**) 及年度最大可能總損失 (**Maximum Probable Yearly Aggregate Loss, MPY**)。所謂最大可能損失，係指在不甚有利之情況下 (Unfavorable Conditions)，一次意外事故之發生可能造成之最大損失程度，而年度最大可能總損失，則係指風險單位於一年期間所可能遭受之最大總損失金額。風險管理人可就其選定之各種機率水準，透過統計分析之方法，估計企業某一年度之最大可能總損失，或某單一事故發生所致之最大損失，以作為採行何種風險管理方法之參考。

㈢損失成本 (Loss Cost) 之計算

損失頻率與損失幅度均以實際發生的次數或損失金額作為分析風險的基礎。若將損失頻率與損失幅度相乘其結果表示每一風險單位之可能損失所應負擔之最低代價，因此可以稱為損失成本，風險數理值 (Mathematical Value of Risk) 或是保險費結構中的純保險費 (Pure Premium)。

二、企業風險之分析

企業之風險分析除了考慮損失頻率與損失幅度之外，對於目前企業參與 BOT 之業務，也要分析施工前、施工中與施工後的風險。

㈠施工前的風險

1. 資金的風險：

   即借貸銀行團的風險考慮。

   ⑴穩定的財務還款計劃乃首要考慮。

   ⑵妥善的保險計劃將有助於增加借貸銀行團的信心。

   ⑶自有資金的靈活運用，長、短期的資金比例分配，不可不注意。

2. 現金流量預測的風險：

   還款與貸款期間，現金流量預測之風險，需妥適周密規劃，預測期間的國內外政經情勢需做保守評估，不能過於樂觀。尤其於 1999 年～ 2004 年之間，兩岸或亞洲金融風暴均會對財務計劃有所影響。此類風險具有極不確定性，故需保守估計。

3. 設備供應的風險：

各類設備如何採購、如何供應，皆須一一分析。

4. 工程設計的風險：

又可分為以下兩點：

⑴工程設計錯誤：此種風險關係未來整個工程施工的完整性與實用性，即使保險也無法承擔此種風險。

⑵基礎工程設計不良：此即牽涉到工程設計者的技術，任何工程，其基礎工程乃為一切工程之本，若基礎工程設計不良，其後續工程自然無法如期實施。

5. 工程合約的風險：

⑴合約內容的完整性與可靠性：若干工期之所以未能如期完工，常係由合約內容所引起，因之，合約中所規定的事項是否周全完整，對整個工程的進行是非常重要的。

⑵合約的合法性：環觀國內若干工程糾紛，常因合約中某項條款的合法性問題而導致停工與對簿公堂，不但勞民傷財且損人損己，此種風險的存在不可掉以輕心。

㈡施工中的風險

施工中的風險可分為直接風險與間接風險兩類：直接風險即營造商本身的風險及意外事故或天然災害的風險，間接風險即前述兩種風險所導致延遲營運的風險。

1. 直接風險：

⑴營造商的風險：

①營造廠商施工不當或偷工減料以及工程品質未符規定等。

②營造廠商的財務風險將導致工程延誤，嚴重地影響施工進度。

③營建材料供應不足之風險亦足以使施工延緩。

④營造廠商及次承包商的施工錯誤、過失或彼此間的糾紛導致工程的延誤。

⑵意外事故與天然災害的風險：施工期間因意外事故或天災所導致的損失可區分為三方面，即財產的風險、責任的風險與人身風險三種。

①財產風險：即因意外事故或天災的發生導致工程本身或施工機具設備毀損滅失。

②責任風險：此乃指損害賠償責任的風險。在施工時因疏忽或不慎而致鄰屋龜裂、倒塌或公共責任等風險及因施工不慎致第三人意外傷害或死亡之風險。

③人身風險：施工人員於施工時所受體傷及死亡之風險。

2. 間接風險——延遲營運的風險：

由於工程本身或是意外事故的發生，導致工期延後，無法按時開始運轉，此時將考慮以下四點：

⑴財務正常運轉及施工延期的利息風險。

⑵本身自有資金周轉。

⑶施工延期準備金。

⑷契約責任。

㈢完工後的風險

完工後的風險著重於試車及保固兩種風險：

1. 試車期間的風險：

工程完工後，必有一段試車期間，於此期間內常因試車不當或工程本身的瑕疵導致意外事故的發生。例如，1996 年 11 月所發生的華邦半導體意外事故，損失約 70 億，即為試車期間的風險。

2. 保固期間的風險：

試車完成經驗收後正式啟用，啟用時若於保固期間因工程瑕疵造成財產、人員或其他方面的損失，皆屬於保固期間的風險。

關鍵詞彙

1. 風險問卷分析法 (Risk Analysis Questionnaire Method)
2. 財務報表分析法 (Financial Report Analysis Method)
3. 營運流程圖法 (Flow-Chart Method)
4. 保單對照法 (Insurance Policy-Check List Approach)
5. 實地查勘法 (Physical Inspection Method)
6. 損失頻率 (Frequency of Loss)
7. 損失幅度 (Severity of Loss)
8. 最大可能損失 (Maximum Possible Loss)

習題

一、請說明風險衡量之基本事項。

二、何謂財務報表分析法?

三、企業風險之鑑定法有哪些?

四、何謂最大可能損失?

五、企業在施工中可能遭遇到哪些風險?

六、何謂直接風險?何謂間接風險?

第四章 風險管理之控制策略

第一節　風險控制策略和風險理財策略

對於鑑定及分析風險之後，可依其損失頻率與幅度之大小，如圖 1–4–1 所示，可分為以下四種風險：

1. 損失頻率高，損失幅度亦大之風險。
2. 損失頻率高，損失幅度小之風險。
3. 損失頻率低，損失幅度大之風險。
4. 損失頻率低，損失幅度亦小之風險。

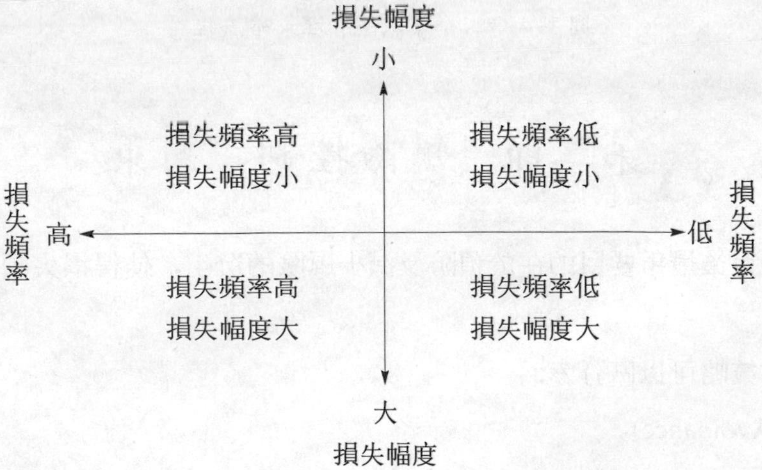

圖 1–4–1　損失頻率及幅度座標圖

風險管理策略，乃是採取各種風險的基本目標，以廣泛而整合性的計劃，在損失發生前作充分而有效的保障與後盾。

企業的風險經由損失頻率與損失幅度的評估可採用多種風險管理之策略，以保護企業經營之安全。風險管理之策略依其手段不同可以分為下列兩種，其策略流程如圖 1–4–2 所示：

1. 風險控制策略 (Risk Control Strategies)。

2. 風險理財策略 (Risk Financing Strategies)。

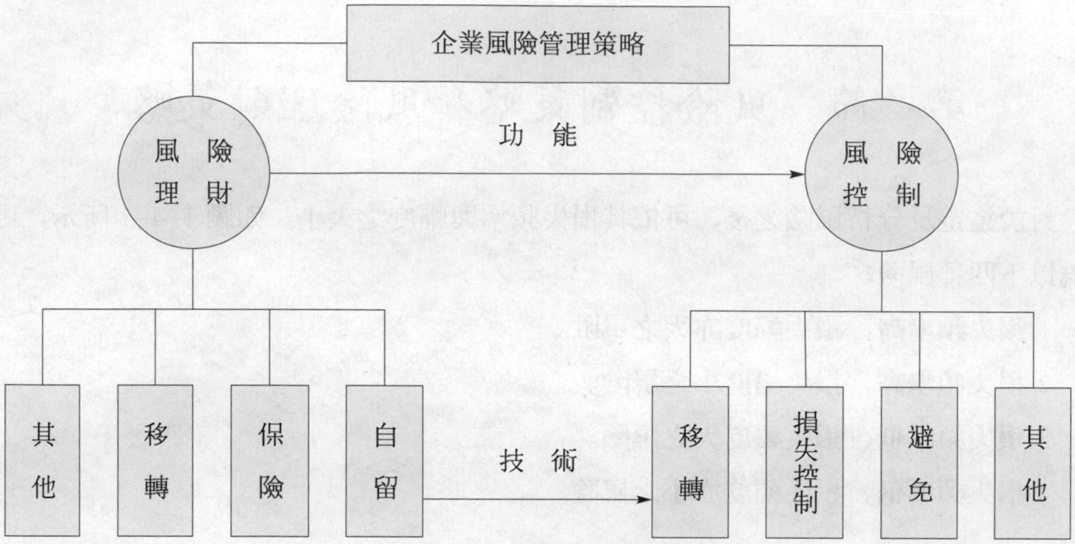

圖 1–4–2 企業風險管理策略流程圖

第二節 風險控制之對策

風險控制對策最重要目的在於預防及減少風險的發生，使得損失頻率與損失幅度得以降低。

損失控制策略可以區分為：

1. 避免 (Avoidance)。

2. 損失控制 (Loss Control)：

(1)損失預防 (Loss Prevention)。

(2)損失抑減 (Loss Reduction)。

3. 移轉 (Transfer)。

4. 其他措施，例如隔離或合併。

第三節 避 免

避免 (Avoidance) 也就是不從事任何有關風險事故之活動。如施工中可能引發之環境污染風險、噪音等，應儘量予以避免，以免觸犯國內之環保法令，如無法避免則應採必要對策。

第四節 損失控制

一、損失控制

損失控制措施可以劃分為損失預防措施與損失抑減措施。

㈠損失預防措施

損失預防措施主要在減低損失發生頻率，例如高聳建築物裝置避雷針、企業設置防盜系統、火警警告系統、消防水池等均為損失防阻的應用；美國 1970 年通過的職業安全及健康法案 OSHA (Occupational Safety and Health Act, 1970) 即針對損失防阻的法案，其用意在於提供員工安全的工作環境及建立安全的標準。

然而談到意外事故發生的因果關係有兩個理論可供參考：

1. 骨牌理論 (Domino Theory)：

骨牌理論是由一位研究工業安全專家亨瑞奇 (**H. W. Heinrich**) 在 **1957** 年提出，他的理論可以用來解釋意外事故的發生就好像骨牌的傾倒一般，是一連串緊接事件所造成。依據亨瑞奇的說法，一連串事件之關係，可以歸納成五張骨牌。

⑴意外事故的發生是因環境背景或先天因素所造成 (Ancestry of Environment)。

⑵人為之過失 (Fault of Persons) 是由於環境或先天因素而促成。

⑶人為與機械之危險環境 (Personal or Mechanical Hazard) 是因人為過失所引發。

⑷意外事故 (Accident) 是由於人為與機械所產生。

⑸人身之傷害 (Personal Injury) 或財產之毀損 (Property Damage) 是因為意外事故所造成。

依據亨瑞奇的理論在七萬五千件的工業意外事故調查研究中可以發現：其中 88% 的意外是由於人員的不當行為所引起，10% 的意外是危險物品或機件所導致，餘下的 2% 才是因為上帝的旨意 (Acts of God)。因此他也發現 98% 的意外傷害是可以預防，因此，他主張損害防阻應從「人的行為或機械的風險因素」著手，也就是從一連串骨牌中抽出一張，使前一張骨牌傾倒中斷，才不致發生連鎖反應而造成意外事故，因此可以說「人的行為或機械風險因素」的控制是最重要的。

亨瑞奇的骨牌理論，其原理著重在探討風險發生的因果關係，依此理論要斷絕風險發生的誘因，而且著重風險的預防。

2. 能量釋放理論 (Energy Release Theory)：

能量釋放理論是由哈頓 **(William Haddon, Jr.)** 於 **1970** 年所提出，他認為有事故的發生都是因為「能量失控」**(Energy is Out of Control)** 所導致。所有大自然災害，例如颱風、地震、火災等，都是由於相關大自然能量累積的結果，當這些能量囤積到一定程度時，所有能量將瞬間爆發，加諸於人體或物體之上而造成損害，因此損害防阻工作可以從減少能量的形成控制釋放的數量，提高人或結構物能量的負荷能力及減少已釋放能量的傷害，哈頓提出十個策略阻止意外的發生，或防止損害的擴大。

(1)例如取締酒醉駕車，取消駕照，制定禁煙規劃，消除煙害等。

(2)減低意外發生的條件，此種措施在控制危險數量，例如公路時速的限制，限制電器用品的伏特數等。

(3)避免危險的數量，此種方式包括控制能量釋放的方法，例如自動關機控制，易燃物品的管理。

(4)減低危險釋放的條件或空間，例如：水壩、堤防、消防栓等。

(5)將危險因素與時間、空間隔離，例如：行人步道、隔離傳染病等。

(6)利用物品將危險和須保護的東西分開。

(7)修正危險的相關性質，例如：使用無鉛汽油、無脂食物。

(8)加強人員與財物的保護，以抵抗危險的損害，例如：使用安全玻璃，設計不能改的支票。

(9)意外發生立即加以補救，例如：在火災發生時立即疏散災民，或挪開易燃物品。

(10)損害物品的修護與人員的救援，例如：受傷員工的醫療，災後的重建。

能量釋放理論可從減少能量的形成控制釋放的數量，提高人或結構物能量的負荷能力及減少釋放能量的傷害，可以說是從各層面去控制危險發生的理論，若將骨牌理論與能量釋放理論比較，亨瑞奇的骨牌理論比較強調危險事故的發生，有其前因後果的順序，因此只要截斷其中的一項前因，後續結果便不會發生。所以經由人員訓練可以達到危險控制的效果。

至於哈頓的能量釋放理論則認為事故的發生很難去歸納出前因後果的順序，因此風險管理者應該面面俱到，以預防事故發生，同時也需要妥善準備以彌補事故發生的損失。

(二)損失抑減措施

損失抑減措施主要在於事後的管理、監督義務，減輕損失的金額，因此可以說是著重在損害發生當時或損害發生之後，為了縮小損失之幅度所採取之各種災害抑制及救災的措施。例如防火門、緊急應變系統、防火訓練、開車繫安全帶等。

二、損失控制技術

(一)火災的損害防阻

根據內政部 2001 年 8 月統計，臺灣地區發生火災次數每年平均約有 11,000 次，人員傷亡近千人，財物損失約 30 億元；都市發展快速、高樓大廈不斷增建，加上民眾對建築防火觀念缺乏，都是火災頻傳的原因。幾次造成重大傷亡的火災（如臺中的衛爾康餐廳火災），正因為防火意識不足，成為國人心中永遠的痛，詳如表 1–4–1 所示。

表 1–4–1　國內重大火災事故案例分析

案　例	傷亡數	凸顯的安全問題			
天龍三溫暖火災案	死亡：18 人 受傷：7 人	迴旋梯破壞防火區劃	私自封閉室外安全梯	室內易燃物燃燒，產生大量濃煙	人員未能及時疏散

卡爾登理容院火災案	死亡：22 人 受傷：7 人	開窗被廣告招牌遮蔽	私自封閉安全梯	室內易燃物燃燒，產生大量濃煙	避難逃生發生意外
臺中市衛爾康西餐廳火災案	死亡：64 人 受傷：11 人	逃生通道被封死，濃煙阻斷逃生路線	防火巷空地被業者改建成KTV	室內易燃物燃燒，產生大量濃煙	火勢發生初期延遲搶救時機
論情西餐廳火災案	死亡：32 人 受傷：20 人	僅一個出入口可供避難逃生	樓梯間採用可燃性材料裝修	警報設備未發揮早期警報的功能	火由二樓向上竄燒封死唯一的生路
自強保齡球館火災案	死亡：20 人	外部鐵皮封死，內部人員逃生無門	安全梯數量不足，且位置不明顯	空調系統未適時關閉，加速濃煙的蔓延	未能及時通知顧客疏散避難
巨星金 KTV 火災案	死亡：13 人	開口部分為廣告物封閉	破壞原有防火區劃	擅自封閉原有樓梯	未能及時報警及通知顧客避難

資料來源：內政部建研所（2001 年 8 月）

火災防範之道，有賴於合乎防火的建築物、足夠的消防設施、消防及應變訓練。

根據美國工廠互保公司 (Factory Mutual) 研究單位統計十年內 25,000 次火災（大部分為工業火災）的結果，分析火災發生的主要原因為電器火災佔 23%，為工業火災最主要之原因。大部分起自線路、馬達、開關、電器裝置、電器機械、電熱器等絕緣不良或超負載等，即為 C 類火災。此類火災源自電器設備，如變電器、馬達、任何電器用品，滅火器必須是非導電性的多用途乾粉，切不可使用水來滅火。此外，防止電器火災之法為經常維護保養。故應擬定適用之防火計劃。

一套完整的防火計劃，至少應包括下列三部分：

1. 火災發生前的防火計劃：

(1)火災在何處較可能發生？包括環境整頓、作業管理、檢查、安全設計等。

(2)消防設施是否足夠？

(3)建築物的設計是否合乎防火標準？

(4)消防訓練及編組。

⑸具備逃生和救難的知識。

2. 火災發生時應具備的消防設施：

⑴適當足夠的防火偵測系統（包括熱偵測系統、煙偵測系統、燄偵測系統）。

⑵警報系統（自動或手控制）。

⑶適當足夠的手提式滅火器。

⑷適當的固定式滅火系統（包括自動灑水系統、泡沫滅火系統、二氧化碳滅火系統、乾粉滅火系統、鹵化烷滅火系統）。

⑸其他特殊滅火器或滅火系統。

3. 火災發生後的措施：

⑴調查致災原因、供日後防火計劃的參考。

⑵恢復設施，修整清理。

⑶加強消防訓練，提高警覺。

⑷增加消防設施。

㈡電器安全之技術

1. 裝　置：

變壓器、開關、電動機起動器及其他電器設備應裝置妥當，俾於與加壓的導電體意外接觸的可能性減至最小。

作為安全裝置的連鎖，應該在連鎖功能無效時，能自動補償，而不致危及作業人員的安全。選擇連鎖應合乎下列標準：

⑴失效安全特性。即當連鎖裝置因機械故障、電力損失、短路或設備不能作用時，則切斷電路電流。

⑵在一次電力線路上有一個易於看見的斷路開關。

⑶鎖的排列應能防止連鎖裝置不發生作用。

電器設備不宜裝置在擁擠的場所，空間允許的話，最好設在獨立的機電房內，禁止閒人進入。非不得已而設在作業區，則設欄柵予以隔離，並設立警告標示。欄柵則以金屬桿、角鐵、金屬片、金屬網、木材為之。金屬部分皆應接地。

屋內外配線及各種線路的裝置，則依建築物的構造，電壓的高低，線路曝露的場所（如潮濕、塵埃、腐蝕性氣體等場所），電器設備的位置等因素而定，宜參照「屋內線路裝置規則」及「屋外供電線路裝置規則」施工。

2.開　關：

電器開關有多種，如按鈕開關、彈簧開關、閘刀開關、空（氣）斷開關等。各種開關依其特殊功能而設計，且使用的情況，各有其額定的電壓及安培。

按鈕開關或彈簧開關，因其活件封閉，危害性低。閘刀開關在開啟電源時，因會產生電弧，故應裝設在木製或鐵製箱子之內。閘刀開關若裝置電力開關線路上應有連鎖裝置，其作用為一旦線路加壓時，可切斷閘刀電源。使用於高壓電的切斷開關，應裝置於不易接近的地方，且僅能以開關操作棒操作。開關操作棒須保持清潔、乾燥及高度絕緣。

3.保護設備：

導線的安全送電容量，視其線路之大小，製造材料，絕緣材料的種類（如橡皮，PVC, PE）及裝置的方式而定。萬一導線所帶的電流超過最大安全負載，或者線內的熱量消失有限，則過熱現象便會發生，將使導線劣化，縮短其生命。短路、超負載等產生過流現象時，保險絲及斷路器等過流設備，能自動切斷電路。

保險絲有鏈熔線、保險插頭，熔線筒多種。每一種保險絲的使用必須與線路的種類配合。誤用保險絲的種類和大小，會引起線路過熱，電線走火，造成人員傷亡和設備的損壞。

換裝保險絲以前，應切斷電源和線路。為防短路或超載，宜順便檢查線路。保險絲絕不可嵌入活線上。

斷路器多使用於電流量大的高壓線路。其種類和大小有多種。手開關或電力開關，也有裝計時器者。一般將斷路分成兩類：熱斷路器和電磁斷路器。熱斷路器在溫度升高時會切斷電路。電磁斷路器則在過量的電流通過時切斷電路。

4.接　地：

接地可分設備接地及系統接地兩種。設備接地，為將導線外所有能導電的物質綑紮一起，以防這些導電物質與大地的電壓發生差異。系統接地則為防止電擊，意外接觸高壓電。50 伏特以上的交流電電器系統皆需予以接地。

接地的目的，主要有下列三項：

⑴防止感電：設備漏電時，將漏電由接地線流入大地，降低設備與大地之間的

電壓，可減輕電擊的危險。

(2)防止機械損傷：雷擊、靜電等造成的異常電壓，會造成電器設備的絕緣破損，機械損壞。

(3)防止火災及爆炸：為防高壓產生放電，造成易燃物質或爆炸性物質引發火災及爆炸，應予適當接地。

接地線以使用銅線為原則。接地線的工程，一般都分為特種地線工程，第一種地線工程，第二種地線工程，和第三種地線工程。

5.防爆設備：

防爆裝置為在匣中的一種能抵擋氣體或蒸氣爆炸的裝置。防爆裝置能避免匣中的氣體或蒸氣爆炸，或防止匣外的弧光、閃光所引發的氣體燃燒。即使在燃燒的溫度之中亦不致使電器設備引燃。防爆裝置構造，應合乎國家標準，其材料不僅耐用，且能對其所保護的危險場所，如炸藥、爆竹工廠、易燃物儲存製造場所，提供完全的防護，對於室外的情況能完全的抵制。易燃易爆的工作場所中，有可能產生火花的開關、插座、熔絲器、斷路器、電阻器、電動機的起動器，或產生高溫的電器設備，如電燈、馬達，皆應裝設防爆裝置。

㈢電器安全檢查

電器設備的檢查，應由電器技術人員為之。工廠不論其電壓容量多少，至少應設置檢查維護的電器技術人員一名。依據勞工安全衛生法設施規則第三百零五條之規定，實施電器設備的定期檢查，高壓部分，每三個月一次；低壓部分，每六個月一次，且需將檢查結果報告有關機關備查。此項定期檢查報告包括：

1.高、低壓受電盤及分電盤的動作試驗。

2.高、低壓用電設備絕緣情形，接地電阻及其他保安設施。

3.自備屋外高、低壓配電線。

除定期檢查外，尚須於日常工作前或工作中由作業員自行實施檢點。日常檢點包括絕緣用的防護具、活線作業用的工具、接地線、檢電器的檢電性能及發電室、變電室、各種電路、欄柵、屏障等，如發現不正常者，應決定修理或置換。

有時遇到災變發生，電器設備損壞，或長時間未使用的設備再重新使用，或各種天災人禍（如地震、颱風、縱火等）以後，對於電器設備，宜作徹底的檢查。

檢查表宜製作詳細，依各種電器設備的安全需要妥善擬定，僅為配電設備的檢查表，可供參考。

㈣維　護

為求電器設備的安全與效率，必須由合格的電器技術人員定期保養維護。凡是不良、有缺陷、損壞的電器設備，都應送修或換新。維護修理工作前，應將電源關掉，或以電壓試測器測量電壓。如必須修護送電中的線路，防護用的手套或工具不可或缺，並宜有兩人一起工作。視工作性質及狀況需要，穿戴或準備各種防護用具，如橡皮手套、橡皮毯、熔線鉗、安全帶、安全眼鏡、絕緣開關棒、及絕緣工作臺等。工作地區應豎立警告標誌，避免閒人進入，以免發生意外。

電器設備或機械突然意外起動，常由於修護人員或其他閒人不經意的碰觸開關按鈕而造成。因此，總電力開關的電源能切斷，並加上安全標籤或上鎖。上鎖用的母鎖之上可再加上兩個不同的子鎖，兩個子鎖的鑰匙不可相同。

移除熔絲之時，宜以絕緣的熔絲拉焊為之。換上的熔絲的種類和大小，應與原來的熔絲相同，絕不可暫以銅線或其他導線代替。在 600 伏特以上的線路上工作時，以斷路器打開電源，再打開斷路器電源。導線需加安全標籤。修護工作開始以前，可將接地導線接在電路上。電路若要再加壓送電，應先將接地導線卸下。

㈤人員訓練

場內保全組或機電組的員工，甚至一般的工人，應告知一般的電器安全事項，以免發生事故。安全衛生訓練中不可缺少電器安全訓練。針對不同的作業員，施以不同程度的電器安全訓練，一般員工至少應告知電流危害的種類和狀況。與電器設備作業有關工作人員，應瞭解電器危害急救要領，警告標誌，安全標籤的使用，防護具，電器安全工作守則等。領班應接受基本的電器安全訓練，並應瞭解其工作範圍中的電器設備可能產生的電器危害。如作業員發現電器設備的缺失，領班應獲得報告，並設法修護。

廠內保全組或機電組的工作同仁如能為安全衛生委員會的成員，則對於電器安全必有幫助。

㈥電擊急救

電流對人體的影響如表 1-4-2 所示，對受電擊傷害的人的急救步驟如下：

1. 切掉電源並使罹災者脫離電路。救助者應注意與電路、罹災者及地面絕源。
2. 將患者送到通風良好的地方，解開緊束的衣物，使患者仰臥，仰頭施行急救。口對口人工呼吸和心臟按摩必須立即實施，可能需連續施行三、四小時之久。除非醫生宣布死亡或開始死亡，否則不應停止人工呼吸。
3. 遭電擊者很可能在幾天後才出現症狀，如心臟損傷、痙攣、呼吸停止等現象，宜注意在急救甦醒之後，送醫生檢查治療，並作數天的觀察。

表 1-4-2 電流對人體的影響

電流 (MA)						感應結果
直流		交流				
		60 Hz		10,000 Hz		
男	女	男	女	男	女	
1	0.6	0.4	0.3	7	5	手能輕微感覺電流存在
5.2	3.5	1.1	0.7	12	8	感知界限
9	6	1.8	1.2	17	11	電擊——不痛，肌肉控制不致喪失
69	41	9	6	55	37	電擊——會痛，肌肉控制不致喪失
76	51	16	10.5	75	50	電擊——人能脫離電路的界限電流
90	60	23	15	94	60	電擊——疼痛，嚴重的肌肉收縮，呼吸困難
500	500	100	100			電擊——達 3 秒鐘後，可能造成心室的心肌纖維不規則的快速收縮

㈦防火建材

經驗告訴我們，一場釀成財物損失與人員傷亡的大火，通常都是微小火源闖的禍，如果能在第一時間讓小火源自動熄滅，許多不幸都可以避免，與其完全仰賴消防警報與灑水系統不如普遍採用防火材料作為室內裝飾與裝修材料，「讓火燒不起來」才是最佳防火對策。

從幾次重大傷亡的火災案例中發現，之所以有那麼多人葬身火場，濃煙、烈焰和逃生通路被封死都是關鍵，其中又以濃煙讓人中毒窒息、導致無力逃生的情形最為普遍；而營業場所或家中的裝修材料是否具有防火功能，嚴格考驗著場所的防火安全程度。

人在攝氏 120 度的環境中可以忍受十五分鐘，溫度高達 175 度時則不超過一分鐘；當火苗開始延燒、到出現令人難以忍受高溫的時間，往往只有十幾秒鐘，一旦沒有把握這段時間逃生，燃燒窗簾、沙發、地毯所產生的有毒氣體就會奪人性命。換言之，天花板、隔間牆等裝修材料用的是防火建材，不足以降低火災的傷亡，地毯、沙發、壁紙等裝飾材料配合採用防焰產品、防火安全將更有保障。

㈧建物防火

歷經慘痛教訓，國內的防火法規改得更嚴了，民眾出入公共場所也比以前提高警覺，但實際的安全程度到底如何，則不得而知。有鑑於此，財團法人中華建築中心、消防教育學術研究基金會與民生報共同發起建築「防火標章」推廣活動，希望藉由民間自發性的活動，以鼓勵代替處罰，提高公共場所的防火安全標準，營造安全的生活消費環境。

公共場所安不安全，看看門口有沒有「防火標章」就知道。這項在國外行之有年的安全管理制度在 2000 年引進國內，為公共場所防火安全把關。防火標章是一個簡單易懂的標誌，其概念主要是希望藉由誘導公共場所的安全，在確保消費者安全的基本條件下，透過具公信力單位的防火安全評鑑，頒發防火標章，讓消費者一目了然，場所的經營者也可進行良性競爭，以安全消費作為競爭訴求，整體公共場所的安全程度即可有效提升。

至於標章的發給，將以通過「建築物公共安全檢查簽證申報」及「消防安全設備檢修申報」者為對象。想要取得防火標章的公共場所經營者或所有權人，必須先委託建築師等專業人員進行場所的年度安全檢查，檢查合格者可由負責檢查的機構推薦申請，當然，如果該場所對防火安全的軟硬體有絕對自信，也可以個別名義報名申請。

一般人對場所安全的觀念不外乎是採用防火建材、具備充裕的消防設備，但除了硬體設備可以降低火災發生率之外，人員組訓對火災發生時的應變能力，更是安全防災、減少傷亡的重要關鍵。因此，防火標章的審查原則尤重良好的防火管理與訓練，如果場所經營者投保充裕的公共意外保險，對消費者更有保障。

截至目前為止，建管機關對違規使用或安檢不合格的公共場所，仍採取在場所出入口張貼骷髏頭標誌，提醒消費者不要進入。這種消極警告方式往往被業者以海報等方式遮蔽，不知情的消費者依舊進入消費，場所的安全與防火程度也未因此確實改善，能發揮的功能有限。將來由民間率先推動防火標章之後，可促使業者主動爭取標章榮譽，以舒適、安全的消費環境招來消費者，創造政府、消費者與業者三贏的局面。

大規模火災造成人員及財物重大損害，除了要做損害防阻之外，還要負起管理監督的責任，事前的管理監督乃在於損失發生前，即行採取各項災害預防措施，以事先消除或減少可能引起損害之各種潛在危險性，降低損害發生之機率，如工廠機械設備之定期安全檢查，防火結構設計（防火壁、防火區域、避難設備、排煙裝置）、機械護圍、生產設計、靜電防止設滅焰器、緊急用照明裝置、連動式煙火感應器的設備、實施安全消防訓練等均是。

事後的管理監督義務，乃指在於損害發生當時或發生之後，為了縮小損失之幅度所採取之各種災害抑制及救災措施，例如自動灑水系統、醫療救護站、復健及搶修作業、爆炸排氣口設計等。

防火管理人員是實際執行防火工作的重要決策人員，因此對防火計劃的擬定與執行、對人員的訓練、對物的實際監督管理，都是其工作範圍。由此可知管理監督者基本上對於客觀注意義務，不得有所違反，例如對消防建築法的基本規定不能有所疏失。如果就以上所提的這些規則都未能做到，而造成致人死傷的火災事故，對於管理監督者而言是無法迴避的責任，因此管理監督人員應特別著重損害防阻之重要性。

第五節　非保險性風險移轉

企業之風險管理若採用非保險性的風險移轉 **(Non-Insurance Transfer)**，乃是將風險或風險所導致的結果損失，藉由契約將全部或部分風險，移轉由他人負擔，例如，貨櫃集散場將貨櫃之保管責任轉由承攬人負擔。在營建合約中規定承包商必須完全負責營建合約中有關建築工人或第三人因意外事故所造成的損失賠償以及法律責任等，非保險性的轉移，事實上可以視為迴避的一種手段，只是迴避不需要任何契約，移轉則需要由契約方式達到風險轉移的效果。因此遊樂區在開發過程，也可藉由契約中之免責條款轉包工程或業務經營予第三人，而將風險轉移出去。

第六節　隔離與組合的方式

一、隔離 (Segregation)

企業之風險若採用隔離的方式，是將風險分散到很多完全隔離的地點上，例如，將產品集中存放於同一倉庫之內，損失發生時將會波及到所有的物品，若分散於不同地點之倉庫，可將損失幅度予以有效的減小。其他如：分散保管現金、有價證券；在同一廠房內，將有使用火與不使用火之部門分隔在不同獨立的建築物。隔離是一種減輕損失預測的方法，又符合大數法則，藉著減少危險，增進損失預測的可行性。

二、組　合

組合就是集合多數同性質的風險標的，增加其數量，因危險單位增加，可適用大數法則，使對於危險事故之頻率、損失幅度易作預測。例如同一產業中業務性質不一的公司合併，或同一產業中上、中、下游公司之間的合併，合併的目的因企業規模擴大使成本降低，競爭對手減少，透過多角化經營並集中較多的風險單位，也可以達到增加預測損失的能力。

關鍵詞彙

1. 風險控制策略 (Risk Control Strategies)
2. 風險理財策略 (Risk Financing Strategies)
3. 避免 (Avoidance)
4. 損失控制 (Loss Control)
5. 損失預防 (Loss Prevention)
6. 損失抑減 (Loss Reduction)
7. 移轉 (Transfer)
8. 骨牌理論 (Domino Theory)
9. 能量釋放理論 (Energy Release Theory)

習題

一、請繪圖說明企業風險管理的策略。

二、請說明骨牌理論。

三、請說明能量釋放理論。

四、何謂非保險性風險移轉？

五、隔離與組合有何差別？

第五章 企業風險理財之策略

企業風險理財之策略可以分為：一、自留 (Retention)；二、財務型的移轉；三、保險。

第一節　自　留

危險自留是企業因應危險事故所致損失，所採取的一種財務計劃，為損失性財務方法 (**Risk Financing**) 之一。

一、單純自留 (Simple Retention)

單純自留可以說是一種消極性 (Passive) 自留，也就是在茫然不知所措的情形，以致自己承擔，或對於危險之評估偏低，導致自留偏高，而需承擔可能的損失。

二、自己保險 (Self-Insurance)

企業採用自己保險可以視為一種積極性 (Active) 的自留，因此自己保險須具備以下幾項條件：

1. 擁有相當多同質而獨立的危險單位 (a large number of independent, fairly homogeneous exposure units)。
2. 財力雄厚具有健全財務承擔能力。
3. 商業性保險無法提供企業所需要的保險規劃，或投保保費過高。
4. 採用自己保險在資金運用上較為有利。
5. 稅負方面如提供自己保險所提存準備優惠的課稅也會鼓勵企業採用。

採用自己保險其優點為：

1. 節省保險費負擔。

2. 損失發生之後，可快速取得補償。

3. 可處理保險公司所不願承擔之風險。

4. 經濟單位可以更積極投入損害防阻的工作。

採用自己保險其缺點為：

1. 每年所提撥之自保基金無法列支當年費用獲得稅負減免。

2. 損失經驗，較不穩定。

3. 基金若未建立如發生損失時會影響財務安全。

4. 自保基金如無制度化的管理容易流於形式。

三、專屬保險 (Captive-Insurance)

專屬保險公司是由企業所投資設置的保險機構，以承受該企業的風險，通常是大規模之企業為了節省保險費及規避租稅，而投資設置的保險機構。通常專屬保險公司設置會選在稅負優惠地區，例如具有稅負天堂 (Tax Heaven) 的百慕達群島 (Bermuda Island)。

專屬保險即是由企業所投資為了解決企業的特殊危險，並彌補個別企業大數法則同質大量風險單位不足的情形，乃有團體專屬保險公司 (Association Captive Ins. Co.) 的產生。近年來在美國的責任保險，例如醫療過失 (Medical Malpractice) 及產品責任 (Product Liability) 由於發生訴訟案例頗多，法院判決多偏向受害者，因此裁定賠償金額龐大，保險業者不堪高額賠款，於是調高保費數位至十位，成為醫師、醫院及廠商分別出資設立專屬保險公司。專屬保險公司之優點如下：

1. 減輕稅負。

2. 節省費用。

3. 在國外形成一個靈活資金調度單位。

4. 為母公司解決保險的需求，又增加保險承保範圍。

5. 開闢保險新業務市場，從事國際間的再保險交易。

至於專屬保險公司之缺點，則有如下幾項：

1. 危險品質差，經常是母公司損失率 (Loss Ratio) 過大被拒保的業務。

2. 組織規模簡，由於規模小，有時被稱為類似玩具的專屬公司。

3.業務能量有限，通常僅限於母公司的業務來源，難發揮保險功能。

4.財務基礎薄弱，往往母公司在專屬保險公司違約時，在財務上要提供支助，以履行應有義務。

5.匯率變動風險的影響，會直接影響專屬保險公司經營，特別是一些多國籍企業(Multi-National Corp.)更容易受制於各種匯率的浮動。

第二節　財務型的風險移轉

財務型的移轉通常以訂立契約方式，將風險所致損失的財務負擔加以移轉，因此實質的風險並未移轉，此點與控制型移轉是將風險直接移轉不同。

財務型的移轉通常採用以下幾種方式：

一、保證 (Bonding)

保證契約以他人之作為或不作為而訂定的從屬契約保證權利人 (Obligee) 因被保證人 (Principal) 未忠實履行所致損失，由保證人代負履行之責任。

二、公司化 (Incorporation)

例如，公司股票如上市之後，所有權部分移轉給股票持有人，相對這些股票持有人也須共同承擔公司可能的風險。

另外企業經營也可以將合夥或獨資方式予以公司化，使企業經營之責任由無限連帶清償責任轉換為有限責任。

三、免責協定 (Hold-Harmless Agreements)

免責協定是以附加契約的方式，將財物的直接損失或收入損失或對第三者之賠償移轉由他人負擔。例如，租賃契約內約定租賃人對租賃物所致損毀，或因使用租賃物對第三者之體傷財損負責賠償。

四、保　險

保險為財務型移轉中非常重要的一種，因此將另在下一章加以詳細討論。

關鍵詞彙

1. 自留 (Retention)
2. 單純自留 (Simple Retention)
3. 自己保險 (Self-Insurance)
4. 專屬保險 (Captive-Insurance)
5. 保證 (Bonding)
6. 公司化 (Incorporation)
7. 免責協定 (Hold-Harmless Agreements)

習題

一、何謂專屬保險公司？

二、何謂自己保險？

三、何謂免責協定？

四、何謂自留？何謂單純自留？

五、請說明財務型風險移轉。

第六章

企業之保險計劃——以遊樂區開發為案例之探討

第一節　保險計劃

保險在危險管理上為損失理財的一種技術，結合多數風險單位，以分擔損失的一種制度。

保險計劃係一種意外事故發生後的損失補償計劃，也是風險移轉的一種方式，亦是分散風險的最佳方法，企業本身所面臨的風險，需要以保險方式來分散者可分為兩類：即硬體、軟體兩方面的保險，茲分述如下：

一、硬體方面的保險

㈠工程保險

一般企業的建設工程應可分為兩段，第一段為前期工程（又稱雜項工程），第二段為主體工程。

1. 第一段：前期工程

⑴施工道路的整治。

⑵臨時工地及用地的搭建。

⑶企業整地的工程。

⑷環保工程。

2. 第二段：主體工程

主體工程又可分為營造工程與安裝工程兩大部分。

⑴營造工程：一般營造工程保險係指土木工程的保險而言，其項目如下：

①主題遊樂園工程。

②歡樂街工程。

③水上樂園工程。

④旅館工程。

⑤各項溫排水系統的工程。

⑥各項環境污染防治工程。

⑵安裝工程：約可分為：

①電機的安裝工程。

②鍋爐的安裝工程。

③冷卻水系統工程。

④冷凝器的安裝工程。

⑤各項電器設備的安裝工程。

⑥各項儀器控制設備的安裝工程。

因此，由以上的分析可得知前期工程、營造工程、安裝工程等三項即是硬體方面最重要的保險，可統稱為工程保險。前述兩種保險的設計和保險條款的安排相當重要，天災（即颱風和地震）是最大的敵人，每年5月到9月的颱風季，以及地震的頻繁，皆是必須考慮的因素，因此，在設計工程主體的保險時，如何將此二天災因素導致損失轉嫁由保險來承擔是相當重要的。

此外，需特別一提的是環保工程的保險，亦需慎重規劃。環保工程約可分為：

⑴各項灰塵處理工程。

⑵空氣污染防治工程。

⑶廢水處理工程。

⑷溫排水處理工程。

以上所述的環保工程保險，亦可在工程保險中，一併設計與安排。

另外，由於安全設計相當特殊，一旦設計錯誤，損失的程度將不可算計，此外施工不良亦是一大風險，而此二種風險於一般營造綜合保單條款中皆為除外不保。因之需特別將此二特殊風險承保在內。

㈡各項履約保證保險

此種保險係為保障業主的權益，旨在促使各承包廠商均能按照合約行事，若一旦因意外事故發生，亦能將其風險由保險公司來承擔，保證保險由業主與承包商簽約開始至工程完工、保固為止共分為五種類型：

1. 工程預付款保證保險。

2. 工程保留款保證保險。

3. 工程支付款保證保險。

4. 工程完工保證保險。

5. 工程保固保證保險。

㈢預期利潤損失保險

由於企業投資金額龐大，同時有一部分須向國內外金融機構貸款，因此如何確保債權人的權益，以及工程未如期完工等各種風險如何管理，將是一項主要考慮因素，例如：

1. 施工期間，停工的損失（包括天災及人為因素）。

2. 利息的損失。

3. 利潤的損失。

4. 額外費用的損失。

5. 利率波動的損失。

以上各種風險將可以由「預期利潤損失保險」(ALOP) 及或有損失保險 (Contingency Loss) 來加以設計及安排，以確保金額機構的貸款權益以及業主的權益。預期利潤損失保險及或有損失保險又可合併為從屬損失保險 (Consequential Loss)，皆屬於工程保險中的附加保險，係應債權人之要求（或權益）而設計。

㈣營建機具保險

1. 整地時：吊車、破碎機、鋼筋籠搬運車、抓斗⋯⋯等。

2. 圍樁時：打樁機、拖車、震動樁錘⋯⋯等。

3. 開挖時：挖土機、堆土機、刮土機、抽水機⋯⋯等。

4. 打地基時：鑽掘機、油壓千斤頂、鑽孔機⋯⋯等。

5. 其他方面：壓路機、鋪路機、平路機⋯⋯等。

尚有其他施工機具，均需要於保險中妥當安排。

附註：營建機具保險亦可由承包商自行投保，端視營建機具由何方提供以及雙方合約如何規範而定。

㈤綜合責任保險

綜合責任保險可分為一般責任保險與擴大責任保險兩種。

1. 一般責任保險：

⑴公共意外責任（第三人體傷、死亡）。

⑵公共意外責任（第三人財產）。

⑶雇主責任。

另可視情況附加下列責任保險：

⑴環境污染責任（例如空氣污染）。

⑵政府法令所規範的責任。

2. 擴大責任保險 (Umbrella Liability Insurance)：

所謂擴大責任保險係基於一般責任保險及其附加險皆無法涵蓋進去，卻又有事實上的需求時所做的一種權宜安排，例如：

⑴噪音責任。

⑵合約中所要求特殊的環保責任。

⑶施工機具所特有的一些責任。

㈥運輸保險

1. 海上運送（含空運在內）的各種保險。

2. 內路運送的各種保險。

3. 商業動產（指臨時調度而言）的保險。

㈦電子設備保險

泛指與電腦有關的各種電子設備，此種保險在保障各種電子設備或精密儀器單價高，敏感度亦高的設備。

㈧各式運輸工具綜合保險

指包含汽車保險在內的各種保障運輸工具設備的保險。

二、軟體方面的保險

軟體保險可分為員工方面的保險及程式方面的保險兩種：

㈠員工方面的保險

指施工時對本地員工（非勞工）的福利措施，俗稱團體保險，保險範圍包括：

1. 因病傷殘、死亡。
2. 因意外傷殘、死亡。
3. 因病或意外的住院醫療補貼。
4. 因公出意外造成的傷殘、死亡。

㈡程式方面的保險

1. 外在資料儲存體的保險（或稱軟體保險）。
2. 額外費用的保險：

   當電子設備遭受到損失，在復工期間以租借方式代替原有的電子設備所花的費用，包括因此所增加的臨時員工人事費用，文件及外在儲存體的運費……等。

第二節　業主主控保險計劃

業主主控保險計劃 (Owners Control Insurance Program, 簡稱 OCIP)，係於 1988 年 9 月自國外保險市場引進，推薦甫成立的臺北市捷運局的木柵捷運系統工程保險中採用，後經捷運局全面採用在各路線的工程保險中。

所謂業主主控保險計劃，即是業主根據保險計劃的擬訂逐一向保險公司購買，主要原因是在於一個大型的工程必然牽涉到三個最主要的關係人：

1. 業主。
2. 債權人（銀行團或金融機構）。
3. 各承包商（主承包商、次承包商、小承包商等）。

此三個關係人所面對的責任及風險皆不一樣，因此，若任由各個承包商自行購買保險，並不能保障到業主的權益及債權人的權益（如 ALOP 的險），為此之故，在國際間的各種大型工程保險早已採用業主主控方式來投保，以確保各關係人不同的風險。

例如：1996 年 11 月間所發生的華邦電子半導體的意外事故，損失金額達 70 億元，卻無法獲得保險公司完全的賠償（某保險公司甚至發出拒賠通知），若是以 OCIP 方式投保，便可避免上述風險了。

業主主控保險計劃的步驟如下：

一、投　保

1. 根據保險計劃之擬訂，向已確定要投保的保險公司提出要保的請求，向已確定被保險人及受益人（一般為業主、各承包商、工程設計師等，債權人多為受益人）告知保險計劃內容。
2. 風險管理顧問根據保險計劃，擬訂自負額。
3. 保險公司依據風險管理顧問之設計，提供保險條款、承保內容、不保項目及費率說明。
4. 風險管理顧問評估保險公司提出的說明，風險管理顧問並須對費率做一精算以作為評估的標準。
5. 保險費繳交的時間。

二、再　保

1. 保險公司須提出再保險公司的名單、背景、組織說明、再保險的安排及安全性。
2. 風險管理顧問就再保公司做一徵信調查並向業主提出報告。
3. 若再保險公司的安全性有疑問時，業主可向保險公司建議更換，必要時亦可由風險管理顧問逕行向國際再保險市場尋求支持。

三、理　賠

1. 保險公司須向業主提出詳細理賠程序說明以及損失發生後賠款的時間。
2. 遇有理賠糾紛時，保險公司和業主須事先訂出調整方案及遵循事項。
3. 風險管理顧問須針對保險公司所提出的理賠處理方案做一評估並加以修訂。

四、共同被保險人

1. 所有承包商對於營造工程險之部分，均可列為共同被保險人（亦可包括工程設計師）。
2. 與業主權益或責任有關的部分，統一由業主投保。

3. 保險費之繳付方式及將來理賠金額發放方式可由業主統一規範。

為有效達成業主主控保險計劃的功效並設計完善的上述保險內容，應以下列步驟進行：

1. 由遊樂區開發公司採取業主主控保險計劃。
2. 再經由風險管理顧問分析並研擬出每一種可保風險的最大可能性損失。
3. 根據最大可能性之損失訂出每一種可保風險的自負額。
4. 由風險管理顧問草擬出承保內容與業主共同商討可行性。
5. 根據討論結果，風險管理顧問可安排並與保險公司討論細節。
6. 保險公司與再保險公司均由領導公司負責保單之簽發及再保之認可。
7. 保險單之安排與簽發。
8. 保險費之繳交。
9. 保險理賠之處理程序。
10. 備忘錄之安排。

第三節　業主主控保險方案規劃

1. 被保險人：開發股份有限公司，營造及安裝廠商及其次承包商，材料設備製造廠及供應商，工程顧問公司及其聘請之顧問。
2. 受業人：開發股份有限公司。
3. 業主：開發股份有限公司。
4. 施工處所：本工程施工及動用本工程預算之各分項工程施工地點及其材料儲存場所。
5. 保險項目：

(1)安裝（營造）工程損失險：

①保險範圍：

安裝（營造）工程於施工處所，在施工期間內，除保單所列不保項目外，因突發而不可預料之意外事故直接所致之毀損或滅失。投保時，可按本計劃之工程預算金額作為保險金額，俟完工後，再以定作人工程專帳結束日之工程決算金額作為保險金額，並調整保費。

②附加保險：

- 履約保證保險 (Performance Bond Ins.)。
- 預期利潤損失保險 (Advanced Loss of Profit Ins.)。
- 設計規劃錯誤 (Designer's Risks)。
- 製造者危險 (Manufacture's Risks)。
- 定作人鄰近財物 (Surrounding Property)。
- 施工機具設備 (Contractors' Plant and Machinery Ins.)。
- 拆除清理費用 (Clearance of Debris)。
- 鄰屋龜裂倒塌責任 (Cracking and Collapse)。
- 罷工、暴動、民眾聚擾 (Strike, Riot and Civil Commotion)。
- 保固保險 (Maintenance Cover)。

③特殊承保事項：

- 施工遲延保險（例：每日支付 NT$5,000,000，等待期間 30 天，賠償期限 60 天)。
- 損害防阻條款 (Sue and Labour Clause)。
- 施救費用 (Salvage Charges)。
- 戰爭風險 (War Risks)。

④特約條款：

- 自動恢復保額 (Automatic Reinstatement)。
- 空運費 (Structures in Extra Charges for Airgreight)。
- 加班趕工及加急運費 (Extra Charge for Overnight, Night Work, Express Freight)。
- 交互責任條款 (Cross Liability Clause)。
- 耐震設計條款 (Earthquake Zone Clause)。
- 消防特約條款 (Fire Fighting Facilities Clause)。
- 材料儲存條約 (Camps and Stores Clause)。
- 竊盜條款 (Theft or Burglary Clause)。

‧污染損失條款 (Pollution Hazard Clause)。
‧ 25% 保額自動增加條款 (Escalation Clause−25%)。
‧ 50% 條款 (50/50 Clause)。
‧ 10% 無賠款退費 (10% No Claims Bonus)。
‧10% 保費調整條款 (10% Margin Clause)。

(2)第三意外責任險：

安裝（營造）工程於施工處所或比鄰地區，在施工期間內發生意外事故，致第三人死亡或受有體傷，或財物受有損害，依法應由被保險人負責之賠償責任。保險金額設計上，可按：

①每一個人體傷或死亡。
②每一事故體傷或死亡。
（①②可採合併單一限額方式處理）
③每一事故財物損害。
④保險期間最高責任。

(3)雇主責任保險：

安裝（營造）工程於施工處所或比鄰地區，在施工期間內發生意外事故，致業主所屬員工死亡，或受有體傷，或財物受有損害，依法應由被保險人（業主）負責之賠償責任。保險金額設計上，可按：

①每一個人體傷或死亡。
②每一事故體傷或死亡。
（①②可採合併單一限額方式處理）
③每一事故財物損害。
④保險期間最高責任。

註：若醫療理賠時，一般須扣除健保給付後，超過部分再由保險公司賠償。

(4)運輸保險：

①所有進口材料、機器設備等，無論是海運、空運、郵包等均以全險方式投保。
②內陸運送及商業動產亦以上述方式投保。
③特殊承保事項，如預期利潤損失保險 (Advanced Loss of Profit Ins.)。

附註說明：

①上述業主主控保險方案係模擬方案，尚須依實際情況調整。

②有關第三人意外責任險，可調整為綜合意外責任等特殊因素。

③有意履約保證保險，視業主與承包商合約中所約定的事項來安排，最基本須投保工程履約保證保險及預付款保證保險兩種。

④有關預期利潤損失保險，又可分為運輸保險中的預期利潤、工程保險中的預期利潤，以及完工後正式運轉中預期利潤三種。

6.理賠管理：

⑴意外事故發生後，承包商應立即以電話通知保險經紀公司及業主同約定保險公司及公證公司會勘，鑑定損失範圍，並於七日內，另以書面正式通知保險公司，並以副本送達業主。

⑵損失數量金額倘超出自負額，於會勘後，承包商即應將損失項目、金額資料交由保險經紀人送交公證公司理算。

⑶公證公司會同保險經紀公司、業主及承包商，根據承包範圍理算損失金額確定後，應出具賠款接受書送業主。

⑷經紀人根據公證公司賠款接受書，函送保險公司撥付應賠金額至業主帳戶。

7.為確實瞭解本計劃施工中所面臨之風險，請提供下列資料，俾以設計合理之費率。

⑴工程計劃概述：

①施工地點。

②開工時間。

③地質狀況報告。

④設計及施工規格。

⑤工區位置圖。

⑵施工進度及時程表：

請提供主要施工時程表。

⑶預估合約金額明細表：

①合約總價。

②管理費用。

③營繕及設計費用。

④額外臨時費。

⑤工期中，工程預算是否隨物價指數調整。

⑥運輸及安裝（施工）成本。

⑦業主供給材料是否須投保？投保金額為何？

(4)承包商及次承包商：

請就主要設備依下列項目，提供承包商及次承包商名單：

①製造。

②運輸。

③安裝及施工。

(5)現有財產：

①請提供施工地點或鄰近地區現有財產資料（或鄰近地區工廠名稱及性質）。

②如管線路經穿越時，是否取得同意權？

第四節　預期利潤損失保險（延遲完工保險）

在保險期間內，當被保險之工程因工程本身發生承保之意外事故受損而使工程遲延或中斷，保險公司根據保單各條款及不保事項，對扣除自負期間後所遭受之時實際損失予以補償。

本保險包括：

1. 固定成本（費用）：

當工程發生意外事故，業主仍需支付各項固定之開支或因業主與他人簽訂之合約而需支付之損害賠償，或因損失未發生而應有的收入。

2. 負　債：

應付的利息、本金的償還、顧問費、保證金、各項技術性工資以及預借之貸款等。

3. 增加之工作成本：

為避免損失繼續擴大而增加之必需且合理的工作成本，但此增加之金額應低於保險公司所能減少的理賠金額。

以上各項金額需再減去因延遲而節省或減少的支出。

註：相關名詞定義如下：

1. 保險期間：保險期間列於保單上。但若整個工程或某部分工程因驗收、接管及啟用時，保險期間即終止。

2. 補償期間：因保險事故發生使工程在預期完工日未能達到應有之進度時，補償期間即開始。而為使工程達到應有進度而重建、修復或重置所需時間完成之日即為補償期間終止之日。

3. 負責期間：始於補償期間開始之日。當工程延遲的期間超過該自負額期間時即開始補償。

4. 應有進度：需標明在工程合約上。

5. 保證完工日：需標明在工程合約上。

6. 預期完工日：預期完工日，除非在備忘事項第一項內修正之。

本保險可擴大承保下列事項：

1. 會計師費用及專業服務與法律費用：

損失發生後，被保險人應提供會計師簽證之會計帳冊，其他業務帳冊或文件細目或細節及會計師報告給保險公司，以便保險人調查或證明該理賠事實。保險人對於被保險人為提供上述帳冊、文件或其他證據、資料或證明所發生之費用應負給付之責，但其給付數額以不超過保險金額為限。

2. 通道阻塞：

工程工地附近之財產，因危險事故遭受毀損而導致無法進入，或無法使用該工程工地從而引起工程中斷所致之損失，由保險人負賠償責任。不論被保險人之處所或財產是否受到毀損，均視為被保險人於該工程工地所使用之財產遭受毀損所致之損失。

3. 公用事業條款：

公用事業無法供電、供水、供瓦斯或工程工地之基地上或通往工程工地之通信設施無法通訊，係非因供應業者之故意行為（但若為故意行為，其目的在保障人民生命或保護供應系統者不在此限），亦非因配給計劃（但若部分供應系統損壞而有必要實施配給計劃者不在此限）所致而引起工程中斷所致之損失均承包在內。

4. 供應商、客戶及工具：

本保險擴大承保因下述保險標的物之損失所引起工程中斷損失：

(1)供應商之財產毀損直接使其無法對被保險人供應貨物或勞務者。

(2)客戶之財產毀損直接使其無法自被保險人接收貨物或勞務者。

(3)用於工程營建、安裝、裝設或裝配之機械、工具及裝備之毀損者。

5. 不在被保險人處所之財產：

本保險承保非被保險人處所或運送中財產之毀損，而引起營業或工程中斷所致之損失。

6. 額外費用：

本保險承保因本保險單所承保之危險事故所致之毀損或滅失，被保險人為繼續其正常營業所支付之必要額外費用。保險人負責賠償此項必要額外費用，係指被保險人對受損之財產在恢復原狀之合理期間內所發生之必要額外費用。所謂回復原狀期間，係指被保險人於保險標的物發生毀損或滅失之日起應儘力儘速進行對受損財產之重建、修復或重置所需之合理時間，但不限於保險到期日止。被保險人有儘速恢復正常營業並解除保險公司支付額外費用之責。

額外費用之定義：係指在回復原狀期間內被保險人所支付之營業費用減去未發生毀損滅失前一期間內正常之費用。回復原狀期間暫時使用之財產於恢復正常營業後尚保留者，其殘值應列入損失內調整。

7. 連帶額外費用：

上述額外費用擴大承保被保險人在其供應商或客戶處之財產因遭受毀損滅失所生之額外費用。

保險公司對下列情形所致之損失不負賠償責任：

1. 違約、未履行履約保證、遲延或未完成工作指示、或租賃契約、採購訂單之中止、失效或註銷者。
2. 被保險人未能獲得或延長任何許可證、租約、執照、採購訂單等承諾者。
3. 被保險人未能迅速回復財產至受損前之原來狀態者。

4. 因勞工糾紛導致中斷或遲延（但因本保險單所承保之危險事故所致財產毀損滅失不在此限）或被保險人營業必需之原料之短缺、毀壞、惡化或毀損（但因本保險單所承保之危險事故所致不在此限）。

備忘事項如下：

1. 修正完工日期：

被保險人應提供工程進度報告，如實際工程進度與預期工程有落差且非因本保險單所承保之毀損滅失引起。

2. 減少損失：

被保險人應採取各種合理可行之措施，儘量減少工程進度之阻礙至最低程度，從而避免造成或減低工程遲延。

3. 替代處所：

在賠償期間，如被保險人或其代理人為工程利益計劃在工程以外之處所銷售貨物或提供勞務，其銷售或勞務收入（包括已收或應收帳款），應列為賠償期間之收益。

4. 理賠合作：

如有理賠時，被保險人應提供保險人一切有關之記錄與資料，以利理賠之處理。

第五節　業主主控保險工程合約保險約定事項

有關本工程之保險作業悉依以下範例約定（中文草約）事項辦理。

一、開發股份有限公司（以下簡稱業主）與各承包商投保項目範圍

㈠業主主控保險所需投保的部分

1. 工程綜合損失險／履約保證保險：

包含各種土木、建築、機電等營建及安裝工程以及各種履約保證保險。

2. 第三人意外責任險。

3. 雇主責任險。

4. 運輸險：

包含海上或空中運輸全險、內路運輸全險、郵包運送全險以及商業動產全險。

5. 業主與被保險人：

⑴工程綜合損失險／履約保證保險：業主及各類工程顧問、承包商及次承包商為共同被保險人。

⑵第三人意外責任險：業主及各類工程顧問、承包商及次承包商與上開各單位之負責人、經理人、員工、受雇人、使用人、監督人、代理人為共同被保險人。

⑶雇主意外責任險：業主。

⑷運輸保險：業主、承包商及次承包商為共同被保險人。

㈡承包商投保部分

1. 營建機具設備綜合損失險。

2. 汽車第三人意外責任險：領有公路行車執照之車輛及施工機具必須投保汽車第三人意外責任險。

3. 員工保險：承包商應根據其組織性質或業主之要求，為其員工投保公保、勞保、或雇主意外責任險，未具上述任何一種保險者，一律不得進入工地。

4. 其他：除第㈠項所列之定作人投保部分外，其他所需之一切保險悉由承包商自行辦理。

二、保險條件及注意事項

㈠業主投保

1. 保險金額：

⑴工程綜合損失險：依各標合約金額及供給器材價額之合計數為投保金額。

⑵拆除清理費用（包括本體工程及自設工程在內）：新臺幣______元整。

⑶鄰近財物：新臺幣______元整。

⑷履約保證保險：新臺幣______元整（以合約金額的10%～30%投保）。

⑸第三人意外責任險：

每一個人體傷或死亡：新臺幣______元整。

每一事故體傷或死亡：新臺幣______元整。

每一意外事故財物損害：新臺幣______元整。

污染險：新臺幣______元整。

⑹雇主意外責任險：

每一個人體傷或死亡：新臺幣______元整。

每一事故體傷或死亡：新臺幣______元整。

⑺運輸保險：

以發票金額加 10% ～ 20% 作為投保金額。

2. 自負額：

⑴工程綜合損失險：新臺幣______元整。

⑵鄰近財物：新臺幣______元整。

⑶第三人意外責任險：

財損責任：新臺幣______元整。

污染險：新臺幣______元整。

3. 保期區別：

以各標工程合約所載之施工期間為準分別訂定。

㈡承包商自行投保部分

1. 保險金額：

⑴營建機具綜合保險：按重置價格投保。

⑵汽車第三人意外責任險：

每一個人體傷或死亡：新臺幣______元整。

每一事故體傷或死亡：新臺幣______元整。

每一意外事故財物損害：新臺幣______元整。

⑶員工保險：投保公保、勞保者依公保、勞保有關規定辦理。投保雇主意外責任險部分，其保險金額不低於：新臺幣______元整。

2. 業主投保部分之自負額遇有損失發生時，低於自負額之損失及保險單承保範圍以外之損失概由承包商負責。

3. 在保險期間發生任何損害，承包商應立即修復，不得以保險公司尚未理賠而拒絕，業主領到保險公司賠款，俟承包商災害修復完竣後再轉發予承包商，轉發金額以保險公司付業主金額為限。

4. 承包商在與業主簽妥工程合約手續後，相關人員、機具、設備、車輛等保險於進入工地前完成投保，否則發生任何意外事故，一切損失概由承包商自行負責。

5. 保險單應加批：

(1)「倘發生意外事故，受賠償請求者為業主或其員工時，承保公司仍應負賠償之責」。

(2)「承保公司放棄對業主或其員工之代位求償權」。

6. 承包商應檢送自行投保項目保險單正副本各乙份，保險費收據副本乙份與業主，倘工程尚未完工，而保險期限已屆滿時，應加保延長保期，否則定作人得止付工程款項。

三、業主主控保險部分災害處理作業程序

1. 意外事故發生後，承包商應立即以電話通知保險經紀公司及業主會同約定保險公司及公證公司會勘，鑑定損失範圍，並於七日內，另以書面正式通知保險公司，並以副本送達業主。

2. 損失數量金額倘超出自負額，於會勘後，承包商即應將損失項目、金額資料交由保險經紀人送交公證公司理算。

3. 公證公司會同保險經紀公司、業主及承包商，根據承保範圍理算損失金額確定後，應出具賠款接受書送達業主。

4. 經紀人根據公證公司賠款受書，函送保險公司撥付應賠金額至業主帳戶。

關鍵詞彙

1. 從屬損失保險 (Consequential Loss)
2. 擴大責任保險 (Umbrella Liability Insurance)
3. 業主主控保險 (Owners Control Insurance)
4. 履約保證保險 (Performance Bond Insurance)
5. 損害防阻條款 (Sue and Labour Clause)
6. 施救費用 (Salvage Charges)

習題

一、企業的工程保險計劃應包括哪些項目?

二、何謂預期利潤損失保險?

三、請說明業主主控保險計劃之內容。

四、何謂擴大責任保險?

五、業主主控保險計劃對災害處理之作業程序為何?

第七章

企業採行風險管理之結論與建議

第一節　結　論

企業採行風險管理之計劃，是希望藉由事先預防與事後的控制，能讓企業之經營在面臨任何風險發生時，得以適切因應，同時能符合以下四項原則，達成企業追求利潤，確保持續成長之目標。

1. 損害之最小化 (Minimizing the Loss)。
2. 發生損害之迅速獲得理賠。
3. 社會責任 (Social Responsibility)。
4. 企業迅速恢復及繼續經營 (Business Recovery)。

企業之風險管理對策應兼顧二個基本觀念，以做為未來企業開發案例風險管理之參考。

1. 尊重人命與生命價值 (Life Value)。
2. 活用世界各國企業之損失經驗 (Loss Experience)。

企業之風險管理為使企業能有效地因應企業之管理組織應在事前對於組織間的授與權限及範圍作好明確規定。由於企業遊樂區的開發案例規模龐大，於緊要關頭更有必要將複雜的組織加以靈活化。因此平常時期要將營業活動資金調度，物流加以組織建立因應與應變的網路，事先周延的設計與規劃非常重要。企業應以平常時間之資產管理與財務管理以吸收風險，並應以平常所具備的能力與財力將災害抑制於最小。

第二節　建　議

風險管理之具體對策為損害發生前，以有系統的損害之預防與控制計劃多方減輕風險，因此風險之鑑定分析與管理均相當重要。

企業開發計劃必須建立園區所有服務人員的教育訓練 (Education Training)，其方式為：

1. 訂定有關人員參予訓練的時間表與課程安排。

2. 訓練課程項目如下：

(1)財務管理與預算。

(2)保險理賠之管理。

(3)風險管理方案之行政管理。

(4)風險管理方案之設計與市場要求。

(5)損失預防與損失控制。

3. 企業應設計完整的保險計劃：

(1)完成有關企業各種不同保險資料的蒐集，包括各種不同的承保範圍、保單條款。

(2)完成並分析有關企業工程合約及財務預算資料的搜集。

(3)草擬風險分析。

(4)損失經驗的分析及草擬每一事故發生損失自留額的多寡，以及分析自我保險的可能性，並搜集有關此方面的資料。

(5)從財務立場分析不同的保險計劃。

①全部予以保險的「完全投保計劃」。

②自我保險的高額自留額保險計劃。

③僅限於工程部分的綜合保險計劃。

④其他。

(6)保險單內容及條款分析。

(7)審閱、建議及研究有關財務、會計及總務計劃。

(8)計算每一階段有關保險的成本及相關計劃。

(9)評估有關保險公司與再保公司的背景、求償性及安全性。

(10)完成企業的保險管理及審閱標準。

4. 保險計劃之追蹤與考核：

⑴研析並評估有關風險管理資訊系統的計劃。

⑵研析並評估企業分段實施保險計劃的缺失。

⑶研析、考核並分析損失自留額對財務管理系統的損失及影響。

⑷設計並考核有關損失預防的預警系統。

⑸研析、考核並追蹤有關保險資訊系統設立的缺失，此套系統將儲存有關企業一切的保險計劃。

5.確立損害防阻的工作：

⑴定期提供風險控制的檢查。

⑵定期提供有關企業世界方面的緊急事故處理訓練。

⑶定期提供相關人員損害防阻教育訓練。

⑷定期提供工業安全及公共安全之講習。

6.風險溝通：

⑴對於直接執行風險管理職能之主管應受過風險管理專業教育訓練始可。

⑵風險管理人員應經常主動搜尋資料，以便取得市場資訊，而不應完全依賴其他的人和事來取得市場資訊。

關鍵詞彙

1. 損害之最小化 (Minimizing the Loss)

2. 社會責任 (Social Responsibility)

3. 生命價值 (Life Value)

4. 損失經驗 (Loss Experience)

5. 教育訓練 (Education Training)

習題

一、企業風險管理對策應兼顧哪些基本觀念?

二、企業為追求利潤、確保持續成長, 應遵守哪些基本原則?

三、企業在開發計劃中應設計哪些保險計劃?

四、企業應如何做風險溝通工作?

五、損害防阻工作應由哪些方向著手?

第八章

案例探討——遊樂區開發 BOT 案例

第一節　遊樂區開發案例風險分析

遊樂區開發案例的風險分析可以從以下幾個因素加以分析，在遊樂區開發的過程中應該注意的方向包括天災、火災、設計不良及技術方面的風險，此外現場應包括竊盜、惡意破壞、罷工、暴動、營運機具及第三人責任等，茲分析如下：

1. **天災**，地震颱風洪水是遊樂區在開發時須特別留意的，其對策有：

⑴加強防災設計及工程工地保護。

⑵全部可以保險轉移。

2. **火災**，遊樂區在開發時由於安裝之器材頗多，所以火災防護格外重要，處理對策有：

⑴防護設備之周全（消防水、滅火器）。

⑵防火區隔：以區隔每一區域可能發生之火災延燒問題。

⑶禁火標誌：防火逃生標誌必須清楚明顯。

⑷防護人員之組成和訓練。

⑸全部可以保險轉移——主要是希望園區的風險能藉由買保險的方式加以轉移。

3. **設計不良及技術風險**，處理對策有：

⑴對承包商的資格和能力嚴格篩選，以免發生未來理賠處理之爭議。

⑵設計的再考驗或模型測試，以保護遊客使用遊樂器材之安全。

⑶部分可由工程保險及建築師專業責任保險轉移。

4. **遊樂區設備、器材價值昂貴，因此要注意竊盜、惡意破壞、罷工、暴動、群眾騷擾**，主要對策為對園區所有設備須：

⑴加強安全警衛系統。

⑵加強公共關係。

⑶加強勞資關係。

⑷全部可以保險轉移。

5. 營運機具，指在園區所有的機器設備，在對策方面包括：

⑴加強操作人員的訓練。

⑵安全維護徹底執行及備份準備。

⑶投保營運機具保險轉移。

6. 第三人責任，在園區方面的主要對策有：

⑴環境保護的加強，噪音、空氣污染、棄土的管制。

⑵鄰近建物、公共管線（水、電、瓦斯）的徹底瞭解和防護。

⑶工地安全防護，阻隔第三人之誤入和墜落物之防止。

⑷保險可以全部轉移。

7. 延遲，遊樂園區的施工最擔心因延遲而影響施工進度，主要對策包括：

⑴全方位的加強控制。

⑵承包商罰則。

⑶投保預期利潤損失險轉移。

8. 遊樂園區的開發須注意經濟變動，尤其遊樂器材大部分由國外進口，因此經濟因素是必考慮的重點。經濟因素包括：費率變動、通貨膨脹、成本超控等。主要對策為：

⑴控存資金準備。

⑵總括定額發包，差額承包商自行吸收。

⑶融資採固定利率。

⑷事先研究須徹底。

⑸保險無法轉移。

9. 承包商破產的風險也是遊樂區開發案例須考量的因素，主要對策有：

⑴承包商財力之慎選。

⑵投保履約責任保險轉移風險。

第二節　冰山理論

仔細的規劃和詳細的風險分析是完善保險規劃的首要條件，在此部分我們將詳述如何達到此要求。

談風險分析評估之前，我們將先介紹冰山理論，安裝、營造工程屬於高風險行業，然一般業主及承攬人（營造商）思及此問題時，通常只考慮到工程本體及營建機器可能遭受之損失，殊不知尚有其他潛在性之直接風險及因此直接風險可能導致更大的間接損失。此現象正如吾人由海面上觀看一座冰山，只能看到冰山露出海面之一部分，而看不到海面下更大部分之冰山本體，如圖 1-8-1 所示。

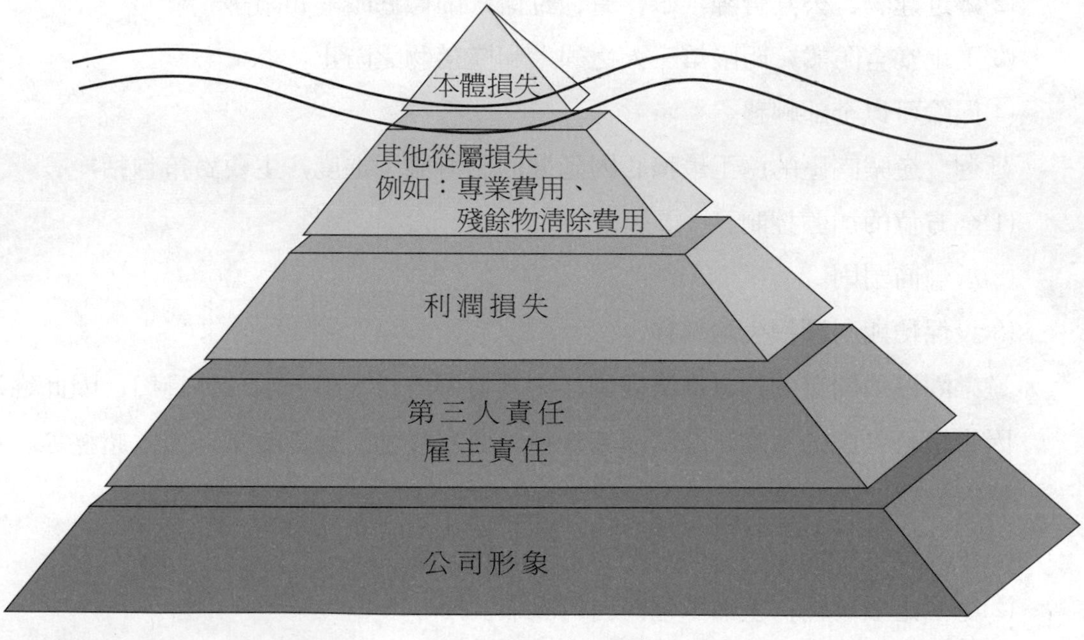

圖 1-8-1　冰山理論

工程本體部分之損失正如冰山露出海面之一角，只佔風險的一小部分，其他低於海面之隱藏性風險，例如因延誤完工所致預期利潤的損失或市場佔有率的降低，對一個高利潤或具時間性之產業而言，該損失極可能大過於工程本體之損失。

第三節　業主保單的重要性

此遊樂區開發案例，若由業主編列保險費預算，由承包商購買保險，業主仍是最後的保費支出者。但承包商在保險的處理上須考慮以下因素：

1. 是否確實用盡保費？
2. 投保的內容是否完全涵蓋實際的需要？
3. 是不是選擇投保財務最安全的保險公司和再保公司，或者僅為了成本考量草率從事？
4. 遇有意外事故發生時，理賠的額度、進度會大大影響工程復舊的進度。若是由國外保險公司所承保，則理賠處理速度會受限於其理賠人員的路程、停留時間等，往往使理賠處理延遲不決，更增加進度落後的可能性。
5. 所提供的保險計劃是否具完整性、連續性？承包商保單以承包商的保險利益為主，是無法宏觀整個工程期間和操作初期的全部保險需求，對保險計劃的完整和連續性恐有欠缺。
6. 承包商保單是無法投保貨物水險附加之預期利潤損失險和安裝工程綜合險附加之預期利潤損失 (Advance Loss of Profit)，以及操作運轉後的財產保險附加之營業中斷保險 (Business Interruption Insurance)，因為他們沒有保險利益。

一、保險設計及安排

根據上面之風險分析的觀點，我們將依本案保險需求，設計規劃最適切的保險計劃，如圖 1–8–2 所示，同時我們將把財產保險和安裝、營造工程保險銜接上之隙縫降至最低，以下是我們的建議：

(一)主保險

1. 安裝工程保險：

(1)承保各種機器、器具、設備及整廠機械設備在安裝及試車過程發生意外事故，造成安裝標的物或施工機具之毀損或滅失。

(2)其主要承保之危險事故如下：

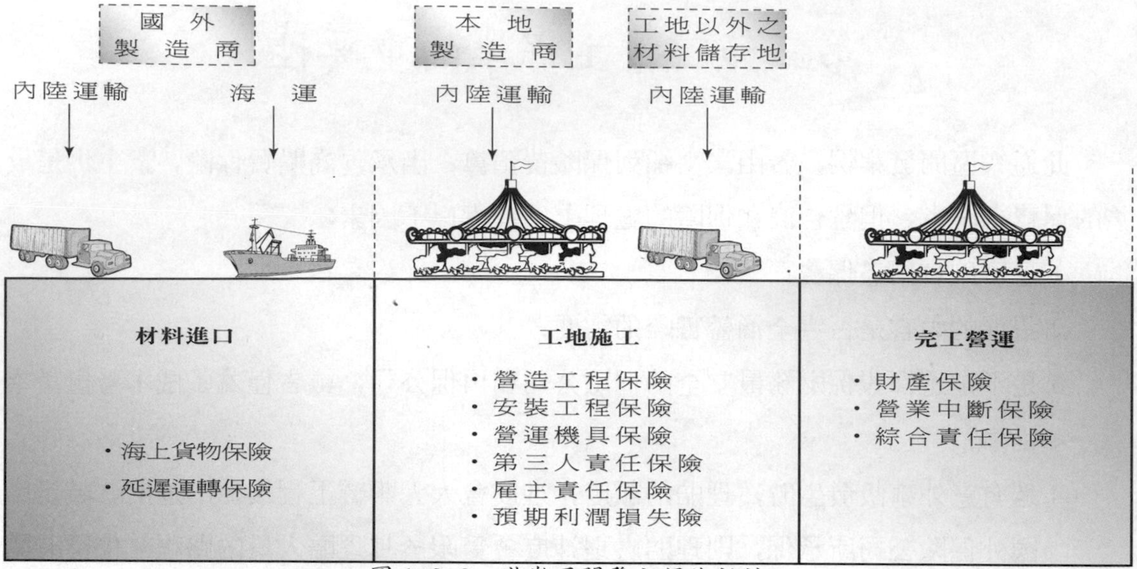

圖 1-8-2　遊樂區開發之保險設計

①天災，如颱風、洪水、豪雨、淹水、地震、山崩、海嘯、雷擊等。

②火災、爆炸、消防損失、航空器墜落、竊盜或破壞。

③安裝錯誤、疏忽、技術欠缺、經驗不足。

④電器短路、電弧、電壓過高。

⑤壓力過高、真空現象或離心力造成之撕裂。

⑥任何其他之意外事故，如倒塌、異物掉入等。

⑶保險金額應為安裝工程完成時之總價格，包括運費、關稅、安裝費用以及附屬工程在內。同時亦可加保進行修復所需之拆除清理費用。

2.附加營造工程保險：

⑴承保各型建築工程及土木工程在營建過程，其工程本身或營建機具、設備、材料等之意外毀損或滅失。

⑵其主要承保之危險事故如下：

淹水、洪水、雪崩、火災、爆炸、閃電、雷擊、地震、海嘯、火山爆發、颱風、旋風、土地崩坍、技術缺陷、人為疏失、竊盜、第三人非善意行為。

⑶保險金額應為該工程完工時之總工程費，包括定作人供給之材料費等。損失發生後為修復工作所需拆除清理費用應另行加保。

3.附加第三人意外責任險：

承保因工程意外事故導致第三人體傷、死亡、財損之法定賠償責任。

4.附加雇主意外責任險：

承保被保險人之受雇人在施工處所因執行職務發生意外事故遭受傷亡依法應負賠償之責。

5.附加鄰屋龜裂倒塌責任險：

因下列原因導致鄰施工處所之第三人房屋龜裂或倒塌，依法應負賠償責任，而受賠償請求由保險公司負賠償之責：

⑴土地下陷、隆起、移動、震動、或土砂崩坍陷落。

⑵地層軟弱或土砂流動。

⑶地下水增加或減少。

⑷基礎擋土或支撐設備施工薄弱或移動。

6.附加完工遲延險：

承保因所承保之工程意外事故導致完工遲延之財務損失。本保險承保時須估算因工程事故導致完工遲延所可能引起最大可能之債息損失。

7.擴大承保範圍，提供營建工程有關之保險條款如下：

⑴ 001：加保罷工、暴動、民眾騷擾特約條款。

⑵ 002：交互責任特約條款。

⑶ 004：擴大保固保險條款。

⑷ 006：加保加班趕工及加急費條款。

⑸ 007：加保空運費條款。

⑹ 022：加保陸上運輸條款。

⑺ 113：管理費條款。

⑻ 115：加保設計錯誤條款。

⑼ 116：加保已啟用、接管或驗收工程條款。

⑽ 132：加保定作人房屋龜裂倒塌責任條款。

⑾ 220：加保鄰近財物條款。

⑿ 058：保險金額自動恢復條款。

⒀ 057：專業技術費用條款。

⒁ 064：預付賠款條款。

⒂ 056：彈性條款。

⒃ 050：代位求償權拋棄條款。

⒄區外儲存 (Off-Site Storage)。

⒅區外組裝 (Off-Site Fabrication)。

㈡貨物運輸保險

投保之標的物泛指凡運送中之商品貨物行李等財產，不論以船舶、飛機、火車或貨車等運輸工具運送者均可投保。

1. 海上貨物運輸保險：

⑴火燒或爆炸。

⑵船舶或駁船之擱淺、觸礁、沉沒或翻覆。

⑶陸上運輸工具之傾覆或出軌。

⑷船舶或駁船或其他運輸工具與水以外之任何外界物體碰撞或觸撞。

⑸在避難港卸貨。

⑹地震、火山爆發、雷擊。

⑺偷竊、未送達。

⑻短少、破損。

⑼彎曲、凹陷、刮傷。

⑽共同海損犧牲（僅限於由承保之危險所引起者）。

⑾投棄。

⑿海浪掃落。

⒀海水、湖水或河水進入船舶、駁船、船艙、運輸工具、貨櫃、貨廂或儲存處所。

⒁裝貨、卸貨時掉落或落入海中之任何一件之全損。

2. 內陸貨物運輸保險：

⑴火災、閃電或爆炸。

⑵運輸工具之翻覆、出軌或意外碰撞。

⑶公路、鐵路、隧道、橋樑、高架道路發生傾坍所造成之毀損或滅失。

㈢次要保險

1. 專業責任保險：

被保險人於執行職務，因過失錯誤或疏漏而違反其業務上應盡之責任及義務，致委任人及其他利害關係人蒙受財務損失之損害賠償責任。

2. 重要人員保險：

承保本案主要負責人或重要人員之傷亡所造成之損失。

3. 履約保證保險：

⑴適用在承包商主控之保險。

⑵業主可能會要求承包商提供履約保證承包商的契約責任。此保險將承保在承包商的無法履約或破產情況下，業主可向保證人求償，以委任另一承包商繼續完成此工程。

4. 其他保險：

⑴財產保險。

⑵員工誠實保證保險。

⑶現金險。

二、投保安裝工程險核保基本資料

投保安裝工程險在核保時，需準備以下之基本資料：

1. 被保險人基本資料：

儘可能提供被保險人相關資料，諸如公司簡介、年報、經營現況等，以瞭解被保險人過去的經營管理能力。

2. 工程名稱：

含工程概述（開發案目的、目標、技術合作廠商、設計功能、工程設計顧問公司及評估計劃）。

3. 施工處所：

工程地點地理環境、地形、地質狀況、所在海平面位置等簡單報告，並提供圖面資料。

4. 主題園區設備配置圖。
5. 主題園區之設計是否為新式設計或試驗性質之設計 (Portotype)? 是否有既有之同樣設計設備已運轉?(列出公司名稱、設備地點)
6. 工程總價款(保險金額)、要保條件(是否附加承保 TPL 及 EL)。
7. 主要機器設備明細,包含廠牌、名稱、製造年份(是否為全新品)及其分項金額。
8. 施工進度表。
9. 安裝期間消防及安全防護措施(含吸煙、焊接工作之管制措施等計劃)、消防配置圖、滅火器之種類、位置及消防安全之執行計劃、人員編組、緊急事故應變計劃及負責人員。
10. 主題園區可分為幾個防火區隔? 每一區隔之儀器設備價值概估。
11. 單件設備最大之體積(長、寬、高)、重量。
12. 是否有 24 小時之安全警衛人員駐守看管主題園區? 主題園區是否有圍籬? 是否有出入之門禁管制?
13. 預估機器設備運抵工地日程表及其明細數量、金額。
14. 地下室配置圖及其設備金額、明細。
15. 空調、排水系統圖說。
16. 特殊化學氣體、液體儲存及使用說明。

三、貨物運輸保險投保資料

一般的貨物運輸保險,需注意的相關投保資料如下:

1. 估計本計劃進口機器設備總額。
   (交易條件為 FOB、C&F 或其他由投保公司負責採購保險)
2. 預估每一次最高運送金額。
3. 運送方式:
   海運:______%　　空運:______%　　其他:______%
   (註明可能運送方式)
4. 預計此計劃所需之運輸保險期間。

5. 可能臨時儲存地點、時間及最高儲存金額。

6. 其他資料：（如表 1–8–1 所示）

表 1–8–1　投保貨物資料

進口貨物名　　稱	進口國家	發票金額	體積（長×寬×高）	重　量	包裝方式	貨櫃種類 *	是否為新品**

* 貨櫃種類：1. 請註明為封閉式，平板式或其他型式

2. 若非封閉式，請註明是否置放於甲板上

** 如為二手貨（舊品），請註明製造年份

關鍵詞彙

1. 預期利潤損失 (Advance Loss of Profit)
2. 營業中斷保險 (Business Interruption Insurance)
3. 區外儲存 (Off-Site Storage)
4. 區外組裝 (Off-Site Fabrication)

習題

一、何謂工程保險之冰山理論?

二、何謂本體損失?

三、業主保單的重要性為何?

四、投保安裝工程險核保之基本資料為何?

五、何謂專業責任保險?

第二篇

保險業之組織與經營

第一章 保險業之組織型態

第一節　一般組織

一、一般組織之定義

我國保險業之組織型態在保險法第一百三十六條規定:「保險業之組織，以股份有限公司或合作社為限，但依其他法律規定設立者，不在此限。」依此法條大致可看出我國現存的保險業組織型態為保險股份有限公司、保險合作社與依其他法律規定設立者。

二、其他法律之規定

1. 依中央信託條例設置——中央信託局人壽保險處及公保處。
2. 依勞工保險條例設置——勞保局。
3. 依再保條例設置——中央再保險公司。
4. 其他保險組織——國內尚不存在的單位，如相互保險組織。

第二節　營利性保險組織

營利性保險的組織型態分為公營保險公司、股份有限公司、個人保險組織。非營利性保險組織分為保險合作社、相互保險社、交互保險社與相互保險公司。本節先介紹各種營利性的保險組織。

一、個人保險組織

個人保險組織以英國倫敦的勞依茲保險人 (Lloyd's Underwriters) 為最典型，當時因來往海上船主、貨主或運送人由於常常須關注本身之船舶與貨物來往於海上所可能遭遇的風險，遂聚集於倫敦塔街 (Tower Street) 之勞依茲 (Lloyd's) 咖啡店交換彼此的情報，後來此咖啡店成為海上保險業務、個人獨立保險人承接業務的場所，這些獨立經營之個人保險商則稱為勞依茲保險人。這些承保會員可以自身的名義接受保險業務，且大多透過勞依茲保險經紀人中介保險業務。而承保會員組成辛迪卡 (Syndicate)，並請核保代理人為其管理保險業務，承保會員僅提供資本，各會員僅就其承接之比例負賠償責任。

二、保險股份公司

保險股份公司以營利為目的，而相互保險公司不以營利為目的，兩者在許多方面均存在很大的差異，茲以表 2–1–1 說明如下：

表 2–1–1　股份保險公司與相互保險公司之比較

	股份保險公司	相互保險公司
組成	股東、管理者及要保人三者分開，股東為擁有者。	無股東，要保人即為擁有者，與管理者分立。
股權轉讓	股東可自由買賣股權。	社員不可自行轉讓所有權。
財務結構	以股東提供之股本做為資金來源，且股東負擔有限責任，可參與盈餘的分發。	創立之初向社員及外人借入一筆基金做為公司經營資本，其後盈餘可繼續累積為資本或發放給社員，若損失則增加保費以維持營運。
代理問題	股東價值之提升在於要保人權利之縮減，故股東與要保人之間的利益衝突大。	當管理者表現不佳或不依股東的利益行事，股東不能賣出自己的股權，也無法藉由代理權爭奪對管理者施以懲處，股東較無法控制管理者。
風險承擔	股東可經由資本市場分散風險及增資。	風險由全體社員共同承擔。
承保方向	適合從事風險較大的險種，如商業保險、巨災保險等。	適合經營有良好精算基礎、風險較低的險種，如壽險、健康險、汽車險等。
經紀通路	由於從事的險種需要較多的服務諮	公司從事的險種期間較長，需保有保戶更新

	詢，公司及保戶之間會有糾紛，故大多採用服務較好、可監督保險公司的獨立代理人。	續約的資料，故多採用專業代理人。

三、獨占性保險機構

國內唯一以營利為目的，經營型態具有獨占性的是交通部郵政總局所開辦之「簡易人壽保險」，其保險特色為無體檢、保額數低、且以公營保險機構方式獨占經營。

第三節　非營利性保險組織

依國外保險業的發展狀況，可將非營利性保險組織細分為以下六種類型，其中以第一與第三種類型較為重要和常見，在國外此類組織大約佔整體產業的四分之一：

一、相互保險公司 (Mutual Insurance Company)

相互保險公司屬於保單持有人所擁有，保單持有人推舉理事，形成董事會，由董事會指派人員監督，並以專業經理人管理相互保險公司的日常事務運作。大部分的相互保險公司採用預收保費制 (**Advance Premium**)，保單持有人在每一年度開始時就繳交一筆保費，使所有的保費收入剛好可以支付該年度的所有損失理賠及費用。相互保險公司無股份出資人，亦無所謂的利潤，若該年度的所有保費收入及其他收入大於該年度的所有損失理賠及費用，則暫時保留作為未來發展之資金需求，或以紅利方式發放給保單持有人，或可撥充為次期的保費，但若該年度的所有保費收入及其他收入小於該年度的所有損失理賠及費用時，則採減額賠償方式。另外，有些相互保險公司擁有在公司遭遇重大財務困難時徵收額外保費的權利。

二、相互保險社 (Mutual Insurance Association)

相互保險社與相互保險公司類似，唯在組織形成上不如相互保險公司完整。在國外，通常以相互保險人 (Mutual Insurer) 來泛指相互保險社與相互保險公司，並不將相互保險社與相互保險公司清楚地區分。

三、交互保險社 (Reciprocal Insurance Exchange)

西元 1881 年，由於若干商人有感於投保營利保險組織保費負擔過大，乃共同組織相互約定交換保險，於是有了交互保險社的雛形，故交互保險社為一種非公司組織、非營利組織，目的在於提供社員相互保險，本身並不簽發保單。交互保險社的每一社員都有一單獨帳戶，該帳戶存入社員之保費收入及保費的投資收益，支出社員所應分攤的該組織損失及費用。交互保險社的每一位社員既是保險人亦是被保險人，所應負之攤賠責任為有限的。由於社員本身不具有經營該組織的專業知識，故通常委託一代理人或一代理公司 (Attorney in Act) 負責管理此組織的運作(此代理人或代理公司為營利性組織)。

四、保險合作社 (Co-Operative Insurance Society)

保險合作社亦為相互保險人的一種特殊型態，主要特色有二：

1. 相互保險人的社員不須繳交股本，但保險合作社的社員於加入該組織時，必須先繳交一定金額的股本。
2. 相互保險人與社員間的關係會隨著保險契約終止而自動解除，保險合作社與社員間的關係不會因保險契約終止而結束，只要社員仍持有該組織的股本，則與該組織的關係將繼續存在。

五、公營保險機構

公營保險多以政策性非營利為目的，因此諸如中央信託局人壽保險處、臺閩地區勞工保險局、中央健康保險局，這些機構既非以營利為目的，而且性質上均屬獨占性，經營上以社會福利之政策性為依歸。

六、輸出保險

(一)定　義

輸出保險乃是提供保險保障本國廠商，向其他國家出口貿易之風險，承保出口貿易之政治風險與信用風險。

1. 政治風險：

出口商在出口貿易的交易中因戰爭、政變、內亂或因天災，導致該國政府禁止或限制貨物進口與外匯交易，以及其他充公或沒收。

2. 信用風險：

主要是承保外國進口商到期時不能依照約定如期付款之情況，導致本國廠商因而產生經濟的損失。進口商不付款的情況約可分為：⑴進口商到期不提貨，⑵進口商宣告破產，⑶進口商未依約付款等。因此輸出保險主要是補償國外進口商單方面原因造成的情況，由輸出保險提供補償給出口商無法取得貨款的損失。

㈡費 率

輸出保險通常其費率決定於進口商之信用狀況以及進口國家的政治風險，因此徵信的方式通常透過國際間信用評等公司、金融政策以及國家整體之制度，而區分為A、B、C、D、E……等不同等級，當然出國產品的銷售率、市場的接受性、滯銷機率的高低也是考量的因素。此外保險期間愈長，費率也就愈高；時間愈短，不確定性低，費率自然也較低。

㈢保險種類

1. 海外營建工程貸款及保證：

營建業為我國工業的火車頭，每一個階段的發展歷程，無不為「臺灣奇蹟」的締造，留下了完美的註解。如今，已擁有最優秀人才、最豐富經驗和最完善設備的營建業者，不僅帶動國內工程品質的提昇，在開拓海外工程市場更是載譽寰宇，聞名國際，足跡遍及美洲、亞洲、非洲、以及太平洋地區。工程項目包括浚渫工程、道路、橋樑工程、港灣建築、機場、水壩、工業區、鋼廠乃至綜合性的統包工程。

辦理海外營建工程貸款及保證業務，係為協助國內廠商及工程機構承包國外土木、建築及其他工程，對廠商承包海外工程施工期間向國外購置施工設備、機具及因出口技術、勞務、採購國內設備、器材所需周轉金貸款，以及完工後所需分期付款貸款提供財務支援，以提高廠商競爭能力。

主要內容分述如下：

⑴申請人主要為：

①國內廠商或工程機構。

②國內廠商與外國政府之合資機構，惟國內廠商之持股比例不得低於 40%。

③國外業主，限申請完工後分期付款貸款。

⑵貸款範圍：如表 2–1–2 所示。

表 2–1–2　海外營建工程貸款範圍

貸款項目	貸款額度	貸款期間
向國外購置施工設備與機具貸款	可達申請人所簽工程合約金額之 30%	最長可達三年
施工期間貸款	可達申請人所簽工程合約金額之 40% 或國內供應之技術、勞務、設備及器材價額之 80%	最長可達五年
完工後分期付款貸款	可達申請人所簽工程合約金額之 60% 或國內供應之技術、勞務、設備及器材價額之 80%	最長可達十五年

⑶貸款利率：由銀行視資金成本、營運情況以及國內外市場利率水準、國際間同性質貸款利率逐案決定之。

⑷貸款幣別：由銀行斟酌個案實際需要，以美元或新臺幣撥貸。

⑸擔保：借款人應提供銀行認可之銀行保證、擔保品或保證人。

2. 境外貿易輸出保險擴及於「臺灣接單、大陸出口」交易：

⑴宗旨：為因應我國加入世界貿易組織之新情勢變化及協助本國廠商建立以臺灣為主軸之全球運籌中心，出口商以臺灣接單、大陸出口方式之外銷交易，由銀行提供輸出保險，以保障輸出貨款的安全回收並分散貿易風險。

⑵保險對象：由本國廠商在臺灣接單，大陸出口，以一年期以下付款交單 (D/P)、承兌交單 (D/A)、記帳 (O/A) 或信用狀 (L/C) 付款方式進行貿易者。大陸出口之供應商須係本國廠商投資，且經我國經濟部投資審議委員會核准或核備者。

⑶承保範圍：

①政治危險：輸出目的地國家或開狀銀行所在地政府變更法令或發生戰爭、天災等以致貨物不能進口或不能匯兌，以致貨款不能收回所引起的損失。

②信用危險：

a. 以 D/P、D/A 方式承保者：進口商不付款，不依約承兌或承兌到期不付款等所致損失。

b. 以 O/A 方式承保者：貨物輸出後進口商不提貨、到期不付款或宣告破產等所致損失。

c. 以 L/C 方式承保者：開狀銀行無力清償、停止營業或清算、宣告破產或依法定程序申請重整、被拍賣或被接管、無正當理由不付款或不承兌匯票等所致損失。

⑷保險費率：按現行託收方式 (D/P、D/A) 輸出綜合保險、記帳方式 (O/A) 輸出綜合保險、中小企業安心出口保險、或信用狀出口保險等險種個別費率加計 20%。以上費率可參閱中國輸出入銀行網站：http://www.eximbank.com.tw。

3. 海外投資貸款：

國內銀行如中國輸出入銀行對我國廠商提供的海外投資貸款，貸款期間較長且利率優惠，是被保險公司拓展外銷市場、設立外銷據點，建立發貨倉庫擴大行銷通路、取得海外營運據點最佳的籌資方式。

國內許多企業有效地運用中國輸出入銀行提供的海外投資貸款，以臺灣為據點擴張海外事業經營版圖，使產銷、營運更有效率，成為頗具規模的跨國企業。海外投資貸款的貸款額度最高可以到海外投資或併購金額的八成，貸款期限長達三至七年，並得視投資回收情形，給予合理之寬限期，在寬限期內只還利息不還本金。

只要被保險公司的對外投資計劃事先經過我國經濟部投資審議委員會的核准或核備，不論是以現金匯出作為投資股本或者從事海外併購，銀行都歡迎被保險公司提出貸款申請，享有來源穩定且可輕鬆還款之資金，順利進行海外投資。

主要貸款條件如下：

⑴申請期限：於實行投資前申請，惟最遲不得逾實行投資後六個月。

⑵貸款範圍：以申請者赴海外投資設立公司，其投資股本金額或其從事併購金

額的八成為限。

4. **國際應收帳款承購業務：**

我國經濟發展向來高度仰賴出口貿易，是一個以出口為導向的經濟型態。然而近年來，由於科技進步，資訊發達，在經濟全球化下，我國出口廠商在國際市場面臨更大的競爭及更高的風險，國際貿易的付款方式亦逐漸由信用狀轉為付款交單 (D/P)、承兌交單 (D/A) 或記帳 (O/A) 等方式。

我國之進出口專業銀行，為因應國際貿易之變化，辦理各項輸出保險，提供出口廠商最佳的規避風險工具，保障廠商順利回收國際應收帳款。並為進一步滿足出口廠商營運資金需求，特提供國際應收帳款承購業務，其目的為協助廠商方便且快速取得外銷營運資金，以增強出口競爭力，發展國家經濟。主要承購內容如下：

⑴申請人資格：依中華民國法律登記且同時符合下列條件之出口廠商：

①以付款交單 (D/P) 或承兌交單 (D/A) 或記帳方式 (O/A) 出口者。

②投保銀行國際應收帳款輸出信用保險或其他輸出保險，或其他經銀行認可之信用保險機構之輸出保險者。

③將應收帳款債權及保險權益轉讓予銀行者。

⑵承購額度：最高不超過出口發票金額之八成半。

⑶承購方式：

①無追索權方式：承購金額若未超過輸出保險金額或最高保險責任金額時，屬無追索權方式承購，即國外買主發生信用風險時，由銀行承擔國外買主之信用風險，申請廠商不需對銀行負償還義務，惟若因商業糾紛或發生輸出保險除外責任等情事致承保機構不理賠時，銀行對申請廠商仍保有追索權。

②有追索權方式：承購金額若超過輸出保險金額或最高保險責任金額時，屬有追索權方式承購，即國外買主發生信用風險時，因銀行應收帳款承購金額高於輸出保險理賠金額，故其不足部分，申請廠商仍須對銀行負償還義務。

⑷承購期限：自裝船日或國外買主提貨日起，迄國外買主付款日止。

(5)承購幣別：以美元或歐元為原則。

(6)利率及費率：

①承購利率：按撥貸日前二個營業日之六個月 LIBOR 平均利率加碼固定計息。

②承購手續費：按出口發票金額，採固定比率逐筆計收。

5. **國際應收帳款輸出信用保險：**

本保險係為配合電子商務時代之來臨，提供我國出口廠商更便捷與高效率之輸出保險服務，保障其國際應收帳款無法收回之損失，在作業上除保險費之繳納與賠款、收回款、追債費用之撥付外，舉凡要保、徵信、索賠等有關程序均透過網路辦理，並與國外知名輸出信用保險公司合作，利用其廣大資料庫，快速對國外進口商核保，簡化作業手續，加強出口廠商拓銷國外市場及風險管理之能力。

(1)承保範圍：僅承保國外進口商信用危險，即進口商不依約付款所致損失。若可歸責於出口廠商之貿易糾紛，則不在本承保範圍內。政治危險不在承保範圍內。

(2)承保國家：限 OECD 會員國家中之美國、加拿大、日本、澳洲、奧地利、芬蘭、冰島、挪威、紐西蘭、瑞典、瑞士、英國、德國、法國、義大利、比利時、丹麥、希臘、愛爾蘭、盧森堡、荷蘭、葡萄牙、西班牙、匈牙利、波蘭、捷克、墨西哥等 27 國，目前不含土耳其、南韓及斯洛伐克。

(3)保險責任期間起算日：

①貨品輸出：自國外進口商或國外進口商指定之其他任何人持有貨品，或取得處分貨品權利之文件時起算。

②服務輸出：自開始提供服務時起算。

(4)保險對象：本保險對象為本國出口廠商以 120 天期以下（自商業發票日起算）D/P（付款交單）、D/A（承兌交單）及 O/A（記帳）等付款條件與國外進口廠商簽訂買賣契約或服務提供契約輸出貨物或提供服務者。

(5)保險契約之計價幣別：以美元或歐元為計價幣別。

(6)賠償比率：

①最低：實際損失金額之95%。

②最高：實際損失金額之100%。

實際損失金額係指無法收回的國際應收帳款金額。

6.海外投資保險：

(1)承保對象：以本國公司經主管機關經濟部投資審議委員會（以下簡稱投審會）核准或核備之對外投資案件，並取得被投資國許可者為保險對象。以本國公司為要保人或被保險人。

(2)保險標的：被保險人作為投資之股份或持份或其股息或紅利。

(3)承保範圍：

①沒收危險：被保險人作為投資之股份或持份或其股息或紅利之請求權，被外國政府或其相當者以沒收、徵用、國有化等行為所奪取。

②戰爭危險：被保險人之投資企業因戰爭、革命、內亂、暴動或民眾騷擾而遭受損害或不動產、設備、原材料等物之權利，礦業權、商標專用權、專利權、漁業權等權利或利益，為其事業、經營上特別重要者，被外國政府侵害遭受損害，而有下列任一情事發生者：

a.企業不能繼續經營。

b.破產或其類似情事。

c.銀行停止往來，或其類似情事（以債務顯著超過其財產為限）。

d.停業六個月以上。

③匯款危險：由於前兩款以外之事由喪失股份或持份而取得之金額或其股息或紅利，因下列任一事由發生，致逾二個月以上不能匯回本國者：

a.外國政府實施限制或禁止外匯交易。

b.外國發生戰爭、革命或內亂致外匯交易中止。

c.外國政府控管該項取得金。

d.該項取得金之匯款許可被取消，或外國政府經事先約定應准予匯款，卻不予許可。

e.於上述任一事由發生後，被外國政府沒收。

(4)保險期間：自匯付所投資股份或持份之日或輸出機器等之日算起，以不超過七年為原則，但有需要較長期限經銀行同意者，以十年為限。保險期間以年為單位，被保險人得自由選定保險期間之長短，但保險期間中斷超過三十日，始向銀行申請續保者，銀行得不接受續保。

⑸保險價額：

①股份或持份之保險價額，以被保險人匯付被保險投資企業之金額或輸出機器等之價額作為投資股份或持份之金額為準。

②股息或紅利之保險價額，以股份或持份之保險價額之 10% 為準。

⑹保險金額：在保險價額八成五範圍內，由被保險人自由訂定之。注意事項：

①銀行承保之股息或紅利總額不超過股份或持份總額。

②承保對象以新投資案件為原則，但為具備具體計劃之擴充企業，而取得股份或持份者，視為新投資案件。

⑺賠償金額：以實際損失金額，按保險金額與保險價額之比例計算賠償金額。

⑻事故發生：保險事故發生，被保險人應立即通知銀行，並採取保全措施。於損失發生日起二個月後，始得向銀行辦理請求賠償手續。銀行原則上於被保險人依規定辦妥請求賠償手續後四個月內賠償。但調查理算上有必要時，不在此限。

⑼要保手續：

①經經濟部投資審議委員會核准之對外投資案件，要保人應於匯付被保險投資企業股份或持份或輸出機器等之日起算三十日內，向銀行辦理要保手續。

②經經濟部投資審議委員會核備之對外投資案件，要保人應於核備日起三十日內，向銀行辦理要保手續。

③要保人要保時，應檢附下列文件：

※ a. 經濟部投資審議委員會發給之核准或核備投資證明。

b. 要保人與被投資企業簽訂投資契約之證明文件或其他類似相關文件。

※ c. 取得被投資國政府之投資許可或投資保證協定者，證明該許可或保證協定之文件。

※ d. 該項海外投資計劃確定時，記載該計劃內容之文件。

e. 投資股份或持份匯付被投資企業或作為投資股份或持份之機器等輸出

之證明文件。

f.被投資國政府事先約定許可匯回該項海外投資之取得金者，證明該事實之文件。

g.被投資國之投資法令、規定或辦法等。

打※之文件，如要保人向銀行申請海外投資融資時，已提出者，得免檢附。

7.信用狀出口保險：

⑴保險對象：本國出口廠商以不可撤銷即期信用狀 (Sight L/C) 或不可撤銷遠期信用狀 (Usance L/C) 付款方式，與國外進口廠商簽訂買賣契約輸出貨物者。貨物由境外出口供應者，該出口供應商須為經經濟部投資審議委員會核准或核備之對外投資成立。

⑵承保範圍：被保險人依信用狀規定提示符合信用狀規定之單據，並於信用狀規定之期限內交付貨物及押匯，在約定之保險責任期間內向開狀銀行請求付款，因發生信用危險或政治危險，致未獲付款。

所稱信用危險係指開狀銀行發生下列情事之一，致被保險人遭受損失者：

①無力清償。

②停止營業或清算。

③宣告破產或依法定程序申請重整。

④被拍賣或被接管。

⑤開狀銀行無正當理由而不付款或不承兌匯票。

所稱政治危險係指發生下列情事之一，致被保險人遭受損失者：

①開狀銀行所在地之國家或地區政府禁止或限制外匯匯出。

②開狀銀行所在地之國家或地區發生戰爭、革命、內亂或天災，以致中止或停止貨物進口或外匯匯出。

⑶保險期間：以被保險人之貨物裝運日為始日；末日則按雙方所約定之期間訂定。

⑷保險價額：本保險以信用狀金額與信用狀項下匯票金額較低者為保險價額。

⑸保險金額：

①政治危險：可達保險價額 100%。

②信用危險：信用危險承保之保險金額，依國外開狀銀行信用狀況而定，承保比率為保險價額之 85% ～ 90%。惟政治危險之承保成數不得低於信用危險承保成數。

註：貨物由境外出口供應者，信用危險承保比率為保險價額之 80% ～ 85%。

(6)保險費率：按保險期間長短及開狀銀行所在地區之分類，由銀行核保決定。

貨物由境外供應者，其保費加計 20%。

可採逐筆或預繳方式繳付保險費。

(7)保險費計算公式為：保險價額 × 保險成數 × 保險費率。

例如：保險金額 NT$1,000,000，信用危險承保成數假設為九成，保險費率依開狀銀行所在地區之分類，保險費計算方式如下：

①由國家風險在 A 級地區之銀行所開出之 Usance L/C，保險期間 150 天，保險費如下：

信用危險保費

NT$1,000,000 × 0.1863% × 90% × 70% = NT$1,174

政治危險保費

NT$1,000,000 × 0.1863% × 100% × 30% = NT$559

保險費合計

NT$559 + NT$1,174 = NT$1,733

②由國家風險在 B 級地區之銀行所開出之 Usance L/C，保險期間 150 天，保險費如下：

信用危險保費

NT$1,000,000 × 0.2488% × 90% × 70% = NT$1,567

政治危險保費

NT$1,000,000 × 0.2488% × 100% × 30% = NT$746

保險費合計

NT$746 + NT$1,567 = NT$2,313

③延長保險期限，其費率適用該「延長期間」之費率。例如：前例原保險期間 150 天，延長為 180 天，則延長期間為 30 天，該延長期間之保險費率按 0.915% 計算。

註：本保險不得僅投保政治危險。

⑻要保手續：如圖 2–1–1 所示。

8.中小企業安心出口保險：

⑴保險對象：本國中小企業出口廠商以一年期以下付款交單 (D/P)、承兌交單 (D/A) 或不可撤銷遠期信用狀 (Usance L/C) 付款方式，與國外進口廠商簽訂買賣契約輸出貨物者。

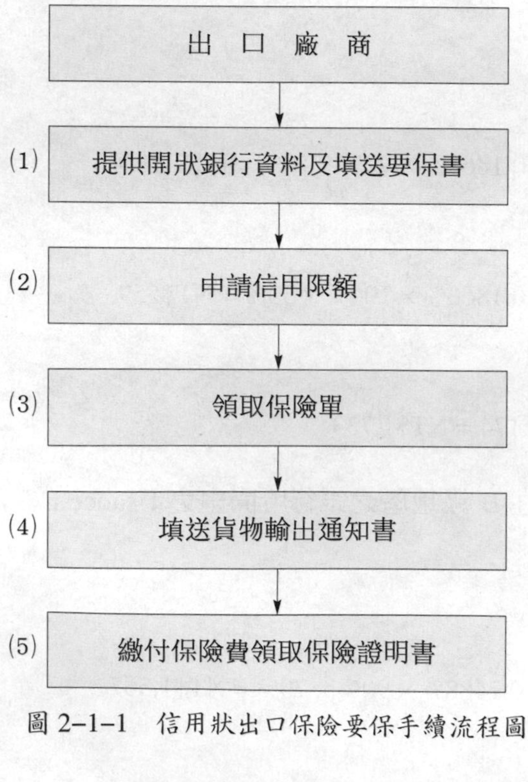

圖 2–1–1　信用狀出口保險要保手續流程圖

註：貨物由境外出口供應者，該出口供應商須為經經濟部投資審議委員會核准或核備之對外投資設立。

⑵承保範圍：政治危險及信用危險或僅承保政治危險。

①政治危險：輸出目的地政府變更法令或發生戰爭、天災等致貨物不能進口或不能匯兌，以致貨款不能收回所引起損失。

②信用危險：

a.以 D/P、D/A 方式輸出者，國外進口商不依約付款、不依約承兌或承兌到期不付款等所致損失。

b.以遠期信用狀方式輸出者，開狀銀行對其承兌之匯票到期不付款。

(3)保險期間：

①以 D/P、D/A 方式輸出者：自貨物裝運日起至貨款預計收回日止。

②以遠期信用狀方式輸出者：自開狀銀行承兌匯票之日起至貨款預計收回日止。

(4)保險價額：以輸出貨價、輸出匯票金額、信用狀金額三者中之最低者為保險價額。

(5)保險金額：

①政治危險：可達保險價額 100%。

②信用危險：（以遠期信用狀方式出口者照 D/P 方式辦理）。

a.由本國輸出者，為保險價額 80% ～ 90%。（詳見表 2-1-3）

b.由境外出口供應者，為保險價額 75% ～ 85%。（詳見表 2-1-4）

表 2-1-3　貨物由本國出口者

進口商信用評等	D/P	D/A
1	90%	90%
2	90%	90%
3	90%	85%
4	85%	85%
5	85%	80%
6	85%	80%

表 2-1-4　貨物由境外出口供應者

進口商信用評等	D/P	D/A
1	85%	85%
2	85%	85%
3	85%	80%
4	80%	80%
5	80%	75%
6	80%	75%

⑹保險費率：

①以 D/P、D/A 方式輸出者，按付款條件（D/P 或 D/A）、保險期間長短、進口地區政治經濟情況及進口商信用狀況等訂定之（詳基本費率及增減費率表）。

②以遠期信用狀方式輸出者，費率計算方式比照 D/P 方式之 25% 辦理。

③僅投保政治危險者，按基本費率及多件折扣計算後之 20% 計收保險費。

④貨物由境外出口供應者，按保險費率加計 20%。延長保險期限，其費率適用該「延長期間」之費率。

⑤可採逐筆或預繳方式繳付保險費。

⑺保險費計算公式：

保費 = 保險價額 × 保險成數 × 保險基本費率 × 增減費率 × 多件折扣

⑻要保手續：如圖 2-1-2 所示。

⑼保險費率：基本費率如表 2-1-5 所示。

（1997.07.08 財政部 (86) 臺財保第 860335832 號函核准）

9. 短期出口貸款：

廠商從事產銷所需之周轉金已由商業銀行提供，但機械設備等資本財之生產，往往需要較長之生產期間，國外買主購買機械設備時，亦常要求較長天期之付

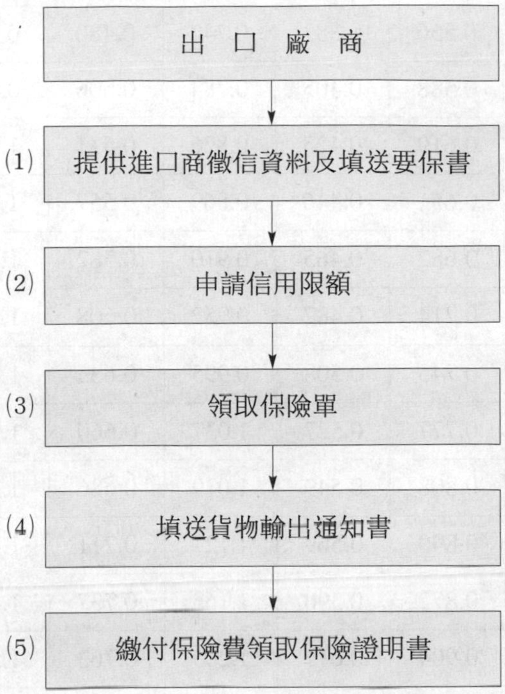

圖 2–1–2　中小企業安心出口保險要保手續流程圖

表 2–1–5　中小企業安心保險基本費率

新臺幣每百元

進口地區 / 分類 / 保險期間	A		B		C		D	
	D/P	**D/A**	**D/P**	**D/A**	**D/P**	**D/A**	**D/P**	**D/A**
10 天	0.164	0.303	0.219	0.405	0.274	0.506	0.383	0.708
20 天	0.180	0.335	0.240	0.447	0.300	0.558	0.419	0.781
30 天	0.195	0.366	0.260	0.489	0.325	0.611	0.455	0.855
40 天	0.211	0.398	0.281	0.531	0.351	0.663	0.491	0.929
50 天	0.226	0.429	0.302	0.573	0.377	0.716	0.527	1.003
60 天	0.241	0.461	0.322	0.616	0.402	0.769	0.564	1.076
70 天	0.257	0.492	0.343	0.658	0.428	0.822	0.599	1.150
80 天	0.273	0.524	0.363	0.699	0.454	0.874	0.635	1.224

90天	0.288	0.556	0.383	0.742	0.480	0.927	0.671	1.298
100天	0.303	0.588	0.405	0.784	0.506	0.979	0.708	1.372
110天	0.319	0.619	0.425	0.826	0.531	1.032	0.744	1.445
120天	0.335	0.651	0.446	0.869	0.557	1.085	0.779	1.518
130天	0.350	0.682	0.465	0.910	0.582	1.138	0.815	1.592
140天	0.365	0.714	0.487	0.952	0.608	1.190	0.851	1.666
150天	0.381	0.745	0.508	0.995	0.635	1.243	0.888	1.740
160天	0.395	0.777	0.527	1.037	0.660	1.295	0.924	1.814
170天	0.412	0.808	0.549	1.079	0.686	1.348	0.959	1.887
180天	0.428	0.840	0.569	1.121	0.711	1.400	0.995	1.961
190天	0.442	0.872	0.590	1.163	0.737	1.454	1.032	2.035
200天	0.457	0.904	0.611	1.205	0.763	1.508	1.068	2.109
210天	0.473	0.935	0.631	1.247	0.788	1.559	1.104	2.183
220天	0.489	0.967	0.652	1.290	0.815	1.611	1.139	2.255
230天	0.504	0.998	0.671	1.331	0.840	1.664	1.176	2.329
240天	0.519	1.030	0.693	1.373	0.866	1.716	1.212	2.402
250天	0.535	1.061	0.714	1.416	0.892	1.769	1.248	2.477

款方式，而一般商業銀行提供之周轉金由於貸款期限過短，無法滿足機械廠商實際需求，為此，銀行特提供短期出口貸款，其目的在對廠商所需期間在 181 天至 360 天內之產銷資金提供低利優惠貸款，以協助其拓展機械設備或其他重要工業產品之出口。

短期出口貸款依資金運用時點不同分為裝船前、裝船後及裝船前、後合併三種類型。廠商從事生產自國外信用狀、出口合約或訂單簽發日起至裝船日止，所需貸款期間在 181 天至 360 天者，可向銀行申辦裝船前短期出口貸款。廠商出口產品自裝船日起至國外買主預定付款日止，所需貸款期間在 181 天至 360 天者，可向銀行申辦裝船後短期出口貸款。廠商從事生產銷售自國外信用狀、出口合約或訂單簽發日起至國外買方預定付款日止，所需貸款期間在 181 天至 360 天者，可向銀行申辦裝船前、後合併短期出口貸款。廠商若有貸款需求，需提供交易機械設備名稱、交易方式、交易金額、需要貸款期間及額度、國外買主名稱、開狀銀行及擔保條件等資料，銀行會先為廠商作初步貸款規劃，正式申請時，廠商需提供最近三年財務報表等徵信資料供銀行作例行性查核，貸款核准及簽約後，即可備齊撥貸文件向銀行申請動用。

主要貸款內容如下：

⑴貸款標的：

①整廠、整線及單體機器設備。

②精密金屬製品。

③交通運輸設備。

④電腦周邊設備、電腦軟體、半導體產品。

⑤通信電子產品。

⑥精密儀器、設備。

⑦高級電子產品。

⑧辦公用事務性設備。

⑨醫療器材設備。

⑩環保器材設備。

⑪電機設備、電線電纜設備。

⑫其他經銀行認可之資本財、工業產品、相關零組件及技術服務。

⑵申請人資格：國內依法登記之製造廠商、工程公司及貿易公司。

⑶貸款額度及自製率規定：產品之國內自製率不得低於 40%。自製率超過 50% 者，貸款額度最高以不超過出口貨款之 85%。自製率超過 40%，未達 50% 者，貸款額度最高以不超過出口貨款之 70%。

⑷貸款期限：機器設備或其他資本財自裝船日起，最長以不超過十年為原則，其餘產品，最長不得超過三年。因特殊需要者，得視個案延長之。

10.中長期延付輸出保險：

⑴保險對象：本保險以一年期以上分期償付價款方式輸出整廠設備、機器產品

或其他資本財或提供技術及勞務，而於貨物裝運或技術勞務提供前，收取總價金 15% 以上預付款，並持有銀行認可銀行付款保證（L/C 或 L/G）或輸出契約當事人為國外政府機構之交易為承保對象。

⑵承保範圍：

①政治危險：輸出貨物或提出技術及勞務後，因輸出目的地發生戰爭、革命、或實施外匯管制、禁止匯兌以致貨款或價款不能收回等事故所致損失。

②信用危險：輸出貨物或提供技術及勞務後，因簽訂契約之對方破產或對債務之履行滯延六個月以上所致損失。

⑶保險期間：依輸出貨物裝運日或開始提供技術及勞務之日起至其延付貨款或價款結帳日期止，另加上貨款或價款實際收回之預計期限。

⑷保險金額：持有認可銀行付款保證者以分期償付貨價（包括利息）部分之 90% 為限。

⑸保險費率：基本費率如表 2–1–6 所示。

（1975.12.15. 財政部 (64) 臺財錢第 22875 號函核備）

（1985.08.20. 財政部 (74) 臺財融第 20817 號函核備修訂）

（1988.01.11. 財政部 (77) 臺財融第 760319392 號函核備修訂）

（1992.03.14. 財政部 (81) 臺財保第 811758401 號函核備修訂）

（1996.06.08. 財政部 (85) 臺財保第 850303444 號函核備修訂）

表 2–1–6　中長期延付輸出保險基本費率

新臺幣每百元

貨物裝運或技術提供日起之付款期限		進口地區分類			
年	月數	A (0.6)	B (0.8)	C (1.0)	D (1.4)
1	1–3	0.2067	0.2756	0.3445	0.4823
	4–6	0.2558	0.3411	0.4264	0.5970
	7–9	0.3050	0.4066	0.5083	0.7116
	10–12	0.3541	0.4722	0.5863	0.8263
2	13–15	0.4033	0.5377	0.6721	0.9409

	16–18	0.4524	0.6032	0.7540	1.0556
	19–21	0.5015	0.6687	0.8359	1.1703
	22–24	0.5507	0.7342	0.9178	1.2849
3	25–27	0.5998	0.7998	0.9997	1.3996
	28–30	0.6490	0.8653	1.0816	1.5142
	31–33	0.6981	0.9308	1.1635	1.6289
	34–36	0.7472	0.9963	1.2454	1.7436
4	37–39	0.7964	1.0618	1.3273	1.8582
	40–42	0.8455	1.1274	1.4092	1.9729
	43–45	0.8947	1.1929	1.4911	2.0875
	46–48	0.9438	1.2584	1.5730	2.2022
5	49–51	0.9929	1.3239	1.6549	2.3169
	52–54	1.0421	1.3894	1.7368	2.4315
	55–57	1.0912	1.4550	1.8187	2.5462
	58–60	1.1404	1.5205	1.9006	2.6608
6	61–63	1.1895	1.5860	1.9825	2.7755
	64–66	1.2386	1.6515	2.0644	2.8902
	67–69	1.2878	1.7170	2.1463	3.0048
	70–72	1.3369	1.7826	2.2282	3.1195
7	73–75	1.3861	1.8481	2.3101	3.2341
	76–78	1.4352	1.9136	2.3920	3.3488
	79–81	1.4843	1.9791	2.4739	3.4635
	82–84	1.5335	2.0446	2.5558	3.5781
8	85–87	1.5826	2.1102	2.6377	3.6928
	88–90	1.6318	2.1757	2.7196	3.8074
	91–93	1.6809	2.2412	2.8015	3.9221
	94–96	1.7300	2.3067	2.8834	4.0368
9	97–99	1.7792	2.3722	2.9653	4.1514
	100–102	1.8283	2.4378	3.0472	4.2661
	103–105	1.8775	2.5033	3.1291	4.3807
	106–108	1.9266	2.5688	1.2110	4.4954
10	109–111	1.9757	2.6343	3.2929	4.6106
	112–114	2.0249	2.6998	3.3748	4.7247

	115–117	2.0740	2.7654	3.4567	4.8394
	118–120	2.1232	2.8309	3.5386	4.9540
11	121–123	2.1723	2.8964	3.6205	5.0687
	124–126	2.2214	2.9619	3.7024	5.1834
	127–129	2.2706	3.0274	3.7843	5.2980
	130–132	2.3197	3.0930	3.8662	5.4127
12	133–135	2.3689	3.1585	3.9481	5.5273
	136–138	2.4180	3.2240	4.0300	5.6420
	139–141	2.4671	3.2895	4.1119	5.7567
	142–144	2.5163	3.3550	4.1938	5.8713
13	145–147	2.5654	3.4206	4.2757	5.9860
	148–150	2.6146	3.4861	4.3576	6.1006
	151–153	2.6637	3.5516	4.4395	6.2153
	154–156	2.7128	3.6171	4.5214	6.3300
14	157–159	2.7620	3.6826	4.6033	6.4444
	160–162	2.8111	3.7482	4.6852	6.5593
	163–165	2.8603	3.8137	4.7671	6.6739
	166–168	2.9094	3.8792	4.8490	6.7886
15	169–171	2.9585	3.9447	4.9309	6.9035
	172–174	3.0075	4.0102	5.0128	7.0179
	175–177	3.0568	4.0758	5.0947	7.1326
	178–180	3.1060	4.0763	5.1766	7.2472

關鍵詞彙

1. 勞依茲保險人 (Lloyd's Underwriters)

2. 辛迪卡 (Syndicate)

3. 相互保險公司 (Mutual Insurance Company)

4. 相互保險社 (Mutual Insurance Association)

5. 交互保險社 (Reciprocal Insurance Exchange)

6. 保險合作社 (Co-Operative Insurance Society)

習題

一、何謂個人保險組織？

二、請說明辛迪卡之意義？

三、何謂保險股份有限公司？

四、何謂相互保險公司？

五、何謂交互保險社？

六、何謂政治風險？何謂信用風險？

第二章

再保險

第一節　再保險之意義

根據保險法第三十九條:「再保險，謂保險人以其所承保之危險，轉向他保險人為保險之契約行為」，意即再保險 **(Reinsurance)** 係指保險公司為避免因承接保單所帶來的潛在巨大風險，而將所承保的危險責任之一部分，移轉給一個或數個其他保險公司共同承擔的契約行為。通常，我們將再保險交易中危險責任移轉的一方，稱為原保險人 (Direct Writer)，或分保公司 (Ceding Company)，而承受危險責任移轉的一方，稱為再保險人 (Reinsurer)，或再保險公司 (Ceded Company)。

例如：假設 ABC 公司向東泰產物保險公司投保保額 10 億元的火災保險，東泰產物保險公司認為此承保危險責任太大，故轉而向中央再保險公司投保，轉移一部分風險給中央再保險公司，此時中央再保險公司稱為再保險人，東泰產物保險公司稱為原保險人，ABC 公司稱為被保險人。

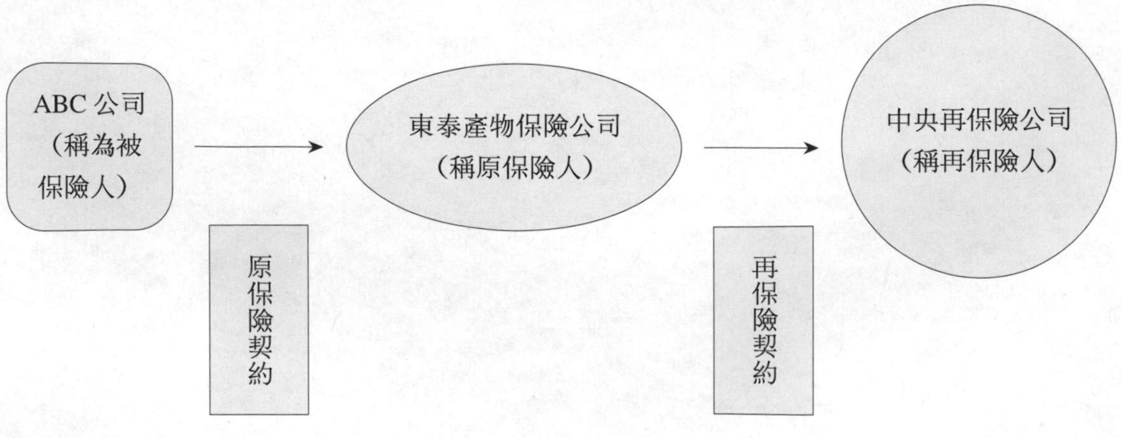

隨著時代的變遷，企業國際化已是一種趨勢，對於投保巨額保險的需求也愈來愈大，再保險契約解決了因原保險契約潛在巨災危險而無保險人敢承保巨額保單的問題，即由於再保險契約的存在，使得保險人本身財務不再因支付巨額賠款而受到影響。目前，除了傳統巨額保險的再保險外，還有所謂的財務再保險。

保險人的保險賠款必須以準備金與再保險來支持，當準備金不足及再保險無力時，保險人可能產生違約風險，為了使保險能真正發揮其功能，市場上出現了財務再保險的機制，即所謂的保險衍生性金融商品 (Insurance Derivative)，其目的主要是希望透過資本市場的力量解決保險市場不可保的風險。所謂的**保險衍生性金融商品係指保險人將保險轉換成金融商品作為資本市場投資者交易的對象**，例如：巨災債券。巨災債券又稱為保險聯繫型債券 (Insurance-Linked Bond)，投資者購入巨災債券，保險人則按約定的時間支付債息給投資者，並依巨災發生與否及發生情況作為是否繼續付息或還本的依據，此種債券在發行之初並未載明償還的本金及債息。

第二節 再保險之功能

一、對被保險人而言

1. **減少原保險契約的違約風險：**

   再保險契約的存在，使原保險人的承保危險責任分散，對被保險人而言，可因此獲得更確實的保障，減少原保險契約違約的顧慮。

2. **促成並簡化巨額保險：**

   因保險人與再保險人間有再保險業務的往來，故被保險人欲投保巨額保險時，僅需向一保險人投保即可，不必分別同時向許多保險公司投保。

二、對原保險人而言

1. **風險的分散：**

   風險的分散為再保險之主要目的，由於再保險的存在，使原保險人可避免因承接保單所帶來的潛在巨大風險，即原保險人若覺得承保某保單的潛在風險很大，但又不想放棄此承保契約，則可透過再保險將部分承保風險移轉給再保險人承擔，進而降低自身所直接承擔的理賠風險。

2. 財務的功能：

當原保險人遇到被保險人申請巨額理賠時，原保險人可依再保險契約，向再保險人請求現金攤回 (Cash Claim)，使本身財務不會因為支付巨額賠款而受到影響，即再保險可確保原保險人的償債能力，使原保險人能夠履行對於被保險人的原保險契約之義務。此外，原保險人將部分保險業務移轉給再保險人，可向再保險人收取再保險佣金，此佣金可以降低原保險人損失準備金的提撥，增加原保險人的財源。

3. 增加承保能量：

再保險的存在使得保險人遇到投保金額龐大的保單時，不會因公司承保能量不足而被迫放棄此承保契約，保險人仍可承接此保單，而將超過自身承保能量的部分移轉給再保險人，故再保險可增加原保險人承保能量；反過來說，在原來的承保能量下，可以降低所需要的資本準備。

例如：波音飛機價值上億美元，萬一發生空難，可能造成機體全毀、乘客罹難，倘墜落地點為工廠地帶，則又導致廠房機器貨物的毀損、工人的死傷等等，保險人須負責理付的賠款，可能高達數億或數十億美元，結果原保險人縱使不倒閉亦必遭受嚴重打擊。因此原保險人唯有透過再保險，將超過限額部分予以再保以減少損失準備金 (Reduction of Reserve) 而增加利潤。

三、對再保險人而言

1. 節省營業費用：

再保險人不必為了招攬業務而設置許多分支機構及訓練人才，再保險人可直接利用原保險人之經驗與技術，作風險評估 (Evaluation of Risks)，選擇核保優良的保險人。

2. 分散風險效果：

因為再保險人通常僅與原保險人分保某險種之一部分，故再保險人可以同時與多個原保險人承作再保險業務，或與相同原保險人承作不同險種的再保險業務，以達到分散風險效果。

第三節　再保險之型態

保險人對於再保險的安排方式大致上可分成二種類型，一種為視個別保險契約之需求的臨時再保險 (Facultative Reinsurance)，另一種為平日已與再保險人訂定分保計劃的合約再保險 (Treaty Reinsurance)，玆分別說明如下：

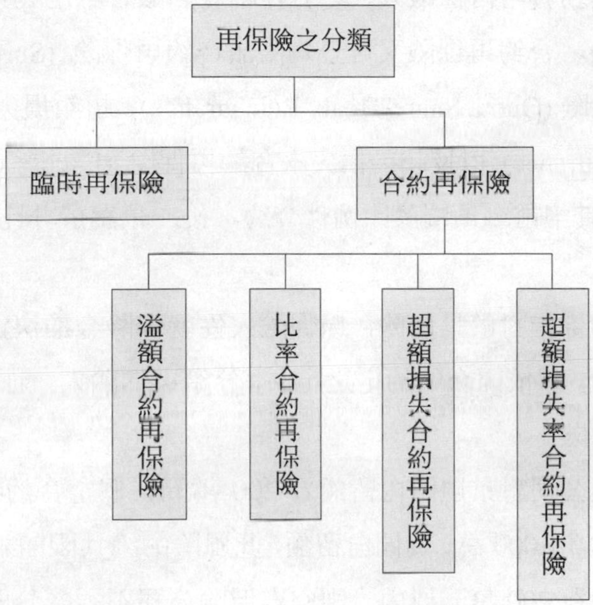

一、臨時再保險

臨時再保險係指原保險人針對保單的特定風險及保障需求，臨時尋找合適的再保險安排，故又稱為臨時分保，或任意分保。臨時再保險主要用於當原保險人的合約再保險限額已滿時，可用臨時再保險移轉超額部分的責任。臨時再保險的當事人（指原保險人及再保險人）對於業務之接受有完全自主權 (Faculty)，即原保險人對於某一危險，可以自由決定是否要再保險、再保險多少，以及再保險人為誰，而再保險人亦可自由選擇是否要接受此分保業務，因此，每一件臨時再保險交易，皆為完全獨立的再保險契約。

二、合約再保險

相對於臨時再保險的個案安排方式，合約再保險省去了一一處理保單再保的時間及成本，同時避免無法再保險的不確定性。合約再保險係指原保險人與再保險人事先訂立合約，約定各種指定風險的分擔比例狀況後，原保險人可隨時將超過自留額之業務，自動地依照約定比例分給再保險人，再保險人必須接受，同時，原保險人也一定要將超過自留額之業務分給再保險人，雙方互相受到該合約的拘束，故又稱為固定再保險，或比例再保險。合約再保險又可分為溢額合約再保險 (Surplus Treaty Reinsurance)、比率合約再保險 (Quota Share Treaty Reinsurance)、超額損失合約再保險 (Excess of Loss Treaty Reinsurance) 以及超額損失率合約再保險 (Excess of Loss Ratio Treaty Reinsurance) 四種，其中前二項屬於比例性合約，後二項屬於非比例性合約。

㈠溢額合約再保險

溢額合約再保險係指對於某危險，原保險人先就保險金額決定自留額，凡超出原保險人自留額的部分，即依照合約約定之比例，分給再保險人。通常規模較大的公司，多採用溢額合約再保險。

例如：安泰保險公司對某風險自留額為 200 萬元，假定合約約定為 5 倍 (5 Cession)，則合約分保限額 1,000 萬，連同自留額，此風險的總共限額為 1,200 萬元，此外，若此風險的保險金額在 200 萬元以內，則安泰保險公司不須要分出業務。

㈡比率合約再保險

比率合約再保險係指對於某危險，原保險人無一定的自留額，原保險人可將此風險承保金額的總共限額以合約約定之比例向外再保險，即每筆業務，原保險人依約定之百分比自留，再保險亦各自依合約約定之比例分別接受再保險業務，雙方對於危險之立場完全相同。此外，原保險人對於再保險責任、再保險費、賠款之攤回等，均可依再保險之比例計算。新設立之公司或規模小或業務未穩定者，多採用本方式，較屬方便。

例如：某風險總共限額為 1,000 萬元，依合約原保險人自留額佔 15%，即分擔 150 萬元，其餘 850 萬元，依照各再保險人所認百分比分配之。

㈢超額損失合約再保險

超額損失合約再保險係指再保險人僅對於同一危險事故（即同一險種）所發生之損失理賠超過原保險人之自留額部分，依約負責賠償，而不須對每一筆損失負比例賠償責任。

㈣超額損失率合約再保險

超額損失率合約再保險係指在某一約定期間內，若原保險人的賠款率超過與再保險人約定的賠款率時，則所有超過的部分由再保險人依合約約定負責賠償。

關鍵詞彙

1. 原保險人 (Direct Writer)
2. 再保險人 (Reinsurer)
3. 臨時再保險 (Facultative Reinsurance)
4. 合約再保險 (Treaty Reinsurance)
5. 溢額合約再保險 (Surplus Treaty Reinsurance)
6. 比率合約再保險 (Quota Share Treaty Reinsurance)
7. 超額損失合約再保險 (Excess of Loss Treaty Reinsurance)
8. 超額損失率合約再保險 (Excess of Loss Ratio Treaty Reinsurance)

習題

一、請說明再保險的意義。

二、再保險的功能為何?

三、再保險有哪些型態?

四、何謂臨時再保險?

五、何謂溢額合約再保險?

六、何謂比率合約再保險?

第三章
金融控股法與保險業之整合

第一節　法令之規範

一、金控法之施行

近年來由於國際金融市場自由化及資金移動效率化，銀行朝向綜合化發展已蔚為潮流；金融業務全球化的發展，使得銀行、證券、保險間的業務區隔逐漸模糊，廢除銀行與證券分離的限制，並允許金融控股公司得從事證券、保險、投資顧問、共同基金等業務，由於金融業的跨業經營使併購活動更趨積極。

我國金融機構未來將朝股權集中化、組織大型化、以及經營多角化三方向發展。金融控股公司法已於 2001 年 7 月 9 日經總統公布，並自 2001 年 11 月 1 日開始施行。

二、資本適足率之規定

財政部在 1992 年開放保險公司設立，並規定保險公司最低實收資本額為 20 億元，未達這一標準者，財政部要求業者須在十年內增資到 20 億元。

據瞭解，資本額未達 20 億元的產險業者，有部分打算以合併方式，達到擴大資本額的目的，但也有產險業者希望以加入其他金融業集團成立的金控公司，擴大本身的資本。

由於財政部規定，金控公司的最低資本額為 200 億元，產險業者加入其他金融集團，成為金控公司的子公司後，金控公司擁有產險公司 100% 的股權，產險業的股東只有金控公司，則金控公司的最低資本額為 200 億元，超過產險業最低資本額 20 億元的門檻。

資本額不到 20 億元的產險公司，併入金控公司後，是否須再辦理增資，將資本額提高到20億元的水準?

對此，財政部保險司官員指出，產險業者若是透過股權轉換方式，併入其他金融業者的金控公司，則只是產險公司原來的股東，轉成金控公司，產險公司原來的資本額還在，此時，依照保險法第一百三十七條，以及保險業設立標準第二條的規定，金控公司旗下這家產險公司的資本額，仍須增資達到20億元才算合法。

第二節　保險業之併購與整合

一、趨　勢

併購是進行產業結構重組的有效方法。一百年前，美國在蒸汽機、鐵路發明以後，產業進行大規模的合併，產生了GE、GM、P&G等公司，奠定了美國近百年產業發展的基礎。

近年來的經濟從高速成長到衰退，產業充滿超額產能。在過去鼓勵發展中小企業的政策下，國內企業普遍規模過小，無法從事國際級的行銷及研發，缺乏國際競爭力。

企業併購的綜效在於競爭優勢的互補及加強，競爭優勢的來源在於組織程序，組織程序的構建又來自組織文化及人才。因此，併購後整合的重點在於人才的運用。

我國加入世界貿易組織後將面臨國外金融集團的強大競爭壓力，為強化金融機構的國際競爭力，與達到國際化的目的，並讓金融集團營運透明化，有利主管機關之監督管理，爰配合國際潮流制定「金融控股公司法」，創造金融跨業經營及組織再造之有利環境，以提升我國金融競爭力，達成金融跨業綜合化、國際化之目標。

二、發展模式

保險業與其他金融產業之合併其發展結果將會走向：多角化及大型化、精緻化與專業化，分述如下：

㈠多角化及大型化

1. 1988年修改證券交易法，開放券商設立。
2. 1989年修改銀行法，開放銀行的設立。

3. 1993 年修改保險法，開放保險公司設立。

由以上階段性的開放，使得國內金融產業規模擴大，形成多角化經營。

㈡精緻化與專業化

國內保險業與金融業在金融機構合併法及金融控股法通過之後，在多角化經營之後，更轉向精緻化與專業化，亦即又要規模大又要服務品質良好。

第三節　併購與整合之型態

目前世界各國規範其金融機構跨業經營提供綜合性服務之模式，主要可分成四種。第一種為美國金融控股公司之型態，由控股公司設立不同的子公司，分別經營保險、銀行、證券等業務；第二種為日本專業分工與交叉持股之型態，各類銀行、保險業者、證券公司專心經營專業領域且可投資子公司；第三種為英國銀行子公司之型態，銀行可直接投資各種子公司，分別經營保險、證券等業務；第四種為德國及歐體綜合銀行之型態，銀行本身可直接兼營證券業務，但不可直接兼營保險業務，須以設立銀行子公司之方式經營保險業務。

㈠美國金融控股公司 (Bank Holding Company)

又稱區隔型綜合銀行，其形成背景為 1933 年通過格垃斯・史提格銀行法案 (Glass-Steagall Act of 1933)，嚴格禁止銀行經營保險、投資銀行業務。直到 1950 年代初期，一些大型銀行控股公司的活動，才普遍引起社會關心銀行資源的集中性及銀行控制非銀行業務的問題。終於，在 1956 年通過銀行控股公司法案 (Bank Holding Company Act of 1956)，主要目的是管理和監督銀行控股公司的活動。由於該法案定義銀行控股公司為擁有二家或二家以上銀行的公司，因此，促成未受該法案限制的單一銀行控股公司 (SBHC) 於 1956 年以後迅速發展，有效的規避了 Glass-Steagall 的跨業限制。1999 年美國國會通過金融服務業現代法 (Gramm-Leach-Bliley Act of 1999)，允許國內的銀行控股公司與外國銀行轉型為以提供銀行、保險、證券等一次購足 (One-Stop Shopping) 之金融控股公司 (Financial Holding Companies, FHCs)。其基本架構如圖 2–3–1。

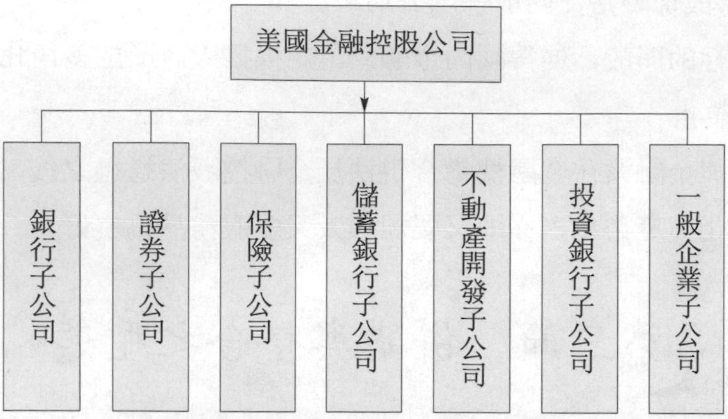

資料來源：陳欽奇、趙莊敏，美國金融產業整合與花旗集團經營策略分析，臺灣土地金融季刊，2001，第 38 卷第 3 期

圖 2-3-1　美國金融控股公司架構

㈡ 日本專業分工與交叉持股

為了禁止私人獨佔及確保公平交易的進行，日本於 1947 年制定「獨佔禁止法」，對於控股公司之設立或轉型，均以嚴格禁止。1960 年代以後，解除控股公司禁令的主張一直不斷，終於於 1997 年 6 月 11 日通過「獨佔禁止法」修正案，並於 12 月 17 日生效。至此，准許純粹控股公司（即母公司不進行營業，完全透過其持有之子公司進行營業）設立，而一般企業控股公司（即母公司進行營業，同時持有之子公司亦進行營業）也已解禁。但「獨佔禁止法」及其修正部分，並未定義金融控股公司。所以，金融控股公司其受禁止條件與一般控股公司相同。1997 年 12 月進一步通過「金融控股公司整備法」及「銀行控股公司創設特例法」等二個控股公司相關法案，允許金融機構跨業經營，以因應金融控股公司設立。除此之外，1999 年 10 月通過「商法有股票交換及股票移轉法律」及 2000 年 5 月通過「公司分割法」，除了使企業在組織戰略的應用上，其有更寬廣之彈性外，亦使金融控股公司之創設方法，愈趨多樣化及明確化。其基本架構如圖 2-3-2。

㈢ 英國銀行子公司之型態 (U.K. Variant Universal Bank)

銀行可直接投資各種子公司，分別經營保險、證券等業務。其基本架構如圖 2-3-3。

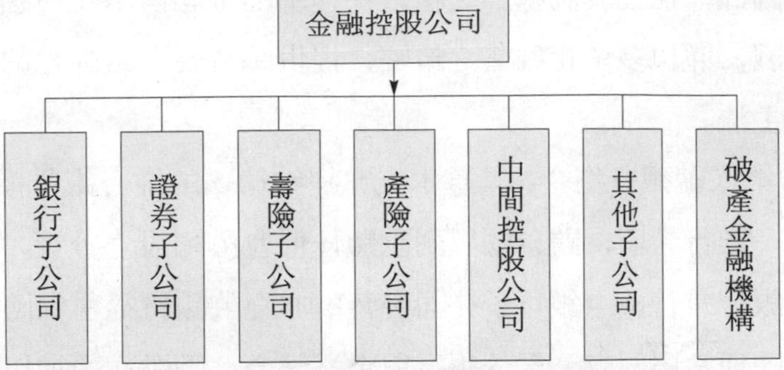

資料來源：相沢幸悅 (Koetsu Aizawa)，林韓菁譯，2001.1，p.178

圖 2–3–2　日本控股公司架構

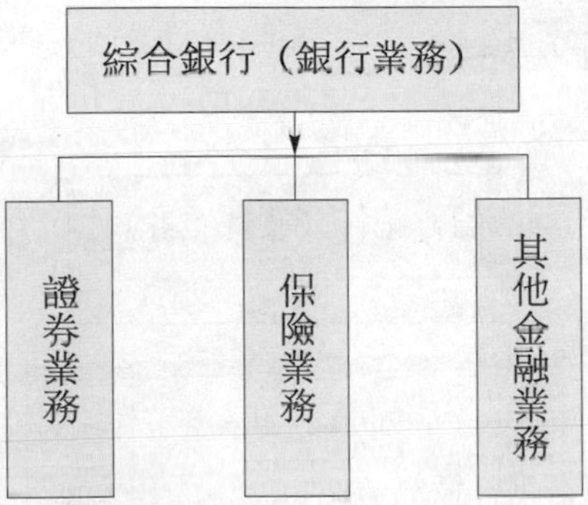

圖 2–3–3　英國銀行子公司之型態

㈣ 德國及歐體綜合銀行

德國的綜合銀行型態，與荷蘭、瑞士、法國、和義大利等國類似，顧客對各種金融商品，可享有一次購足之便利。此型態主要特色為銀行本身可直接兼營證券業務，但不可直接兼營保險業務，須以設立銀行子公司之方式經營保險業務。該型態的開始可溯源於 1822 年由荷蘭設立的 Soiete Generale de Pays-Bas 銀行，其業務除了收受存款並提供放款外，仍可發行及承銷債券與股票，甚至於投資礦業、鐵路局、製糖公司等企業。1930 年代全球性經濟大恐慌，使得實施綜合銀行制度之美、德兩國銀行受創程度遠較實施銀行分業制度之英、法兩國為嚴重。德國雖於 1934 年訂定銀行法，但依然堅持綜合銀行制度，僅對於投資業務加以限制，並規定銀行對某一企業之授信和不動產投資，不得超過其自有資本之某一比率。

第二次世界大戰以後，德國雖經聯軍多方改革其銀行制度，但由於其綜合銀行制度之根深柢固，因此無法使其動搖。之後，一連串的金融自由化與國際化，銀行朝向金融集團方向發展，並以多角化經營之策略，提供綜合性與跨國性的金融服務乃成為全球銀行競爭的主流。

1993 年歐體第二號銀行指令，其基本上亦採納德國的綜合銀行模式。該指令使歐體銀行得利用單一銀行執照，跨越國界到歐體任何會員國設立分行。有關證券業務銀行可自行選擇由銀行兼營或由銀行子公司經營；亦允許銀行從事保險業務，但規定須經母國與地主國監理當局同意。至於銀行與企業結合，歐體亦未加以禁止，僅規定銀行對非金融機構之投資，每家不得超過銀行資本的 15%，合計不得超過銀行資本的 60%。所以，歐體第二號銀行指令的實施，使德國的綜合銀行模式，在歐體其他地區加速擴展。其基本架構如圖 2-3-4。

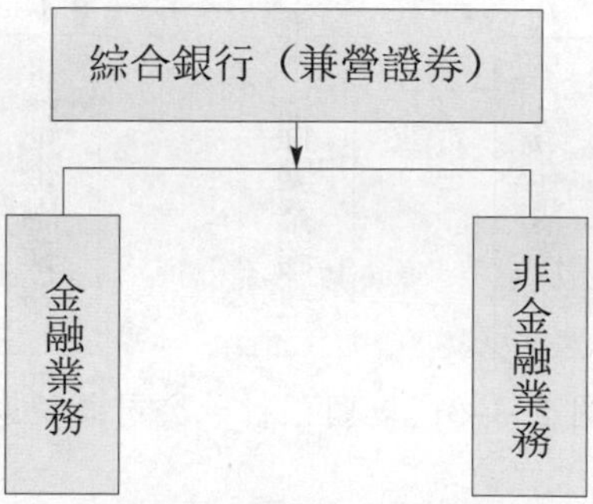

圖 2-3-4　德國綜合銀行之架構

第四節　我國金融整合之型態

臺灣金融業之跨業經營，早期有德國及歐體綜合銀行型態的影子，近期則走向英國轉投資子公司之型態，或美國的分業經營，依據行政院通過的金融控股公司法，基本上，目前我國對於金融業的管治比較屬於美國金融控股公司之型態。我國金融控股公司法第四條對於金融控股相關名詞定義如下：

1. **控制性持股：**

指持有一銀行、保險公司或證券商已發行有表決權股份總數或資本總額超過

25%，或直接、間接選任或指派一銀行、保險公司或證券商過半數之董事。

2.金融控股公司：

指對一銀行、保險公司或證券商有控制性持股，並依本法設立之公司。

3.金融機構：

指下列之銀行、保險公司及證券商：

(1)銀行：指銀行法所稱之銀行與票券金融公司及其他經主管機關指定之機構。

(2)保險公司：指依保險法以股份有限公司組織設立之保險業。

(3)證券商：指綜合經營證券承銷、自營及經紀業務之證券商，與經營證券金融業務之證券金融公司。

4.子公司：

指下列公司：

(1)銀行子公司：指金融控股公司有控制性持股之銀行。

(2)保險子公司：指金融控股公司有控制性持股之保險公司。

(3)證券子公司：指金融控股公司有控制性持股之證券商。

目前我國共有 13 家上市金融控股公司及 1 家（日盛金控）上櫃金融控股公司，其整合性金融業務如表 2-3-1。

表 2-3-1　臺灣目前金融控股公司之金融整合及保險通路概況

金控公司名稱	主體企業	相關企業	保險經紀人或代理人	專屬代理之保險公司
華南金控	華南銀行	永昌證券 永昌票券 永昌投信 中央票券 華南產物保險		
富邦金控	富邦產險	富邦人壽 富邦證券 富邦銀行 台北銀行 富邦投信	富銀保代	

		富邦行銷		
國泰金控	國泰人壽	東泰產險 匯通銀行 世華銀行 國泰投信 大和國泰證券	國泰人身保險代理人 國泰財產保險代理人 世華保險代理人	
中華開發金控	中華開發工業銀行	菁英證券 大華證券		
玉山金控	玉山銀行	玉山證券 玉山票券 玉山投信 玉山租賃	玉山保險代理人	
復華金控	復華證金	復華證券 復華（亞太）商銀 復華期貨 復華創投 金復華投顧 金復華投信		
兆豐金控	交通銀行	國際證券 倍利證券 中興票券 中國國際商業銀行 中國產物保險		
第一金控	第一銀行	第一富蘭克林投信 一銀租賃	第一保險代理人	
台新金控	台新銀行	台証證券 台新票券 大安銀行 台新資產管理 台新行銷	台新保險代理人 台新保險經紀人 台新財產保險代理人	新光 紐約
新光金控	新光人壽	新光產險 力世證券 新壽綜合證券	新壽保險經紀人	

國票金控	國際票券	國票綜合證券 協和證券 大東證券		
建華金控	華信銀行	建弘證券 金華信銀證 美國遠東國民銀行	建華人壽保險代理人 建華財產保險代理人	
中國信託 金控	中國信託 商業銀行	中信銀證券 中信票券 中信創投	中信保險經紀人	中壽 統一安聯
日盛金控	日盛證券	日盛銀行		

關鍵詞彙

1. 金控法
2. 併購
3. 多角化
4. 資本適足率
5. 綜合銀行
6. 整合行銷
7. 交叉銷售

習題

一、請說明我國金融業之投資整合情形。

二、我國保險業如何進行併購與整合?

三、何謂資本適足率?

四、請說明完全整合式綜合銀行。

五、美國控股公司之經營模式為何?

六、我國金控法成立之後保險公司與銀行如何做整合行銷?

第三篇

保險契約

第一章 保險契約之內容與架構

第一節　保險契約成立之要件

保險契約如一般契約由當事人一方「要約」(Offer)，經他方承諾 (Acceptance)，雙方意思表示合致而成立。而保險契約的主體可分為保險契約的當事人，即為保險契約的直接關係人；與保險契約的關係人，亦即保險契約的間接關係人。其中保險契約的當事人為保險人與要保人，關係人則為被保險人與受益人。

一、保險人 (Insurer)

保險人之義務。根據保險法第二條的規定可知在保險契約所承保的危險發生時，要保人、被保人若遭受損失，保險人就負有賠償的義務。

我國目前保險人的型態不外乎「股份有限公司」、「保險合作社」、「外國保險公司」與「依特別法規定成立之保險組織」。

唯根據我國保險法第二條的規定：「本法所稱保險人，指經營保險事業之各種組織」，再根據第一三六條的規定：「保險業之組織，以股份有限公司或合作社為限。但依其他法律規定或經主管機關核准設立者，不在此限。」

二、要保人 (Applicant)

根據保險法的規定，要保人乃指「對保險標的具有保險利益，向保險人申請訂立保險契約的人」。要保人須具備兩個要件:

(一)保險利益

要保人須對保險標的具保險利益。保險法第三條規定要保人對保險標的必須具保險利益。在第十七條中更規定，要保人或被保險人對於保險標的無保險利益者，保險契約失其效力。

㈡要保人須具備行為能力

只要是成年人及依法設立登記的財團法人、社團法人或公司均得為要保人。限制行為能力人、無行為能力人或禁治產人則不得為要保人。

三、被保險人 (Insured)

根據我國保險法第四條的規定，被保險人乃指於保險事故發生時，遭受損害，享有賠償請求權的人；要保人亦得為被保險人。我國保險法第一百零五條規定：「由第三人訂立之死亡保險契約，未經被保險人書面同意，並約定保險金額，其契約無效」。

四、受益人 (Beneficiary)

根據我國保險法第五條的規定，所謂受益人是指被保險人或要保人約定享有賠償請求權的人，要保人或被保險人均得為受益人。以下將就產壽險的狀況分別加以說明，在人身保險受益人可以分為指定受益人與法定繼承人：

1. 指定受益人：

是由要保人或被保人在契約中指定受益人，原則上可以變更，除非已在契約中載明不得變更或要保人已聲明放棄變更權。其二是未指定受益人，則依法推定受益人，通常是要保人或被保人之合法繼承人。若無法推定受益人時，要保人即為受益人。若在死亡保險中，要保人、被保人為同一人且未指定受益人時，保險金則視為被保人之遺產。

2. 法定繼承人：

係指被保險人之法定繼承人而非要保人之法定繼承人而言。依民法第一千一百三十八條所訂，法定繼承人之順序除配偶外，依下列順序定之：一、直系血親卑親屬（子女）。二、父母。三、兄弟姐妹。四、祖父母等人。其中除配偶不受順序的限制外，其他繼承各有一定的順序，不得先後紊亂。因此，若發生保險事故時，保險金必須由第一順位受益人領取，若第一順位受益人全部都已經不在時，才由第二順位受益人領取，依此類推；且若同一順位受益人有數人時，保險金須均分。但若繼承人有於繼承開始前死亡或喪失繼承權者，則依民法第一千一百四十條所訂，則由繼承人的直系血親卑親屬代位繼承其應繼分。

第二節　保險契約之架構

一、要保書 (Application)

要保書之內容主要包括：

1. 要保人或被保人的姓名、地址（或法人、公司名稱）。
2. 保險標的之種類、性質及其所在地址。
3. 要保人的職業或營業性質。
4. 過去投保記錄（是否同時擁有其他保險）。
5. 要保人之聲明及簽署。

二、暫保單

暫保單為臨時保險單，主要記載內容為：

1. 保險金額。
2. 保險費率。
3. 要保人與被保人姓名。
4. 承保之危險事故。
5. 被保險標的。
6. 保險期間。

暫保單的效力在正式保單未簽發前，與正式保單相同。暫保單所承保之期間通常為一個月，在使用上以財產保險居多，尤其是在火災保險時的使用頻率最高。

三、保險單 (Policy)

保險單幾個相當重要之組成部分包括：

1. 聲明事項 (Declarations)：

指的是要保人所提供有關被保險人之人身或財產書面資料，內容包括保險標的之種類、地址與性質。

具體而言，聲明事項即是要保人提供予保險人對於要保危險實質上有關重要事項的說明，而這些內容多從要保書上轉載而來。

2. 承保協議 (Insuring Agreement)：

或稱承保範圍，乃在說明何種情況下，保險人對被保險人有履約之責任，其項目包含了被保險人資料、承保之危險事故、承保之保險標的物、承保之地域、承保之期間、保險金額等。

3. 除外事項 (Exclusions or Exceptions)：

即契約中的除外條款，主要用於明確規範何種情況下，保險人不須對被保險人負履約賠償之責任。

4. 保單條款 (Conditions)：

分為基本條款與特約條款兩部分。

基本條款包括有：

⑴當事人之姓名及住所。

⑵保險標的物。

⑶保險事故之種類（例如汽車保險中之車體損失危險、竊盜損失危險或是第三人責任險等）。

⑷保險責任開始之日時及保險期間。

⑸保險金額。

⑹保險費。

⑺無效及失權及原因。

⑻訂約之年、月、日。

另外所謂特約條款，一般稱之為保證，而保證又可分為確認保證與承諾保證，解釋如下：

⑴確認保證是指保證某些事項存在或不存在，乃為一種對過去的特約保證，保證內容無繼續性。

⑵承諾保證是指對某些事項之作為或不作為，是一種對未來之特約保證，保證內容有繼續性。

四、批單 (Endorsements or Riders)

批單通常黏貼於保單後面，其功能為修正或修改原始保單條文的一種附加條款，如表 3–1–1 所示，為強制汽車第三人責任險批單。

表 3–1–1　強制汽車第三人責任險批單

※強制汽車第三人責任保險契約權益轉移批單 保險證號碼：＿＿＿＿＿　批單第：＿＿＿＿＿號 被保險人：＿＿＿＿＿　牌照號碼：＿＿＿＿＿ ㈠茲經雙方同意，本保險契約被保險人自　　年　　月　　日起更改如下： 被保險人： 住　　所： ㈡本保險契約之權利義務，自同日起歸於更改後之被保險人。本保險契約其他事項，均不變更。 特此加批。　　中華民國　　年　　月　　日簽批。

關鍵詞彙

1. 要約 (Offer)

2. 承諾 (Acceptance)

3. 保險人 (Insurer)

4. 要保人 (Applicant)

5. 被保險人 (Insured)

6. 受益人 (Beneficiary)

7. 要保書 (Application)

8. 保險單 (Policy)

9. 聲明事項 (Declarations)

習題

一、何謂要保人？其成立要件為何？

二、何謂保險人？

三、何謂受益人？法律上有哪些規定？

四、何謂聲明事項？

五、批單之意義為何？

六、保單條款之內容為何？

第二章 保險契約適用之原則

第一節　損害填補原則 (Principle of Indemnity)

被保人在保險事故發生後，其所受補償以不超過實際損失為原則。因此在經濟上以恢復至保險事故發生時瞬間前之原狀，也就是只能如數獲得賠償 **(Fully Indemnified)**，不能因為發生損失而獲得利益 **(Making Profit out of Loss)**，減少道德危險因素增加機會。若要保人、被保人或受益人可因保險事故的發生而獲利，必然使得損失機會大增。利用保險而獲利即成一道德危險因素。

因此，損害補償原則的基本目的為：防止被保人因保險而獲得利益。例如，一輛價值 70 萬元的車子因車主駕駛不慎撞到路燈，車身損壞達 8 萬元，若保險公司賠付 10 萬元，則被保險人將因保險而獲利 2 萬元。

損害填補原則在實務上通常有些地方會作一些修正 (Modifications)，茲分述如下。

一、定值保險單 (Agreed Value or Valued Policy)

當事人雙方在簽定保險契約時，已約定了保險標的價值，以免標的物於損失發生後，因不易確定價值而生糾紛，例如藝術品、古董、稀有畫作等等。在定值保險單之下，若有損失發生，則按當初所約定的價值作為理算賠償的基礎。

二、人身保險 (Life Insurance)

人的生命並無法用金錢加以衡量，事先由雙方當事人在契約訂定時約定好一定數量的保險金額。若保險事故（死亡）發生，保險人即按此約定的保險金額賠付。由於並不涉及所謂實際損失與保險標的實際現金價值的問題，故人身保險又是一種損害補償原則的例外。

三、重置成本保險 (Replacement Cost Insurance)

重置成本保險乃指在進行損失補償時，不將折舊列為給付金額的減項。此種保險乃是基於若是以實際現金價值做為補償基準，例如：張三買了重置成本保險，假設該標的物的價值為 5 萬元，張三就可以獲得 5 萬元賠償，不須扣掉折舊，而使標的物能恢復原狀。

另外，根據損害填補原則而有所謂「代位求償權」(Right of Subrogation)。所謂代位求償乃指保險人在給付給被保險人保險金後，即取得對那些因疏忽過失且對被保人負有賠償責任的第三人的求償權利；亦即原本對第三人有求償權利的被保人，會因收取了保險金之後，而將此求償權利移轉給保險人。因為保險人對第三人求償的數額，不得超過保險人賠付給被保險人的保險金，故代位求償與損失補償的關係密切。

代位求償權行使的理由在於：

1. 避免被保人或受益人領取雙重的補償，因而違反了補償原則之精神。
2. 保險人行使代位求償權後所追償回來的金額可減少保險人實際的損失率，損失率下降會使得要保人的保費負擔減輕。
3. 對於有過失的第三者亦不會因有保險人補償損失而免除其賠償責任。

依據保險法第五十三條的規定，行使代位求償權要注意的事項如下：

1. 被保人必須對第三人有損失賠償請求權。亦即若是被保人對第三人不存有損失賠償請求權或是第三人無過失，保險人則無權可代。
2. 保險人給付賠償金額後，即有選擇是否行使代位求償權的權利。唯因此權利為法律所授與，故縱然被保人拒不簽署移轉代位書，保險人仍可強制行使此項代位求償權。
3. 以賠償金額為行使代位權的範圍，亦即保險人只能以其付出的賠款額度為其求償的權利。
4. 被保險人不可以損害保險人的代位求償權。因此若被保險人的行為構成保險人行使代位求償權的傷害，則被保險人將無法獲得保險人的賠償。
5. 代位求償權僅適用於財產保險上，人身保險則不適用。因為人身保險契約非為補償契約。

6. 除非損失係由被保人之家屬或受雇人故意行為所致者外，保險人不得向其求償，亦即對於被保險人之家屬或受雇人不能行使代位權，但由其故意所致者除外。也就是保險人代位求償權的行使對象，以非為其被保險人之家屬及受雇人為原則。

第二節　最大誠信原則 (Principle of the Utmost Good Faith)

保險交易涉及保險人與要保人雙方當事人之誠信，因此保險人所以承諾賠付損失，是完全以要保人或被保險人之誠信為前提。而就要保人而言，由於保險人須依賴其所提供之資料作為危險評估及訂約之基礎，因此應將其所知悉之一切重要事實 (Material Facts) 告知保險人，不得有任何詐欺或隱瞞，倘有詐欺或隱瞞，即為違反最大誠信原則，亦即違反告知義務，保險人得據以解除契約。

1906 年英國海上保險法第十七條規定海上保險契約即是基於最大誠信而締訂之契約，如契約當事人之一方有違反者，他方得主張其契約無效。其原文如下：

A contract of marine insurance is a contract based upon the utmost good faith, and, if the utmost good faith is not observed by either party, the contract may be avoided by the other party.

另外第十八條「被保險人應負之告知義務」**(Disclosure by Assured)** 規定，在保險契約訂立時，被保險人對保險人應負告知之義務，對於要保危險任何重要事項，不論其已知、依其判斷可得知或在正常業務過程所應知者，均應為完全的說明，否則保險人得主張其契約無效。

第三十九條「船舶適航能力之保證」**(Warranty of Seaworthiness of Ship)** 規定，在航程保險單中被保險船舶在航程開始之時，該船舶對所承保之特定航海冒險目的而言，應具備適航能力，是為一種默示保證。

第三節　保險利益原則 (Principle of Insurable Interest)

要保人或被保險人對於保險標的必須具有保險利益，保險契約始生效力。此所謂保險利益，乃要保人或被保險人對於保險標的具有經濟上之利害關係而享有之合法權利。保險契約存在保險利益之目的有三：

1. 防止賭博行為。
2. 減少道德危險。
3. 有助於保險人估計損失金額。

我國保險法第十四條規定：「要保人對於財產上之現有利益，或因財產上之現有利益而生之期待利益，有保險利益。」所謂「財產上之現有利益」係指對於財產具有合法權利，例如對於某項財產具有所有權、抵押權、留置權或質權等，即得以該項財產為保險標的投保保險；而所謂財產上之現有利益而生之「期待利益」係指對於財產所享有合法權利而生之將來預期收益而言，例如要保人得就營業中之自有廠房機器之預期利潤為保險標的投保營業中斷保險（又稱利潤損失保險）。

此外，「責任利益」是以民法上的侵權行為責任為基礎，故與前述的財產利益與期待利益係以所有權等財產權為基礎者有所不同。換句話說，只要可能構成民法上的侵權行為，而負擔損害賠償責任之情形，就可以成為責任保險的保險利益。例如實務上所開辦的醫師專業責任險、律師專業責任險、公共意外責任險、電梯意外責任險等。

有關於人身之保險利益，依據保險法第十六條特別列舉規定，要保人對被保險人只要具有下列關係，法律上就認為有保險利益存在：⑴本人或其家屬；⑵生活費或教育費所仰給之人；⑶債務人；⑷為本人管理財產或利益之人。我們以下再作進一步的說明：

㈠本人或其家屬

要保人以其自己為被保險人而投保人身保險，不必問其實際上有如何的經濟利益，都有最大的保險利益。這種保險契約得以任何人為受益人，保險金額也可在投保時任意訂定。一旦發生保險事故，保險人就應按照契約上規定的保險金額給付予受益人。

依民法第一千一百二十三條規定，家屬係指以永久共同生活為目的，而同居一家的人，並不限於有親屬關係。同居一家的人，可能有現在或將來賴以生活的經濟利益，也可能是家長有權命令家屬提供勞務等利益，所以要保人對於其家屬的生命、身體有保險利益存在。

㈡生活費或教育費所仰給之人

這是指實際供給要保人生活費或教育費的人。這種人無論是否為親屬，也無論是否同居，對要保人而言，都有實際上的經濟利益，故也有保險利益存在。

㈢債務人

要保人（債權人）對於債務人有經濟上的利害關係，因為債權能否得到清償，有賴債務人個人的條件來決定，故債務人的生死，債權人事實上必定感到關切。因而要保人以債務人的生命、身體為標的而訂立保險契約是有效的。相反地，若債務人以債權人的生命、身體為標的而訂立保險契約，則因欠缺保險利益而不被許可。

㈣為本人管理財產或利益之人

為要保人管理財產或利益的人倘若死亡或遭到傷害，常會影響要保人的財產或營業，故與要保人有經濟上的利害關係，因而有保險利益存在。萬一這些人發生事故，而造成要保人財產上的損害，則可藉保險金額的受領作為彌補。

第四節 主力近因原則 (Principle of Proximate Cause)

所謂「主力近因」(**Proximate Cause**) 指造成損失結果之最接近、最直接有效之原因，發生損失（結果）可能由於單一或同時、先後多種危險（原因）所造成。因此，如何確定主力近因，首先須分析損失之原因，然後再分析造成損失之原因究為承保危險或除外不保危險。

在主力近因原則之上，保險人對於被保險人之賠償責任，僅以所承保之危險所致損失為限，即所承保危險事故之發生，與損失結果之形成，須有直接因果關係存在，始構成保險人負責賠償之要件，此即為「主力近因原則」。

第五節 賠款分攤原則 (Principle of Contribution)

所謂賠款分攤原則係指在契約中保險人應負之賠款，由各保險人或保險契約按其個別承保責任或應負之賠償責任比例分攤 (**Pro Rata Share**)。有關賠款分攤原則之內容，茲分述如下。

一、共同保險 (Coinsurance)

所謂共同保險，乃指同一保險標的、同一被保險人、同一保險利益、同一保險事故，同時由兩個以上保險人共同承保，而簽訂一個保險契約。保險人於接受某一筆業務之要保時，鑒於自身承擔能力有限，為謀分散其承保責任，而邀約其他保險公司共同承保，其方式可由各個共同保險人 (Coinsurer) 聯合簽單，分別約定其責任額度，將來被保險人損失發生時，亦按其責任額度負責予以賠償，此一方式通常稱為「對外共同保險」(External Coinsurance)；另一方式係由接受要保之保險人為首席公司 (Leading Company) 負責簽單，直接對被保險人承負保險責任，各個共同保險人之承保責任則另以共同保險契約約定之，將來被保險人損失發生時由其承擔全部賠償責任，而後再向各個共同保險人攤回其應分攤之賠款，此一方式通常稱為「對內共同保險」(Internal Coinsurance)，計算方式如下。

各共同保險人應負擔賠償之金額＝對該一損失應負賠償金額×(各個共同保險人承保責任額度／全部保險責任)

二、複保險 (Double Insurance)

所謂複保險，乃指同一保險標的、同一被保險人、同一保險利益、同一保險事故，分別向兩個以上保險人訂立數個保險契約，而各保險契約之效力期間互為重複之情況。

複保險應具備要件有五項：

1. 須為同一保險標的：

即被保險人以同一保險標的向數保險人訂立數個保險契約，或在損失發生時某項保險標的同時為二個以上保險人所承保者。

2. **須為同一被保險人、同一保險利益：**

亦即被保險人對於同一保險標的基於某一種保險利益關係，分別向數保險人訂立數個保險契約者，始構成複保險。雖其為同一保險標的，若保險利益關係不同者，亦不得謂為複保險。

3. **須為同一保險事故：**

亦即保險標的因遭受同一保險事故發生所致，同時有兩個以上保險人或保險契約應負賠償之責任，始構成複保險。

4. **須向數個保險人訂立數個保險契約：**

亦即須由兩個以上保險人分別訂立數個保險契約，以承保同一保險標的，始為複保險。

5. **須為同一保險期間：**

所謂同一保險期間，係指各保險契約之效力互為重複者，只要在損失發生時均屬有效即可。

第六節　附合契約 (Contract of Adhesion)

保險契約之條款與內容完全由保險人一方訂定，對於要保人而言僅能依照契約內容與條款之規定事項來決定是否訂立契約，至於契約內容並無制訂與刪改之權利，而保險公司為節省經營成本對於某些險種如火災保險、汽車保險均事先制訂共同適用之保單條款，成為定型化之契約。當文字意義模糊不清而有多種可能解釋時，則雙方並非處於相同之法律地位，法院通常以有利於要保人或被保人之解釋作為判決，因為推定保險人在設計保單時必然已優先考慮本身之利益。

第七節　對人契約

保險契約是一份對人契約，主要著眼於要保人與被保險人之誠信與態度，同一張車險保單，張三駕駛車輛之技術優良、做事小心謹慎、不容易發生事故，李四開車橫衝直撞當然意外頻繁，導致保險公司賠款連連，這就是對人契約的最好寫照。

關鍵詞彙

1. 損害填補契約 (Principle of Indemnity)
2. 最大誠信原則 (Principle of the Utmost Good Faith)
3. 保險利益原則 (Principle of Insurable Interest)
4. 主力近因原則 (Principle of Proximate Cause)
5. 賠款分攤原則 (Principle of Contribution)
6. 附合契約 (Contract of Adhesion)

習題

一、損害填補原則之意義為何?

二、最大誠信原則之意義為何?

三、何謂附合契約?

四、何謂對人契約?

第三章

保險契約之效力

第一節　保險契約主體之變更

保險契約主體包括了當事人（指保險人、要保人）、關係人（指被保險人、受益人）。一般而言，保險契約主體的變更係指保險人或要保人有所交替，茲說明如下：

㈠保險人方面

保險人將其所有保險契約之一部分或全部，概括地移轉給其他的保險人，屬於主體變更的一種，此種情況多發生於保險人合併時。

㈡要保人方面

我國保險法第四十九條規定：保險契約除人身保險外，得為指示式或無記名式。由此可知，人身保險契約必為記名式保險契約，通常不得任意轉讓，然而，在某約定條件下，要保人仍可將其保險契約上的利益轉讓給他人。另外，財產保險契約如為指示式或無記名式保險契約，則可將其保險契約（實際上為保險單）轉讓給他人。

第二節　保險契約的無效

我國保險法第二十三條、第三十七條、第五十一條、第一百零五條、第一百零七條、第一百二十二條對於保險契約的無效及保費的處理均有明確規範，茲整理如下：

保險契約無效之情形	保險費之處理
以未滿十四歲之未成年人為被保險人	要保人不得請求返還保費
以心神喪失或精神耗弱人為被保險人	要保人不得請求返還保費
無行為能力之人訂立死亡保險契約	要保人不得請求返還保費
訂立死亡保險契約未經被保險人同意	要保人不得請求返還保費

惡意複保險	保險人於不知情期間內取得保費，要保人不得請求返還保費
真實年齡超過保險人所定保險年齡限度	保險人無息返還保費
雙方均知危險已發生或消滅	要保人不得請求返還保費
訂約時，僅保險人知危險已消滅（為相對無效）	要保人得請求返還保費
訂約時，僅要保人知危險已發生	要保人不得請求返還保費

第三節 保險契約的解除

保險契約的解除，在法律上係指追溯至訂約之時點自始無效，下列為保險契約解除之可能狀況：

㈠要保人怠於通知

我國保險法第五十七條規定：「當事人之一方對於他方應通知之事項而怠於通知者，除不可抗力之事故外，不問是否故意，他方得據為解除保險契約之原因。」此外，因要保人怠於通知而保險契約解除時，保險人無須返還其已收受之保險費。

㈡要保人故意隱匿過失或不實說明達拒保程度

我國保險法第六十四條規定：「訂立契約時，要保人對於保險人之書面詢問，應據實說明。要保人故意隱匿，或因過失遺漏，或為不實之說明，足以變更或減少保險人對於危險之估計者，保險人得解除契約；其危險發生後亦同。」此外，因要保人故意隱匿過失或不實說明達拒保程度而保險契約解除時，保險人無須返還其已收受之保險費。

㈢要保人違背特約條款

我國保險法第六十八條規定：「保險契約當事人之一方違背特約條款時，他方得解除契約；其危險發生後亦同。」此外，因要保人違背特約條款而保險契約解除時，保險人無須返還其已收受之保險費。

㈣惡意超額保險

我國保險法第七十六條規定：「保險金額超過保險標的價值之契約，係由當事人一方之詐欺而訂立者，他方得解除契約。」此外，因惡意超額保險而保險契約解除時，保險人無須返還其已收受之保險費。

㈤意定解除

因不可歸於當事人之事由而保險契約解除，例如：保險人破產，保險人不提供擔保，當事人可解除保險契約。此時，要保人得請求返還解約後之保費，可請求返還解約金。

第四節 保險契約的終止

保險契約的終止，在法律上係指保險契約的效力將來歸於終止，我國保險法第二十四條、第二十六條、第二十七條、第五十一條、第五十九條、第六十條、第八十二條、第九十七條、第一百零五條、第一百一十六條、第一百一十七條、第一百一十九條對於保險契約的終止及保費的處理均有明確規範，其內容整理如下：

保險契約終止之情形	保險費之處理
保險標的物非因保險事故發生而消滅	終止後保費返還要保人
保險期間屆滿	無
保險人破產時	終止後保費返還要保人
要保人破產時	終止後保費返還要保人
保險標的物全部或一部處於不正常狀態，經保險人建議要保人或被保險人修復，而不被接受時	終止後保費返還要保人
超寬限期間人壽保險保費未交	要保人不得請求返還
保險標的物危險增加（保險人要求增加保費，要保人不同意）	終止後保費返還要保人
保險標的物危險消滅	終止後保費返還要保人
保險標的物危險減少（要保人要求減少保費，保險人不同意）	終止後保費返還要保人
被保險人故意自殺	滿二年者返還責任準備金
被保險人因犯罪處死、拒捕或越獄致死	滿二年者返還責任準備金
受益人故意致被保險人於死	滿二年者返還責任準備金
要保人故意致被保險人於死	滿二年者返還責任準備金
保險事故發生致保險標的物遭受全部損失，保險人已給付保險金	無

第五節　保險契約的有效

下列為保險契約仍為有效之可能情形：

保險契約仍為有效之情形	保險費之處理
真實年齡未達法定年齡之最低規定	自被保險人到達規定年齡之日起有效
錯誤年齡大於真實年齡	保險人需無息退還超繳之保費
錯誤年齡小於真實年齡	要保人需補繳不足之保費
雙方均不知危險已消滅或發生	要保人得請求返還解約後保費
善意複保險	要保人得要求比例返還保費

第六節　保險契約的停效與復效

我國保險法對於保險契約的停效與復效之相關規定如下：

1. 第五十六條規定：

   變更保險契約或恢復停止效力之保險契約時，保險人於接到通知後十日內不為拒絕者，視為承諾。但人壽保險不在此限。

2. 第一百一十六條規定：

   人壽保險之保險費到期未交付者，除契約另有訂定外，經催告到達後逾三十日，仍不交付時，保險契約之效力停止。催告應送達於要保人，或負有交付保險費義務之人之最後住所或居所。保險費經催告後，應於保險人營業所交付之。第一項停止效力之保險契約，於保險費及其他費用清償後，翌日上午零時，開始恢復其效力。保險人於第一項所規定之期限屆滿後，有終止契約之權。

關鍵詞彙

1. 主體之變更
2. 無效
3. 解除
4. 終止
5. 停效
6. 復效

習題

一、保險契約無效之情形有哪幾種?

二、何謂保險契約的解除?

三、保險契約終止的情形有哪些?

四、何謂停效?何謂復效?

第四篇

人身保險

第一章

人身保險

第一節　人身保險制度的起源

在歷史遙遠的過去裡，人類已出現在地球上，雖是沒有尖牙、沒有銳角且膽怯的動物，但是早已經潛在著將來能夠輝煌發展的獨特力量。經過長久而不安定的狩獵時期，人類開始進入農耕時期，互助本能產生了共同社會知識和技術，村落逐漸發達，「家族」就是互助本能所產生最堅固的結合，大地就是母，太陽就是父。

中世紀的社會充分活也開始專業化，這四周都是人類的世界。麵包店只做麵包，鞋店只顧做鞋子，分工的時代開始了，生活的的確確是方便多了，但就像是浮萍欠缺確實又可靠的根，工人和商人只能依靠金錢來過活，可是金錢有消失的一天，人們對沒有保障的生活，內心產生了不安。工人和商人的生活比起被領土束縛的農民是自由一點，但他們脫離了如母親般的大地後的不安，與都市人民完全一樣，於是他們創造出了「同業工會」。

相互防備商業上損失，及保障自己死亡以後遺屬的生活問題，這就是「基爾特」(Guild)。在十七世紀末的倫敦聖保羅大教堂，教堂裡的僧侶們都是當時一流的高級知識分子，可是他們不像農民有土地，商人有財產，說穿了也不過是今天一般所謂的薪俸生活者，他們只有在身體健康的時候，生活才沒有憂慮，所以這些僧侶們開始創設有趣的社團來互相保障，萬一這種社團僧侶當中有人死亡，其他僧侶就捐集奠儀，來幫助其遺屬。

這種在還沒有人發生死亡以前就預先積存了奠儀的組織，就是有名的「預繳奠儀公會」。據說當時僧侶的喪葬遠比普通人要鋪張花錢，有了這公會喪葬費用就有了著落，遺族生活費用也有了來源，應該說是有百利而無一害。

可是問題的癥結就在同一相同的零存繳納款，年輕的僧侶需要長久按期繳納，年老的僧侶則繳不到幾次就先死，反而獲得同一全額的奠儀，這樣年輕的僧侶當然心有不甘，最後高興繳納的只有那些老的僧侶。如果多數人互助，每一個人的負擔當然減輕。

這的確是很好的構想，但最後還是失敗，原因只在於不分老少一律繳納同一全額的零存款，年輕的僧侶相繼脫離，使得這人類歷史上首次出現的人壽保險終告停止。歸於失敗之後不出數年，同一城市倫敦出現了孤兒與寡婦生活保障協會為名的人壽保險團體，這協會組織了當地認識的全民二十人，而且不考慮職業因素。而擴大參加者的範圍，這便是它向前邁進的一大特長。

協會的章程約定，死亡時其遺屬可領 500 英鎊，入會者需先繳入會費 5 先令，以後每次有會員死亡時，每人都繳 5 先令，就這樣開始了業務。其中兩個人是協會派遣出來的驗屍人，會員死亡時按照協會規定，由這些驗屍人親自認證無誤之後，就發給 500 英鎊。不久這協會也顯露了缺點，因為每死一個，繳款的會員就少了一個，但每死一個人 500 英鎊卻仍要一文不少支付出去，怕這樣下去，協會會破產，因此提高了繳納金額，但死的會員越多，最後未死的會員繳納的金額也越加多就提出怨言，反對繳納過高的金額，不到十年，這協會也終於關門大吉。有了這經驗後，倫敦市又出現了以絕不提高分期繳納會費為標榜的人壽保險公會──「親睦協會」，它的作法是向每一會員收取 6 英鎊 4 先令，然後由當年死亡的會員遺屬共同分配這筆錢，可是會員一個個死亡，因此收取的錢也會逐漸減少，能收到的錢少，遺屬能分的錢也跟著減少，這是因為最初繳納錢多的遺屬一旦減少了，以後就變成這種情況。為免遺屬領款減少，唯有增加會員一途，因而增募了新會員，但募集到的多半是身體病弱或年老的人，親睦協會的理監事們用盡心思終於想到免招募死亡危險率高的人為新會員，並設定十二歲到四十五歲，身體健康者為條件。因為有了年齡的限制，所以出現一件始料未及的事，那就是當年四十六歲也就是比睦親協會所定年齡限制僅大一歲的數學家詹姆斯多多孫先生剛好生日卻因為多一歲不能投保，僅多一歲就不讓他參加，因此他決定要去改正這種不合理的現象。

而當時歐洲正是文藝復興後的時期，「大數法則」即是其中重要的發現。以發現哈雷彗星而聞名的愛德門哈雷先生，認為這大數法則一定也能適用於人類壽命，於是為了搜集資料，從倫敦老遠跑到德國布烈斯勒鎮來，布鎮是個寧靜的小鎮，居民很少有遷移，最適合做有關人類壽命之研究，可是人們對這個調查，並未給予合作。

然而，經過蒐集了許多例子後，哈雷先生發現，初看時好像毫無關連的個人壽命裡，事實上也有一定的法則，這就是大數法則之作用存在，他證明了人的死亡率是隨年齡增多而不可避免的增高，且製作了有名的「哈雷死亡表」。因為一歲之差而無法參加親睦協會人壽保險的多多孫先生，想到了以「哈雷死亡表」為基礎，計算與死亡率相符合的分期繳納款，才稱得上真正公平，因而計算出了按年齡分別繳納不同的分期款。就這樣確立了無論青年或老年都能各按自己的危險率，繳納一定金額的分期款，並且能夠領取到約定保險金的合理制度。

但是他的研究成果並沒有馬上被接受，直到他死亡後的第五年，即 1762 年才誕生了運用他理想的現代化保險公司——「公平協會」。當時英國正是產業革命之黎明時期，瓦特發明能代替人力的偉大蒸汽機力量，英國社會起了莫大的變遷，成群結隊的人離開農村聚向都市而後擠入工廠，由是產生了一群被叫做工廠勞工的人們，他們喪失了大地的保障，僅靠出售勞力而維持生計，由這共同的不安而結合的勞工也就創設了「友愛協會」等等互助的制度，藉此謀求保障。

由這段歷史可發現，不停的迅速變化和發展中的現代社會，只要生命有不安，人們必將隨文明的發展，而創造更新的互助制度，並且無論是何種制度，以集團來保護家屬的本能，將永遠成為其主流，於是造就了人壽保險的發展。

個人集合組成家庭，家庭集合構成社會，而保險則形成了經濟上互助制度，例如：遇到意外事故時的傷害保險、患病時的健康保險、火災的火災保險等，現在舉一個常見的例子來說明人壽保險的本質，以及互助制度究竟是根據什麼想法而建立，以下將由一段對話來說明。

老師：「怎麼又打破了？你這一班，已經是第三次打破玻璃了，跟上次一樣，要賠償 300 元。」

學生：「哎！老師你罰款太重了啊！大家一起玩球，而你卻只教打破的人從為數極少的零用錢裡負擔玻璃賠償費 300 元，實在是一筆大數目，請問老師一年大約會有幾片玻璃會打破?」

老師：「我數數看，打棒球再加上你們平時打破的合起來，一年平均 100 片玻璃吧!」

學生：「100 片，那麼多啊！這麼說，如果一片玻璃要 300 元，那麼，哇！總共要

30,000 元啊！真不少錢，老師，既然是大家玩耍時打破的玻璃，大家共同出錢來負擔好嗎？學校學生人數是 1,500 人，30,000 元以 1,500 來除，呀！只要 20 元，如果每年每人出 20 元，既不影響零用錢，又能夠賠償打破的玻璃，這樣就可以放心的遊玩。」

老師：「好辦法！每一個人出一點錢，合起來，將來無論哪一個人打破玻璃都不怕沒有錢賠，遇到困難就能夠互相幫助。」

學生：「老師說的真有道理。」

這就是人壽保險由來的基本想法，眾多的人，每人出一點錢，在有人遇到困難時互相幫助的想法，隨之就產生了人壽保險。利用這個制度，你能幫助別人也能接受其他多數人的幫助，相同的道理，因為是由多數人出錢來分擔責任，如果分擔的金額計算不實、草率或不平，這個制度就無法存在。人壽保險採非數字科學、合理的方法來計算分擔金額。一個人的壽命多長，是無法預測計算，可是從多數人著手，就可以用科學方法加以預測。譬如有 100,000 個三十歲的人，根據統計數字顯示，一年內有 226 人死亡，多麼可怕，沒有人願意被列入這十萬分之二百二十六內，是不是？而四十歲的人，在 100,000 人中，一年內就有 362 人死亡。怎麼樣來預測死亡的人數呢？

用擲骰子證明剛才所講的預測，開始各點數出現的次數相當不規律，隨著投擲次數增加，每一點出現的次數，就會幾乎相同並趨於一致，這就是大數法則。同理，人的壽命無法從單獨的個人加以預測，大數法則是以多數人為例，加以計算後就能知道，某一歲數人一年中將會死亡多少人，這樣根據大數法則計算，並列出死亡人數的表，叫做死亡表或生命表，最早的例子就是前述的「哈雷死亡表」。

假設每年死亡 226 人，如果集合 100,000 個三十歲的人來建立互助制度，每年死亡 226 個人，對死亡者每人給付 100 萬元保險金時，共需要 2.26 億元；如果 100,000 人，平均分擔 2.26 億元，每人分擔的金額是 2,260 元。這樣算法的根據和前面所講的故事相同，算出來的數字就是保險費，不過玻璃每年都有約略相同的破損數目，賠償負擔金額也可以一定，人就不同，歲數增多，保險費也隨著增加。以一個男人之生涯為例，多半過著以下的家庭生活：他們在二十歲左右就業，以後收入逐年增加，不久後就結婚、生小孩，然後孩子送進學校。他們自己在公司的職位也逐漸升高，經過長久歲月的培育，孩子也長大成人，接著讓孩子成婚。總而言之，他們有一段做父親的責任期限，孩子們長大自立，做父親的責任減輕之後，將面臨自己年老後的生活問題，此外對家庭負有責任期間中，有早死和因年老而收入減少的危險，為保障長期家庭生活的幸福，人們想出來各種各樣人壽保險，保護家屬免受家長在盡其家庭責任期間內早死的危險，這就是「死亡保險」。

投保人在參加保險時，如在未滿期前死亡，可以獲得死亡保險保障的功用；如果投保人期滿仍生存時，他就無法領取保險金，所繳的保險費不能要求退還，毫無預繳準備的功用。其次針對年老後的生活問題，發展出生存保險，「天有不測風雲，人有旦夕禍福」，誰都無法預知自己壽命有多長，不管是早死或長壽，對於盡家庭責任期間內的早死者，可以利用死亡保險金來安頓遺屬；至於長壽者的生活問題，「生存保險金」能使年老者有所憑藉為生，有了這二種保險，無論早死或長壽，都能夠有備無患。其次更進一步把死亡保險或生存保險問題加以合理組成而產生「養老保險金」制度，一種保險就能解決早死和長壽兩種危險，養老保險是由死亡時可以領到其他投保人新繳的部分和死亡之前各自零存的部分所組成的一種險種。

第二節　人身保險的意義與功能

一、人身保險的意義

人身保險係指以人的身體為保險標的物之保險，意即被保險人若因保險危險事故發生，導致身體遭受傷亡時，保險人依約給付保險金之保險。人身保險通常包含了人壽保險、傷害保險、健康保險以及年金保險。

二、人身保險的功能

人身保險主要功能為透過保險單設計滿足消費者生、老、病、死、傷、殘的人身風險管理，主要功能有：

1. 保障生活安定。
2. 保障子女教育費用與遺族生活。
3. 養成儲蓄良好習慣。
4. 節稅。

5. 促進經濟發展。

第三節　人身保險之分類

人身保險之分類如圖 4–1–2 所示，詳細說明如下。

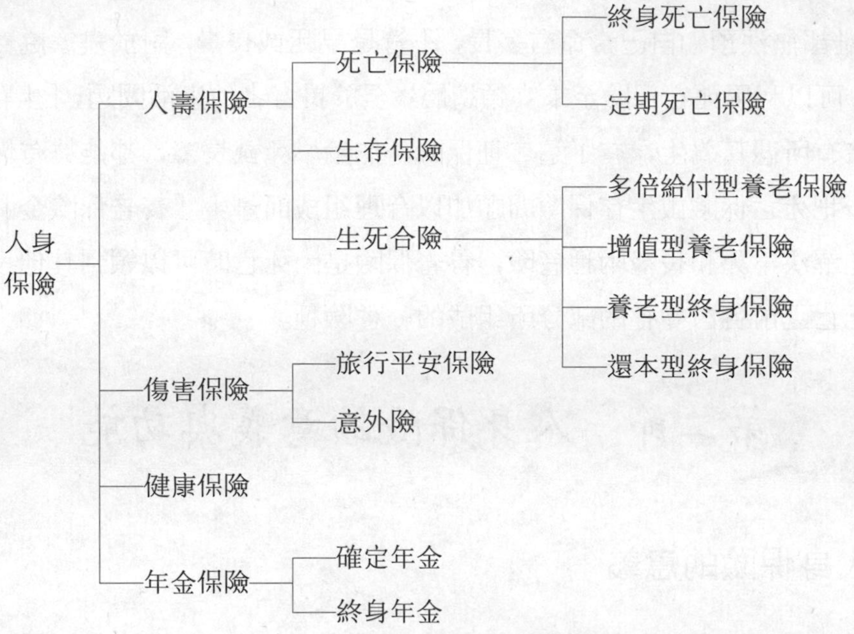

圖 4–1–2　人身保險之分類

一、人壽保險 (Life Insurance)

簡稱壽險，我國保險法第一百零一條規定：人壽保險人於被保險人在契約規定年限內死亡，或屆契約規定年限而仍生存時，依照契約負給付保險金額之責。因此，人壽保險以被保險人的死亡或生存為保險事故之要件。可細分以下三種：

(一)死亡人壽保險 (Mortality Insurance)

以被保險人的死亡為保險事故之保險，又可分成以下兩種類型：

1. 定期險 (Term Life)：

要保人與保險人約定某特定期間為保險期間，被保險人如於保險期間死亡，保險人須給付保險金額之保險。此類型的保險常用於短期保險，例如：旅行平安保險。

2. 終身壽險 (Whole Life)：

以被保險人之終身為保險期間，自保險契約生效開始，無論被保險人何時死亡，保險人均須給付保險金額之保險。

㈡純粹生存保險 (Pure Endowment Insurance)

要保人與保險人約定某特定期間為保險期間，被保險人如於保險期間屆滿仍生存，則保險人須依約給付保險金額之保險。

㈢生死合險 (Endowment Insurance)

又稱養老保險，被保險人如於保險期間死亡，保險人須依約給付保險金額，被保險人如於保險期間屆滿仍生存，則保險人須給付保險金額附加利息給被保險人。

若依照現金價值的風險承擔與投資標的又可分為：

1. 萬能壽險 (Universal Life)：

與終身壽險相似，最大差異在於於保險契約期間中，保費支付及保險金可以隨著保單持有者的需要而調整，因此現金價值也會隨著保單持有者的保費支付、保險人的費用率及死亡給付費用、短期利率而變動，一般而言，現金價值都有一最低保障利率。

2. 變額壽險 (Variable Life)：

與終身壽險相似，最大差異在於將保險資金另設分離帳戶，由保單持有者指定之投資標的，例如共同基金，而累計現金價值。因此，給付之保險金額也隨資金運用績效變動，通常也都有最低死亡保險金之保障。

二、意外傷害保險 (Accident Insurance)

又稱意外保險，我國保險法第一百三十一條規定：傷害保險人於被保險人遭受意外傷害及其所致殘廢或死亡時，負給付保險金額之責。前項意外傷害，指非由疾病引起之外來突發事故所致者。因此，傷害保險係指被保險人在保險有效期間內，由於遭遇非疾病所引起的外來突發且非故意之事故，導致其身體蒙受傷害、殘廢或死亡時，由保險人依照保單約定給付保險金的保險。

三、健康保險 (Health Insurance)

我國保險法第一百二十五條規定：健康保險人於被保險人疾病、分娩及其所致殘廢或死亡時，負給付保險金額之責。因此，被保險人因罹患疾病或遭受重大災難，所招致的醫療費用或經濟上的損失，保險人須依保險契約給付保險金額，又稱疾病保險。

健康保險主要幾種險種包括：

1. 重大疾病險：

   被保險人在保險契約有效期間，經醫生診斷罹患心肌梗塞、腦中風、慢性腎衰竭、癌症、癱瘓，或施行冠狀動脈繞道手術、重大器官移植等，可以領取理賠金作為醫療費用。

2. 防癌險：

   保障被保險人罹患癌症所發生的醫療、住院費用，以及出院後的治療費用。

3. 住院醫療險：

   當被保險人住院時，保險公司依契約規定給付保險金，分「實支實付型」以及「定額給付型」（不管醫療費用多少，保險公司給付一定的保險金）兩種。

4. 失能險：

   被保險人因為意外或疾病無法工作，保險公司將依照保險契約給付保險金。

四、年金 (Annuity) 保險

在保險契約有效期間內，保險公司自約定時日起，每屆滿一定期間給付保險金，稱作年金保險。依我國保險法第一百三十五條之一的內容，年金保險又可分成以下兩種：

1. 確定年金 (Annuity Certain)：

   保險人於保險契約約定期間內，定期給付一定金額給被保險人，若被保險人死亡，則將餘額繼續給付給指定的受益人。

2. 終身年金保險 (Life Annuity)：

   以被保險人生存為要件，在被保險人生存期間，保險人依保險契約定期給付一定金額給被保險人之保險，換言之，若被保險人死亡，則立即停止給付。

第四節　人身保險保額的評估

一般人在決定要投保多少金額時常用的方法有以下三種：人類生命價值法 (Human Life Value Approach)、家庭需求法 (Family Needs Approach) 及年收入倍數法 (Times of Annual Income Approach)。其中又以前兩種最常使用。

一、人類生命價值法

1924 年休勃納 (S. S. Huebner) 首先提出，認為人類生命價值如同財產的價值一樣，是可以估算評價的，其中包括五項重要的論點：

1. 人類生命價值應審慎評估並以金錢計價。
2. 人類生命價值應被視為所有財產價值的創造者。
3. 家庭是一個依靠其成員生命價值所構成的經濟單位。
4. 世代之間的經濟交替主要在於人類生命價值。
5. 相對於財產價值而言，人類生命價值的重要性可運用在企業的管理上。

人類生命價值法計算方式如下：

1. 預計個人的工作年數（預期退休年齡減去現在年齡）及稅後年收入。
2. 自稅後年收入中扣除每年自己所需的生活費用，再以年利率折現之。

例如：假設 A 君每年稅後收入、個人生活費用、年利率在各年中維持固定不變，A 君稅後年收入為 100 萬元，每年自己所需的生活費用為 30 萬元，A 君現年 34 歲，打算持續工作 30 年，於 63 歲退休，若目前年利率為 6%，則年金現值利率因子為 13.7648，人類生命價值=13.7648×70 萬元=9,635,360 元。

二、家庭需求法

須先決定若家人的主要經濟維持者死亡或喪失工作能力時，其家庭欲維持何種生活水準之目標，通常包括：

1. 子女能夠自立以前的家庭收入。
2. 子女自立後，尚生存者（例如：配偶、雙親）終身所需之收入。

3. 特殊需要，如抵押債務之償還、應付緊急事故之資金。

4. 退休時之生活費用。

5. 善後費用 (Cleanup Fund)，如喪葬費等。

三、年收入倍數法

透過精算技術，在考量利率以及投保者個人特徵（例如：年齡、職業等），核算當因發生保險事故時，導致收入減少及額外費用增加所需保障金額。

簡單的公式歸納如下：

家庭責任額＝家庭生活準備金＋負債償還金＋家庭急用金－社會保險－現有穩定資產（以存款為主）

第五節　人身保險之核保

核保 (Underwriting) 係指選擇及分類危險暴露的一種過程，即藉由對危險的確認、評估及保單的內容來正確地選擇保戶。核保的目的主要在防範逆選擇的問題。核保對於保險人的經營成敗佔有舉足輕重的地位，即有利潤的核保才能使保險人在保險市場中生存及成長。

核保人員 (Underwriter) 如何在最短的時間及最小的成本下，獲得最多有關於保險主體的資訊是非常重要的，通常核保人員會透過要保書、業務人員報告書、體檢報告書、徵信調查報告書等內容來達到有效率的核保。

一、要保書 (Application Form)

要保書為一種非正式契約，為核保人員對於保險主體之資訊的基本來源，主要記載要保人與被保險人的基本資料，以及與保險相關之若干重要事實。雖然要保書為一種非正式契約，但是若保險人同意承保，則要保書上所記載之事實，將具有法律效力。

要保書為被保險人之投保申請書，內容除了記載被保險人之姓名、性別、年齡、出生年月日、地址等個人基本資料外，還包括了被保險人之職業、工作性質、健康狀況等之告知事項，核保人員可以由要保書之告知事項，瞭解被保險人之身體狀況，以評估其危險程度。

一般保險公司的要保書包括三大基本內容，分別為「基本資料」、「告知事項」以及「聲明事項」。

1. 基本資料：

主要記載被保險人、要保人以及受益人的相關基本資料，此外，還有繳費方式、保單紅利給付方式、被保險人投保經歷、保險種類、保險金額等。

2. 告知事項：

包括被保險人職業、身高、體重以及健康狀況。投保時應詳實填寫，如有故意隱匿，或為不實告知，保險公司得解除契約。

3. 聲明事項：

為要保人與被保險人之聲明事項，主要聲明於保險業務範圍，可就要保人與被保險人之個人資料進行蒐集、轉送壽險公會建立電腦連線資料等行動之有效性。例如：同意保險人查閱被保險人相關之醫療記錄及病歷資料。

要保書的填寫要切實注意是否親自簽名、蓋章，謹記清楚詳實的原則，避免糾紛。

違反告知義務的四步驟為：

1. 據實說明：

保戶對要保書書面詢問的「告知事項」應據實說明，如有故意隱匿，或過失遺漏，或為不實的說明，足以減少保險公司對危險的估計者，保險公司可以解除契約，在保險事故發生後亦同。

2. 解除契約：

若保戶違反「告知義務」，保險契約經保險公司解除後，該契約自始無效，且保險公司不負給付保險金的責任。

3. 沒收保費：

若保戶違反「告知義務」，保險公司解除保險契約時，毋需返還所收受的保險費。

4. 二年為期：

保險公司對於保險契約的解除權，自知有解除原因後經過一個月，或自契約開始日起經過兩年不行使而消滅。

要保書之格式如表 4–1–1 所示。

表 4-1-1　要保書

基本資料

一、被保險人

姓名:	年齡　　　歲	身份證字號:
出生日期:	性別:	
國籍:	婚姻狀況:	

二、要保人

姓名:	年齡　　　歲	身份證字號:
出生日期:	性別:	
與被保險人之關係:		

三、要保人住所

住址:
電話:

四、受益人

保險金種類	A.身故保險金	B.生存保險金
姓名		
與被保險人關係		
保險金給付方式		

五、繳費方式

繳法:
繳別:

六、保單紅利給付方式

☐ 1.現金給付　☐ 2.購買繳清保險　☐ 3.抵繳保費　☐ 4.儲存生息

七、是否同意續期保費未在寬限期屆滿前繳付時，以保單價值準備金自動墊繳本契約保險費及利息?

八、被保險人（含眷屬附加附約）投保經歷

九、要保人聲明欄

十、保險種類與保險金額（幣值：新臺幣）

		年　期	保險金額	保　費
主被保險人	主契約險種			
	定期壽險			
	重大疾病保險附約			
	傷害險附約			
	健康險附約			

眷屬附加	姓名			
	關係			
	身份證字號			
	出生日期			
	傷害險附約			
	健康險附約			

告知事項

十一、被保險人職業及兼業告知

十二、被保險人健康告知

目前身高＿＿＿公分　體重＿＿＿公斤

壽險部分	下列壽險部分告知事項，是否有為「是」者 □1.是 □2.否 1.過去二年內是否曾因接受健康檢查有異常情形而被建議接受其他檢查或治療?若「是」，請詳述檢查時間、原因、項目及結果?（亦可提供檢查報告，以供參考） 2.最近二個月內，是否曾因受傷或生病接受醫師治療、診療或用藥? 3.過去五年內是否曾患有下列疾病而接受醫師治療、診療或用藥? A.高血壓症（指收縮壓 140 以上或舒張壓 90 以上）、狹心症、心肌梗塞、心肌病變、心內膜炎、風濕性心臟病、先天性心臟病、主動脈血管瘤、心臟瓣膜疾病（狹窄、閉鎖不全、畸形）或手術、（心搏過緩或心搏過速症）心律不整? B.腦中風（腦出血、腦梗塞）、腦瘤、腦動脈血管瘤、腦動靜脈畸型、多發性硬化症、脊髓病變、肌肉萎縮症、癲癇、重症肌無力、短暫性腦缺血、巴（帕）金森氏症、精神病? C.肺氣腫、支氣管擴張症、塵肺症、肺結核? D.肝炎、肝內結石、肝硬化、肝功能異常（異於檢驗時所提供之參考值）、肝炎帶原? E.腎臟炎、腎病症候群、腎機能不全、尿毒、腎囊腫? F.視網膜病變、出血或剝離、視神經病變? G.癌症（惡性腫瘤）、或未經證實為良性或惡性之腫瘤、大腸瘜肉? H.血友病、白血病、貧血（再生不良性貧血、地中海型貧血）、紫斑症? I.糖尿病、類風濕性關節炎、肢端肥大症、腦下垂體機能亢進或低下、甲狀腺或副甲狀腺功能亢進或低下、腎上腺功能亢進或低下? J.紅斑性狼瘡、膠原症? K.愛滋病或愛滋病帶原? 4.過去五年內是否曾因受傷或生病住院檢查、治療七日（含）以上? 5.過去一年內是否曾因患有下列疾病而接受醫師治療、診療或用藥? A.酒精藥物濫用成癮、眩暈症、腦震盪、肢體麻痺? B.食道、胃、十二指腸潰瘍或出血、潰瘍性大腸炎、胰臟炎? C.肝膿瘍、黃疸、肝或脾腫大? D.慢性支氣管炎、氣喘、肺膿瘍、肺栓塞? E.痛風、高血脂症? F.青光眼、白內障? 6.目前身體機能狀況是否有智能障礙（外表無法明顯判斷者）或失明、聾啞及言語、咀嚼、四肢機能障礙（缺肢、麻痺、變形）? 7.被保險人為女性時，請回答下列問題: A.過去一年內是否曾患乳腺炎、乳漏症、子宮內膜異位症、陰道異常出血而接受診療、治療或用藥? B.目前是否已確知懷孕? 若「是」，已經幾週? ＿＿＿週 最後一次月經日............................＿＿＿年＿＿＿月＿＿＿日

<table>
<tr><td></td><td>8.本人、配偶或子女是否曾患有下列疾病？......................................1.是 □2.否
貓哭症候群、巴陶氏症、愛德華氏症、唐氏症、貓眼症候群、先天性脊柱裂、先天性腦膨出、先天性脊髓或脊髓膜膨出、苯酮尿症、高胱胺酸尿症、半乳糖症、粘多醣症、肝醣貯積症、脂肪貯積症、威爾遜氏病、重症地中海型貧血、心室中隔缺損、開放性動脈管、心房中隔缺損、肺動脈瓣膜狹窄、主動脈瓣狹窄、法洛氏四合症、大動脈轉位、三尖瓣閉鎖、主動脈弓縮窄、纖維性囊腫、生殖器性別不明、先天性耳聾、先天性失明、先天性腦性麻痺、血友病、先天性食道閉鎖合併有或無氣管食道瘻管、先天性膽道閉鎖、先天性無肛症、先天性甲狀腺功能低下、先天複合性免疫缺乏症、先天丙種球蛋白缺乏症、高血氨症、白胺酸代謝異常、軟骨發育不全症、成骨（發育）不全症、瓦登伯革氏症候群、運動神經元疾病、先天性泛垂體低下症、左心發育不全症、右心發育不全症、單心室、全肺靜脈回流異常、永久動脈幹、Ebstein 氏畸型？</td></tr>
<tr><td>健康險部分</td><td>9.除壽險部分所列疾病外，現在及過去一年內是否仍患有下列疾病？
....□1.是 □2.否
A.腦炎、腦膜炎、水腦症？
B.複視、角膜疾病、葡萄膜炎、飛蚊症、梅尼爾氏症、內耳前庭神經炎、中耳炎、乳突炎、鼻竇炎、鼻中隔彎曲、鼻瘜肉？
C.肺炎、支氣管炎、肋膜炎、氣胸、咳血？
D.胃炎、膽結石、膽囊炎、痔瘡、便血、急躁大腸症候群？
E.泌尿系統結石、泌尿系統發炎、蛋白尿、血尿、骨盆腔發炎、攝護腺肥大／發炎、疝氣、陰道異常出血？
F.骨折、關節炎、椎間板突出、坐骨神經痛、人工裝置物、子宮脫出、運動神經原疾病、痙攣、硬皮症？
G.甲狀腺腫、蠶豆症、靜脈曲張、良性腫瘤、瘜肉？</td></tr>
</table>

十三、眷屬職業及健康告知

聲明事項

十四、要保人與被保險人聲明事項

A.本人（被保險人）同意 xx 公司查閱本人相關之醫療記錄及病歷資料，並授權本人就診的醫療院所，提供本人相關就診記錄予 xx 公司。

B.本人（要保人／被保險人）同意 xx 公司於保險業務範圍內，就本人之個人資料得進行蒐集、電腦處理、轉送壽險公會建立電腦連線資料（作為會員之核保參考）或國際傳遞及利用，作為其他人壽保險公司受理本人投保時之核保參考。

C.是否已收訖本要保書之各項保險契約條款樣本或影本及「人壽保險要保書填寫說明」。
D.對貴公司提供之「海外急難救助服務辦法」之內容，均已了解並同意遵守相關約定。

申請日期：＿＿＿＿＿＿＿＿
被保險人簽名：＿＿＿＿＿＿＿＿
要保人簽名：＿＿＿＿＿＿＿＿
未成年者其法定代理人簽名：＿＿＿＿＿＿＿＿

二、業務人員報告書

業務人員報告書的內容可以分為：健康、財務及其他，茲分述如下。

1. 健康方面：

根據被保險人的既往病史、家族病史、外貌特徵，以評估是否需要作進一步的檢查或調查。

2. 財務方面：

有關要保人或被保險人的財產、負債、收入、工作、家庭結構、居住環境，以瞭解被保險人的財務狀況與繳費能力。

3. 其他方面：

瞭解要保人或被保險人的休閒、嗜好、交遊，以及其他投保記錄。

核保人員可以透過業務人員，更深入的瞭解被保險人之情況，以作為核保之參考。業務人員報告書通常包括被保險人之財務狀況、職業狀況等，其格式如表 4-1-2 所示。

表 4-1-2　業務人員報告書

A 1. 本契約是由□陌生拜訪 □原已相識 □朋友／保戶介紹 □要保人要求 □被保險人主動要求 □其他……………………… 2. 簽名　□要保人親簽　□被保險人親簽 3. 投保目的：□保障 □房屋貸款	12. 被保險人外觀是否有缺陷或不健康之情形? 13. 是否聽說被保險人曾生病或就醫? 14. 你是否知道被保險人有過被控訴，被襲擊或與他人有嚴重之衝突或不誠實之行為? 15. 你與被保險人是否有婚姻或血緣關係? □ 1 是　□ 2 否 上述回答為肯定時，請詳述於備註欄。

□未來生活保障　□儲蓄
□子女教育經費　□節稅
□其他……………………………

4. 被保險人年收入？薪資：……………萬元
投資收入：……………………………萬元
其他收入：……………………………萬元
總　　計：……………………………萬元

5. 被保險人職業狀況
職業等級：……級，□職婦　□一般女性
工作內容：……………………………………
□1是　□2否　兼職，
工作內容：
配偶職業狀況（若附加配偶附約時）
工作內容：……………………………………
公司名稱：……………………………………
職業等級：……級，□職婦　□一般女性

6. 被保險人為公司之□所有人　□股東
□經營者　□受雇者

7. 住宅□自置　□租賃　□其他共………坪
□是　□否　抵押：……………元

8. 其他不動產價值……………………………元

9. 負債與貸款□1有　□2無，
若干？……………………………元

10. 交通工具□公車　□機車
□自用車，車種………………………

11. 喜歡冒險或危險運動？

B 無業被保險人及家庭主婦問題：
1. 被保險人依賴誰而生活？……………………
2. 被依賴者之保險金額若干？………………

C 被保險人為未成年之問題：
1. 父母是否已投保？金額若干？
□1是　□2否……………………………………
2. 倘要保人為父母，且有其他手足時，是否均購有保險？金額若干？
□1是　□2否……………………………………

D 要保人與被保險人非同一人之問題：
1. 與被保險人之關係？………………………
2. 要保人從事職業性質？……………………
年收入？……………………
3. 要保人已擁有之保險金額………公司………

E 要保人與被保險人所提供之身份證明文件（身份證、護照、駕照，或其他足資證明其身份之文件等）是否與要保書填載之內容相符……………………………□1是　□2否

F 備註

主約(一)保費：……………………………元
主約(二)保費：……………………………元

三、體檢報告書

因為人身保險以人的身體為保險標的物，所以體檢報告所提供有關於被保險人健康狀況的資訊對於保險人而言，是非常重要的。

壽險公司通常會依據被保險人之年齡、投保金額、既往病症等因素，於必要之情況下要求被保險人身體檢查，而體檢報告書即為此類體檢案件重要之核保根據。

體檢報告書之格式如表 4-1-3 所示。

表 4-1-3 體檢報告書

致：＿＿＿＿＿＿＿＿＿＿＿＿＿＿＿＿＿＿體檢醫師／醫院

煩請依下列勾示之項目進行檢查，並請在檢查前核對保戶之身分證明，體檢表由保戶本人親自簽名或蓋手印。

保單號碼:	被保險人:	年齡:
業務員姓名／ID:	營業單位:	保額:
體檢原因: □新保件 □複檢（核保照會） □保全件（復效、變更） □團險 □人力資源		

體檢項目：

＊早晨禁食空腹。

橘色字者係血液生化檢查，請保戶

□普通體檢

□尿液常規檢查

(Microscopic exam: Appearance
Microscopic exam:
WBC. RBC. Pus Cell. Epithelium. Casts. Crystals. Bacteria SP/GR. PH. Albumin. Sugar (Glucose). Ketone Bodies. Bilirubin. Urobilinogen. Occult Blood).

□胸部 X 光

□靜止心電圖

□靜止及運動心電圖

□肝功能檢查

(SGOT. SGPT. Direct & In direct-Bilirubin. Alk-phosphatase. Globulin. Albumin. HBsAg. Alfa fetoprotein).

□ Gamma-GT(γ-GT)

□血液常規檢查

(Hemoglobin. Hematocrit. RBC. WBC. Platelet.
WBC differential count: Basophils. Eosinophils. Lymphocytes. Monocytes. Polymorphonuclear Neutrophils).

□血清檢查 (VDRL)

□尿酸 (Uric Acid)

□甲狀腺功能檢查 (T4)

□腎功能檢查 (Blood Urea Nitrogen. Creatinine).

□血液十五項檢查

(Bilirubin. Cholesterol. Triglyceride. Blood Sugar. B.U.N. Creatinine. Uric Acid. SGOT. SGPT. Alkaline Phosphatase. Globulin. Albumin. Full Blood Count. HBsAg. Alfa fetoprotein.).

□ HIV Test

□膽固醇及三酸甘油脂 (Cholesterol. Triglyceride).

□口服葡萄糖耐量試驗 (G.T.T.)

□血糖檢查 (Blood Sugar)

□ HbAlc 糖化血色素

□ E.S.R 紅血球沉降速率

□ Upper-GI 上腸胃道攝影

□聽力 □視力

□其他

第一聯 請連同檢查報告寄回本公司，謝謝！

＊應體檢之項目、體檢醫檢所名稱及體檢應注意事項，請參閱核保規程及特約體檢醫院明細表，謝謝合作！

1. 被保險人姓名	出生日期　年　月　日	身　分　證　編　號	投保金額（新臺幣）	業務代表姓名單位及代號

身　高（脫　鞋）公分	體　重（脫外套）公斤	吸氣胸圍（平乳頭）公分	呼氣胸圍（平乳頭）公分	腹　圍（平　臍）公分

1. 血壓與脈搏
如收縮壓超過 140，或舒張壓超過 90 或脈搏每分鐘 96 次或以上者，請間隔 5 分鐘再測量脈搏及血壓各兩次（總共各量三次）

血　壓	/ mmHg	/ mmHg	/ mmHg
脈　搏			
每分鐘脈搏不規則次數			

如有心雜音，請回答下列問題：
位置：
強度：　□收縮期　□舒張期
請用 NYHA 標準註明心雜音強度
1/6：聽診器置放胸壁上一會兒才聽到的心雜音。
2/6：聽診器置放胸壁上馬上可聽到的心雜音，但聲音很小。
3/6：心雜音很大，但以手置於病人胸壁上並無震顫（Thrill 感覺）。
4/6：心雜音很大，且有震顫。
5/6：心雜音更大，且有震顫。
6/6：聽診器距離胸壁一英吋處就可聽到雜音，且有震顫。
震顫 (Thrill)　□有　□無
傳導□無
□有　何處 ____
運動後：□消失　□減弱　□無變化　□增強

	是	否
2. 是否有過去病史（若是，請詳述）	□	□
3. A. 您是否在私誼或職業上認識被體檢者？若是，認識多久？	□	□
B. 被保險者外貌是否不健康？或比實際年齡蒼老？	□	□
C. 是否有原因懷疑被體檢者有不良嗜好？	□	□
D. 外表上有否任何特徵？（小兒麻痺者，使用枴杖或輪椅？）	□	□

※若小兒麻痺，使用枴杖或輪椅請加作胸部 X 光。

4. 理學體檢（如異常，請在右側詳述之）：		
A. 頭部	□	□
B. 眼、耳、口、鼻、喉	□	□
C. 頸部（包括甲狀腺、淋巴腺、血管等）	□	□
D. 胸部	□	□
乳房	□	□
心臟	□	□
肺臟	□	□
E. 腹部（包括肝、脾、疝氣、疤痕等）	□	□
四肢	□	□
皮膚	□	□

若左列問題回答「是」者，請註明號碼，並詳述於下：

5. 尿液分析　比重 ____ 蛋白 ____ 糖 ____
如被保險人為婦女，是否正值月經期？或月經結束三天內？（若是，請勿驗尿液常規，謝謝！）

6. 如有下列情形，請將尿液樣本送檢驗科做小便常規檢查。
A. 尿液分析發現有蛋白或糖。
B. 有泌尿系統疾病、糖尿病或高血壓病史。
※尿液標本是否送檢驗院？ □ □

本體檢報告表所載各項確係經本醫師於 ____ 年 ____ 月 ____ 日上午／下午 ____ 時親自檢查屬實無訛。

____　　____
（醫院名稱與地點）　（體檢醫師簽名）

本人（被保險人）同意體檢醫師／院所，將本體檢報告提供予美國安泰人壽保險公司

____　　____
（被保險人簽名）　（若被保險人不識字，要蓋手印者，請見證人簽名）

四、病歷報告書

若核保人員對被保險人的健康狀況想要有更進一步之瞭解，則核保人員可以要求被保險人提供過去醫師的診斷記錄，或經由被保險人同意調閱被保險人過去的就診記錄，以作為是否承保該保單之參考。

病歷摘要報告書之格式如表 4–1–4 所示。

表 4–1–4　病歷摘要報告書

病歷摘要

<table>
<tr><td colspan="2">病歷號碼</td><td></td><td colspan="4">住址:</td></tr>
<tr><td colspan="2">姓　　名</td><td></td><td>性別</td><td>出生日期</td><td></td><td>ID:</td></tr>
<tr><td colspan="7">查詢重點</td></tr>
<tr><td rowspan="3">初
診</td><td>日　　期</td><td colspan="5"></td></tr>
<tr><td>初診主訴</td><td colspan="5"></td></tr>
<tr><td>診　　斷</td><td colspan="5"></td></tr>
<tr><td colspan="7">是否曾於它處診治: □是　□否　□不詳</td></tr>
<tr><td colspan="7">時間:　　地點:</td></tr>
<tr><td rowspan="2">其
它
科
別
診
斷</td><td>科　別</td><td>日　期</td><td colspan="2">主　訴</td><td colspan="2">診　斷</td></tr>
<tr><td></td><td></td><td colspan="2"></td><td colspan="2"></td></tr>
<tr><td rowspan="2">住
院</td><td>科　別</td><td>日　期</td><td colspan="4">主　訴　診　斷　及　處　置</td></tr>
<tr><td></td><td></td><td colspan="4"></td></tr>
<tr><td>檢
驗
報
告</td><td colspan="6"></td></tr>
<tr><td colspan="7">最後看診日期:　　科　別:　　診　斷:</td></tr>
</table>

醫師簽章:

病情查詢回復表

（保險公司查詢用）

<table>
<tr><td colspan="2">病患姓名</td><td colspan="2">性　別</td><td colspan="2">出生年月日</td><td>病歷號碼</td></tr>
<tr><td colspan="2"></td><td colspan="2"></td><td colspan="2"></td><td></td></tr>
<tr><td colspan="2">身分證號碼</td><td colspan="5">住　址</td></tr>
<tr><td colspan="2"></td><td colspan="5"></td></tr>
<tr><td colspan="2">查詢項目</td><td colspan="5"></td></tr>
<tr><td rowspan="3">初診</td><td>日　期</td><td colspan="2"></td><td>主　訴</td><td colspan="2"></td></tr>
<tr><td>科　別</td><td colspan="2"></td><td>症　狀</td><td colspan="2"></td></tr>
<tr><td>診　斷</td><td colspan="5"></td></tr>
<tr><td rowspan="6">歷次門診</td><td colspan="3">診　斷</td><td colspan="2">期　間</td><td>次　數</td></tr>
<tr><td colspan="3"></td><td colspan="2"></td><td></td></tr>
<tr><td colspan="3"></td><td colspan="2"></td><td></td></tr>
<tr><td colspan="3"></td><td colspan="2"></td><td></td></tr>
<tr><td colspan="3"></td><td colspan="2"></td><td></td></tr>
<tr><td colspan="3"></td><td colspan="2"></td><td></td></tr>
<tr><td rowspan="6">歷次住院</td><td colspan="6">年　月　日至　年　月　日</td></tr>
<tr><td>診斷</td><td colspan="5"></td></tr>
<tr><td colspan="6">年　月　日至　年　月　日</td></tr>
<tr><td>診斷</td><td colspan="5"></td></tr>
<tr><td colspan="6">年　月　日至　年　月　日</td></tr>
<tr><td>診斷</td><td colspan="5"></td></tr>
<tr><td>備註</td><td colspan="6"></td></tr>
</table>

填表人　　　　　　　　　　　　　　　　　年　月　日

五、徵信調查報告書

徵信調查報告書，主要也在提供核保人員參考，其格式如表 4-1-5 所示。

表 4–1–5　徵信調查報告書

被保險人姓名		保單號碼	
徵信內容	一、投保動機:		
	二、收入、工作情形、家庭狀況、社會背景:		
	三、票據退票及拒絕往來資訊:		
	四、信用卡綜合信用資訊: 授信與保證資訊:		
	五、信用卡綜合信用資訊:		
	六、其他事項:		
徵信日期:			

六、財務狀況報告書

財務狀況報告書是核保人員對投保人的財力、投保金額多寡之評估資料，其格式如表 4–1–6 所示。

表 4–1–6　財務狀況報告書

日期:　　年　　月　　日

保險號碼	被保險人	要保人 / 單位
一、投保金額與投保經過 1. 購買保單是經由: ☐要保人要求 ☐業務員推介 ☐其他（請詳述之）	3. 動產與不動產之名稱與金額:	
2. 購買保單之目的:	4. 資產、負債與淨值各多少?	
3. 已有有效保單件數與總金額:	5. 住宅是自置或租賃? 多少坪? 有無抵押	

公司______________共（　　）件 共______________萬元	貸款?
4.近期內是否擬另購保單?	6.日常交通工具名稱? 如自用車是何車種與年份?
5.是否有過保單失效? 及其件數、保額與原因:	三、被保險人所擁有公司之財務情形? 1.近三年之年平均營利所得: ______元
6.本保單是否擬替換部分或全部已有之保單?	2.公司是自置或租賃? 多少坪? 多少員工?
7.如何決定所投保之金額?	3.營業類別? 營業多久? 被保人在職多久?
8.保險費將由誰來繳付?	4.資產、負債與淨值各多少?
9.保費占付款人年收入之幾 %? __________________________%	5.往來銀行與會計師名稱?
二、被保險人財務情形 1.年薪多少? ______________元	6.被保人是否為股東? 持股多少?
2.其他年收入來源與金額:	7.其他股東是否有保險? 保額多少?

我（們）對上述問題都已清楚瞭解，我（們）並已做了肯定和確實的回答。我（們）同意將此告知書作為要保書的一部分。

見證人　　　　要保人 / 單位　　　　被保險人

七、壽險公會通報系統

為防範道德危險，我國保險人經要保人或被保險人同意，可將要保人或被保險人之相關資料轉送壽險公會建立電腦連線資料，作為會員核保參考之用。故通報資料主要為人壽保險保戶的資料，另外，還有人壽保險、傷害保險累計高保額保件，以及違反告知解約保件等各項資料。

第六節　核保之重要因素

人身保險的核保，以人壽保險所須考慮的因素較多，程序較繁雜，核保人員對被保險人投保時所考慮因素如下：

一、年　齡

被保險人的年齡通常為核保人員決定是否承保的考慮因素之一，且會影響保費，例如剛出生沒幾天的嬰兒，核保人員通常不願承保，此外，我國保險法第一百零七條規定死亡保險的被保險人的最低年齡為 14 歲。

二、性　別

女性平均壽命比男性長，但三十五歲以上婦女在妊娠時可能會合併糖尿病、高血壓、腎病。至於男性在五十歲以前比女性更容易罹患心臟病、腦中風、癌症與肝臟衰竭。

三、職業及工作性質

職業及工作性質均會影響費率之釐訂，其危險因素大致可以分析如下：

1. 實質危險因素：

   高空工作、爆破工作均屬於高危險群。

2. 環境危險因素：

   如無集塵設備的煤礦工人、農藥生產工作者易得肝硬化或肝癌等。

3. 生活習慣的危險因素：

   吸煙、嚼食檳榔的習慣容易變成肺癌、口腔癌的高危險群。

4. 其　他：

   如運動員容易造成職業傷害。

四、體　格

身高體重之比率超出一般標準而屬於過重或過輕時，通常會有比一般人較高之死亡率。核保人員可依據被保險人之身高體重，決定是否須要求更進一步之檢查，或以較一般人高之費率來承保。

五、家族病史

核保人員主要關心的為家族的遺傳性疾病，因為此病在其後代發病的機率比一般人高出許多，例如：亨利頓氏 (Huntington's Chorea) 舞蹈症，又稱手足舞蹈症，其後代發病機率將近 50%。

六、既往症

第七節　人身保險保險費的計算基礎

一、保費的構成

保險公司所要收的保險費又稱作總保費，其中可分為純保費及附加保費兩部分，係運用預定死亡率、預定利率、預定營業費用率為計算基礎。純保費是用來支付將來的死亡保險金及生存保險的滿期保險金，也就是指將來保險金的財源是由預定死亡率和預定利率所構成的，而附加保費則是為了維持公司營運所需的費用，所以是以預定營業費用率作計算基礎的。保費的構成如圖 4–1–3 所示。

二、預定死亡率

死亡率為計算死亡保險費的基礎；根據上述的說明，收進來的死亡保費總額與支付的死亡保險金總額是相等的，而死亡率愈高，保險費相對的就愈高，它和保險費的關係是呈正比的。但是因為客戶的保費是預先繳交的，所以保險公司為了合理的計算

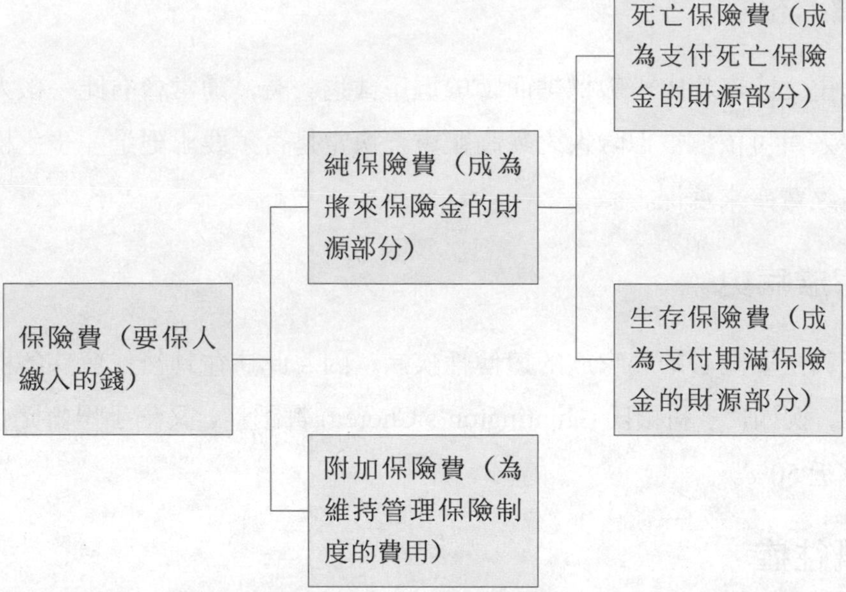

圖 4–1–3　保費的構成

死亡保險費就必須根據以往的經驗值（即壽險業經驗生命表）來制定保單的預定死亡率。

三、預定利率

保險費之一部分是準備將來支付保險金之用而積存於公司，公司可將此積存的保險費，做最有利於投保人的運用。保險費因預先收取並加以運用，可獲得收益，故應給予客戶以一定比率之折扣。用為折扣的利率，稱為預定利率。人壽保險各險種計算保險費所依據之利率，依現行財政部的規定，不得低於年息四釐及高於年息一分。

而預定利率和保費的關係則是呈反比的，也就是說，預定利率愈高，則純保費愈低。以下列例題說明：

1. 假設某一保單在僅考量純保費的因素之下，保戶應支付的純保費為 100 元，但該保單的預定利率若為 6% 時，則保戶實際應支付約 94.34 元的純保費。

保戶實際應付的純保費= 100/(1 + 6%) = 94.34 元

2. 同一保單在僅考量純保費的因素之下，保戶應支付的純保費為 100 元，但該保單的預定利率若為 8% 時，則保戶實際應支付約 92.59 元的純保費。

保戶實際應付的純保費 $= 100/(1+8\%) = 92.59$ 元

結論：預定利率愈高，則純保費愈低，反之，預定利率愈低，則純保費愈高。

第八節　人身保險保單利源與保單紅利

壽險保費是基於預定死亡率、預定利率、預定營業費用率等三個預定率加以計算。因此，壽險公司若能隨時做下列各項的經營與努力，則在每一年度末的決算通常都會有盈餘。

一、保單三利源

1. 死差益：

   實際死亡人數比預定死亡人數少時產生之利益稱為死差異，反之，我們稱為死差損。

   假設保險公司先前的預定死亡率是千分之四，也就是預計一年內死亡人數 4 人；而在年度末的實際死亡人數僅 3 人時，公司則比預先設定時少賠 1 個人的錢，也就是死差益，死差益必須依照財政部規定的計算公式，算出死差紅利返還保戶；相反地，若實際死亡人數是 5 人時，公司則比預先設定時多賠 1 個人的錢，這多賠 1 個人的保險金稱為死差損，必須由保險公司負擔。

2. 利差益：

   壽險公司將純保費加以運用，若實際產生的收益大於預定利率預計的收益稱為利差益，反之，我們稱為利差損。

   假設某一保單的預定利率為 8%，保戶應付的純保費約 92.59 元；但實際利率若為 10%，則只要收 90.9 元，多收的 1.69 元收益稱作利差益；此一利差益也應按財政部規定之計算公式算出利差紅利返還於保戶。如果實際利率為 6% 時，則要收 94.33 元，這少收的 1.74 元稱為利差損，必須由保險公司自行消化。

3. 費差益：

保險公司實際所用之營業費用比依預定營業費用率所計算之營業費用少時所產生之利益稱為費差異，反之，我們稱為費差損。

例如：預計發生的營業費用為 1,000 萬元，但實際只發生 900 萬元時，這少花的 100 萬元稱作費差益，按現行法令規定費差益是保險公司努力經營的結果，屬於保險公司盈餘的一部分。

當預計發生的營業費用為 1,000 萬元，實際卻花了 1,100 萬元時，這多花的 100 萬元則稱為費差損，必須由保險公司自行吸收。因此一個壽險公司的經營管理決定它是否能獲利。

二、保單紅利的計算與給付方式

1. 人壽保險保單紅利之性質：

將錢存入銀行生息，銀行會將存款人所交付的錢加以運用，並依預先約定的利息，支付給存款人之性質。公司股息的分配，是將公司經營事業所得的利益，分配與股東之性質。然而，人壽保險之保單紅利，則是將保戶繳交的保險費，由公司努力經營的結果所產生的盈餘，還給保戶的性質，所以它與銀行存款之利息或股息之分配，在本質上是不相同的。

2. 保單紅利的計算方式：

目前實務上，保單紅利依財政部 1991 年 12 月 31 日臺財保第 800484251 號函核定，自 1992 年度起，每一保單年度終了應分配當年度之保單紅利係為利差紅利及死差紅利二者之和，下面分別說明利差紅利及死差紅利是如何計算的。

利差紅利的計算公式：

利差紅利 =（四家行庫局平均利率 − 保費之預定利率）×

〔（期初保單價值準備金 + 期末保單價值準備金）÷ 2〕

若所得之值為正數，則可得利差紅利；若所得之值為負數，則無利差紅利。

註：四家行庫局平均利率，係指「該保單年度臺灣銀行、第一銀行、合作金庫、中央信託局四家行庫局每月初（每月第一個營業日）牌告之二年期定期儲蓄存款最高利率計算之平均值。」

死差紅利的計算公式：

死差紅利＝（預定死亡率－實際經驗死亡率）×（該年度一般身故保險金－期末保單價值準備金）

若所得之值為正數，則可得死差紅利；若所得之值為負數，則無死差紅利。

第一保單年度的保單紅利：

第一保單年度的利差紅利+第一保單年度的死差紅利=0＋17.7＝17.7

第二保單年度的保單紅利：

第二保單年度的利差紅利+第二保單年度的死差紅利=7.3＋17.7＝25

3. 保單紅利支付的方法：

⑴儲存生息：將保單紅利積存至契約終止為止，或保戶有請求時支付。

⑵增加保險金額：將保單紅利移做增購保險契約，以增加保險金額。

⑶抵繳保費：以保單紅利扣抵保費。

⑷現金支付方法：每年一次，以現金支付保單紅利。

這四種給付方式，在客戶填寫要保書時自行勾選，可依各人喜好決定。

第九節 契約內容之變更

契約內容之變更可以歸納成以下數種情形：

1. 住所變更：

牽涉繳費通知及保險公司資訊是否能順利寄達，要保人若不做通知，保險公司以保險契約記載最後住所或收費地址所發送的通知，視為已送達要保人。

2. 要保人變更：

要保人是向保險公司申請訂立保險契約，並負有交付保險費義務之人。通常變更的情形有兩種：⑴要保人請求變更，⑵因繼承關係變更。

3. 受益人變更：

要保人得於保險事故發生前變更受益人，但需經被保險人同意，且批註於保單上，始生效力。

4.姓名或出生日期更正：

被保險人的姓名錯誤將影響各種保險金的申請，出生日期錯誤將影響年齡及保費的計算，要保人應小心核對，即時更正。

5.印鑑變更：

要保書上所蓋的印章是行使各種保險權益的印鑑，須妥善保存，若遺失或更換請親自辦理。

6.繳費方式變更：

分期交付的續期保費可於各期保費應繳日前申請變更。

7.職業類別變更：

職業類別牽涉傷害保險的保險費率，要保人和被保險人應即時通知保險公司。

保費逾期未繳，保單自動進入停效期間，兩年一到，保單便永久失效。被保險人如忘記將地址變更的訊息告訴保險公司，將導致繳費通知未寄達，而忘記繳費。其實保單內容一旦有所變更，保戶應主動告知保險公司，否則日後糾紛不斷，自身的權益往往也因而受損。

第十節　除外責任

一、定　義

天有不測風雲，意外事件充斥在我們的周遭環境中，稍一不注意，也許就會釀成天人永隔的慘劇。有分散風險觀念的消費者，在為自己規劃一份周全的保障時，要注意，保險公司也有不理賠的除外責任項目。

二、項　目

所謂「除外責任項目」，是指保險公司不負給付保險金責任的項目，明列在保單條款中。如果發生「除外責任項目」的任何一項情況時，保險公司可不必給付保險金。

以下將就人身保險之除外責任包括人壽保險、健康保險、傷害保險分別說明如下：

㈠人壽保險

1. 受益人故意致被保險人於死。

2. 要保人故意致被保險人於死。

3. 被保險人在契約訂立或復效之日起二年內故意自殺或自成殘廢。

4. 被保險人因犯罪處死或拒捕或越獄致死或殘廢。

㈡健康保險

1. 除外責任的原因：

被保險人因下列原因所致之疾病或傷害而住院診療時，保險公司不負給付保險金的責任。例如：被保險人的故意行為；犯罪行為；非法吸食或施打麻醉藥品等。

2. 除外責任的事故：

被保險人因美容手術；牙齒手術；裝設義肢、義眼、助聽器或其他附屬品；健康檢查；流產；分娩等等非因意外傷害事故所導致的必要醫療。

㈢傷害保險

1. 除外責任的原因：

受益人的故意行為；要保人、被保險人的故意行為；被保險人「犯罪行為」；被保險人飲酒後駕（騎）車、戰爭、內亂及其他類似的武裝變亂；因原子或核子能裝置所引起的爆炸、灼熱、輻射或污染。但後兩項契約另有約定者不在此限。

2. 除外責任的期間：

被保險人從事角力、摔跤、柔道、空手道、跆拳道、馬術、拳擊、特技表演等的競賽或表演期間，以及被保險人從事汽、機車等的競賽或表演期間（契約另有約定者不在此限）。

第十一節　保單有關權益之分析

一、契約之轉換

經濟不景氣時，面臨失業、減薪、甚至工作加重導致精神不振，反而更容易造成意外傷害，擁有保險保障更重要。投保人此時可考慮以調整保單內容、減少保額、改變繳費方式（例如：年繳改月繳）、用自動轉帳或信用卡繳保費等，暫解燃眉之急。倘若消費者繳不起保費，可以將保單變更為其他方式，減少繳費的煩惱，契約也繼續有效。

1. 減額繳清保險：

   維持原來保障期間，保額降低，少了繳費的煩惱。

2. 展期定期保險：

   不必繳費，把保單更換成保險期間縮短，但保額不縮水。

3. 轉換契約：

   如將負擔較重的養老險，轉換成保費較低的終身險。

4. 減少保額：

   如將保額由 200 萬元調降為 100 萬元，或者更少，減少保費支出。

二、保單提供之附加服務

其項目可歸納為以下數種：

1. 契約撤銷權：

   凡是保險期間二年以上的個人保險契約，要保人於保險單送達翌日起算十日內，得以書面檢同保險單向保險公司申請撤銷契約。

2. 保單紅利：

   保險公司於長期壽險保單年度終了時，按財政部核定的公式計算保單紅利；通常以現金給付、購買增額繳清保險、抵繳應繳續期保險費，累積儲存生息等給付方式為主。

3. 保險單借款：

   以終身壽險、儲蓄險等主契約為主，除了利息低，手續簡便、免抵押、免擔保、迅速拿到錢等，都是保險單借款的好處。

4. 豁免保費：

   被保險人因意外事故無法從事正常行業，或殘廢持續六個月，在此期間，免繳已到期保費，但保單持續有效。

5. 海外急難救助：

被保險人於出國期間遭遇突發事故時，給予協助。

6. 保戶卡：

提供被保險人更生活化服務，如全省特約消費折扣等。

7. 貸款服務：

以低利貸款減輕保戶房貸利息負擔。

第十二節　人身保險商品之規劃與建議

壽險顧問或業務人員在銷售保險時都各有銷售技巧，一般消費者面對過多的資訊，常常因無從判斷保單的好壞。壽險業者指出，保單沒有好或壞的絕對標準，最貴的保單不一定最好，最好的保單應是最適合自己的保單，民眾投保前，不妨從「保障範圍」、「保障額度」與「保障種類」三大層面綜合評估，應可為自己規劃出最接近本身需求的好保單。

首先是在保障範圍上，隨著保險市場的多元化，保險商品所能提供的保障範圍也日趨擴大，不再像從前侷限於遺愛受益人的傳統壽險商品，現在的主要保險商品就包括一般壽險、還本型壽險、意外險、健康險、年金險等具備不同保障功能的人身保險商品；傳統壽險提供被保險人身故後，留給家屬的保障，還本型壽險與年金險等商品則結合保障與儲蓄的功能，提供被保險人老年生活的保障，健康險則可彌補健保的不足，提供被保險人本身較佳的醫療品質，而意外險則側重於意外事故的保障；因此民眾在投保時不應存著「有保就好」的偏差心態，例如意外險的保障範圍即十分有限，其防護效果亦僅止於發生意外事故的理賠，如此的保障範圍實無法滿足一般民眾的需求，就算投保亦無法提供周全的保障。

深究原因，或許與國內「人情保」普遍有關，許多民眾常因周遭親朋好友從事保險業而礙於人情壓力投保，而非考慮自己與家庭所真正需要的保障額度，因此保額普遍不高，民眾可以個人或家庭年收入的十倍作為最低保額基準，以此原則規劃保額，才不致發生「保險用時方恨少」的遺憾。

最後是該買哪個種類的保險，目前保險商品種類眾多，消費者需謹慎衡量自身條件如經濟能力、年齡、從事行業等因素，才能為自己與家人量身訂做出最合身的保單，而隨著社會貧富差距的日漸擴大，不同收入等級的家庭，在從事保險規劃的考量也不一樣，民眾應衡量本身所得收入審慎評估，以免發生投保後才發現保險「不合身」的情形；例如初入社會工作的新鮮人，因為其收入較有限，便較不適合投保保費較高的「還本型商品」，「純保障型商品」是較佳選擇；而如果是傳統一家之主的中年民眾，便可考慮納入「還本型商品」的保障，此外如終身壽險、醫療險或失能險都是必要的組合；而目前女性在高壓力的社會環境下較以往更易得到特殊的疾病，近年來特為女性量身設計的婦女醫療及終身壽險，可為此一族群提供更多的保障。

總之，保險商品組合絕非一成不變，民眾投保前，一定要先審視自身條件與需求再作決定，以免付出大筆保費，卻無法得到符合本身需求上的保障。

此外多數人喜歡看得見的商品，把保險拿來跟股票、互助會相提並論，其實，保險比這些投資工具的風險都低，除了儲蓄，隨時享有保障，發揮風險轉嫁的功能。

若以年齡作為規劃保險的基礎可以分析如下：

1. 零至十歲：

兒童保單以還本速度快、保障高、節稅為主，如儲蓄險、終身壽險再搭配醫療保險和防癌保險。

2. 十一至二十歲：

青少年時期風險較高，至少以壽險為主約，意外保險為附約。

3. 二十一至三十五歲：

年輕人可以買十至二十年的定期壽險，保費較終身險低，但保障空間較大。

4. 三十六至五十歲：

中年時期承擔房貸、子女教育費等風險，所以需要高保障的險種如終身壽險、醫療保險、意外保險和重大疾病保險。若有預算，可購買投資型保單或長期看護保險。

5. 五十一至七十歲：

五十至六十歲時考慮儲蓄型的還本保險，以十五至二十年的保險期間最適宜，亦可考慮長期看護保險，六十歲以後則以年金保險為主力。

關鍵詞彙

1. 人壽保險 (Life Insurance)
2. 意外傷害保險 (Accident Insurance)
3. 健康保險 (Health Insurance)
4. 年金 (Annuity)
5. 人類生命價值法 (Human Life Value Approach)
6. 家庭需求法 (Family Needs Approach)
7. 年收入倍數法 (Times of Annual Income Approach)

習題

一、人壽保險保費之計算基礎包括哪些因素？

二、如何選擇合適的保險商品？

三、人身保險核保之重要因素為何？

四、人身保險徵信調查報告書應包括哪些內容？

第二章

健康保險

第一節　健康保險之概念與特質

一、健康與健康保險

健康保險在美國稱為“**Health Insurance**”或“**Medical Care Insurance**”，在英國則稱為“**Sickness Insurance**”，主要是在保障被保險人因疾病住院所需之醫療費用及因而所導致之所得損失。然而由於「健康」之定義相當抽象，因此被保險人生病與否，在實際之認定上頗為困難。廣義的健康是指個人在心理、生理以及社會各方面均極良好的狀態 (Well-Being)。而從另一個角度而言，「健康」的定義又可視為一種連續性的概念 (Continum)。亦即在連續性的一端視為心理、生理及社會各方面均達到完全良好的狀況，而另一端則屬於死亡。由於身體狀態之良好程度 (Degree) 如何，很難加以區分。因此在實際生活中只好以有無「疾病」作為區分之標準，然而這種以「疾病」之有無來做為健康劃分之標準難免有所爭議，因而也使得健康保險常發生理賠上的糾紛。

二、健康保險與醫療設施之配合問題

就供需觀點而言，在沒有健康保險的時代，人們可能只依賴一些祖傳秘方或用原始的草藥來治療疾病，等到有健康保險之後，由於被保險人可以從保險公司獲得賠償，因此也誘發了對於醫療之需求，而形成醫療人員以及醫療設備之供給無法應付日益增加的需求，而形成供需不均的現象。

三、健康保險與其他保險之關係

由於被保險人在健康保險之外常又投保團體健康保險及社會保險，因此也容易造

成理賠重複的現象，尤其我國在 1995 年開辦全民健康保險之後，因此更造成被保險人因為有其他保險 (Other Insurance) 之保障而獲得超出實際損失之賠償。

由於不論其為保險事故相同之複保險或保險種類不同之其他保險均包括在內。各保險人或保險契約之賠償責任，係按下列方式：

1. 採保險金額比例分攤法 (Pro Rata Liability)：

即按各該保險金額與總保險金額之比例計算，已如前述。目前我國汽車保險之車體損失保險、汽車竊盜損失保險，及善意之複保險皆採此法。

2. 採獨立責任比例分攤法 (Limit of Liability)：

即按各該應負之賠償責任額，與總賠償責任額之比例計算，亦如前述。

3. 採優先賠償責任制 (Primary Coverage)：

即按保險契約訂立之先後，在先之契約首先賠償，依次為之，在後之契約僅對在前之契約應賠償以外之餘額負賠償責任。此方式較不符合公平原則，目前甚少使用。

4. 採超額賠償責任制 (Excess Coverage)：

即其他保險首先賠償，本保險僅對其他保險單應賠償以外之超額價值部分負賠償責任。目前任意汽車第三人責任保險與強制汽車第三人責任保險採用此法。

5. 另有其他實務上之慣例可循者，從其規定。

第二節　健康保險之種類

一、健康保險之種類

健康保險可區分為下列兩大類，其中每一大類又可區分為數種：

㈠定值保險單 (Valued Policy)

所謂定值保險單係指保險公司之賠償金額，於保單簽訂時即予以決定而不問被保險人之實際損失為多少之保險單，此種類型之保險單，核保較困難但理賠卻十分容易，目前在美國健康保險市場上，佔有率約為10%。

定值保險又可分為下列三種：

1. 長期失能保險 **(Long-Term Disability Insurance)**:

此種保險係於被保險人經醫師診斷為永久全殘 (Totally Permanent Disability) 後，依契約之規定予以給付。一般之給付型態是前二十四個月給予 100% 之薪資損失補償，以後則降為 67%。

2. 住院日額償金保險 **(Hospital Stay Insurance)**:

此種保險係當被保險人住院醫療時，不管實際所發生之費用多少，保險公司按保單所記載之每日住院償金定額予以給付。

3. 保險費棄權特約 **(Waiver of Premium Rider)**:

此種特約係規定當被保險人永久全殘時，保險公司替被保險人繳納以後之保險費，亦即保險公司放棄被保險人以後應繳之保險費。

㈡實際補償保險單 (Reimbursement Policy)

此類型之保險單與定值保險單主要之區別在於，保險公司之賠償在最高限額內是以被保險人之實際費用為依歸。其佔有率在美國健康保險市場上約為 90%，主要又可分為下列三種型態:

1. 住院費用保險 **(In-Hospital Insurance)**:

此種保險所包括之給付項目如下:

①病房與膳食費用 (Room & Board Expense)。

②醫療費用 (Special Hospital Service Expense)。

③外科手術費用 (Surgical Expense)。

④醫師診查與會診費 (Doctor's Call Expense)。

⑤特別護士費用 (Nursing Care Expense)。

2. 門診費用保險 **(Out-Patient Expense Insurance)**。

3. 高額醫療費用保險 **(Major Medical Expense Insurance)**。

㈢高額醫療費用保險 (Major Medical Insurance)

一般醫療保險單均訂有金額或醫療次數之限制，因此如住院所需時間與費用過大時，往往無法獲得實足之補償。高額醫療費用保險即是針對此部分通常定有自負額，對於一般醫療保單無法給付之部分，由高額醫療保單加以補償，本保單對於罹患重症之被保險人可以提供充裕之保障。

此種保險設計之重點，在於提供被保險人高額醫療費用之保障，且具有下列之特色：

1. 自負額 **(Deductible)** 之設置。
2. 共保條款 **(Coinsurance Clause)**。
3. 極高之給付限額 **(Very High Limits)**。
4. 廣大之承保範圍 **(Broad Coverage)**。

㈣特種保險 (Special Insurance)

針對特殊疾病或被保險人特定期間之需要所設計之保險，例如癌症保險、旅行期間或出差期間所設計之健康保險等。

上述四種實際補償保險中，以住院費用保險所佔比例最高，故本文後半部專以住院費用保險之保險金額之設定與費率之釐定，加以討論之。

二、住院費用保險之保險金額之設定

住院費用保險之保險金額係以病房及膳食費用為基礎，根據給付項目，分別設定。今假設病房及膳食費用之保險給付為每天最高給付 $1,500，最長以 60 天為限，則根據美國 Gingery Report 之統計，醫療費用平均約為病房及膳食費用之二十倍 ($30,000)，外科手術費用約為五十倍，醫師診查與會診費約為 1/2 倍 ($750)，則可將之列出如下：

R&B = $1,500/60 天，今設 $1,500 = x，則：
SHS = $30,000（次）　(20x)
SURG = $75,000（次）　(50x)
DC = $750（次）　(1/2x) 每天 1 次 /30 次
NC = $750（次）　(1/2x)×3

其中必須注意的是：

1. 外科手術費用之給付 $75,000 僅是最高之限制，一般保險公司皆參照 CRV (California Relative Value Schedule) 中之標準予以給付，目前國內所採用之外科手術費用表即沿用 CRV 而來，並未根據臺灣目前之實施情況加以重新編製 TRV (Taiwan Relative Value Schedule)。

2. 醫療費用包括：院內醫藥、各種化驗室檢驗、X 光檢查、心電圖及物理治療等費用。

3. 醫師診查與會診費，係包括院內及院外之醫師（如家庭醫師）。

4. 特別護士費用，因為三班輪流，廿四小時看護，所以 (1/2x) 乘 3，目前在美國此項目有逐漸被刪除之趨勢，主要係因需要特別護士之病人多為重要手術者，院方為確實掌握患者之情況，大多將病人於手術後幾天內留在加護病房 (Intensive Care Unit)，利用各種電腦儀器加以偵測觀察。

第三節　健康保險之核保與費率之計算

一、健康保險之核保

影響健康保險之核保因素有以下幾項：

(一)年齡（Age）

就健康保險而言，病人年齡愈大，住院日數通常也愈長，同時病人年齡愈大，其藥劑支出費用愈多。

年齡是影響疾病發生率的主要因素。在某年齡範圍內，成本會隨著年齡而遞增，疾病保險比意外傷害保險更顯著。

理賠成本隨年齡而劇烈變化的有中長期疾病失能所得保險 **(Medium and Long-term Sickness Disability Income)**，高額醫療保險 **(Major Medical)** 與長期住院費用保險 **(Long-Term Hospital Expense Coverage)**。理賠成本與年齡幾乎沒有直接關係者有外科手術 (Surgical)，意外傷害失能 (Accident Disability)，AD&D(Accidental Death and Dismemberment)。另外，極短期失能保險 (Extremely Short-Term Disability Coverage) 及旅行意外險等特殊險種，其理賠成本與年齡亦無多大關係。還有些保險其承保範圍在某一年齡期間，理賠成本會隨年齡而降低；生育即為一明顯的例子。另外，女性在四十五至六十五歲之間的外科手術成本，及二十至三十五歲（尤其是男性）意外傷害保險之成本皆會隨年齡而遞減。

㈡性別 (Sex)

各種醫療費用保險，男性與女性的理賠成本具有相當差異性，宜用兩種費率表分別適用男性與女性。根據美國個人健康檢驗委員會之報告，為男性與女性的各種給付型態的經驗做比較。在失能所得保險中，通常女性的費率為男性費率的 150% 至 200%，但這百分比會隨著年齡遞增而下降，到了六十歲，男女即不再分別。高額醫療給付，通常在五十五歲後，女性經驗會隨著年齡遞增而遠低於男性。

㈢職業 (Occupation)

在健康保險範圍內，依職業的類別而設定適當的保險費率是很重要的一項，有時職業這一因素比年齡性別更為重要。係依各種職業分成數個類別，對各類別設定適當的費率。分類少則三類，多則十類，依據保險公司欲提供保障的職業範圍及分類上精密的程度而定。

㈣地域 (Territory)

地域性之危險主要是指醫療保險成本在不同區域上之重大變化，通常幅員廣大之國家影響較大。一般而言，都市高於鄉鎮，同一疾病醫療費用各地不一樣，各醫院之規模、設備與服務水準亦不相同。所以應就地域性之不同而收取不同的保費，以符合各個不同地域的特性。

㈤所得水準 (Income Level)

醫療成本也因一個家庭的所得而變化。保險人可間接地將這個因素引入高額醫療保險中，藉著保險人的所得分類而賦予不同的自負額，故為間接地分類，而非將所得分類直接運用到保費的本身上去。如此，高所得者有較高的自負額，也可尋求更高的給付限額，以補償預期較高的損失。所得很少在高額醫療保險費率分類制度中直接地被採用，雖然說在個人健康保險範圍內，它是一個很重要的核保因素，但在費率分類中仍沒有一席之地。因此，我們只可以將所得這一項因素作為自負額高低的參考，使其間接地影響費率結構。

以上所討論的僅是就分類的因素作一簡單分析，我們由保證續保保單的各項性質，知道危險分類在費率的調整上扮演了一個關鍵性的角色，因為它與費率調整的整個問題上都有密不可分的關係，值得我們仔細地探討。

二、住院費用保險費率之計算

住院費用保險費率之計算公式如下：

$$G=\frac{CC[R\&B]+CC[SHS]+CC[SURG]+CC[DC]+CC[NC]}{1-(e_1+e_2)}+E^3$$

其中：

G = Gross Premium（總保費）

CC = Claim Cost (Net Premium)（給付成本）

e_1 = Marketing Expenses (Commission), as % of G（展業費用）

e_2 = Administration Expenses, as % G（行政管理費用）

E_3 = Fixed Expenses, as constant per policy（固定費用）

(一) CC[R&B] 之計算

公式如下：

$$\begin{aligned} CC[R\&B] &= \text{Loss Frequency} \times \text{Loss Severity} \\ &= q^h \times (\bar{t} \times \bar{e}) \end{aligned}$$

其中：

1. $q^h=\dfrac{\text{Number of Claim}}{\text{Insured Number}}$(Probability of In-hospital)

2. $\bar{t}$ = 平均住院天數

為了 $\bar{t}$ 之計算，往往需要編造連續表 (Continuity Table)，通常根據被保險人之年齡、性別、病因等因素，加以編造，例如將病因區分為：

```
                 ／ 001 — 1
開刀者 — 001  —  001 — 2
                 ＼ 001 — 3
```

非開刀者 — 002
非開刀者 — 003
非開刀者 — 004

	Sex \ Age	0–19	20–29			70& Over
001	M					
	F					

	Sex \ Age	0–19	20–29			70& Over
002	M					
	F					

然後再根據被保險人實際之住院天數，編製連續表。

3. $\bar{e}$ = 平均每天住院之費用

$\bar{e}$ = Benefit × Utility Level Ratio

= 保單所訂之最高給付標準 × 實際給付之比率

其中每一種情況之實際給付率亦可參考 Gingery Report 之統計而得。

今假設某保險公司 75 年度住院費用保險之情況如下：

投保人數 = 51,250 人

住院人數 = 2,050 人

理賠人數 = $18,619,065

在 R&B = $1,500/60 天，Utility Level Ratio = 93% 之下，採用連續表計算，則：

$$q^h = \frac{2,050}{51,250} = 0.04$$

$$\bar{t} = \frac{13,147}{2,050} = 6.41$$

$$\bar{e} = \$1,500 \times 0.93 = \$1,395$$

$$^{1500}CC^{60} = q^h \times \bar{t} \times \bar{e}$$

$$= 0.04 \times 6.41 \times 1,395 = \$357.678$$

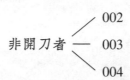

若為 $^{1200}CC^{30}$，則：

$q^h = 0.04$

$$\bar{t} = \frac{12{,}143 + (2{,}050 - 2{,}026)}{2{,}050} \times 30 = 6.27$$

其中的 (2,050 − 2,026) = 24 個人，係指住院超過 30 天者，故：

$\bar{e} = \$1{,}200 \times 0.93 = \$1{,}116$

$\therefore \ {}^{1200}CC^{30} = 0.04 \times 6.27 \times 1{,}116 = \$279.89$

(二) CC[SHS]、CC[DC]、CC[SURG]、CC[NC] 之計算

上列各項費用之給付成本之計算可採用下列兩種方式：

1. Exact Method:

即 $CC[SHS] = q^h \times \bar{e}\ SHS$

$CC[SURG] = q^h \times \bar{e}\ SURG$

$CC[DC] = q^h \times \bar{e}\ DC$

$CC[NC] = q^h \times \bar{e}\ NC$

上列方式，因為各種費用之統計十分麻煩，故較少採用。

2. Ratio to R&B:

即先算出各項費用佔 R&B 費用之比率，則往後即按此比率加以推算，例如假設：

Case	Total R&B	SHS	SURG	DC	NC
001	2 × 1,500 = 3,000	14,000	8,000	750	450
002	10 × 1,200 = 12,000	5,000	11,000	500	300
003	5 × 1,000 = 5,000	400	500	300	500
⋮	⋮	⋮	⋮		
2050	18,619,065	19,550,018	7,447,626	930,953	558,571

可得出：

$$\frac{19{,}550{,}018}{18{,}619{,}065} = 1.05 \qquad \frac{930{,}953}{18{,}619{,}065} = 0.05$$

$$\frac{7,447,626}{18,619,065}=0.4 \qquad \frac{558,571}{18,619,065}=0.03$$

則在上述例子假設 SHS = 20x，SURG = 50x，$^{1500}CC^{60}$ = $357,678，DC = 1/2x，NC = 1/2x 之下：

$$\begin{aligned} CC[SHS] &= 1.05 \times \$357.678 = \$375.56 \\ CC[SURG] &= 0.4 \times \$357.678 = \$143.07 \\ CC[DC] &= 0.05 \times \$357.678 = \$17.88 \\ CC[NC] &= 0.03 \times \$357.678 = \$10.73 \end{aligned}$$

㈢總保費之計算

利用上述例子所計算之各種給付成本 (Claim Cost)，並且在 $e_1 = 0.20$，$e_2 = 0.08$，E_3 = $11 之假設下，即可求算出住院費用保險之總保費：

$$\begin{aligned} G &= \frac{CC[R\&B]+CC[SHS]+CC[SURG]+CC[DC]+CC[NC]}{1-(e_1+e_2)}+E_3 \\ &= \frac{357.67+375.56+143.07+17.88+10.73}{1-(0.2+0.08)}+11 \\ &= \$1,267.81 \end{aligned}$$

三、設定自負額型態之住院費用保險之費率計算

住院費用保險之自負額型態有二：

1. 除外期間 (Elimination Period)：

   即除外期間內之住院費用全部由被保險人自行承擔，保險公司僅負責超過除外期間之住院費用。

2. 等待期間 (Waiting Period)：

   即住院期間小於或等於等待期間時，費用全部由被保險人承擔，但若住院天數超過等待期間，則全部費用完全由保險公司負責。

   此類型保險費率之計算，亦可採取兩種方式：

   ⑴採用電腦連續表改為設定自負額型態之連續表，其餘計算方式皆相同。

⑵採用原來之連續表計算之：今援用前例，則其中惟有 $\bar{t}$ 會產生變動，若令除外期間為 2 天，則 ${}^{1500}G^{60[2]}$ 為：

$${}^{1500}CC^{60[2]} = q^h \times \bar{t} \times \bar{e}$$

$$\bar{t} = \frac{13{,}147 - 536 - (2{,}050 - 380) \times 2}{2{,}050} = 4.52$$

$${}^{1500}CC^{60[2]} = 0.04 \times 4.52 \times 1{,}395 = \$252.21$$

$${}^{1500}G^{60[2]} = \frac{252.21 + 264.82 + 100.88 + 12.61 + 7.56}{1 - (0.2 + 0.08)} + 11$$

$$= \$897.23$$

另外，若是設定等待期間，則須考慮被保險人故意延長天數（即 Spill Over）之問題，今假設採用連續表，則在設定 2 天之等待期間之下，假設住院 1 天者會有 50% 仍然住院 1 天，30% 會延長 1 天住院 2 天，20% 會延長住院 2 天及 3 天，而住院 2 天者，會有 10% 仍然僅住院 2 天，而 90% 會延長至 3 天，則連續表會造成下列之變動：

1 天：$124 \times 50\% = 62$

2 天：$124 \times 30\% + 206 \times 10\% = 58$

3 天：$292 + 124 \times 20\% + 206 \times 90\% = 502$

Continuity Table

t		N	N′
0		50	50
1		124	62
	0.2	0.3	
2		206	58
	5	0.9	
3		292	502
4		228	228
5		222	222
⋮		⋮	⋮

N′ 代表設定 2 天等待期間後之住院人數

第四節　健康保險重要條款之分析

個人健康險保單就解約與續保性之不同，一般可分為六類：㈠不可解約 (Non-Cancellable)，㈡保證續保 (Guaranteed Renewable)，㈢有條件的續保 (Conditionally Renewable)，㈣保險人有續保選擇權 (Renewable at the Insurer Option) 或選擇性續保 (Optionally Renewable)，㈤可解約 (Cancellable)，㈥定期契約 (Term)，以下分別討論之。

一、不可解約保單

不可解約保單給予被保險人續保權至某一特定年齡（例至六十五歲），只要被保險人按時交付固定不變的保費即可得到保障，以迄於六十五歲。換言之，只要這張保單繼續有效時，保險人就無權解除契約，或修改承保範圍，或變更保險費率。而它的保費支付可能是平準方式 (Level)，也可能是遞增式，此點必須在保單內訂明。

由於它的保證續保及固定不變的費率兩項優厚條件，所以它的保費也較其他類型保單為高。以前還有運用在醫療費用保險中，現已無法適用了，大多僅用在失能所得保險 (Disability Income Insurance) 中。

二、保證續保保單

保證續保保單同樣地給予被保險人續保權至某一特定年齡，但卻不保證固定不變的費率，即保險人有權可於保費到期日對同一分類 (Class) 的所有保單予以變更保費。調整保費時通常以被保險人最初的投保年齡為基礎，但若以被保險人現時的年齡來調整亦不被禁止，而被保險人的分類應該在保單內有所說明。保險人調整保費適用在同樣型式 (Form) 的所有保單，或者可藉年齡、居住地、職業或其他客觀的標準建立分類制度，調整保費就以各個分類的所有保單為範圍。

當保證續保保單繼續有效時，保險人無權解除契約，欲改變費率時，不能僅針對個別保單為之，而必須對同一分類的所有保單予以調整。保險人也無權在發單後再修正給付項，除非徵得被保險人之同意。

此種保單最初之保險費，較不可解約保單之保證保費為低廉，這是由於保費可以依照經驗調整，故不須在初期有較高之附加因素。在醫療費用與失能所得保險方面，皆可採用此種型式。

在不可解約與保證續保型式方面，通常被保險人有權在發單後至少可續保五年。此權利乃出於這兩種型式的保單有一終止契約年齡，六十歲或六十五歲，或稱之為醫療適格年齡 (Medicare Eligibility Age)，而這項限制對高齡投保者較為不利，因此為了也能給高齡投保者續保之保障，就有至少可續保五年之規定。例如：六十歲為醫療適格年齡，則五十八歲投保者至少可續保至六十三歲。另一方面，失能所得保險若以此二種方式承保者，當被保險人達到醫療適格年齡，而仍然在從事正常工作時，保險人會允許其續保下去，但通常不會超過七十二歲。

三、有條件的續保保單

此種保單給予被保險人續保權至某一特定年齡，甚至達到終身保障，但保險人也可在保單內設定任何情況 (Conditions) 用來拒絕續保，惟保險人拒絕續保的理由，有一限制，即不得僅因為「被保險人健康情形惡化」而為之；且拒絕續保的原因必須設定在保單上。

這些設定的情況可能包含公司決策在內。對於個別被保險人不予續保的情況，通常僅因被保險人職業變更為比原工作更危險的職業，或是依公司的標準而言，有超額保險 (Overinsurance) 存在，即被保險人另外買了其他保險，而與現行有效的保險造成重複給付，形成所有現存的承保範圍給付將會超過被保險人所可能遭遇到的任何損失。保險人通常有權對同一分類的所有保單之保費予以調整，或保有權利去修正給付額。在醫療費用保險與失能所得保險方面，皆可採用此種型式。

四、保險人對個別保單有續保選擇權

又可叫做「選擇性續保」(Optionally Renewable) 保單，保險人可在任一保單年度末或保費到期日對個別保單予以終止，但在其他時間則不可。當保險人不欲續保時，得預先以書面通知被保險人。而當欲變更費率，或對給付方面增加些限制性的條款時，則必須對同一分類的所有保單為之。

五、可解約保單

若屬於這一類的保單，保險人得隨時認為必要時在保單期間終了以前，主張解除契約。惟依照規定，須事先通知被保險人，且已繳之保費按比例退還被保險人。現在這一類的保單已漸漸消失了，而以選擇性續保的契約代替之，即使在保費已繳之保險期間不得解除之。

六、定期契約

定期保險業者，即保單除保險期間屆滿終止外，並無續保之規定。例如在飛機場購買之旅行傷害保單，並不能在第二次旅行予以續保，而必須另購新保單。這一類型的保單是有限期的，其定期少則一天，多則一年。

以上六種保單中，有條件的續保，選擇性續保及可解約保單在商業保險中最早普遍地被採用，因其成本較低及核保標準較為寬大，故能廣為銷售。

第五節　健康保險之組織

健康保險由於損失率過高，造成許多民營公司必須提高保險費加以平衡，而社會大眾與被保險人又因難以承受高額的保險費，因此各種控制醫療費用的方法陸續出現。

一、藍盾 (Blue Shield)、藍十字 (Blue Cross)

健康保險除由保險公司提供之外，也可由其他醫療組織提供，例如 1930 年代美國有藍盾與藍十字等組織，這兩個組織並非保險公司，藍十字由醫院協會所組成，而藍盾則由醫生聯合設立。藍十字所提供為住院費用給付，藍盾則支付門診就醫費用。此兩種方式由於保險人本身就是醫療服務生產者，因此醫療單位會控制成本，避免醫療資源的濫用。

二、優先供應者組織 (Preferred Provider Organization, PPO)

此組織提供企業或團體健康保險之保障，並給予這些團體員工較優惠之就醫費用。

PPO 向雇主（或被保人）之收費將隨就醫情況而定，雖然就醫費用享有折扣。但是另一方面，員工之就醫則不限於簽約醫療單位，但是如在非簽約單位費用可能較高。

三、「健康維護組織」(Health Maintenance Organization, HMO)

組織強調預防保健之重要，因此並提供固定健康檢查之給付。由於 HMO 給付範圍廣泛，且求償手續不複雜，因而受到大眾之歡迎。然而會員就診必須前往簽約醫療單位，否則不予給付，是其最大之限制。會員藉由繳交會費給予此組織而獲得廣泛之醫療照護，包括門診、住院、檢驗、與急診等。

關鍵詞彙

1. 保險金額比例分攤法 (Pro Rata Liability)
2. 獨立責任比例分攤法 (Limit of Liability)
3. 優先賠償責任制 (Primary Coverage)
4. 超額賠償責任制 (Excess Coverage)
5. 除外期間 (Elimination Period)
6. 等待期間 (Waiting Period)
7. 藍盾 (Blue Shield)
8. 藍十字 (Blue Cross)
9. 優先供應者組織 (PPO)
10. 健康維護組織 (HMO)

習題

一、請說明健康保險之種類。

二、高額醫療費用保險具有哪些特色?

三、影響健康保險之核保因素有哪些?

四、住院費用保險費率之計算公式為何?

五、何謂長期失能保險?

六、何謂除外期間? 何謂等待期間?

七、請說明健康照護組織之意義。

八、何謂藍十字? 何謂藍盾?

九、何謂優先供給者組織?

十、何謂保證續保保單?

第三章

傷害保險

第一節　傷害保險之定義與特性

一、定　義

我國保險法第一百三十一條規定:「傷害保險人於被保險人遭受意外傷害及其所致殘廢或死亡時，負給付保險金額之責。前項意外傷害，指非由疾病引起之外來突發事故所致者。」因此，所謂傷害保險係指被保險人在保險有效期間內，由於遭遇非疾病所引起的外來突發且非故意之事故，導致其身體蒙受傷害、殘廢或死亡時，由保險人依照保單約定給付保險金的保險。

二、特　性

1. 體　檢:

   傷害保險是以非由疾病引起之外來突發且非故意事故為保險事故，因此，投保傷害保險時不須作體檢。

2. 危險程度區分 (Risk Classification):

   一般而言，職業危險性愈高者，其發生意外事故之頻率亦愈高。我國目前將職業危險區分為一至六級，超過六級以上的職業，通常都會遭保險人予以婉拒。另外，某些職業雖較六級危險，但仍不致達到拒保程度者，可由各保險人自行核定，以特別費率承保，這一類的危險等級，稱為「適用特別費率」。我國傷害保險以意外事故發生頻率為保費計算基礎，而意外事故的發生頻率和準被保險人的職業及工作內容有很大的關係，故傷害保險具有以職業類別來區分其意外事故發生之危險程度的特性。

3. 保費計算基礎：

傷害保險的保費計算基礎係以意外事故發生次數，不像一般人身壽險以死亡率為保費計算基礎。

4. 醫療與死亡保障：

傷害保險主要是保障被保險人因意外事故所導致的死亡或殘廢，關於因意外事故所導致的傷害醫療，基本上屬於傷害保險的一種特例，此部分的醫療給付，在傷害保險保單上，大多以附約的型式附加於保單。

第二節　傷害保險的核保

傷害保險既以特定期間內的意外傷害為保險事故，所以在核保上須注意下列事項：

1. 職　業：

意外事故的發生與否職業是一個相當重要因素，從事白領階級工作的公務員，其危險性必然小於從事建築工作的工作人員。

2. 年　齡：

根據醫學界的經驗與統計，一般人在四十至七十歲意外事故危險差異不大，但七十歲之後由於身體狀況較差，反應較慢，因此發生意外事故的比率有遞增的趨勢。

3. 健　康：

被保險人的健康狀態也會直接影響到意外事故發生的比率，如健康不良，或患有某些特殊疾病，如癲癇，可能就不適合從事危險性的工作。

4. 家庭狀況：

家庭成員相處不和睦、夫妻的感情不和諧……等，都容易造成意外事故發生，也是核保須特別留意的。

5. 其　他：

除了以上所述之危險因素之外，被保險人投保金額是否過高、財務情況如何、有否道德危險……等，都是傷害保險核保時須特別留意的。

第三節　傷害保險的承保範圍

傷害保險主要承保範圍包括下列各項:

1. 殘廢保險金:

殘廢的程度及各項殘廢保險金的給付比率明訂於契約中。

2. 醫療保險金:

可能是實支實付，也可能是定額給付。

3. 收入損失保險金:

彌補被保險人在傷害期間所減少的收入損失。

4. 死亡保險金:

通常會規定自意外事故發生後至若干時日內死亡者，才給予給付，藉此認定該次意外是否為死亡之直接原因。

第四節　傷害保險單條款之分析

以下以一般保險公司的傷害保險單為例，列舉常見的條款內容:

1. 保險期間的始日與終日

第三條

本契約的保險期間，自保險單上所載期間的始日午夜十二時起至終日午夜十二時止。但契約另有約定者，從其約定。

2. 身故保險金的給付

第四條

被保險人於本契約有效期間內遭受第二條約定的意外傷害事故，自意外傷害事故發生之日起一百八十日以內死亡者，本公司按保險金額給付身故保險金。

3. 殘廢保險金的給付

第五條

被保險人於本契約有效期間內遭受第二條約定的意外傷害事故，自意外傷害事故發生之日起一百八十日以內致成附表所列二十八項殘廢程度之一者，本公司給付殘廢保險金，其金額按該表所列之給付比例計算。

被保險人因同一意外傷害事故致成附表所列二項以上殘廢程度時，本公司給付各該項殘廢保險金之和，最高以保險金額為限。但不同殘廢項目屬於同一手或同一足時，僅給付一項殘廢保險金；若殘廢項目所屬殘廢等級不同時，給付較嚴重項目的殘廢保險金。

被保險人因本次意外傷害事故所致之殘廢，如合併以前（含本契約訂立前）的殘廢，可領附表所列較嚴重項目的殘廢保險金者，本公司按較嚴重的項目給付殘廢保險金，但以前的殘廢，視同已給付殘廢保險金，應扣除之。

4. 保險給付的限制

第六條

本契約殘廢或身故保險金的給付，其合計分別最高以保險金額為限。

5. 除外責任（原因）

第七條

被保險人直接因下列事由致成死亡、殘廢或傷害時，本公司不負給付保險金的責任。

(一)受益人的故意行為，但其他受益人仍得申領全部保險金。

(二)要保人、被保險人的故意行為。

(三)被保險人「犯罪行為」。

(四)被保險人飲酒後駕（騎）車，其吐氣或血液所含酒精成分超過道路交通法令規定標準者。

(五)戰爭（不論宣戰與否）、內亂及其他類似的武裝變亂。但契約另有約定者不在此限。

(六)因原子或核子能裝置所引起的爆炸、灼熱、輻射或污染。但契約另有約定者不在此限。

前項第一、二款情形（除被保險人的故意行為外），致被保險人傷害而殘廢時，本公司仍給付殘廢保險金。

6. 除外責任（期間）

第八條

被保險人從事下列活動期間，致成死亡、殘廢或傷害時，除契約另有約定外，本公司不負給付保險金的責任。

(一)被保險人從事角力、摔跤、柔道、空手道、跆拳道、馬術、拳擊、特技表演等的競賽或表演期間。

(二)被保險人從事汽車、機車及自由車等的競賽或表演期間。

7.契約的無效

第九條

本契約訂立時，僅要保人已知保險事故發生者，契約無效，本公司不退還所收受之保險費。

8.告知義務與本契約的解除

第十條

要保人在訂立本契約時，對本公司要保書書面詢問的告知事項應據實說明，如有故意隱匿、或因過失遺漏或為不實的說明，足以變更或減少本公司對於危險的估計者，本公司得解除本契約，其保險事故發生後亦同。但危險的發生未基於其說明或未說明的事實時，不在此限。

前項契約的解除權，自本公司知有解除的原因後，經過一個月不行使而消滅。

9.契約的終止

第十一條

要保人得以書面通知本公司終止本契約，本公司應從當期已繳保險費扣除按短期費率計算已經過期間之保險費後，將其未滿期保險費退還要保人。短期費率表如附件。

10.職業或職務變更的通知義務

第十二條

被保險人變更其職業或職務時，要保人或被保險人應即時以書面通知本公司。

被保險人所變更的職業或職務，依照本公司職業分類其危險性減低時，本公司於接到通知後，應自職業或職務變更之日起按其差額比率退還未滿期保險費。

被保險人所變更的職業或職務，依照本公司職業分類其危險性已增加時，本公司於接到通知後，自職業或職務變更之日起，按差額比率增收未滿期保險費。但被保險人所變更的職業或職務依照本公司職業分類在拒保範圍內者，本公司於接到通知後得終止契約，並按日計算退還未滿期保險費。

被保險人所變更的職業或職務，依照本公司職業分類其危險性增加，未依第一項約定通知而發生保險事故者，本公司按其原收保險費與應收保險費的比率折算保險金給付。但被保險人所變更的職業或職務在本公司拒保範圍內，概不負給付保險金責任。

11.保險事故的通知與保險金的申請時間

第十三條

被保險人於本契約有效期間內遭受第二條約定的意外傷害事故時，要保人、被保險人或受益人應於知悉意外傷害事故發生後十日內將事故狀況及被保險人的傷害程度，通知本公司。並於通知後儘速檢具所需文件向本公司申請給付保險金。

本公司應於收齊前項文件後十五日內給付之。逾期本公司應按年利一分加計利息給付。但逾期事由可歸責於要保人或受益人者，本公司得不負擔利息。

12.失蹤處理

第十四條

被保險人在本契約有效期間內因第二條所約定的意外傷害事故失蹤，於戶籍資料所載失蹤之日起滿一年仍未尋獲，或要保人、受益人能提出證明文件足以認為被保險人極可能因本契約所約定之意外傷害事故而死亡者，本公司按第四條約定先行給付身故保險金，但日後發現被保險人生還時，受益人應將該筆已領之身故保險金於一個月內歸還本公司。

13.身故保險金的申領

第十五條

受益人申領「身故保險金」時應檢具下列文件：

㈠保險金申請書。

㈡保險單或其謄本。

㈢相驗屍體證明書或死亡診斷書；但必要時本公司得要求提供意外傷害事故證明文件。

㈣被保險人除戶戶籍謄本。

㈤受益人的身分證明。

14.殘廢保險金的申領

第十六條

受益人申領「殘廢保險金」時應檢具下列文件：

㈠保險金申請書。

㈡保險單或其謄本。

㈢殘廢診斷書；但必要時本公司得要求提供意外傷害事故證明文件。

㈣受益人之身分證明。

受益人申領殘廢保險金時，本公司得對被保險人的身體予以檢驗，其費用由本公司負擔。

15.受益人的指定及變更

第十七條

要保人於訂立本契約時或保險事故發生前，得指定或變更身故保險金受益人。未指定身故保險金受益人者，其保險金作為被保險人之遺產。

前項受益人的變更，於要保人檢具申請書及被保險人的同意書送達本公司時生效，本公司應即批註於本保險單。受益人變更，如發生法律上的糾紛，本公司不負責任。

殘廢保險金的受益人，為被保險人本人，本公司不受理另行指定或變更。

受益人同時或先於被保險人本人身故，除要保人已另行指定受益人，以被保險人之法定繼承人為本契約受益人。

前項法定繼承人之順序及應得保險金之比例適用民法繼承編相關規定。

第五節　傷害保險金之給付方式

一、傷害保險金之給付方式

㈠實支實付

被保險人於本契約有效期間內遭受保險單約定的意外傷害事故，自意外傷害事故發生之日起一百八十日以內，經登記合格的醫院或診所治療者，保險公司就其實際醫療費用，超過社會保險給付部分，給付「實支實付傷害醫療保險金」。但同一次傷害的給付總額不得超過保險單所記載的「每次傷害醫療保險金限額」。

㈡定額給付

被保險人於本契約有效期間內遭受保險單約定的意外傷害事故，自意外傷害事故發生之日起一百八十日以內，經登記合格的醫院或診所治療者，保險公司就其住院日數，給付保險單所記載的「傷害醫療保險金日額」。但每次傷害給付日數不得超過九十日。

被保險人因前項傷害蒙受骨折未住院治療者，或已住院但未達如表 4-3-1 所列骨折別所定日數，其未住院部分，保險公司按骨折別所定日數乘「傷害醫療保險金日額」的二分之一給付。合計給付日數，以按骨折別所訂日數為上限。

前項所稱骨折是指骨骼完全折斷而言。如係不完全骨折，按前項所定標準二分之一給付；如係骨骼龜裂者按前項所定標準四分之一給付，如同時蒙受如表 4-3-1 所列二項以上骨折時，僅給付一項較高等級的醫療保險金。

表 4–3–1　傷害保險骨折別所定日數表

骨折別	日　數
鼻骨、眶骨	十四天
掌骨、指骨	十四天
蹠骨、趾骨	十四天
下顎（齒槽醫療除外）	二十天
肋骨	二十天
鎖骨	二十八天
橈骨或尺骨	二十八天
膝蓋骨	二十八天
肩胛骨	三十四天
椎骨（包括胸椎、腰椎及尾骨）	四十天
骨盤（包括腸骨、恥骨、坐骨、薦骨）	四十天
頭蓋骨	五十天
臂骨	四十天
橈骨與尺骨	四十天
腕骨（一手或雙手）	四十天
脛骨或腓骨	四十天
踝骨（一足或雙足）	四十天
股骨	五十天
脛骨及腓骨	五十天
大腿骨頸	六十天

二、醫療保險金的申領

受益人申領「醫療保險金」時應檢具下列文件：

1.保險金申請書。

2.保險單或其謄本。

3.醫療診斷書或住院證明；但必要時本公司得要求提供意外傷害事故證明文件。

4.醫療費用明細或醫療證明文件（或醫療費用收據）。

5.受益人之身分證明。

至於醫療保險金受益人的指定方面，傷害醫療保險金的受益人，為被保險人本人，保險公司不受理另行指定或變更。

三、殘廢程度與保險金給付

傷害保險金的給付比例依殘廢程度而不同，可分為六級，各級之給付比例詳如表 4-3-2 所示：

表 4-3-2　殘廢程度與保險金給付表

等級	項別	殘廢程度	給付比例
第一級	一	雙目失明者。	100%
	二	兩手腕關節缺失或兩足踝關節缺失者。	
	三	一手腕關節及一足踝關節缺失者。	
	四	一目失明及一手腕關節缺失或一目失明及一足踝關節缺失者。	
	五	永久喪失言語或咀嚼機能者。	
	六	四肢機能永久完全喪失者。	
	七	中樞神經系統機能或胸、腹部臟器機能極度障害，終身不能從事任何工作，為維持生命必要之日常生活活動，全須他人扶助者。	
第二級	八	兩上肢、或兩下肢、或一上肢及一下肢，各有三大關節中之兩關節以上機能永久完全喪失者。	75%
	九	十手指缺失者。	
第三級	十	一上肢腕關節以上缺失或一上肢三大關節全部機能永久完全喪失者。	50%
	十一	一下肢踝關節以上缺失或一下肢三大關節全部	

		機能永久完全喪失者。	
	十二	十手指機能永久完全喪失者。	
	十三	十足趾缺失者。	
第四級	十四	兩耳聽力永久完全喪失者。	35%
	十五	一目視力永久完全喪失者。	
	十六	脊柱永久遺留顯著運動障礙者。	
	十七	一上肢三大關節中之一關節或二關節之機能永久完全喪失者。	
	十八	一下肢三大關節中之一關節或二關節之機能永久完全喪失者。	
	十九	一下肢永久縮短五公分以上者。	
	二十	一手含拇指及食指有四手指以上之缺失者。	
	二一	十足趾機能永久完全喪失者。	
	二二	一足五趾缺失者。	
第五級	二三	一手拇指及食指缺失，或含拇指或食指有三手指以上缺失者。	15%
	二四	一手含拇指及食指有三手指以上之機能永久完全喪失者。	
	二五	一足五趾機能永久完全喪失者。	
	二六	鼻缺損，且機能永久遺留顯著障礙者。	
第六級	二七	一手拇指或食指缺失，或中指、無名指、小指中有二手指以上缺失者。	5%
	二八	一手拇指及食指機能永久完全喪失者。	

關鍵詞彙

1. 殘廢保險金
2. 醫療保險金
3. 收入損失保險金
4. 死亡保險金
5. 實支實付
6. 定額給付

習題

一、傷害保險承保範圍包括哪些項目？

二、傷害保險的定義為何？

三、傷害保險具有哪些特性？

四、傷害保險之核保應注意哪些事項？

五、何謂收入損失保險金？

六、何謂實支實付？

七、何謂定額給付？

第四章 年金保險

第一節　年金保險的意義與特性

一、意　義

我國保險法第一百三十五條之一規定:「年金保險人於被保險人生存期間或特定期間內,依照契約負一次或分期給付一定金額之責。」因此,年金保險 (**Annuity Insurance**) 係指在被保險人生存期間或特定期間內，保險人定期（按月、年或一定期間）給付契約上約定之金額給被保險人（或受益人）的一種生存保險契約。

所謂「年金」(Annuity) 係指定期且持續地給付某金額的付款方式，此處的定期不一定是一年，可以是一個月、一季或半年等時間間隔，而金額也不一定要固定，金額可以是變動的，例如退休基金就是年金的一種，該種年金保障工作者於退休後仍有定期收入，基本生活不會產生問題。

二、年金保險的特性

年金保險與一般的保險不相同，茲說明其特性：

㈠以生存為給付基礎

年金保險以生存為給付基礎，與人壽保險不同，如表 4-4-1 所示：

表 4-4-1　年金保險與人壽保險之比較

比較項目	年金保險	人壽保險
保費計算基礎	以生存率為基礎	以死亡率為基礎
給付要件	以被保險人生存為要件	以被保險人死亡為要件

資金運用	資金清結	資金累積
目的	保障自己老年時的生活費用	保障受益人的生活費用

㈡道德風險較小

年金保險由於給付金額小，加上年金保險是以活得愈久領得愈多，所以較不易發生道德危險。

㈢保險基金投資運用的重要

保險基金的投資效益，與未來年金給付之額度息息相關。年金保險的保險基金是作為未來給付之用，由於年金是屬長期生存給付，因此保險基金的投資運用變得非常重要。

第二節　年金保險之種類

年金的種類非常多，以下五種分類基礎為較常見的分類：

1. 依繳費方式分類。
2. 依被保險人人數多寡分類。
3. 依年金給付方式分類。
4. 依年金給付金額變動與否分類。
5. 依年金給付開始時間分類。

一、依繳費方式分類

依繳費的方式，可將年金保險分為：

㈠躉繳年金保險 (Single Premium Annuity)

躉繳年金保險係指一次繳清所有保險費的年金保險。通常，躉繳年金保險大多數為即期年金保險，少數為遞延年金保險。

㈡分期繳費年金保險 (Installment Premium Annuity)

分期繳費年金保險係指在年金尚未開始給付前，分期繳交年金保費的年金保險。一般而言，分期繳交保費可能是按月、按季，或按年，且每一次所繳交的保費金額不

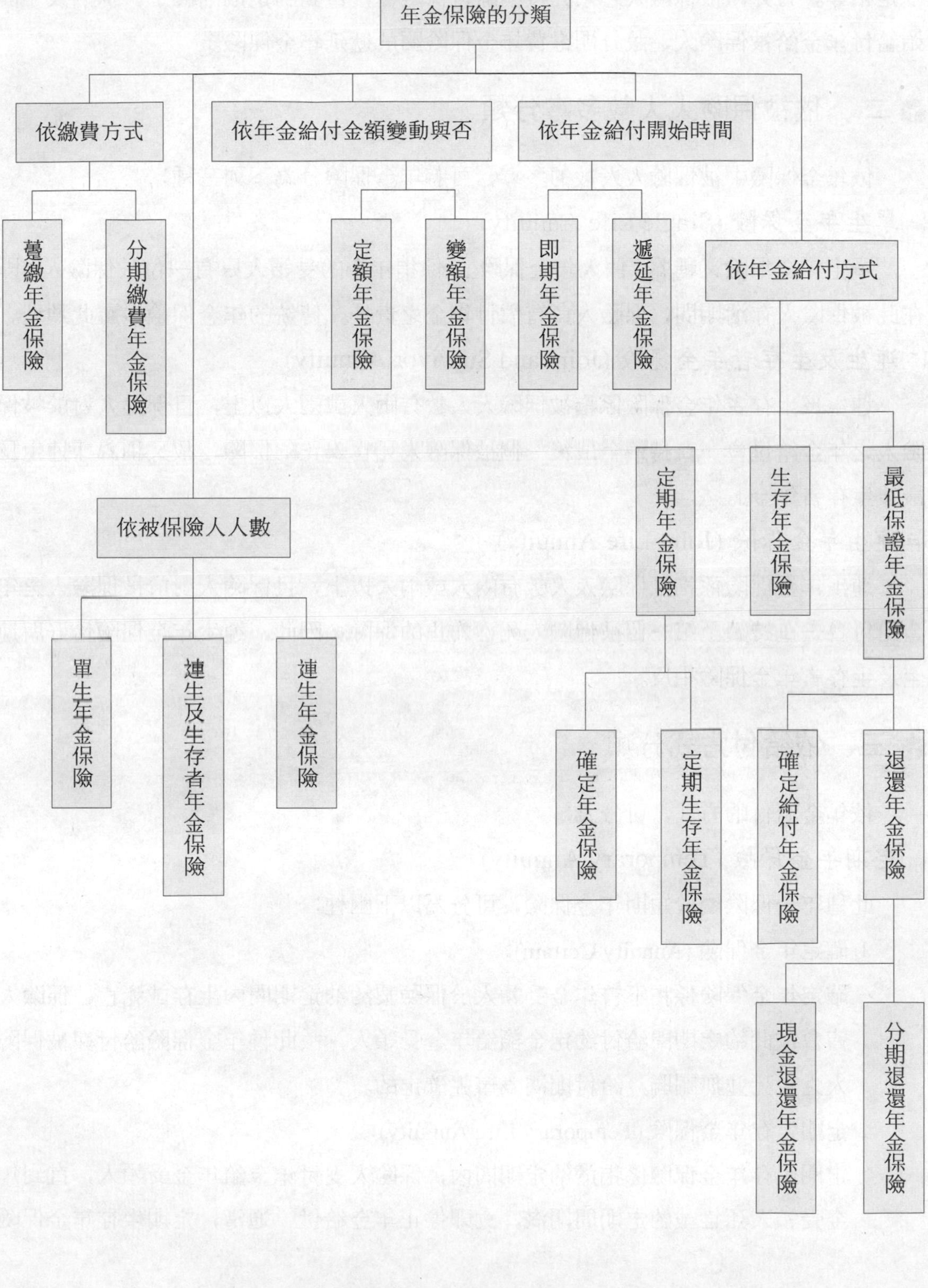
年金保險的分類
依繳費方式
躉繳年金保險
分期繳費年金保險
依被保險人人數
單生年金保險
連生及生存者年金保險
連生年金保險
依年金給付金額變動與否
定額年金保險
變額年金保險
依年金給付開始時間
即期年金保險
遞延年金保險
依年金給付方式
定期年金保險
確定年金保險
定期生存年金保險
生存年金保險
最低保證年金保險
確定給付年金保險
退還年金保險
現金退還年金保險
分期退還年金保險

一定相等。另外，被保險人必須先按期繳付保險費，直到約定期間終了，保險人才開始給付年金給被保險人，故分期繳費年金保險屬於遞延年金保險。

二、依被保險人人數多寡分類

依年金保險中被保險人人數的多寡，可將年金保險分為下列三種：

(一)單生年金保險 (Single Life Annuity)

單生年金保險又稱為「個人年金保險」，係指年金的受領人只有一位被保險人，即在此被保險人存活期間，保險人負有償付年金之責任。傳統的年金保險多屬此類型。

(二)連生及生存者年金保險 (Joint and Survivor Annuity)

連生及生存者年金保險係指被保險人人數有兩人或兩人以上，且保險人對於被保險人之年金給付會一直持續至最後一個被保險人死亡為止的保險，故又稱為「連生及最後生存者年金」。

(三)連生年金保險 (Joint Life Annuity)

連生年金保險係指被保險人人數有兩人或兩人以上，且保險人對於被保險人之年金給付會一直持續至第一個被保險人死亡為止的保險。因此，連生年金保險恰好與連生及生存者年金保險相反。

三、依給付方式分類

依年金給付的方式，可分為：

(一)定期年金保險 (Temporary Annuity)

此種年金保險屬於短期年金保險，可分為以下兩種：

1. 確定年金保險 (Annuity Certain)：

   確定年金保險係指不管年金受領人於保險契約約定期間內生存或死亡，保險人皆會在此約定期間給付約定金額給年金受領人，故此種年金保險給付與被保險人之生死並無關聯，給付期間為事先確定的。

2. 定期生存年金保險 (Temporary Life Annuity)：

   定期生存年金保險係指於約定期間內，保險人支付年金給年金受領人，直到年金受領人死亡或約定期間期滿，立即停止年金給付。通常，定期生存年金保險係以年金受領人死亡之日或約定期間之到期日，兩者較早到期者作為保險人停止給付年金之日。

㈡生存年金保險——不退款 (Life Annuity–No Refund)

生存年金保險係指保險人於約定日起按期給付約定金額，直到年金受領人死亡為止，又稱為「普通終身生存年金保險」(Straight Life Annuity) 或「純粹年金保險」(Pure Annuity)。此種年金保險乃以年金受領人的生存作為年金給付之條件，只要年金受領人死亡，給付立刻停止，同時也不退還其本息的餘款，對於年金受領人早夭或餘命較短者，較不划算。

㈢最低保證年金保險 (Guaranteed Minimum Annuity)

為了因應某些年金購買者因懼怕早期死亡而損失本金之心理，故有了最低保證年金保險的產生。此種年金又可分為以下兩種：

1. 確定給付年金保險 (Life Annuity with Period Certain)：

確定給付年金保險係指若年金受領人於約定期間內死亡，則保險人將繼續給付年金給指定的受益人直到期間屆滿為止，若約定期間屆滿年金受領人仍存活著，則保險人將繼續給付年金直到年金受領人身故為止。此種年金保險的主要特色為年金給付之年數有一最低的確定年數 (即確定給付期間)，故確定給付期間愈高，保險費愈高。

2. 退還年金保險 (Refund Annuity)：

退還年金保險係指被保險人可以領取的年金金額總數至少等於其已繳交保費總金額的年金保險，換言之，如果被保險人於繳費期間身亡，或於年金給付期間身亡，則保險人須將已繳交保費總金額與已受領年金總金額間的差額退還給受益人。若保險人將差額以分期方式給付給受益人，則稱為「分期退還年金保險」(Installment Refund)；若是以現金一次退還，稱為「現金退還年金保險」(Cash Refund)。

四、依給付金額變動與否分類

依年金給付金額是否變動，年金保險可分為：

㈠定額年金保險 (Fixed Dollar Annuity)

定額年金保險係指保險人每期支付給被保險人（或受益人）的年金金額為固定，不會變動。以前保險市場大多為此種年金，但由於此種年金的價值會被通貨膨脹率所侵蝕，較不受保戶歡迎，故市佔率有逐漸下降的趨勢。

㈡變額年金保險 (Variable Annuity)

變額年金保險係指保險人每期支付給被保險人（或受益人）的年金金額不固定，給付額度可能隨投資報酬率之變動或通貨膨脹率之變動而改變。保險人通常會將此種年金保險的保費投資於資本市場，例如購買股票或債券等，主要是為了迎合被保險人視年金為投資理財的心理或害怕年金貶值的心理。

五、依給付開始時間分類

㈠即期年金保險 (Immediate Annuity)

即期年金保險係指保戶繳清所有保費後，保險人立即開始給付年金給被保險人。

㈡遞延年金保險 (Deferred Annuity)

遞延年金保險係指保戶繳清所有保費後，保險人並未立即開始給付年金給被保險人，通常須經若干年或受領人到達一定年齡時，才開始給付。

關鍵詞彙

1. 年金保險 (Annuity Insurance)
2. 躉繳年金保險 (Single Premium Annuity)
3. 分期繳費年金保險 (Installment Premium Annuity)
4. 單生年金保險 (Single Life Annuity)
5. 連生及生存者年金保險 (Joint and Survivor Annuity)
6. 連生年金保險 (Joint Life Annuity)
7. 定額年金保險 (Fixed Dollar Annuity)
8. 變額年金保險 (Variable Annuity)

習題

一、何謂年金？何謂年金保險？

二、年金保險之特性為何？

三、年金保險之計算基礎為何？

四、依繳費的方法，年金保險如何分類？

五、依保險金給付的方式，年金保險應如何分類？

六、何謂連生年金保險？

第五篇

財產保險

第一章 海上保險

第一節　海上保險之起源

一、海上保險的起源

以下所要探討的是海上保險在英國的沿革，以及海上保險的發展背景。

首先先談海上保險的功能，即海上保險人經營一筆基金，船東和貨主繳納基金，遭受海損時，從基金中撥錢支付。保險人把這種原本災難性的損失，轉變成一種已知的固定費用。保險人不能自行訂定這種費用，表面上雖然是他訂定保費，但基金的收支必須平衡，而且還要有一點盈餘，養活保險人、付房租和員工薪水，因此，保費事實上由船東和貨主決定。海上保險人不能減少損失，他們只能賠償損失。

保險是隆巴底商人在中古時代，從歐洲大陸引進英國的。很多隆巴底商人是山羊販子，也進口葡萄酒到英國，把英國產的羊毛出口到義大利和歐陸，隆巴底商人在他們國內就學到了海上保險，他們早在英國人之前利用海上保險，這點是猜測成分，但我們可以合理的假設海上保險是他們帶來的。他們互相承保的做法，傳給了倫敦的其他商人。

人們開始為船舶和貨物保險時，對一般保險費率所知不多，結果從英國出口貨物到歐陸的商人，會跟其同行朋友聯絡，因為他們知道危險。商人以前的習慣是買東西到國外，讓買主承受貨物無法送達時的損失。買主必定反對如此，而會對賣主說：「如果貨物無法送達就要退錢。」為了因應這種情況，賣主會在買賣契約上簽署一項條款，聲明如果貨物因某些意外而發生損失時，會退錢給買主，但這會使他們處在買主原先的地位，要單獨承受全部損失。因此在實務上，賣主會開始聯絡一些同行的朋友，請他們分擔貨物或船舶的保險，他們會把分擔的部分加在匯票上（相當於支票）。

最後我們從各博物館的記錄中發現，這種大家連署的匯票，也就是準備退還貨款者所簽署的匯票，開始被人稱為保證單。從博物館等地的記錄中我們發現，保證單後來跟匯票分開，於是發展了兩種產業，一種是金錢方面的銀行業，另一種是保險。保證單後來被稱之為「保單」。

經營這些保險的人，不是現代保險人這樣的專業人士，他們只是存著賭博心理的個人，保險只是他們的副業。因此，他們主要是各種商人和製造商，遍布倫敦全市。由於他們分散，因此需要有人聯絡他們，以便使船舶和貨物能得到完整保障，保障全額，於是開始有經紀人 (Brokers)。他們不但存在，而且是現代保險業第一部分，他們有自己的辦公營業處所。經紀人是我們今天所知海上保險的最古老部分，他們會一個一個的去找商人，請他們分攤危險。

第一篇中提到的愛德華勞依茲在泰晤十一街開咖啡店之前，情況大致如此。在此之前，市場以皇家交換所為中心，但這個咖啡店，跟倫敦橋海邊的船運中心很接近，停泊在這裡的船舶的船長們，跟船東商洽生意很困難，因為當時的船舶比今天的帆船大不了多少，船上有一間小艙房，他們必須商洽未來的貨物和運費，以及船長們通常所遭遇的一些問題。因此，他們會上岸，找一間可以跟船東商談事情的建築物，勞依茲咖啡店非常理想。往後吸引了貨主和船東，到這裡跟船長見面，替保險人拉生意的經紀人也喜歡到這裡，找需要保險的人。船東想保護船舶，貨主想保護貨物。此後倫敦的一些想承保危險的保險人，也開始到這家咖啡店，跟替他們拉生意的經紀人見面。因此，我們今天所知道的勞依茲保險市場，是從勞依茲所經營的小店開始的。後來，愛德華勞依茲死亡，他死前發現他的生意來自倫敦市中心，因此，他把位於河邊的咖啡店，搬到比較接近皇家交換所的新地點，以便多吸引一些城裡的客人。

二、海上保險業之發展

從許多大眾圖書館和倫敦工會的紀錄，使我們知道很多關於海上保險早期發展的事。我們從這些紀錄中發現，如前面所說的，海上保險實務在十四、五世紀就已經在隆巴底，和歐洲大陸採用了。到了十六世紀，關於海上保險的法律決定和官司，被提到內閣委員會中討論，那是很高的法院，這表示，保險在當時已成為倫敦商務的重要部分了。到十六世紀中葉，我們發現紀錄中提到保證單已經改為保單 (Policy of Assurance) 了。

到十六世紀末期，當時執政的伊麗莎白一世女王，認為保險業務相當可觀，於是，授權一位名叫李察康德勒的人，成立登記處，內閣也指出倫敦的所有海上保險業務，都必須先經過登記處。這造成了一個規範，使保險條款多少統一了一點。在這之前，大家從事各種生意時，每個商人都有自己的意見，認為保單該涵蓋什麼，但當這些保單必須通過登記處時(李察康德勒本人是經紀人)，發展出了統一性，到十六世紀末期，出現了標準的海上保險格式。

到了十七世紀，英國國會通過法案，成立處理海上保險糾紛的特別法，縱在那時候，也只有經紀人在當時的交換所中設有永久辦公室，保險人仍然是兼差性質，只是他們在正業外的副業。到十七世紀中葉，勞依茲的咖啡店吸引了各種航海人，或是跟船務有關的人，到店裡互相見面，並且免付租金做生意，只要付飲料錢。倫敦市當時有很多咖啡店，做的生意跟勞依茲相同，只是他們的客戶是其他行業的人。例如，波羅的咖啡店位於倫敦船舶買賣者住的地區，因此船舶買賣人、經紀人等聚集在那裡，那家咖啡店現在成了船務交換所。又如，強納生開了另一家咖啡店，位於倫敦股票買賣者居住的地方，他的咖啡店至今仍存在，但我們今天把它稱為股票交換所。因此在英國，咖啡店發展成商業的一部分，絕不僅限於海上保險。但到了十七世紀末葉，勞依茲本人把咖啡店遷到隆巴底街，以便增加市中心的客人，而不只是原來從倫敦橋海邊船上下來的客人。

到了十八世紀，當時還沒有法律允許的海上保險公司，但已經有幾家火災保險公司存在了。不過，勞依茲已經不再是唯一的保險交易市場，因為某些經紀人隨便找人承保船舶或貨物，他們會在街上攔下路人，然後說：「請你簽字，我們給你 5 英鎊。」路人會簽字，然後承擔某種風險，拿了錢就失蹤，結果有人索賠時，沒有人理賠，這很快發展成醜聞。倫敦兩個富人團體覺得，需要成立一個至少有 100 英鎊資金的行業，但當時的法律規定，公司行號不得經營海上保險，因此，他們必須克服法律上的困難。當時要克服法律就得跟立法者決生死鬥，或是賄賂有關人員之後進行。這兩個團體事實上付錢給某些人，例如內閣大臣以及其他立法人，以便能夠更改法令，但他們卻失敗了，不但損失金錢，而且沒進展，無法成立可經營海上保險的公司。最後他們決定賄賂國王本人，賄賂的方式是替國王發行公債，當時國王負責發行公債，而他們同意接替這項責任。結果，國王指示首相，要他通過這兩個團體設海上保險公司的立法，因而成立了倫敦和皇家交換所。

到了十八世紀中葉，被稱為保險人的那些人，認為他們需要知道被保險船舶的資料，在此之前，他們只能從船表和船東處取得資料。顯然這些人偶爾會偏袒，於是他們設立船舶登記所，但登記所維持不久，因為它也不夠公正。船東如果在桑德蘭先建一艘船，而在倫敦建造另一艘相同的姊妹船，他會發現在桑德蘭造的船，要比在倫敦造的船付更高保費。船東抗議這一點時，登記所的人會告訴他這很合理，因為倫敦造的船比桑德蘭造的船優良，因為倫敦的錢比較多。船東完全不服這種說法，結果登記所只好停業，因為它袒護倫敦船。

此後不久，在皇家交換所交易的保險人，決定把營業場所遷到教皇巷，他們遷去以後，從郵局獲得某些特權，勞依茲本人也有這些特權。從勞依茲遷到教皇巷的只有一群保險人，郵局給他們的特權是他們收信件可以不付錢。當時收到信才付錢，勞依茲收到的信件，都是船長從世界各地寄給他的，告訴他他們在何處，以及港口裡還有哪些船。因此，勞依茲從這些信件中，知道英國海軍的動向，而英國海軍部，卻不知海軍在何處。英國海軍戰艦出發到西班牙，準備跟西班牙或法國人作戰，但到達西班牙之後發現西班牙艦隊已經離開，因此會到美洲去找他們。而海軍部卻絲毫不知它們到了何處，但勞依茲知道，於是勞依茲收集的資料對海軍部很有價值，對英國政府也很重要。因為勞依茲保證轉遞這些消息，政府讓他免費收信，遷到了教皇巷的一群保險人也獲得這項特權，他們也可以免費收信。他們在那裡生意很好，後來營業場所太小，他們不得不再找大一點的地方，於是在 1771 年，有 79 名保險人，每人出 100 英鎊並且選出一個委員會，用這筆錢在皇家交換所裡租了場地，又回到皇家交換所，布置辦公桌椅和廚房設備，把咖啡店從教皇巷遷到皇家交換所。但咖啡店主人已不是勞依茲或他的繼承人，而是由使用者本身擁有和經營。這 79 名保險人由他們選出的委員會管理。後來不是保險人的人也喜歡光顧這家咖啡店，妨礙真正利用咖啡店做生意的人，於是委員會決定，利用房間用餐和做生意者要付一筆會費，這限制了能去那地方的人，事實上，那也是目前會員制的起源。這群會員後來訂定一種標準海上保險格式。我們今天所使用的格式是 1780 年訂的，除了稍許增加外，今天使用的格式和文字跟當時擬定的完全相同。

到了十九世紀初，只有倫敦和皇家交換所兩家公司，其他保險人在他們的營業處所工作，有些保險人加入皇家交換所，而在那裡進行保險業務，而整個保險業在這時已經成了一種企業，他們由經紀人維繫在一起。當時，英國正在跟拿破崙作戰，保險人承保船舶和貨物戰爭險，賺了很多錢。我們可以推測在 1811 年時，保險人已經相當重要了，因此能促使國會通過法案，使他們得到法定章程和公司登記證，這些當時稱之為協會的組織，組成一個會員團體，而只有某些行業能成為會員，例如煤炭商人不得加入。勞依茲的會員，這時已不只是訂戶，而是會員，他們必須有某種社會地位才能從事保險。那時候船舶損壞或擱淺，當地居民或是世界任何地方的人，都會登船搶走一切能移動的東西。船舶用具對沿海居民非常有用，因此需要用某種方式保護這種情況下的船舶。因為保險人本來只要賠償可以再浮起的受損船舶，結果卻要賠償船貨以及一切能移動的東西。因此，他們指派勞依茲代理人，到世界各地代表他們在發生那種困難時協助船員，並把損失情形告知在倫敦的保險人。

到了十九世紀，第一個二十五年結束時，發展成另一種法律。富商納丹羅斯查爾覺得，海上保險應該不只是由兩家公司經營，他想自己成立公司，但是沒辦法，因為法律允許倫敦和皇家交換所獨占保險業，他希望改變法律，那時行賄的作法已經不盛行，他透過在國會裡的朋友幫忙，最後在 1824 年以政治方式撤銷了獨占局面，而成立了同盟賠償以及其他公司。

在十九世紀中葉，最初稱之為勞依茲協會 (Society of Lloyd's) 的組織，決定改變成我們今天所知的組織型態。會員分為三類：保險人會員坐在建築物裡承保風險；非保險人會員主要在建築物外面工作，他們拜訪船東和貨主，招攬海上保險業務提供給勞依茲建築物內的保險人，當時是在皇家交換所；最後一種是贊助會員 (Subscribers)，他們可以使用咖啡室，也可以從勞依茲公司獲得某些船運資料。

縱然如此，沒有錢的人也能偶爾到勞依茲承保風險。因此公司在 1850 年決定，必須採取行動保護勞依茲的名聲，而從那時候起所有新會員都要交保證金，到現在仍然如此。當年的保證金跟今天的相比，當然微不足道。

如前述，當時船舶擱淺時，會遭到掠奪破壞，因此在十八世紀中葉，成立救助協會 (Salvage Association)，目的是保護保險人在船和船具上的利益。

在十九世紀中，紡織工廠引進蒸汽動力，使工業急速發展。很多工業，例如棉紡工業，原來都是家庭工業，這時集中成很大的公司和工廠，這就是工業革命的結果。英國也成為全世界最大的鋼鐵輸出國，這表示貨物的價值巨額增加，船舶價值也巨額增加，因為船舶已不是木造風帆船，而是昂貴的機械的鋼鐵船舶，使得船舶和貨物的保險金額太大，私人無法承擔。當時公司保險市場也因而迅速擴展，但它受到下列事實的限制，任何公司股東在公司破產時，面臨失去一切私有財產的危險，公司的每一個股東都要相互負責，而且要為公司的全部債務負責。這一點限制了能夠當公司股東的人數，到了 1860 年左右，英國通過了很多公司法，這些法令使股東只負有限責任 (Limited Liability)。由於這些法令，公司股東不必再冒失去全部財產的危險，如果公司破產，只會損失所投資的錢，而不會損失別的，這使更多人能夠成為新保險公司的股東，而當時對保險公司的需求也很殷切。

我們發現到十八世紀末期，保險公司比勞依茲個人保險人擴展得更快。因此到 1880 年，原來的兩家保險公司增加到了七十二家。他們跟勞依茲的保險人配合。此後不久，公司本身覺得，他們規定只跟勞依茲協會部分的組織配合，這個組織代表公司，就如保險協會代表勞依茲的保險人一樣。這個觀念首先由一群勞依茲和保險公司保險人提出，他們一般在勞依茲交換所外面一起喝咖啡，但勞依茲的人為了技術問題，必須退出，保險公司繼續這項理想，而成立了倫敦保險人協會 (Institute of London Underwriters)，倫敦保險人協會理論上代表保險公司權益，實務上勞依茲人員積極參予協會的工作，於是協會代表倫敦的整個海上保險市場。

當時保險公司急速擴展，因為有限責任使它們能夠擴展。但勞依茲的擴展受到限制，因為保險人辦公室只容得下特定數目的個人，因此開始成立一些稱為辛迪卡 (**Syndicates**) 的組織。一些缺乏專業知識和技巧，或是因為沒有空位而無法親自經營的保險人，聚集在一起推舉一個人坐在保險辦公室代替他們經營。坐在保險辦公室的那個人是這一群人的成員之一，屬於辛迪卡的成員。辛迪卡是不同行業的人組成的團體，不是合夥組織，但辛迪卡的存在使坐在辦公室的一名保險人，能夠代表一群有錢人接受更多的保險業務，遠超過他以自己的財富單獨經營的範圍。因此辛迪卡配合大保險公司，大保險公司此時已經開始跟他們競爭。

1911 年，國會通過了另一項法案，允許勞依茲兼營非海險事業。1914 年戰爭之後，勞依茲遷到蘭阿德街，自己的營業場所。1939 年的戰爭結束後，因為業務擴展而不得不再度搬遷，遷到萊姆街辦公室。如今他們已從萊姆街辦公室，遷到原來稱為新大樓，但現在稱為外側大樓的地方。他們不斷擴展，不斷擴展顯示從業人員不斷增加。人員不斷增加是從 1914 年戰爭之後開始的。在 1914 年之前，每一個辛迪卡自行簽發保單，而每個保險人為辛迪卡簽署保險。結果船舶要保險時，經紀人要一個一個的找保險人，要一家一家的找保險公司，而且要帶一大疊保單進辦公大樓。

在 1914 年戰爭期間，員工被軍方徵召時，勞依茲的保險人無法找到足夠人手，無法檢查保單是否符合跟經紀人約定的條款，因此他們必須設法完成此項工作，結果當然是找一些女性辦公。但是此舉在當時卻令保險人震驚，因此設立了保單簽署辦公室，位於勞依茲外面的大樓裡，這很成功，因此保留到今天。那是行政工作的有效處理方式，而且是辛迪卡必須做的。

保險要在中央簽單室簽署和檢查，後來會計工作也由公司接替，而且某些理賠事宜也由他們接替。對於擁有 8,500 名保險人會員，以及一百八十三個海上保險的辛迪卡，這些數目字當然可以隨時改變。現在倫敦市場上有一百五十多家英國保險公司，還有一些在勞依茲附近營業的海外公司，他們是倫敦保險人協會的贊助會員，而且是倫敦市場的一部分。有些公司只是技術上的海外公司，他們原本是英國公司，後來被美國公司吸收，但仍然由英國籍員工照原來英國公司方式工作。

經紀人和保險業息息相關，因此我們可以說，有四種不同性質的公司，受雇於市場。

首先，當然勢必要提到勞依茲保險集團，因為它是主要的角色。第一件事要注意的是它本身是個市場，其中獨立的營業行為在進行著。它就像個蔬菜市場，而市場用地是歸勞依茲所有，用地上充滿各式的攤位，而勞依茲保險集團，就在其中所擁有的承保辦公室內，劃分出每個包廂，每個包商就等於店鋪攤販的持有人一樣，就一個獨立的菜市場而言，每一個攤位持有人各自經營，和別個攤位持有毫不相干。同樣地，每個承保人在其包廂內也是經營具獨立的業務，也不與其他的承保人有任何瓜葛，而所有的營業人，皆和勞依茲保險集團劃清界限，因此，實際上，勞依茲本身並不承保任何人情的。但在十九世紀末葉時，獨立的個別營業人發覺到，沒有足夠的財產可在市場中佔有一席之地，因此本身就組成了所謂的企業界的辛迪卡，即聯合組織，「這種辛迪卡是否為一種合夥關係?」不是，很多人不知道這中間的區別。幾個人合夥成立一個公司，一旦這公司垮了，賣主可向任何一位股東扣押其財產，以清償公司的債務，也就是說你如果是合夥人之一，你很可能受到其他合夥人牽連，而傾家蕩產。反過來說，聯合組織是由一群個別的營利事業所組成，公推其中一家替其他成員接洽。譬如，渥京一家屠宰商，先前很可能每天都得前往倫敦購買肉類，一旦他們決定組成聯合組織，只要推派一位代表前往倫敦即可，同時各人仍可獨立經營自己的事業。理論上來講，由於大多數業者對於保險之事全然不懂，因此，他們選出一位成員，進入包廂，替他們執行承保的工作，這個人我們就稱之為承保人，而其他業者，也是聯合組成員，並不住入包廂。

在勞依茲眼中，他們只不過是一個名稱而已，在其個別的名銜下，具有無限責任償還其債務，但對其他成員並不負任何承保的清償責任。

如果你加入一個無限公司，嚴格說起來，你就是一個合夥人，若公司垮了，債主可找你，也就是說，他們有權扣押你所有的私人財產，以償還公司所負的債務，這對交易而言相當不利。一直到十九世紀中葉，一些公司才賦予股東們有限的清償責任。從那個時候起，如果一個公司限定它的清償責任，股東的損失再也不會超過其所投資的金額。

要注意的是，勞依茲的承保人，並非公司的組織，因此，他們不享有有限清償責任，結果是他們的債主在一旦他們無法償還其承保債務時，可從其所投資在聯合組織的金錢中，扣押所有的財產。所以，勞依茲在選擇承保會員時格外小心。首先，那些想加入的人，必須先由兩個現存會員支持入會。從 1981 年以來，他們就要求加入會員本身必須具有 10 萬英鎊的財力；欲成為經紀人必須至少 2 萬英鎊，而外國人就必須至少提出 30 萬英鎊，當做資金投入。具備這些條件後，尚須經過選舉委員會審查證實財力健全，最後才提交勞依茲保險集團委員會，至此，一個經紀人才有機會成為勞依茲的一員。

「以贊助會員身分」，但決不是承保人的身分。勞依茲經紀人一定要是其正式會員。當選舉委員會審查通過申請人的資格以後，將其提交勞依茲委員會，去決定通過或不准其加入申請。該委員會由十六個委員組成，其中每年規定四位要退休。

現在提到存入保證金，如今已由當初 25 萬英鎊，依其各保費收入尚須多繳。當你成為勞依茲會員時，你必須先繳一筆為數頗高的保證金，那筆錢由委員會保管，仍然是維持會員的身分直到退出，而且承保債務清償了結為止。除了先前提過的保證金外，會員還須在其每年保費收入超過該保證金部分，提存 2.5%，每年繳納一次存入保證基金，這筆錢是永遠不退還給會員的，至今已累積了好幾百萬英鎊，是由委員會保管，以支付會員們的債務。雖然委員會沒有這種硬性償還的法律責任，但委員會不希望由於勞依茲會員無法支付，而使得投保人遭受金錢上的損失。就像是雙重保證 **(Double Security)**，該筆錢從 1981 年 1 月 1 日起開始增加，從那個時候起，凡在大不列顛國協居住的英國會員，其限額保費在英鎊 25 萬，皆必須增繳保證金。先前提過，目前應繳存金標準是 5 萬英鎊以上，需增加到 6.25 萬英鎊。外國籍的會員，限額保費訂在 35 萬英鎊的，需增加到 22.25 萬英鎊。

一般行業須列有準備金，勞依茲的聯合組織亦不例外，必須從其利潤盈餘提列準備金，委員會決定該從保費收入中，提取多少百分比的金額當作準備金，除此之外，他們甚至不保有自己的保費，該保費之支付直接存入一個信託基金，受託人名義為委員會和貿易部，非經受託人同意，不得動用該款支付任何索賠、盈餘分配或費用。

有關營利所得的申報，通常一般行業是每隔一年申報一次，但是在海運界是三年申報一次。作業程序是：一年所收到的保費全部存入另一個帳戶中，用之於支付其後三年所有的索賠，每三年的年底，承保人和申請索賠人，會一起討論有關未支付的索賠金額，並對勞依茲所送來的非經常性報告加以評估，現在這些公司和勞依茲本身，皆採三年制的申請系統。因此為了能夠每三年年底結帳，他們將已知應付所估計的索賠金額，支付入下一年的會計帳目中，用以付出任何一筆未付的索賠。至此，所有保費收入和索賠支出，其間的差額即為盈餘，也就是承保所得。

第二節　海上保險承保之危險事故

1906 年英國海上保險法第三條「海上冒險與海上危險事故之定義」(Marine adventure and Maritime perils defined) 後段規定：

“Maritime perils” means the perils consequent on, or incidental to, the navigation of the sea, that is to say, perils of the seas, fire, war perils, pirates, rovers, thieves, captures, seizures, restrains, and detainments of princes and people, jettison, barratry, and any other perils, either of the like kind or which may be designated by the policy.

因此海上保險依其性質，包括承保在內的基本危險及需經特約載明承保的附加危險兩大類，茲分述如下：

一、基本危險 (Enumerated Perils)

海上保險所承保的基本危險有以下二大類型：

㈠海上特有的危險事故 (Perils of the Sea)

"Perils of the Sea" 一詞之定義，通常稱為「海難」，而屬於海上特有的危險事故。根據英國海上保險法保險單解釋規則 (Rules for Construction of Policy) 第七條之定義為：「海難一詞係指海上偶發的意外事故或災難，但不包括風與浪之經常作用在內。」(The term "perils of the sea" refers only to fortuitous accidents or casualties of the sea. It does not include the ordinary action of the winds and waves.)

由前述解釋，海難必是海上所特有之偶發的意外事故，即在不正常的風與浪之下所致的損失。至風與浪的經常作用所致者，屬於無可避免的或必然的正常性自然耗損 (Ordinary Wear and Tear)，如因蒸發而致慣例的消耗 (Customary Wastage by Evaporation) 及正常的破損及漏損 (Ordinary Leakage and Breakage) 等，均不得視為海難。

一般所稱海難可以分為以下八種，茲分別說明如下：

1. **擱淺 (Stranding)**：

   是指船舶因意外事故產生與水底之岩礁擦撞，長時間無法前進而繼續停止無法前進的狀態 (remains hard and fast upon it)。

2. **觸礁 (Touch and Go)**：

   當船身擦過小礁或其他障礙物，仍然可以繼續前進，因此與擱淺不同。英國曾經有一判例對船舶擱住十五至二十分鐘的情節判做擱淺，而對擱住一分三十秒的情節判做觸礁。

3. **沉沒 (Sinking)**：

   乃指船身全部沒入水中，同時該船已無航行能力的狀態。如船身尚未全部沉入，或沉入之船舶仍在航行，均不得視為沉沒。

4. **失蹤 (Missing Ship)**：

依我國海商法第一百八十三、一百八十四條之規定，船舶或裝運貨物之船舶行蹤不明，已逾四個月時，得視為失蹤，被保險船舶或貨物即得為委付。

5. **碰撞 (Collision; Running Down)：**

乃指一船與他船之猛力接觸 (Forcible Contact) 的狀態。所謂一船與他船之碰撞，包括一船之一部分撞及他船任何部分，如錨或鏈 (Anchor, Mooring Chain) 以及可能撈救的沉船，亦可視為碰撞；但如與其他物體，如碼頭岸壁 (Dock Wall)、浮標 (Floating Buoy)、浮流殘餘物 (Floating Wreckage)、棄船 (Derelict)、漁船之漁網，以及固定物體發生猛力接觸，均不視為碰撞。

在貨物保險，協會貨物條款已在"Collision"一字之後載明下列文字："or contact of the vessel and or craft and or conveyance with any external substance (ice included) other than water,..."碰撞之範圍，即擴大包括船舶、駁船或其他運輸工具與水以外任何物體之接觸在內。

6. **船破 (Shipwreck)：**

乃指船舶被風浪衝擊，衝向海中岩礁、淺灘或岸上所致支離破碎，或喪失船舶固有型態的狀態。

7. **暴風雨惡劣氣候 (Heavy Weather)：**

乃指船舶在惡劣氣候，或狂風暴雨的襲擊下所致之損害，其型態通常有三種：

⑴由於暴風雨以致海水損及貨物。

⑵由於關閉船艙之通風設備，以致艙內貨物受到蒸濕 (Sweat) 或結塊 (Condensation) 之損害。

⑶由於船舶顛簸，以致艙內貨物發生漏損 (Leakage) 或破損 (Breakage)。

8. **海水損害 (Seawater Damage)：**

乃指船舶在海上航行，由於其他意外事故，以致海水侵入船艙所致之損害，或貨物遭致海水損害。

㈡海上遭遇的危險事故 (Perils on the Sea)

此類危險事故乃在海上航行中所遭遇到的危險事故，但非屬海上特有者之謂。大致有下列幾種：

1. **火災 (Fire)：**

乃指標的物焚燬、燒焦、燒裂、燻黑以及救火行為所致的損害，均為火災之損害。

2. **戰爭危險 (War Risks)：**

在勞依茲 S.G. 保險單戰爭危險之危險事故中原係指軍艦、敵人、拘捕及報復拘捕命令、襲擊、擄獲、拘管、禁制、扣留等危險事故而言 (men of war, enemies, letters of mart and countermart, surprisals, takings at sea, arrests, restraints and detainments of all kings, princes, and people...)，通常海上保險單中都將戰爭危險列為除外不保之危險，即“War Exclusion Clause”對於因戰爭、內戰及敵對行為等所致，均屬除外不保。惟在 1982 年 1 月 1 日新條款中，(A) 條款將海上劫掠 (Piracy) 予以刪除，而承保在內，在 (B) 及 (C) 條款則仍屬不保範圍。

3. **海盜及劫匪 (Pirates and Rovers)：**

是指使用暴力攻擊之海上掠奪者，並包括暴亂之旅客，以及在岸上攻擊船舶之暴亂者而言。凡財物為海盜或劫匪掠奪，或掠奪行為所致之損害，現在均視為戰爭危險。

4. **海賊 (Thieves)：**

乃指使用暴力從事之竊盜 (Assailing Thieves)，所謂使用暴力意即只要使用強暴手段盜取財物，均屬暴力竊盜，但不包括暗中偷竊 (Clandestine Theft)，以及船上人員或旅客之偷竊 (Pilferage)。

5. **投棄 (Jettison)：**

乃指船舶及貨載遭遇共同危險，為共同安全而將船舶之屬具、貨載及其他財物予以拋棄海面所為之故意犧牲而言。此種因投棄所致之損失，乃形成共同海損最典型的犧牲。但如投棄之貨載，非依習慣或非經特約而裝載於甲板上 (On Deck) 者，或係因貨物本質或其危險性之原因者，均不屬此項投棄之範圍。

6. **船長、船員之惡意行為 (Barratry of the Master and Mariners)：**

指船長或船員故意損害船舶所有人或承租人之一切非法行為而言，但該惡意行為非由於船東或承租人之縱容、共謀或授意者，都屬於此種範圍。此種惡意行為常見者有：

(1)船長船員未經船東或承租人同意，逕自與敵人從事交易或走私 (Smuggling)，或衝過封鎖線，以致船舶遭扣押或沒收。

⑵船長船員將船舶惡意遺棄、縱火焚燒、故意擱淺、或鑿沉海底 (Scuttling of Vessels)。

⑶船長船員將船舶詐售盜賣或抵押予人，平分價款。

7. **其他一切危險 (All Other Perils)：**

乃指與保險單上特別載明承保的各種相類似之危險而言，此種情況，僅在全險 (All-risks) 之承保條件下，始予承保。

二、附加危險 (Extraneous Perils)

海上保險之附加危險包含下列各項：

1. 暗中偷竊 (Theft and Pilferage)。
2. 短少及未能送達 (Shortage and Non-Delivery)。
3. 越站未卸 (Over-Carriage)。
4. 受其他貨物所致之損害 (Damage by Other Cargo)。
5. 鉤損 (Hook)。
6. 擦損、刮損、撞損、凹損、彎曲。
7. 污損、油污、泥污。
8. 破損、漏損 (Breakage and Leakage)。
9. 發霉或黴菌損失。
10. 生銹或起斑損失。
11. 雨水、淡水、洪水損失。
12. 蒸濕汗濡 (Sweet and Evaporation)。
13. 結塊 (Condensation)。
14. 海水沖刷、波浪捲落 (Washing over Board)。
15. 自燃 (Spontaneous Combustion)。
16. 受強酸侵蝕。

三、除外危險

海上保險之除外危險有以下幾種:

1. 被保險人故意不當行為所致之損失 (Loss Attributable to the Wilful Misconduct of the Assured)。
2. 遲延所致之損失 (Loss Due to Delay)。
3. 包裝不固 (Poor Package)。
4. 固有瑕疵 (Inherent Vice)。
5. 自然耗損 (Ordinary Wear and Tear)。
6. 正常性之漏損、破損或收縮 (Ordinary Leakage, Breakage and Shrinkage)。
7. 失重、失量 (Draftage)。
8. 貨物之本質所致之損失 (Loss Caused by Nature of Subject-matter Insured)。
9. 市場或商業上之損失。
10. 利潤之損失。
11. 蟲蛀鼠嚙所致之損失 (Damage by Rats and Vermin)。
12. 不明原因或神秘性之損失 (Unexplained or Mysterious Loss)。

第三節　海上保險承保之損失

海上保險即一般所稱的「水險」，依承保之標的物可分為船舶保險 (Hull Insurance)、貨物保險 (Marine Cargo Insurance)、運費保險 (Freight) 以及責任保險 (Liability Insurance)（參見第五節海上保險契約之種類）；依承保之損失性質可分為毀損 (Damage)、滅失 (Loss)、費用 (Expenses) 以及責任 (Liability)；依承保標的物之損害程度可分為全部損失 (Total Loss) 與部分損失 (Partial Loss)，其中全部損失又可分成實際全損 (Actual Total Loss)、推定全損 (Constructive Total Loss)、協議全損 (Compromised Total Loss) 以及可劃分部分的全損 (Total Loss of a Part) 四種類型，而部分損失又可分成共同海損 (General Average) 以及單獨海損 (Particular Average) 二種類型，以下分別說明其意義。

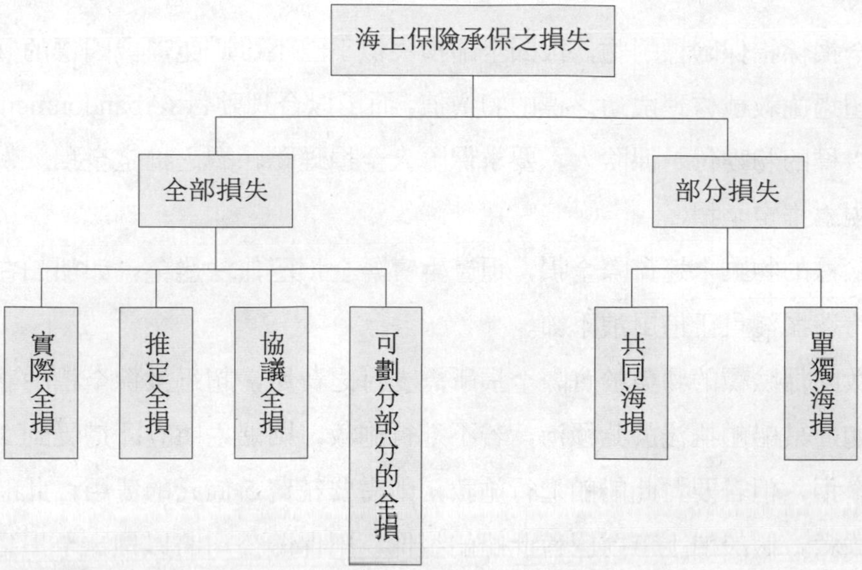

一、全部損失

全部損失係指保險標的物遭受全部毀損或滅失，簡稱全損。依損失認定可分為實際全損、推定全損、協議全損以及可劃分部分的全損四種類型。

㈠實際全損

依據 1906 年英國海上保險法第五十七條「實際全損」(Actual Total Loss) 條款之內容，當海上保險標的物，業經完全毀損滅失、喪失原有之形體或本質、或所有權已無法歸屬被保險人時，則可認定為實際全損，例如下列情形通常得視為實際全損：

1. 保險標的物已全部毀損滅失，如貨物因火災而化為灰燼、船舶沉入海底打撈無望。
2. 保險標的物受損程度已至失去其原有形體或本質，如船舶被海浪沖激船體支離破碎、皮革因浸水而腐臭、水泥因浸水而凝固不能視為水泥。
3. 被保險人對保險標的物之所有權已喪失，或被剝奪而永不能歸復，或無法收回，如船舶被當地政府扣押及沒收、貨物被海盜劫匪掠奪。
4. 船舶行蹤不明，如船舶在海上失蹤經歷相當期間而無訊息，依英國海上保險法之規定，其被保險之船舶、貨物等均可以實際全損處理。

㈡推定全損

推定全損係指保險標的物，或因全部損失似乎已不可避免，或因標的物施救或修理之費用超過施救或修理成功之標的物價值，而予以合理委付 (Abandonment)，意即被保險人得以標的物委付予保險人，要求保險人全損理賠，謂之推定全損。例如下列情形通常得視為推定全損：

1. 保險標的物雖未達實際全損，但產生實際全損已無法避免，如船舶在偏僻的絕壁海邊擱淺且正值風浪季節。
2. 為救助保險標的物免於實際全損所需支付之費用，超過被保全標的物之價值。例如：某船舶擱淺於北極海，若不進行施救，則船主將立即遭受到 2 億元的實際全損，但若要對此船舶進行施救，則需要花費 5 億元的費用，此時某甲會放棄施救，假設船主事前已替此船舶投保，則保險公司將以推定全損之認定賠償船主的損失。
3. 船舶、貨物受損修復所需支付之費用大於或等於原來的價值。

無論是實際全損或推定全損，保險公司在理賠金額上均同，唯一最大的差別在於後者需作「委付」之通知，即委付者（被保險人）的海上標的物雖未達到全部損失，但產生全部損失已無法避免，或其修復費用將超過標的物本身價值之規定百分比時，委付者得將保險標的物上之一切權利轉移給保險人；就保險人而言，由於權利之移轉，而取得標的物之代位權，就被保險人而言，根據推定全損之情形，經委付而取得實際全損之賠償。

「委付」一詞乃源自於我國海商法之內容。根據我國海商法，委付之原因、要件、效力說明如下：

1. 委付之原因：

⑴船舶委付：根據我國海商法第一百四十三條之內容，被保險船舶有下列各款情形之一時，得委付之：

①船舶被捕獲時。

②船舶不能為修繕或修繕費用超過保險價額時。

③船舶行蹤不明已逾二個月時。

④船舶被扣押已逾二個月仍未放行時。

⑵貨物委付：根據我國海商法第一百四十四條之內容，被保險貨物有下列各款情形之一時，得委付之：

①船舶因遭難，或其他事變不能航行已逾二個月而貨物尚未交付於受貨人、要保人或被保險人時。

②裝運貨物之船舶，行蹤不明，已逾二個月時。

③貨物因應由保險人負保險責任之損害，其回復原狀及繼續或轉運至目的地費用總額合併超過到達目的地價值時。

⑶運費委付：我國海商法第一百四十五條規定：「運費之委付得於船舶或貨物之委付時為之。」

2.委付之要件：

我國海商法第一百四十六條規定：「委付應就保險標的物之全部為之。但保險單上僅有其中一種標的物發生委付原因時，得就該一種標的物為委付請求其保險金額。委付不得附有條件。」

3.委付之效力：

⑴委付之積極效力：我國海商法第一百四十七條規定：「委付經承諾或經判決為有效後自發生委付原因之日起，保險標的物即視為保險人所有。委付未經承諾前，被保險人對於保險標的物之一切權利不受影響。保險人或被保險人對於保險標的物採取救助、保護或回復之各項措施，不視為已承諾或拋棄委付。」

⑵委付之消極效力：我國海商法第一百四十八條規定：「委付之通知一經保險人明示承諾，當事人均不得撤銷。」

㈢協議全損

保險標的物損害程度未達實際全損，且不符合推定全損之要件，但基於各種因素的考量（例如：保險人與被保險人有業務上的往來），保險人給予被保險人全損之理賠，稱為協議全損。通常只有對於重要客戶，保險人才會予以協議全損。

㈣可劃分部分的全損

「全損」有時必須明確說明為一單位的全損，或是所有單位的全損，即當保險標的物之數量為可分別計數的單位，則其中若干件（單位）標的遭受全損，雖對全部標的而言為部分損失，但可單獨計算視之為全損理賠。例如某一次運送有砂糖一百包，但有二包全損，若以整體貨物而言，此二包損失為部分損失，若以單一貨物而言，此二包損失為可劃分部分的全損。

二、部分損失 (Partial Loss)

部分損失係指保險標的物遭受一部分毀損、滅失或回復無望，簡稱分損。依負擔損失的主體可分成共同海損以及單獨海損二種類型。

(一)共同海損 (General Average, GA)——由利害關係者共同負擔的損失

1. 共同海損之意義：

我國海商法第一百十條規定：「稱共同海損者，謂在船舶航程期間，為求共同危險中全體財產之安全所為故意及合理處分，而直接造成之犧牲及發生之費用。」由上述可知，共同海損應包括下列三種意義：

(1)共同海損犧牲 (General Average Sacrifice) 之實施：共同海損犧牲係指因共同海損行為致使船舶、貨物等保險標的物遭受毀損或滅失，依保險標的物又可細分為船舶之共同海損犧牲、貨物之共同海損犧牲以及運費之共同海損犧牲三種。

(2)共同海損費用 (General Average Expenditure) 之支出：共同海損費用係指在共同海損行為中，為了船舶、貨物、或運費之共同安全，船長予以支出與保險標的物有關係之非常費用。

(3)共同海損分攤 (General Average Contribution) 之計算：共同海損分攤係指為保全船貨等共同安全所產生的共同海損犧牲或費用，應由保全利益之船貨共同分擔；若船貨分別保有船舶保險、貨物保險，則應由保險人各別代為負擔。

共同海損並非新名詞，早在大約西元前 3000 年就已出現共同海損的觀念。西元前 1000 年，地中海一帶的乾貨商人所奉行的法規「羅地法」(Rhodian Law) 即有明文規定海難中的損失應由參與該次航海之人共同分攤。共同海損原為一種海損理算制度，並不屬於海上保險之範圍，但因海上保險將被保險人所發生之共同海損及費用均承保在內，因而產生關聯性。

2. 共同海損之理算：

(1)當共同海損發生時，各利益主體應如何分攤責任？茲說明如下：

①船舶之分攤價值：係指船舶抵達目的地時，船舶實際淨值 (Actual Net Value) 作為分攤價值，若船舶有受損，則船舶之分攤價值為船舶實際淨值減去共同海損後的修理費用 (Cost of Repairs)，加上任何來自共同海損的補償金額之總和。

②貨物之分攤價值：係指船舶抵達目的地時，卸貨後按貨物完好時之市價減去卸船費、運費（未預付）、稅捐等費用，再加上任何來自共同海損的補償金額之總和。

③運費之分攤價值：係指整個航程之實際總運費，減去共同海損後為取得該運費而發生的一切費用，再加上任何來自共同海損的補償金額之總和。

(2)我國海商法關於共同海損之理算的相關規定：

①第一百十一條：共同海損以各被保存財產價值與共同海損總額之比例，由各利害關係人分擔之。因共同海損行為所犧牲而獲共同海損補償之財產，亦應參與分擔。

②第一百十二條規定：前條各被保存財產之分擔價值，應以航程終止地或放棄共同航程時地財產之實際淨值為準，依下列規定計算之：

A.船舶以到達時地之價格為準。如船舶於航程中已修復者，應扣除在該航程中共同海損之犧牲額及其他非共同海損之損害額。但不得低於其實際所餘殘值。

B.貨物以送交最後受貨人之商業發票所載價格為準，如無商業發票者，以裝船時地之價值為準，並均包括應支付之運費及保險費在內。

C.運費以到付運費之應收額，扣除非共同海損費用為準。前項各類之實際淨值，均應另加計共同海損之補償額。

③第一百十三條規定：共同海損犧牲之補償額，應以各財產於航程終止時地或放棄共同航程時地之實際淨值為準，依下列規定計算之：

A.船舶以實際必要之合理修繕或設備材料之更換費用為準。未經修繕或更換者，以該損失所造成之合理貶值，但不能超過估計之修繕或更換費用。

B.貨物以送交最後受貨人商業發票價格計算所受之損害為準，如無商業發票者，以裝船時地之價值為準，並均包括應支付之運費及保險費在內。

受損貨物如被出售者，以出售淨值與前述所訂商業發票或裝船時地貨物淨值之差額為準。

C.運費以貨載之毀損或滅失致減少或全無者為準。但運送人因此減省之費用，應扣除之。

㈡**單獨海損 (Particular Average, PA)——由受害者單獨負擔的損失**

單獨海損係指因保險危險事故發生引起保險標的物之非屬共同海損的部分損失。單獨海損與「共同海損」為相對的詞語，即不是「共同海損」，就是「單獨海損」。單獨海損具有二項特點：

1. 由於偶發的保險危險事故所致之損失，而非故意行為之結果。
2. 必須為保險標的物單獨遭受之損失，而不涉其他利害關係人者。

第四節　海上保險承保之費用

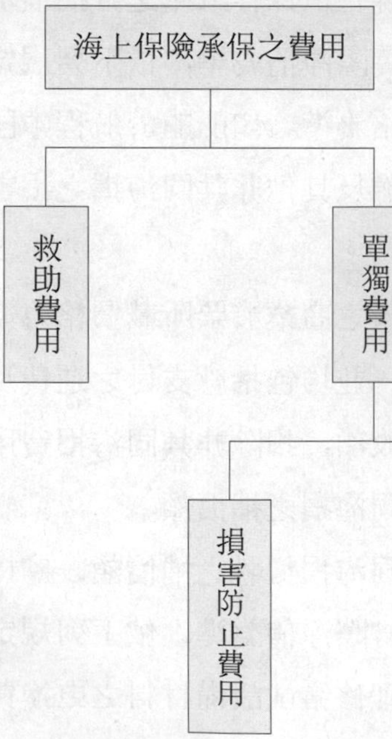

一、救助費用 (Salvage Charges)

救助費用係指當保險標的物因保險危險事故發生，對無法律上關係或契約上義務之第三人為防止損失繼續擴大的救助成功所支付的報酬。我國海商法規定船舶操作人員對於海上危險狀況有救助之義務，對於救助者所作的救助行動，給予金錢上的獎勵，稱為救助獎金 (Salvage Award)，例如我國海商法第一百零三、一百零四、一百零五條規定：

1. 於船舶或船舶上財物施以救助而有效果者，得按其效果請求相當之報酬。
2. 屬於同一所有人之船舶救助，仍得請求報酬。
3. 報酬金額，由當事人協議定之，協議不成時，得提付仲裁或請求法院裁判之。

此外，救助者對於救助之貨物有所有留置權 (Possessory Lien)，對於救助之船舶有海事優先權 (Maritime Lien)。我國海商法的規定「救助」應包含救助及撈救，故救助費用之成立要件如下：

1. 以海難存在為前提。
2. 救助之對象僅限於船舶或貨物，不包括人命的救助。
3. 救助者必須為無法律上關係或契約上義務之第三人。
4. 救助者之救助行動必須是自動，或自願的，亦即事先並無契約約定支付其費用。
5. 救助必須是成功的。

一般如果救助費用加上損失大於保險金額，則理賠金額以保額為限。

二、單獨費用 (Particular Charges)

單獨費用係指被保險人、代理人、受雇人或受讓人為了保險標的物之安全或保全保險標的物，自行支出或代為支出的費用，除了共同海損與救助費用外，皆包含在內的費用。簡言之，單獨費用為保險標的物因單獨受損所產生的費用。一般而言，單獨費用主要包含損害防止費用及額外費用兩部分。

1. 損害防止費用 (Sue and Labour Charges)：

損害防止費用係指當保險標的物遭遇保險危險事故時，被保險人或代理人為了履行損害防止義務所必需支付的費用。一般如果損害防止費用加上損失大於保險金額，則須全部理賠。

2.額外費用 (Extra Charges)：

為了證明或調查損失，以確定理賠的一切費用，例如：公證費用、查勘費用、理算費用等。此項費用必須確定理賠責任成立，才能自保險人處獲得償還。另外，若為全損理賠，則保險人將不再給付額外費用。

第五節　海上保險契約之種類

一、船舶保險 (Hull Insurance)

保險人對於承保的船舶 (Oversea Vessels)，因保險事故發生而毀損滅失所產生之責任與費用，依照保險金額給予賠償，或按合理修理費用給予賠償的保險契約。

所謂船舶 (Ship) 通常是指在海上航行及與海相通的水面或水中航行之船舶，依其用途分為：

(一)貨船 (Cargo Ship)

包括雜貨船 (General Cargo Ship)、散裝貨船 (Hulk Carrier)、油輪 (Oil Tanker)、冷凍船 (Cold Storage Ship)、木材船 (Log Carrier)、牲畜船 (Cattle Carrier) 及貨櫃船 (Container Ship) 等。

(二)軍艦 (Warship)

軍艦通常不在海上保險承保之列，惟其主要種類有主力艦 (Battle Ship)、航空母艦 (Aircraft Carrier)、巡洋艦 (Cruiser)、驅逐艦 (Destroyer)、魚雷艇 (Torpedo Boat)、布雷艦 (Mine Layer)、掃雷艦 (Mine Sweeper)、潛艇 (Submarine) 及炮艇 (Gun Boat) 等。

(三)特種船舶 (Special Ship)

係指漁船 (Fishing Ship)、遊艇 (Yacht)、破冰船 (Ice Breaker)、挖泥船 (Dredger)、拖船 (Tug)、駁船 (Lighter)、渡船 (Ferry Boat)、救難船 (Salvage Ship) 及浮吊船 (Floating Crane) 等。

二、貨物保險

海上貨物保險 (Marine Cargo Insurance) 是以船舶運送之貨物為保險標的，所謂貨物 (Goods, Cargo)，係指一切商品貨物而言，但牲畜雖得為商品之一種，通常均須在保險契約中特別聲明，始予承保。

我國海商法第一百三十五條規定，海上保險之保險價額，關於貨物係以裝載地裝載時之貨物價額、裝載費、稅捐、應付之運費及保險費為之。

三、運費保險

運費保險 (Freight Insurance) 是以船舶所有人或運送人未來預期運費收入作為保險標的，是屬於一種利益的保險，保險人之責任在貨物裝運的時點就開始，以運費本身之無形標的損害作為契約承保內容，分為：

㈠貨物運送所應收取之運費

1. 預付運費 **(Prepaid Freight)**：

   運費若是採預付，不論中途是否發生損害，運費概不退還，應由預付運費之貨物託運人併入貨物價值投保貨物保險。

2. 到付運費 **(Collect Freight)**：

   如運費是採到達目的地才給付，一旦途中貨物發生損害，則該筆運費勢必全部或比例不能收取而遭受損失，應由運送人自行投保。

㈡租傭船舶所收取之運費

船舶租傭契約 **(Charter Party)**，按照一般慣例，其運費以全船之租金計算，且為預付，承租人（傭船人）可以預付運費，投保運費保險。

運費之投保價值，有一定數額之規定，一般都是提單上所填列之運費或租金的數額，再加上保險費之數額，我國海商法第一百三十七條規定，關於運費之保險是以運送契約內所載明之運費數額及保險費為保險價額，運送契約未載明時，以卸載時，卸載港認為相當之運費數額及保險費為保險價額。

四、船東責任相互保險

防護及補償保險 (**Protection and Indemnity Insurance, P&I**) 就是船東責任保險，最早起源於英國，因此目前英國已成為世界防護及補償保險市場中心，接受來自世界不同海運國船舶之投保。是以船舶所有人對於第三人應負之法律上或契約上賠償責任為保險標的，主要目的在保障船舶保險人所排除在外之其餘船東責任，屬於相互保險的一種。

所謂船東責任，也就是船舶所有人對於第三人應負之法律上或契約上責任，主要分為兩種。

(一)船舶碰撞責任

船舶碰撞責任之歸屬以雙方船舶在碰撞時有無過失作為判斷之依據，通常分為以下三種情況：

1. 完全責任 (**Strict Liability**) 或絕對責任 (**Absolute Liability**)：

   是指發生碰撞之船舶只有一方有責任，他方船舶並無任何責任。例如停駛於碼頭之船舶遭到旁邊駕駛通過船舶之撞擊，此時他船須負完全責任。

2. 雙方過失碰撞 (**Both to Blame Collision**)：

   是指雙方船舶均須負過失之責任，有兩種情形：

   (1)單一責任制 (**Single Liability**)：在船舶發生碰撞兩方均有責任的情況，在責任相互抵銷的情形下，責任較大的一方，須對責任較小的一方賠償。

   (2)交叉責任制 (**Gross Liability**)：在碰撞發生之後由甲、乙雙方船舶分別就其各別應負擔之責任，交叉賠償對方。

   (3)雙方均無過失 (**Mutually Drop Hands**)：是指碰撞責任的發生是導源於雙方船舶，均為不可抗力事故如颱風襲擊造成兩船碰撞之損失，則由雙方船舶各自處理。

   保險人為了限制其承保責任，常常用協會船舶保險時間條款「四分之三碰撞責任條款」(3/4ths Collision Liability Clause)，規定被保險人獲得賠償之範圍，是全部碰撞責任的四分之三，其餘四分之一的責任須自行負擔，如果此四分之一的責任未能在特約條款刪除，被保險人就須靠購買船東相互保險，加以轉嫁。

㈡其他船東責任

除以上所談之碰撞責任之外，其他部分通常以「防護及補償危險」(Protection and Indemnity Risks) 稱之，包括：

1. 對港口設備、碼頭、船塢、防波堤、海底電纜或漁網等固定或可移動物體的損害責任。
2. 對本船所載運貨物的損害、遲延、短交或其他責任。
3. 本船或貨載殘體遷移或海面污染清除所需費用。
4. 對本船船員的死亡、體傷、疾病應負擔之責任及費用。
5. 對本船內或本船附近乘客、碼頭工人的死亡、體傷應負擔之責任及費用。
6. 對罹難、患病船員、乘客、偷渡者應負擔之責任及費用。
7. 為救助人命所支出的費用。
8. 拖曳契約內規定之碰撞責任，及對本船因不當航行或管理疏忽，所致其他船舶或裝載其上或他處物體的碰撞或損害責任。
9. 訴訟費用、仲裁費用、海事審判費用。
10. 對違反法令之各項罰金。
11. 為解除官署等不當干涉所支出的費用。
12. 附隨於船舶所有業務而生的責任及費用，而為協會所認可者。
13. 對貨主應分攤之共同海損無法攤回的金額。
14. 對船舶、貨物或人員因發生傳染病所致檢疫、消毒、裝卸所需費用。

關鍵詞彙

1. 經紀人 (Broker)
2. 保單 (Policy of Assurance)
3. 勞依茲協會 (Society of Lloyd's)
4. 救助協會 (Salvage Association)
5. 倫敦保險人協會 (Institute of London Underwriters)
6. 基本危險 (Enumerated Perils)
7. 全損 (Total Loss)
8. 推定全損 (Constructive Total Loss)
9. 委付 (Abandonment)
10. 共同海損 (General Average)
11. 貨物保險 (Cargo Insurance)
12. 防護及補償保險 (P&I)

習題

一、何謂船東責任相互保險?

二、何謂共同海損? 何謂單獨海損?

三、海上保險承保之損失有哪些?

四、何謂委付? 委付之要件為何?

五、何謂勞依茲協會?

六、救助費用之內容為何?

第二章

火災保險

第一節　火災保險之定義與功能

一、火災保險的定義

保險法第七十條規定：「火災保險人，對於由火災所致保險標的物之毀損或滅失，除契約另有訂定外，負賠償之責。」

二、火災保險的功能

1. 直接功能：
   使遭受火災的財產損失，經由保險獲得補償，確保個別經濟單位之財務營運的安定。
2. 間接功能：
   ⑴維持社會生產力，減少實質損失。
   ⑵火災保險可促成防災意識的宣導，並藉由費率達成誘導損失防阻工作的完成。
   ⑶提高企業信用基礎，增加其投資活動的能力。

三、火災保險費率之決定因素

1. 用途 (Uses)。
2. 損失預防或抑制的設備 (Loss Prevention or Protection Facilities)。
3. 危險分隔與牽涉之價值，即與鄰屋間是否有通連危險。
4. 動產與不動產的易燃性與易損性。
5. 位置 (Location)。

6. 構造 (Structure)。

四、承保標的之分析

㈠房屋裝修

所增加的改善投資能夠獲得保障。房屋之承租人對於房屋本身沒有保險利益，但是為了使他所承租之房屋能夠有更高之使用價值，承租人花費鉅大金額為房屋修飾，因此對於此項額外投資，承租人具有保險利益，所以保險公司以「特別裝修」之項目承保此項投資以有別於房屋本身。

房屋及裝修雖然是兩個單獨項目，但是對於以房屋所有人為被保險人之情形，投保時均將此兩項合併為一，以避免被保險人無法詳細區分此兩項個別保險金額之困擾。而對於此房屋承租人為被保險人之情形下，被保險人則可以其投資改善房屋之實際金額，僅投保「特別裝修」即能保障其本身之利益，而將原有之房屋及裝修仍然由房屋所有人去安排保險。

㈡傢俱衣李

一般住家在投保火災保險時，被保險人除了投保「房屋及裝修」一項保險標的物外，尚可將住家內之其他財產歸類於傢俱衣李予以投保，使得住家之財物能夠獲得更充分的保障。

「傢俱衣李」根據現行火災保險費率規章之解釋，係指被保險房屋內之所有傢俱，衣服行李及家庭用品，包括被保險人及其家屬所有之個人及家庭用品，但是除特別載明於保險單者，「傢俱衣李」並不包括各種機動車輛及其零件，以及動植物在內，同時也不包括被保險人之受雇人之財物在內。

由前述之解釋，可以瞭解傢俱衣李之涵蓋範圍相當廣泛，只要是在被保險房屋中屬於被保險人及其家屬之個人及家庭用品均包括在內。但是在此應特別注意的是在火災保險單中對於某些特別財物是除外不保的，根據火災保險單基本條款第二章第三條之規定，對於寄託之財物，金銀條塊及其製品、珠寶、玉石、首飾、古玩、藝術品；文稿、圖樣、圖畫、圖案、模型；貨幣、股票、債券、郵票、印花稅票、票據及其他有價證券；各種文件、證件、帳簿或其他商業憑證簿冊；爆炸物等皆為不保項目。除非經特別約定而載明在保險單者，否則縱使投保了傢俱衣李，保險公司仍然對於前述財物之損失不負賠償責任。

傢俱衣李之項目是完全針對住家使用性質而言，如果有住家同時亦做店鋪或工廠使用時，被保險人應對於其財物再做詳細之劃分，同時應考慮使用「營業生財」為另一投保項目。例如，冷氣機如果裝置在臥室，應該算是「傢俱衣李」；但如果安裝在營業之店鋪中則屬於「營業生財」，被保險人若僅投保傢俱衣李而未投保營業生財，則做營業使用之冷氣機則無法獲得保障。

由於「傢俱衣李」是概括的將被保險人住家中之財物，除了「房屋及裝修」以外均包括在內，而且對於家中財物不論是保單生效前或生效後所購得均承保在內，因此被保險人應特別注意此項保險標的物之保險金額是否足額，例如，被保險人在投保了100萬之傢俱衣李，就當時而言是足額保險，但事後又購得價值100萬之視聽音響設備，如果被保險人不立刻對此項視聽設備特別加保，一旦發生事故，被保險人的傢俱衣李總價值是200萬，而僅投保100萬，因此必須負擔50%不足額保險的比例分攤損失。

但是，「傢俱衣李」對於當時財物亦可以列明金額的方式投保，如果被保險人有特別項目之財物應該特別列明，並訂明該財物單獨之保險金額，免除於理算時無法分別計算之困擾。住家投保火險是相當單純之事，被保險人只要記得在投保房屋裝修的同時，再加上傢俱衣李乙項，便能夠使住家之基本用品及財物獲得保障。然而，在因銀行貸款之需要而投保火災保險之保險單中，被保險人卻經常疏忽傢俱衣李之項目，使得住家火災保險留下了一個不能造成遺憾的缺口。

㈢**營業生財**

劉老板的西餐廳在一個月前因火災而被燒毀，經過清點損失後，公證公司的理算人員將理算後的賠償金額及損失清單拿給劉老板看，看完後，劉老板差點暈倒，因為他向銀行貸款1,000萬元都投資在餐廳上，而且也投保了1,000萬元之火險，現在發生了保險事故僅能得到500萬元之賠償，那另外500萬的損失到底為什麼無法得到賠償呢？理算人員告訴劉老板，他是投保了1,000萬沒錯但是僅投保了房屋及裝修乙項，而劉老板的裝修是花費了400萬，這部分完全燒毀了，再加上房屋100萬之損失，因此在房屋及裝修部分，劉老板可以得到500萬元賠償，但是那些昂貴的擺飾、桌椅、餐具及音響設備，卻因為沒有投保「營業生財」而無法獲得賠償，於是劉老板不禁要問，到底什麼是營業生財？

在火災保險之實務上，為了避免被保險人逐項列明保險標的財物之麻煩，因此將各種財物依其使用性質之不同而予歸類。「營業生財」便是針對辦公室、店鋪及工廠裡的設備而言，因營業需要所使用之一切器具用品都稱之為「營業生財」。如前述餐廳火災之案例中，餐廳裡之桌椅、擺飾、碗盤刀叉、杯子、櫃檯、收銀機、音響電視、窗型、箱型冷氣機、廚房設備等，除了房屋裝修及各種飲料食品之貨物外，幾乎所有其他器具用品及設備均是屬於營業生財之範圍。

日常生活中，將營業生財作為投保之標的物者，以辦公室之器具及店鋪中之各種設備為最普遍。在工廠中亦有部分器具必須與營業生財項目投保，例如，辦公桌椅、冷氣機、通風設備，但是工廠內之生產用之機械設備則不屬營業生財之範圍而直接以機器設備為保險標的物投保。因此被保險人在投保財產保險時應將其財物之使用性質，向保險公司明確陳述，保險公司承辦人員必能依其實際之需要，安排最適當之保險，而不致發生遺漏未保之情形。

㈣無形標的

係指被保險人對於某種財物基於所有關係外的其他關係而產生的利益或責任，主要包括下列五種：

1. 預期收益：

   指廠商於正常營業狀況下所可獲得的預期收益。以預期收益為保險標的的保險有營業中斷保險（利潤損失保險）、利潤及佣金保險、房租保險等。

2. 使用利益：

   係指因使用保險標的物而生的利益。以使用利益為保險標的者，包括租賃價值保險、租權利益保險及超額租賃價值保險等。

3. 費用利益：

   係指因危險事故發生致有形標的物遭受毀損或滅失，以致無法繼續使用而需要重置或回復原狀所需的額外費用，亦即由於危險事故發生所致費用的增加。如額外費用保險、額外生活費用保險、重置成本保險，均屬於以費用利益為保險標的的險種。

4. 抵押利益：

係指因抵押權而生的利益。抵押權人為免抵押物因危險事故的發生，而滅失或毀損，致債權無法獲得償還，多要求抵押貸款人以其抵押物投保火災保險並附加抵押債權條款以保障抵押權人的權益，一旦保險事故發生，即可優先獲得保險公司的賠償，如於保險單上附加抵押房屋之保險債權條款、抵押機器之保險債權條款、抵押權特約條款，均屬於以抵押利益為保險標的之保險。

5. 責　任：

係指因保險事故的發生，所致被保險人對第三人應負的損害賠償責任。如倉儲業、運送業、保管業等以保管他人財物為業的受託人，由於受託標的物的毀損滅失，對委託人負有賠償責任。此類企業所購買的火災保險即以對他人的賠償責任為標的的保險。

「並非任何財物均可投保」，此一限制在火災保險中亦不例外，火災保險除外不保的財物有：

1. 他人寄託或寄售的財物。
2. 金銀條塊及其製品、珠寶、玉石、首飾、古玩、藝術品。
3. 文稿、圖樣、圖畫、圖案、模型。
4. 貨幣、股票、債券、郵票、印花稅票、票據及其他有價證券。
5. 各種文件、證件、帳簿或其他有價證券。
6. 爆炸物。

由於火災保險所承保的標的物，通常屬於普通財物，其危險性較低費率亦較合理，而上列財物大多具下列三項特性（或其中之一）：

1. 危險性特別大，損失率高。
2. 價值不易確定，且缺乏客觀的價值標準。
3. 體積小、價值高，容易毀損滅失，不易保管或損失不易查證，危險性較一般財物為高。

因此多無法以基本火災保險予以承保，惟經保險契約雙方當事人同意，可以以附加條款方式加以承保。

第二節　火災保險承保之危險事故

一、承保危險分析

根據我國現行火災保險單基本條款中的第一條及第二條所列承保的危險事故，對於下列各危險事故及保險標的的毀損或滅失，均負賠償責任。

1. 因火災及爆炸而引起之火災所致者。
2. 因閃電及雷擊所致者。
3. 因家庭用之鍋爐、電器用具、煤油爐之爆炸所致者。
4. 在建築物內（煤氣工廠除外）作為家庭用、照明用或取暖用之煤氣爆炸所致者。

以上1、2、3、4各點中比較容易產生爭議者即是有關「爆炸」的解釋。原因是火災保險除外危險事故中已將「爆炸」列於其中，而此處卻是將之承保在內，故易生混淆。玆簡單澄清如下：

1. 不論是火災引起爆炸或是由爆炸導致火災，凡是爆炸所致衝擊損失部分均非承保在內的損失，僅火災所致燃燒、高熱或煙燻、蒸氣的損失才可獲得賠償。
2. 引起爆炸之爆炸物本身，不論在任何情況下均無從獲得保險人的賠償。
3. 上述3、4項中，雖然爆炸物本身無法獲得賠償，但是因其所導致的其他標的物的財產損失（不論是燃燒、煙燻、高熱或蒸氣損失），保險人均須負賠償責任。

二、除外事項

1. 除特約外不承保之危險：

火災保險單中，對於下列危險事故所致的損失，原則上不予承保在內，但可經由特約加費的方式特約加保，這些危險分別是：

⑴因保險標的物之發酵、自燃或烘焙致該保險標的物自身之損失。

⑵不論直接或間接由於下列危險事故，或因其引起火災或其延燒所致之損失：

①地震。

②颱風、颶風、暴風、旋風、洪水。

③罷工、暴動、民眾騷擾。

⑶因爆炸所致之損失（注意先前解釋「爆炸」時所作的說明）。

⑷保險事故發生時之竊盜損失。

2.不承保之危險：

對於下列危險事故，不論在任何情況下保險人均不負賠償責任，亦無從特約加保。

⑴不論是否起因於火災，各種放射線之輻射及放射能之污染。

⑵不論直接或間接因原子能引起之火災及其延燒。

⑶戰爭（不論宣戰與否），類似戰爭行為叛亂或強力霸佔、徵用、沒收等。

⑷政府命令之焚毀。

⑸不論意外與否，由於森林叢樹、平野、曠野或叢草之焚燒、或以火潦地面。

⑹火山爆發，地下發火。

⑺要保人、被保險人或其法定代理人或其家屬之故意或唆使縱火。但被保險人之家屬非企圖使被保險人獲得賠償金者，不在此限。

3.除特約外不承保之財物：

有些財物的特性因易生道德風險或因其價值不易確認，往往非經定值特約加保，保險人是不承保在內的，這些財物分別是：

⑴寄託物或寄售之財物。

⑵金銀條塊及其製品、珠寶、玉石、首飾、古玩、藝術品。

⑶文稿、圖樣、圖案、模型。

⑷貨幣、股票、債券、郵票、印花稅票、票據及其他有價證券。

⑸各種文件、證件、帳簿或其他商業憑證、簿冊。

⑹爆炸物。

第三節　火災保險之種類

火災保險種類概分為四大類型：

1.基本火災保險。

2. 火災保險附加險。

3. 火災綜合保險。

4. 長期火災保險。

可以圖 5–2–1 表示，詳細說明如下。

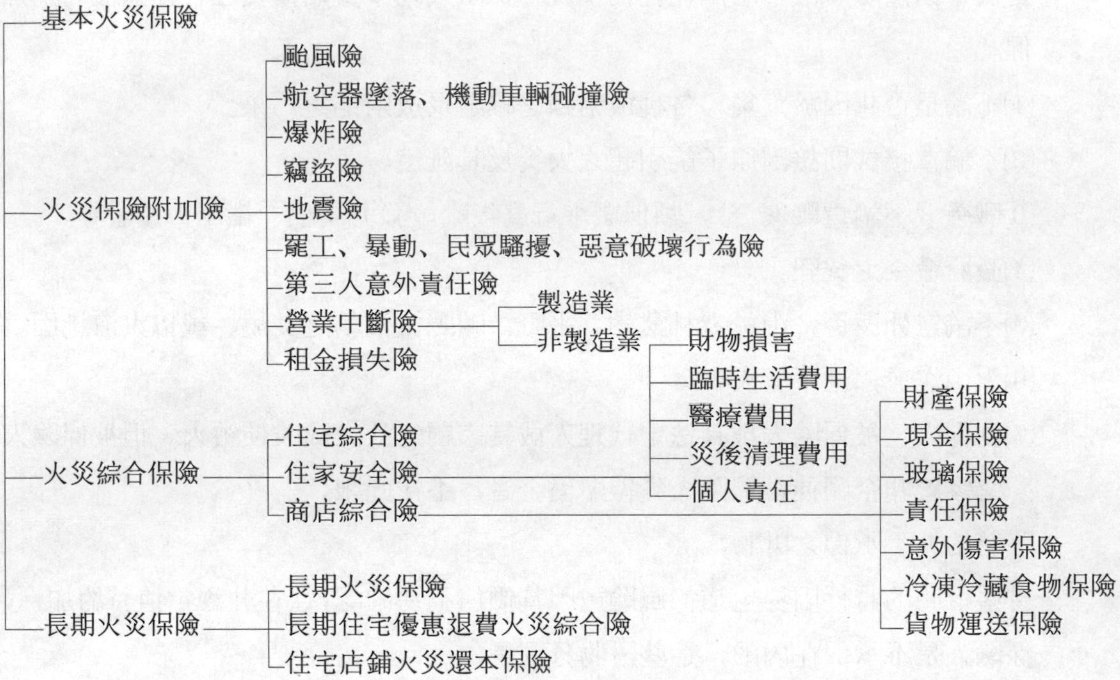

圖 5–2–1　火災保險種類

一、基本火險

基本火災保險係承保因火災或爆炸引起的火災、閃電及雷擊；家庭用的鍋爐、電器用具、煤油爐的爆炸；建築物內（煤氣工廠除外）作為家庭用、照明用或取暖用的煤氣爆炸，所致保險標的之損失。因救護保險標的物致保險標的物發生損失者，視同本保險契約所承保危險事故所致的損失，保險公司亦須負賠償責任。

此種火災保險的承保範圍為火災保險的基本型態，因此稱之為基本火災保險單。颱風、地震、竊盜等危險事故的承保通常以附加條款方式，附加於火災保險單上，以擴大或縮小保險單的承保範圍。

二、火險附加險

火災保險附加險即以批註方式附加於火災保險單上加以承保者，亦稱火災保險批單。批單係指為變更保險契約內容而附加在保險單上的條款，視同保險單的一部分，且其效力優於原保險單。批單須經保險契約雙方當事人同意，並於被保險人加繳約定的保險費後，保險公司始負賠償責任。

顧名思義，火險附加險，必須先投保火險後，才可加保其他火險保單除外的危險事故，使被保險人的潛在風險得以轉嫁。火險附加險，乃是應被保險人之需要，在火險保單以批單附加方式擴大承保範圍，特定的危險事故，其主要功能如下：

1. 擴大承保基本保險單規定以外的危險事故。
2. 增加承保基本保險單所不保之間接損失。

基於上述目的所訂之火險附加險，在實務上，由於被保財產性質較為複雜，可能同時採用數種附加險，因此必須詳加審閱，以便在損失發生時確定補償之範圍。

對被保險人而言，能在一張保單上，對多數危險獲得充分保障，較之分別購買多種不同之保單，手續簡便；且所須負擔之保險費亦較低廉。對保險人而言，危險事故發生後，損失估計較少糾紛。

例如某建築物僅投保火災保險，若火災由暴動所引起，何者為火災之結果頗難區分，易滋困擾。如能在火災保險基本保單加保罷工、暴動、民眾騷擾、惡意行為險，即可以減少此種問題之存在。

火險附加險不能單獨投保，要先投保火災保險之後才可以加保附加險；火險附加險由於是基本火災保險單以外所加保之危險事故，自須增加保險費，始能有效。

目前國內產險公司經營的火災保險附加險有下列十種，惟附加險係經契約雙方當事人的同意，因此被保險人如認為有需要而提出要約，若經保險公司承諾，雖非為此十種者，亦得另外訂定附加保險條款。

(一)火災保險附加颱風險

保險公司承保：

1. 直接因颱風所致保險標的物的毀損或滅失。
2. 因颱風引起海潮氾濫所致保險標的物的毀損或滅失。

3. 因颱風引起河川、水道、湖泊水位高漲氾濫所致保險標的物的毀損滅失。

4. 因颱風引起水庫、水壩、堤岸的崩潰或氾濫所致保險標的物之毀損或滅失。

㈡火災保險附加航空器墜落、機動車輛碰撞險

保險公司對直接因航空器及其墜落物或在陸地或軌道上行駛的機動車輛所致保險標的物的毀損或滅失負賠償責任。

㈢火災保險附加爆炸險

保險公司承保直接因爆炸所致保險標的物的毀損或滅失。

㈣火災保險附加竊盜險

保險公司承保因他人不法侵入置存保險標的物的處所，從事竊盜直接所致保險標的物的毀損或滅失。

㈤火災保險附加地震險

保險公司承保直接因地震震動或地震引起火災所致保險標的物的毀損或滅失。

㈥火災保險附加罷工、暴動民眾騷擾、惡意破壞行為險

保險公司對直接因下列行為所致保險標的物的毀損或滅失負賠償責任：

1. 任何人參加擾亂公共安寧的行為（不論是否與勞方的罷工或資方的歇業有關）。

2. 治安當局為鎮壓前項擾亂，或為減輕其後果所採取的行動。

3. 任何罷工者為擴大其罷工，或被歇業的勞工為抵制歇業故意行為。

4. 治安當局為防止前項行為，或為減輕其後果所採取的行動。

5. 任何人的故意或惡意行為。

㈦火災保險附加自動消防裝置滲漏險

保險公司承保直接因自動消防裝置外滲漏或噴射水或其他物質，或因其水源倒塌、崩潰所致保險標的物的毀損或滅失。

㈧火災保險附加第三人意外責任險

火災第三人責任保險係一般火災保險的一種附加險，換言之，一般火災保險對於保險人於火災發生時，所致之第三人責任並不負賠償責任，必須向保險公司加費投保後始能得到應有的保障，故在認識此種保險前需有這項觀念。

所謂火災第三人責任保險，乃指保險公司對因一般火災保險（可加保爆炸險）所承保危險事故的發生，所導致保險標的物受損，而使第三人遭受體傷、死亡或其財物

損害，依法應由被保險人負損害賠償責任，並受賠償請求時，依照火災第三人責任保險批單之約定，負賠償責任。

此外，保險公司對被保險人之下列法定責任，不負賠償責任：

1. 因被保險人執行未經主管機關許可之業務或其他非法行為，或被保險人之故意教唆行為所發生之賠償責任。
2. 因維護或使用機動車輛所致之賠償責任。
3. 因修繕或營建工程所致之賠償責任。
4. 對被保險人自有、租用或其代人保管或管理之財物，損失之賠償責任。

火災第三人責任保險主要在保障被保險人因其周圍可能遭受各種危險事故之潛在法定責任之賠償責任，故要保人於投保時，必須考慮其可能遭遇之潛在危險所遭致之可能產生之法定責任，以決定加費投保與否。例如具爆炸性之工廠，除應加保爆炸險外，就應考慮加保法定責任保險。

㈨營業中斷保險

近年來，由於經濟繁榮，工商業發達，國內廠商對於以購買保險轉化風險之認識日益加深，對於保險之需要亦益為殷切。營業中斷保險在我國仍為新興的保險種類。因為廠商之財產（諸如廠房機器設備）如因發生火災或其他危險事故而遭受毀損減少，並導致工廠停工，縱使財產之直接損失有保險之保障，得以恢復原狀，但在停工修復期間，營業收入中斷，不但無利可圖，而且大部分之固定費用又須繼續支付，侵蝕老本而致虧損，如中斷期間過久，甚至無法維持而倒閉、破產。一次火災所致財產輕微之損失，可能導致相當嚴重之營業中斷損失，亦即同一次保險事故引起之營業中斷之損失可能遠超過實體財產之損失。因此，業主為保障其企業經營之穩定與安全，除應將其全部財產投保火災保險外，並應加保營業中斷保險。

營業中斷保險係附加於火險之一種附加險，係承保因發生火災或其他附加危險事故所致財產之直接損失而引起之間接損失，亦即工廠因發生保險事故停工修復期間預期利潤及停工後繼續支付費用之損失（公式為損失 = 預期利潤 + 停工後繼續支付之費用）。例如某工廠因發生火災全廠停工六個月，在此六個月當中，營業收入減少新臺幣2,000 萬元，而 2,000 萬元之當中包括預期利潤 400 萬元，停工後須繼續支付之費用為700 萬元，停工後不必繼續支付之費用為 900 萬元，則其營業中斷損失為 1,100 萬元（即

400 萬元加 700 萬元或 2,000 萬元減 900 萬元，計算式為 \$11,000,000 = \$4,000,000 + \$7,000,000)。

被保險人應如何投保營業中斷保險，首先應瞭解營業中斷保險的主要內容後，才可決定如何投保，由於目前我國的營業中斷保險的承保對象包括製造業與非製造業，茲就為製造業所需要之營業中斷保險之主要內容分述如下：

1. 承保對象：

會計制度健全之製造業，其在同一廠區內之全部財產均保有火災保險者為限。

2. 保險標的：

以保險人在保險期間內之預期利潤及持續費用為保險標的。於火災保險單上加貼「營業中斷保險批單」承保之。

3. 承保的範圍：

被保險人在保險期間內發生約定之危險事故，致保險單載明之財產（除製成品存貨外）遭受毀損或滅失，因而引起營業全部或部分中斷所遭受之實際損失，由保險人負賠償之責。所謂「遭受之實際損失」係指營業中斷期間所減少之「營業毛利」（即前例之 2,000 萬元），扣除中斷後不必繼續支付之各項費用（前例之 900 萬元）後之餘額為限（即前例之 1,100 萬元）。保險人對於被保險人為減輕損失所發生之有關費用亦負賠償之責，但以不超過其因而所減少之損失為限。所謂「營業毛利」係指下列金額之總和：⑴生產之淨銷貨價值總額；⑵商品之淨銷貨價值總額，及⑶其他營業收入，減去下列各項成本之總和：⑴生產所使用之原料成本；⑵由原料製造為製成品直接所消耗之物成本；⑶出售商品之物料成本；⑷自外界人士（非被保險人之受雇人）臨時購進之勞務以備再出售，其所消耗之成本。

4. 不保的危險：

⑴製成品存貨——保險人對於因製成品存貨之毀損滅失所引起之任何損失或為重新生產該製成品存貨所需要之期間不負任何賠償責任。此因營業中斷保險係承保未來生產流程——即「營業」之中斷，而製成品存貨係過去生產已完成之產品，其損失並不構成生產流程之中斷，故不予承保。

⑵保險人對於下列任一原因所引起增加之損失，不負賠償責任：

①由於執行政府有關建築、修理或拆除建築物之法令。

②在保險單載明之處所內重建、修理或重置保險單載明之財產時遭受罷工者或他人之干擾。

③租賃權、特許權、契約或訂貨單之中止、逾期失效或註銷，除非該中止、逾期失效或註銷因營業中斷所起者。

⑶保險人對於任何其他附帶損失不負賠償責任。

5. 保險金額：

以被保險人預計保險期間之「營業毛利」扣除「非持續費用」後之餘額為準。若保險金額低於「營業毛利」80%，則發生部分損失時，被保險人應依約定，分攤一部分損失。其分攤公式如下：保險公司賠償金額＝損失金額×保險金額/全年估計營業毛利×80%，假定被保險人之全年營業毛利估計為 1,000 萬元，被保險人應按 800 萬元投保，如僅投保 60%，即 600 萬元（即保險金額為 600 萬元），又假定發生營業中斷十二個月，於扣除自負額後之實際損失為 240 萬元，則保險公司之賠償金額應為 180 萬元，算式如下：2,400,000 × (6,000,000 / 10,000,000) × 80%。被保險人於要保時，應提供其最近三年之損益表與資產負債表，以及其投保年度之營業預算書，以作為保險人核保之依據。

6. 自負額：

以一百二十連續工作小時為原則（所謂連續工作小時係指每日實際工作小時累加而得，應扣除工廠例行停工日或其他停工日，假如某一工廠每日工作八小時，則一百二十連續工作小時即等於十五連續工作小時，假如每日工作二十四小時，則一百二十連續工作小時即等於五個連續工作天），保險人就超過部分負賠償責任，但得酌情增減之，必要時亦得改以一定金額為自負額。

隨著時代的進步，工業的發達，營業中斷保險日益受到世界各地的重視。但我國自 1978 年 7 月 1 日正式核准開辦此種保險以來，國內廠商投保情況並不踴躍，由於工商業在財產的經營與風險的管理方面，除對火災應加以注意外，更需要營業中斷保險與其配合，以求完善之保障。

⑽租金損失保險

保險公司對於被保險人在本保險單有效期間及載明之處所內，因發生承保在內的危險事故，致本保險單載明的財產遭受毀損或滅失直接引起的租金損失負賠償責任。保險公司的賠償責任以不超過本批單保險金額為限。

前述所介紹者，乃以火災保險單為主，並可分別附加其他危險事故之保險，以擴大原保險單的承保範圍。若該保單未附加任何批單，則僅只是火災保險單的基本型態，承保範圍較小，而無法兼顧投保大眾的個別需求。為因應投保大眾的需要，遂有將數個危險事故或數險種與火災相結合的綜合性保單的產生。

三、火災綜合險

綜合保險以一張保險單承保數項危險或數種保險，擴大基本保險的承保範圍，提高保障，並可省去加批或購買數張保單的麻煩。目前國內經營的火災保險綜合保險有下列三種：

(一)住宅綜合保險

保險公司對於保險標的物，在保險期間內，因下列保險事故所致的毀損或滅失、臨時生活費用或賠償責任，負賠償或回復原狀之責：

1. 火災。
2. 閃電及雷擊。
3. 爆炸。
4. 航空器或其他墜落物的碰撞。
5. 機動車輛或其裝載物的碰撞。
6. 罷工、暴動、民眾騷擾。
7. 竊盜。
8. 颱風、颶風、暴風、旋風或由於上列事故引起的海潮氾濫、或河川水道、湖泊的高漲氾濫、或水庫、水壩、堤岸崩潰氾濫造成的洪水。

保險公司對於由於第 1 項至第 6 項所列的保險事故致保險標的物受損而引起的臨時生活費用，負賠償責任。而對於第 1 項（火災）保險事故致保險標的物或置存保險標的物的建築物受損，而使被保險人的受雇人或其他第三人遭受傷害，於事故發生三十日內死亡或殘廢，依法應由被保險人負責賠償而受賠償請求時，對被保險人負賠償之責。

㈡住家安全保險

1. 財物損害保險：

保險公司承保下列保險事故所致保險標的物的毀損或滅失：

⑴火災。

⑵閃電或雷擊。

⑶爆炸。

⑷航空器或其墜落物的碰撞。

⑸機動車輛或其裝載物的碰撞。

⑹罷工、暴動或民眾騷擾。

⑺地震。

⑻竊盜。

因上述第⑴至⑺項所列保險事故發生，為救護保險標的物，致保險標的物發生損失者，視同本保險契約所承保危險事故所致的損失，保險公司須負賠償之責。

2. 臨時生活費用保險：

保險公司對於因上述保險事故第⑴至⑺項所致保險標的物受損所致的臨時生活費用，負賠償責任。

3. 醫療費用保險：

保險公司對於因上述第⑴至⑺項保險事故致保險標的物或保險標的物所在地址的建築物受損而使被保險人或其配偶或同居的家屬遭受體傷時，負醫療費用賠償責任。

4. 災後清理費用保險：

保險公司對於上述保險事故第⑴至⑺項所致保險標的物受損，為修復或回復標的物原狀所需之清理費用，負賠償責任。

5. 個人責任保險：

被保險人因意外事故致其受雇人或其他第三人受有體傷或死亡，或財物受有損害，依法應由被保險人負賠償之責而受賠償請求時，保險公司對被保險人負賠償之責。

㈢商店綜合保險

保險公司對保險標的物因保險事故所致的毀損,滅失或對第三人應負的賠償責任,負賠償或回復原狀之責。

本保險的承保範圍包括:

1.財產保險。

2.現金保險。

3.玻璃保險。

4.責任保險。

5.意外傷害保險。

6.冷凍冷藏食物保險。

7.貨物運送保險。

其中第 1 至 5 項不得一部分除外不保，即 1 至 5 項為該險種的基本承保範圍，而 6、7 兩項，被保險人得自由選擇投保與否。

四、長期火險

火災保險為一短期（保險期間一年以內）的財產保險，為免被保險人每年安排火災保險的繁瑣，並配合銀行長期抵押貸款的辦理，遂有長期火災保險的產生。

國內長期火災保險的型態如下:

㈠長期火災保險

其承保範圍與前述基本火災保險相同，惟前述的火災保險為短期（一年以內）保險，而長期火災保險的期間則長於一年，甚至可長達三十年。長期火災保險的保費較短期投保者便宜。

㈡長期住宅優惠退費火災綜合保險

保險公司承保被保險人的保險標的物,因火災或爆炸引起之火災或閃電雷擊所致的毀損或滅失,負賠償或回復原狀之責,並於保險期間屆滿時給付滿期給付金予被保險人。

㈢住宅店鋪火災還本保險

保險公司對於⑴火災；⑵閃電及雷擊；⑶爆炸；⑷航空器或其墜落物的碰撞所致保險標的物的毀損或滅失，或因保險標的物或貯存保險標的物的建築物受損，而使被保險人或同居的家屬遭受傷害，需住院治療而引起之醫療費用，負賠償責任。

本保險期滿還本的規定如下：

1. 於保險期間內，未發生任何損失，或累計的賠償金額未超過保險金額的 80% 者，保險公司於保險期間屆滿時，應將被保險人所交付的保險費全數返還。
2. 損失未達保險金額 80% 時，保險標的物於修復後，應以書面通知保險公司，並經保險公司派員勘查後，保險金額恢復原額度，繼續有效。
3. 保險期間內，累計的賠償金額，如超過保險金額的 80% 時，不論給付原因為何，保險契約即行失效。
4. 倘有前項情事，保險費為一次交付者，保險公司將依規定返還未滿期保費予被保險人。

第四節　火災保險商品之介紹

一、住宅與商業火災保險之比較

(一)承保之標的物及危險事故

依據住宅火災及地震基本保險條款（民國 90 年 12 月 25 日公佈）及商業火災基本條款：

1. 住宅火災保險單：

(1)承保標的物：住宅火災保險之保險標的物為本保險契約所承保之住宅建築物及其內之動產；住宅地震基本保險之保險標的物為本保險契約所承保之住宅建築物。

①建築物：指定著於土地作為住宅使用之獨棟式建築物或整棟建築物中之一層或一間，含裝置或固定於建築物內之冷暖氣、電梯、電扶梯、水電衛生設備及建築物之裝潢，並包括其停車間、儲藏室、家務受雇人房、游泳池、圍牆、走廊、門庭、公共設施之持分。

②建築物內動產：除本保險契約另有約定外，指被保險人及其配偶、家屬或同居人所有、租用、或借用之家具、衣李及其他置存於建築物內供生活起居所需之一切動產。

⑵承保之危險事故：

①住宅火災保險：

A.火災。

B.爆炸。

C.閃電雷擊。

D.航空器墜落。

E.機動車輛碰撞。

F.意外事故所致煙燻。

②住宅地震基本保險：

A.地震震動。

B.地震引起之火災、爆炸。

C.地震引起之地層下陷、滑動、開裂、決口。

2.商業火災保險單：

⑴承保標的物：

①不動產：指建築物及營業裝修，但不包括土地。

A.建築物：指定著於土地，供被保險人經營業務或從事生產之建築物及公共設施之持分。為使建築物適合於業務上之使用而裝置並附著於建築物之中央冷暖氣系統、電梯或電扶梯及水電衛生設備視為建築物之一部分。

B.營業裝修：指為業務需要，而固定或附著於建築物內外之裝潢修飾。

②動產：除本保險契約另有約定外，指營業生財、機器設備、貨物。

A.營業生財：指經營業務所需之一切器具、用品，包括招牌及辦公設備。

B.機器設備：指作為生產用途所必需之機器及設備。

C.貨物：指原料、物料、在製品、半成品、成品及商品。

⑵承保之危險事故：

①承保公司對於下列危險事故所致保險標的物之損失，依保險契約之規定，負賠償責任：

A.火災。

B.爆炸引起之火災。

C.閃電雷擊。

②因前項各款危險事故之發生，為救護保險標的物，致保險標的物發生損失者，視同該保險契約承保危險事故所致之損失。

表 5-2-1　住宅與商業火災保險單之比較

保單名稱	住宅火災保險單	商業火災保險單
對象	住宅	辦公處所、商店、倉庫、公共場所、工廠等使用性質
承保範圍	1. 住宅火災保險 (1)火災 (2)爆炸 (3)閃電雷擊 (4)航空器墜落 (5)機動車輛碰撞 (6)意外事故所致煙燻 2. 住宅地震基本保險 (1)地震震動 (2)地震引起之火災、爆炸 (3)地震引起之地層下陷、滑動、開裂、決口	1. 火災 2. 爆炸引起之火災 3. 閃電雷擊
保險費之計收	1. 本保險契約之保險期間為一年者，以一年為期計收保險費 2. 保險期間如不足一年，或被保險人中途要求終止時，本公司按短期費率計收保險費	1. 本保險契約之保險期間為一年者，以一年為期計收保險費 2. 保險期間如不足一年，或被保險人中途要求終止時，本公司按短期費率計收保險費 3. 保險期間如超過一年，並遇有中途終止契約之情事時，對於有效期間保險費之計收另按長期火災保險附加條款之約定辦理
理賠	低保時依不足額比例分攤: 1. 一年期：臺灣地區住宅類建築造價參考表之重置成本或實際現金價值投保者	1. 低保時依不足額比例分攤 2. 自負額：低保時比例分擔後再扣除，有複保險時各保單個別扣除

	2. 長期：建築物採 80% 共保，保額達到實際現金價值 80% 時，視為足額投保 (Full Insurance)	

註：1. 本表格整理自「住宅火災及地震基本保險條款」及「商業火災基本條款」。
2. 依民國 90 年 11 月 30 日所發佈住宅地震保險共保及危險承擔機制實施辦法，住宅火災保險單中包含部分地震險。

二、商店綜合責任保險

(一)承保對象

火險費率規章 C 項中的行號商店。

(二)承保範圍

1. 財產保險基本承保範圍：

(1)火災。

(2)閃電及雷擊。

(3)爆炸。

(4)航空器或其墜落物之碰撞。

(5)機動車輛或其裝載物之碰撞。

(6)罷工、暴動、民眾騷擾、惡意行為。

(7)竊盜。

(8)颱風。

擴大承保範圍：

(1)為救護保險標的物致保險標的物發生損失者。

(2)標的物所在地之自有地下管線因保險事故所致之毀損或滅失。

(3)殘餘物之處理費用：保險標的物發生損失時，保險公司對因拆除或清理殘餘物所發生必要費用亦負賠償責任，但每一事故以賠償金額之 5% 為限。

(4)對房屋遭受毀損或滅失後，為回復原狀所必需且合理之建築師費用亦負賠償責任，但每一事故以房屋裝修賠償金額之 2% 為限。

(5)置存保險標的物之建築物因遭受竊盜所致之毀損，保險公司亦負賠償責任。

⑹保險標的物（貨物及員工衣物除外）暫時遷離保險單內載明之處所，因保險事故所致之毀損或滅失亦負賠償責任，但不超過各該項保險標的物保險金額之 10% 為限。

2. 現金保險：

⑴對被保險人所有或負責管理之現金於運送途中或於營業處所因突發而不可預料之意外事故所致之損失負賠償責任。

⑵對置存現金之保險櫃或金庫因竊盜行為所致之毀損亦負賠償責任。

3. 玻璃保險：

⑴對固定裝置於營業處所四周外牆之玻璃，因突發而不可預料之意外事故所致之毀損負賠償責任。

⑵對玻璃上之文字、圖樣或其他之裝飾因玻璃毀損後之重置費用亦負賠償責任。

⑶被保險人所有之商品或貨物，因玻璃毀損所致之損失亦負賠償責任。

4. 責任保險：

⑴對於被保險人依法應負之雇主意外責任、公共意外責任及商品責任，負賠償之責。

⑵經本公司同意之律師費用及訴訟費用。

⑶因發生承保事故，致所承租之營業處所（包含設備）遭受毀損或滅失，依法應由被保險人負損害賠償責任而受賠償請求時，對被保險人負賠償之責。

5. 意外傷害保險：

對被保險員工因遭受突發而不可預料之意外事故致體傷、殘廢或死亡時，依約定給付保險金。

6. 冷凍冷藏食物保險：

對置存於營業處所內之冷凍冷藏食物，直接因溫度升高所致之腐壞或損失，負賠償責任。

7. 貨物運送保險：

對被保險人之貨物因使用其自有車輛於裝卸或運輸途中發生突發而不可預料之意外事故所致之毀損或滅失，負賠償責任。

註：承保範圍內 1 至 5 項不得一部分除外不保，6、7 項得由被保險人選擇是否投保。

㈢保險金額

1.財產保險：

以保險標的物之實際價值為保險金額，並以足額保險為原則，但竊盜險每一事故之賠償限額以動產保險金額之 20% 為限。

2.現金保險：

⑴對任何一次現金損失（不含匯票、支票、本票、印花稅票及其他有價證券或債券）於運送途中：新臺幣 50,000 元。

①於營業時間內：新臺幣 50,000 元。

②非營業時間內但置存於保險櫃或金庫內：新臺幣 25,000 元。

③非營業時間且未置存於保險櫃或金庫內：新臺幣 10,000 元。

⑵對任何一次現金損失（含匯票、支票、本票、印花稅票及其他記名式之有價證券或債券）：新臺幣 50 萬元。

3.玻璃保險：

⑴以保險標的物之實際損失負賠償責任。

⑵擴大承保玻璃上之文字、圖樣或其他裝飾，於玻璃毀損後之重置費用：保險期間內新臺幣 5,000 元。

⑶擴大承保因玻璃毀損致被保險人所有之商品或貨物遭受毀損：每一事故新臺幣 5,000 元。

4.責任保險：

⑴雇主意外責任每一事故體傷或死亡：新臺幣 40 萬元。

⑵公共意外責任每一事故體傷或死亡：新臺幣 40 萬元。每一事故財物損害：新臺幣 10 萬元。

⑶商品責任每一事故體傷或死亡：新臺幣 40 萬元。每一事故財物損害：新臺幣 10 萬元。責任保險賠償金額每一事故為新臺幣 50 萬元，保險期間累計賠償金額為新臺幣 200 萬元。

5.意外傷害保險：

每一人之保險金額須分別訂定，最低新臺幣 20 萬元，最高新臺幣 200 萬元，給付金額依保單約定之殘廢等級表給付。

6. 冷凍冷藏食物保險：

每一次事故：新臺幣 20 萬元。每一冷凍冷藏箱櫃：新臺幣 50,000 元。

7. 貨物運送保險：

每一事故每一車輛：新臺幣 50,000 元。保險期間累計賠償限額：新臺幣 25 萬元。

(四)自負額

1. 颱風險：每一次事故新臺幣 10,000 元。

2. 竊盜險：每一次事故新臺幣 3,000 元。

3. 貨物運送保險：每一次事故新臺幣 2,000 元。

(五)保險期間

以一年為限。

(六)短期費率

凡保險期間不滿一年者，應按表 5–2–2 之費率計算：

表 5–2–2　商店綜合保險短期費率

保險期間	費　率
五天	全年保險費 5%
十五天	全年保險費 10%
一月	全年保險費 15%
二月	全年保險費 25%
三月	全年保險費 35%
四月	全年保險費 45%
五月	全年保險費 55%
六月	全年保險費 65%
七月	全年保險費 75%
八月	全年保險費 80%
九月	全年保險費 85%

十月	全年保險費 90%
十一月	全年保險費 95%

其他未規定事項，悉依商店綜合保險單及有關規定辦理。

(七)商店綜合保險費率

費率如表 5-2-3 所示：

表 5-2-3　商店綜合保險費率表

險　別	費　率	險　別	費　率
財產保險 （竊盜險除外）	如附 財產保險費率表	現金保險	
	第一級 2.75‰	玻璃保險	3,500
	第二級 3.90‰	責任保險	
竊盜險 （等級如附表）	第三級 5.00‰	意外傷害保險	2.00‰
	第四級 6.80‰	冷凍冷藏 食物保險	2.50‰
	第五級 不予承保	貨物運送保險 （等級如附表）	第一級 5,000 第二級 2,500

(八)商店綜合保險財產保險部分費率

財產保險部分的費率如表 5-2-4 所示：

表 5-2-4　商店綜合保險財產保險部分費率表

級　別	業務性質種類	特　等	頭　等
一	五金店、水電工程店、牛角製品店、米穀雜糧店、汽車材料店、晒圖店、腳踏車店、運動用具店、愛玩動物店、製麵切麵店、糕餅麵包店、化妝品店、文具店、木材木器店、打字行、皮鞋皮件店、竹材籐器店、肉類零售批發店、車輛保管店、豆腐類品店、	2‰	2.4‰

	玩具店、玻璃鏡框店、按摩電療院、珠寶銀樓、紙箱紙盒店、耕耘機店、眼鏡鐘錶店、照相器材店、照相館、電器行、漁具店、儀器店、標本店、廣告服務社、縫紉機店、鮮果店、西藥店、工藝品店、帆布店、百貨店、估衣店、服裝店、洗染店、書畫裱背店、茶葉店、理髮美容院、帽蓆被褥店、傘店、裝潢店、塑膠壓克力店、綢緞呢絨布疋店、孵雞行、髮網編織店、縫紉編織刺繡店、顏料染料店、醬菜店、中藥店、皮蛋製造店		
二	五金店（有電焊及木工工作）、化妝品店（有製造工作）、木材木器店（有製造工作）、打字及打字機行（附設補習班或代客打字油印工作）、充電蓄電池店、花店（以塑膠以外之物質為材料）、玩具店（有製造工作）、油（植物油）店、招牌店、香料香精店、食品雜貨店（兼售植物油、煤油、爆竹）、洋菇菌種培植店、紙箱紙盒店（有製造工作）、通草加工店、腳踏車店（有裝配、修理、電焊、噴漆工作）、帽蓆店、傘店（以紙、竹為材料）、鋁箔錢紙香作、徽章加工店、文具店（有印刷、染紙、裁切工作）、印刷裝訂店、合板加工店、竹材籐器店（有製造工作）、炒貨店、油漆工程店、油漆零售批發店、煤炭木柴店、裝潢店（有木工工作）、滑機油零售店、熔焊店、機車行、禮品店、獵具行、農藥店、翻胎補胎店、咖啡店、冷熱飲店	3.3‰	4.2‰
三	化工原料店、玩具店（以賽璐珞為原料）、茶葉店（有乾燥烘焙工作）、舊貨店	4.5‰	5.6‰

備註：

1. 特等為建築等級特一、特二等，頭等為建築等級頭等。
2. 二等、三等建築不予承保。

(九)竊盜險費率

竊盜險的費率如表 5–2–5 所示：

表 5–2–5　竊盜險費率表

級　別	業務性質種類
第一級	五金店、水電工程店、花店、刻字店、建築材料店、食品雜貨店、晒圖店、製麵切麵店、糕餅麵包店、肉類零售批發店、豆腐類品店、玻璃鏡框店、按摩電療院、紙箱紙盒店、廣告服務社、帆布店、理髮美容院、塑膠壓克力店、

	孵雞行、顏料染料店、醬菜店、皮蛋製造店、油（植物油）店、招牌店、洋菇菌種培植店、通草加工店、鋁箔錢紙香作、印刷裝訂店、合板加工店、炒貨店、油漆工程店、油漆零售批發店、煤炭木材店、熔焊店
第二級	米穀雜糧店、腳踏車店、愛玩動物店、文具店、木材木器店、竹材籐器店、車輛保管店、玩具店、標本店、西藥店、洗染店、帽蓆被褥店、傘店、裝潢店、髮網編織店、香料香精店、徽章加工店、咖啡店、冷熱飲店、農藥店、鮮果店
第三級	牛角製品店、音樂器材店、運動用具店、化妝品店、打字及打字機店、耕耘機店、縫紉機店、估衣店、書畫裱背店、充電蓄電池店、滑機油零售店、獵具行、翻胎補胎店、舊貨店
第四級	汽車材料店、皮鞋皮件店、照相館、電器行、漁具店、百貨店、服裝店、茶葉店、綢緞呢絨布疋店、縫紉編織刺繡店、中藥店、化妝品店、機車行、禮品店
第五級 不保商店	眼鏡鐘錶店、珠寶銀樓、照相器材店、儀器店、工藝品店、古董店、藥品批發、毛皮店、當鋪、錄影帶租售店、音響店

(十)貨物運送保險等級

貨物運送保險的等級如表 5-2-6 所示：

表 5-2-6　貨物運送保險等級表

級　別	業務性質種類
一	音樂器材店、電腦店、傢俱店、建材店、木材木器店、打字機行、玻璃鏡框店、電器行、儀器行、工藝品店
二	第一級以外之商店

三、住家安全保險

(一)承保標的物

使用性質為住宅之特一、特二等之建築物及建築物內動產。

(二)承保範圍

1. 基本承保範圍：

⑴火災。

⑵閃電雷擊。

⑶爆炸。

⑷地震。

⑸航空器墜落。

⑹機動車輛碰撞。

⑺因意外事故所致之煙燻。

2. 相關費用：

⑴火災清理費用（賠償金額之 5% 為限）。

⑵臨時住宿費用（一日 3,000 元，最高三十日為限）。

⑶生活急需補助金（最高 10,000 元）。

3. 附加個人意外傷害保險：

⑴住院醫療保險金（每日 2,000 元，最高三十日為限）。

⑵死亡／殘廢保險金。

㈢保險金額及費率

保險金額及費率如表 5-2-7 所示：

表 5-2-7　住家安全保險金額及費率表

類　型	火險保額	地震保額	附加個人意外傷害保險	費　率
I	依一般火險承保保額（採實際現金價值基礎）	火險保額之 50%	每一人傷害 50 萬／每事故限額 300 萬	0.15%
II		火險保額之 100%	每一人傷害 100 萬／每事故限額 600 萬	0.28%

㈣保險費及保險期間

保險費的計算公式如下：

保險費＝火險保額（含建築物及建築物內動產）× 費率

保險期間為一年。

㈤自負額

因地震事故所致保險標的物之損失，自負額為地震險保額之5%，但不得低於新臺幣2萬元。

第五節　火災保險之理賠

一般人最關心的就是保險公司如何理賠給付，我們以火險為例說明之。

在財產保險部分，計算保險賠償時，假如是定值保險，就按保險標的「約定價值」為標準計算賠償；假如是不定值保險，則按保險標的於保險事故發生時之「實際價值」為標準計算賠償。另外，假如是不足額保險時，則更要依保險金額對保險標的價值負「比例分攤」的責任。不過，以上所說的都是決定賠償方式之後的計算標準問題，更重要的是先決定究竟該怎麼賠法。由於火災保險為不定值保險，一般說來，保險人賠償的方式有二，一為將保險標的物予以「重置」（即更換或重置）或「修復」，此即一般通稱的「回復原狀」，二為由保險人賠付重置或修復保險標的物的「等額金錢」，但是，不論所採取的方法是哪一種，都要「扣除」保險標的物的「折舊」。

依現行火災保險保單條款規定，保險公司應負賠償責任之毀損保險標的物，「得」決定部分或全部回復原狀，或以實物賠償。至於回復原狀係指在合理範圍內，回復至類似保險標的物未毀損前之狀態而言，有關回復原狀所需費用將由保險公司負擔，但以不超過保險金額為限。

由上述條文中，不難窺出應回復原狀或以金錢賠償，選擇賠付的方式操之於保險公司，而非被保險人。而且要「回復」保險標的物至「類似未毀損前之狀態」，在理論上可行而在實務上行不通，因為無論是重置或修復時所用的材料很多都是「新品」，說什麼也回復不到「類似未毀損前之狀態」。

保險界曾經有過一個很有名的笑話：某君有十五年歷史的房子被火燒毀之後向保險公司索賠，保險公司選擇以金錢賠償並言明須扣折舊，某君大為不悅，堅持保險公司要把房子修得像住過十五年的樣子，即「未毀損前之狀態」，搞得承辦理賠的人員為之大傷腦筋。

既然回復原狀在實務上往往辦不到，所以大多數的案件都是選擇以「金錢賠償」，所幸保單上又說:「……則本公司之賠償責任,以假定該項保險標的物得以修復或回復原狀時實際所需之費用為限,但不得超過保險金額。」雖然意思不是十分明確,但也就是「金錢賠償」的意思,同時表明了須適用「折舊」的法則。假如被保險人覺得每次要扣折舊的方法太麻煩的話,則可以加保「重置價值條款」消除之。

一、起火原因證明

火災保險單現行基本條款第十四條索賠手續規定,要保人或被保險人應於知悉發生損失時,立即通知保險公司並保持發生損失後之現場,並應於三十日內,或經保險公司書面同意之展延期內,自行負擔費用,提供下列文件或證物後,方可辦理索賠手續:⑴損失清單;⑵賠款申請書、火災狀況報告書、起火原因證明書;⑶標的物……等;由此可見,起火原因證明書係被保險人索賠時所需出具的必要文件,倘依保險單的此項條款嚴格要求,則被保險人於遭受火災損失時,必要取得起火原因證明書方可理賠,但我國警政單位亦規定,對於起火戶不得發予火災起火證明書,故理賠往往無法迅速解決,故火災保險人對火災起火原因在法理上如有疑慮似應自費雇請專家調查,不應責令被保險人取證,致其理賠曠日持久而無法理賠結案,尤其對於起火戶之理賠,常俟法院不起訴處分或判決確定為甚;其不僅有損被保險人權益,亦且失去保障大眾財產安全的保險功能,進而損傷保險業之信譽或形象。

臺北市產物保險商業同業公會火災保險委員會為保障被保險大眾之權益,乃於1981年1月14日例行會議提議並作成決議。對於無道德危險之虞的火災賠案,保險公司可酌情予以理賠結案,無需俟取得法院之不起訴處分或確定判決再賠付;並於1981年1月21日以(70)產火字第004號函報請財政部核備後實施,該案亦業經財政部函覆准予備查在案。

至於有道德性危險與否之判斷,仍需由保險公司聘請具有公信力之專家就災後現場情況審慎處理後再作決定,以免使社會大眾造成困擾。

一般火災案件中,如果係被鄰戶起火波及受災者,為其迅速賠付,僅需以鄰里長或警方出具之火災證明書即可(警方不對起火戶出具證明書)。

二、搶救與善後處理費用

我國保險法第三十三條規定:「保險人對於要保人或被保險人，為避免或減輕損害之必要行為所生之費用，負償還之責。其償還數額與賠償金額合計雖超過保險金額仍應償還。保險人對於前項費用之償還，以保險金額對於保險標的之價值比例定之。」又按火災保險單基本條款第十三條之規定:「實際損失與補償金額之合計超過保險金額時，仍以保險金額為限。」因此費用必須係保戶於火災發生時在緊急救火時直接消耗之材料或直接支付之費用為限。

當工廠發生火災時，員工參與搶救保險標的物之行為所生之必要費用，由保險公司視實際情況補償之，例如火災發生後員工為協助廠商搶救措施而發生之加班或膳食費用等，當可視為此類費用，除此之外，該項補償費用，除與保險標的物之賠償金額超過保險金額時，兩者合計仍以保險金額為限，同時，倘遇保險金額低於保險標的物於火災發生時之實際價值時，保戶與保險公司就該項必要費用比例分擔之，以示公平（被保險人所得求償之費用 = 實際發生之合理費用 × 保險金額 / 保險標的物實際價值)。其一方面可激勵保戶採取積極有效的損害防止措施，另一方面則可避免保戶虛報該項為減輕損失所生之費用，減少道德性危險的發生。

至於工廠員工參與清理善後所支付之費用，亦需視實際情況，以決定可否向保險公司索賠，例如保險標的發生部分損失時，且為減少損失擴大而由員工參與之善後清理費用，當可由保險公司視實際情況補償之，其補償亦受保險金額及低額投保比例分擔之限制。而員工純粹參與災後現場廢棄物之清理等類性質之工作所生之費用，則不得向保險公司請求賠償。

總之，被保險人或其員工為盡損失阻止之義務所生之必要費用，需由保險公司就下列考慮因素視實際情況補償之:⑴必須在損失發生時或發生後;⑵其所採取之措施必須是必要及合理的;⑶其目的必須係為減輕被保險標的物之損失。

三、保險事故發生之後的公證事宜

因為保險事故發生後，涉及災後現場之查勘、整理、賠償責任之認定、賠款之計算與攤派及賠款接受書之簽署等問題，此類問題牽涉各種專業性知識、技巧及談判技巧，除一些案情較為單純之小賠案，由保險公司理賠人員與被保險人會商解決外，大多需要委託有專業知識及技術之保險公證人辦理理算及公證事宜。

一般而言，除非在保險契約中，明文約定委請特定之公證人處理賠案外，均由承保之保險公司就賠案大小、賠案性質及複雜程度再衡酌公證人之專業技術等，以決定委請適當之公證人辦理理算與公證，其費用則由該保險公司負擔之。

但若被保險人對保險公司委請之保險公證人不滿意，或有異議時，被保險人亦得自行委請另一公證人，逕行或會同保險公司委請之公證人進行理算與公證事宜，且其自行委任公證人之公證理算費用，應由該被保險人負擔之。

而保險公證人的功能，除可減輕保險公司理賠人員之工作負荷及提供專業知識之外，尚有下列優點：

1. 公證人大多聘有各類專業工程人才，以辨別各類保險標的物之災損原因、損失程度及重建方法與所需金額。
2. 公證人因有處理各類賠案之經驗，已累積豐富之有關知識與技巧，對處理殘餘物有最佳之方法及銷售市場管道，能有效的處理賠案之理算。
3. 被保險人比較易於或樂於與一個立場較為超然之第三者　　公證人交談，而易於達成賠償金額之協議。

四、火災保險有關定值保險與不定值保險之探討

所謂保險金額係指要保時，要保人與保險人之間約定，並經載明於保險單之金額，為保險人在保險期間所負賠償責任之最高額度；同時，亦是保險人據以計收保險費之基準。

保險標的物之價值，以一定數額之金錢表示，其目的在限制保險金額，以防要保人意圖詐欺而超額投保者，保險人得解除契約。

財產保險多屬於損失保險，於保險事故發生時，應按實際所受之損失賠償，但在不足額保險之場合，即保險金額不及保險標的之價值時，其差額部分視為要保人自保，故除保險契約另有訂定外，保險人之負擔，以保險金額對於保險標的物之價值比例負擔之。

由於財產保險之保險金額常取決於保險標的物之價值，但由於標的物價值不易估

計精確，且由於價位常有變動（物價變動、折舊問題等），在訂立契約時若一概將其保險價值估定，頗為不便，因此有「定值保險契約」與「不定值保險契約」之產生。而所謂不定值保險契約，則是被保險財產之價值不先確定，唯以契約中載明保險標的之價位，須至危險發生後，再行估計而確定其損失之保險契約。

至於定值保險契約，即當事人雙方事先約定被保險財產之價值，並載明於契約中，諸如藝術品、古玩、珠寶等價值不易估算之特定物品多屬定值保險。

保險法第七十三條規定：「要保人，依主管機關核定之費率及條款，作為定值或不定值約定之要保。保險標的，以約定價值為保險金額者，發生全部損失或部分損失時，均按約定價值為標準計算賠償。保險標的，未經約定價值者，發生損失時，按保險事故發生時實際價值為標準，計算賠償，其賠償金額，不得超過保險金額。」因此，若非明定為定值保險者，應視為不定值保險。

綜上所述，足以瞭解定值保險與不定值保險，最大差異在於賠償金額之計算，在全部損失時，定值保險只須按約定之保險金額計算之。而不定值保險則須依保險事故發生當時保險標的物之實際價值估計損失以為計算之基礎。

五、複保險之處理

財產保險是一種補償性的保險，即當保險事故發生時，保險公司於足額保險（保險金額與保險標的物之實際價值相同時稱之）情況下，以賠償被保險人之實際損失為原則。

因此，在財產保險單中，如火災保險基本條款第九條即有「複保險通知」之規定，即同一保險標的如同時或先後向其他保險人訂立同一保險事故之保險契約者，要保人或被保險人應將其他保險公司之名稱及保險金額立即通知保險公司。

另依現行保險法第三十七條規定，若要保人故意不將上述向其他保險公司投保的事實通知保險公司，或以不當得利之意圖向其他保險公司投保者，該保險契約視為無效。

上述規定的主要目的，是為確定每一保險公司所承擔之保險責任額，同時在防止要保人或被保險人以低額保險（保險金額低於保險標的物之實際價值稱之），意圖謀取高額保險賠償之道德性風險，進而破壞了社會上的公序良俗。

依現行保險法的規定，要保人或被保險人在原則上是可以同時向幾家保險公司投保，此即通常所謂之「複保險」，但其必須符合下列要件，始可於保險事故發生時獲得各保險公司的充分賠償：

1. 同一保險標的物。
2. 投保同一保險事故。
3. 在同一保險標的物上，各保險公司承保之保險金額總和不得超過該保險標的物之實際價值；倘其保險金額總和係善意的超過其保險標的物之實際價值時，各保險公司之賠償總金額，則仍以該保險標的物之實際價值為限。
4. 必須將其他保險公司之名稱及其承保之保險金額通知各保險公司。

當保險事故發生時，各保險公司僅負比例分攤之責，即各保險人之賠償責任以下列公式計算之：

$$\text{各保險公司之賠償責任} = \text{承保範圍內保險標的物之實際損失} \times \frac{\text{各保險公司承保金額}}{\text{承保同一保險事故各保險契約之保險金額總和}}$$

六、理賠計算基礎

1. 理賠 = 損失 × 保險金額 / 保險標的實際價值
2. 重置成本 =（各類建築構造每坪造價 × 使用面積）+ 裝潢總價
3. 保險標的實際價值 = 建築物本體總造價 ×（1− 折舊率）+ 裝潢總造價 ×（1− 折舊率）
4. 折舊率：

   建築物 = 已使用年數 /（耐用年數 +1）

   （耐用年數：鋼筋混凝土 55 年、加強磚造 35 年、磚造 25 年、金屬 20 年、木造 15 年。）

   裝潢折舊率 = 已使用年數/(10+1)

   （裝潢之耐用年數 10 年）

七、火災保險理賠後保險金額之回復

某甲工廠有十座廠房，均投保火險，其中三座廠房於上月出險並獲得理賠，對甲工廠繼續投保期間內，保險公司所承擔責任之最高額度，將減去已賠償損失部分之保險金額，就其剩餘之保險金額負責。

保險金額乃指記載於保險契約中，為保險人在保險期間內所負責任之最高額度，也就是保險人之賠償額，最多以保險金額為限，同時，保險金額也是計算保險費之標準。

由於保險之宗旨乃在補償損失，故保險事故發生後，爭取賠償乃是被保險人投保之目的。至於保險人賠償後保險金額是否隨著減少，須視下列情況而定：

㈠全部滅失時

保險標的物因保險契約所載之保險事故而完全滅失時，保險人即應依約履行全部的賠償義務，而保險契約在履行理賠義務後自然消滅，保險金額則於契約終止後將不再存在。

㈡部分受損時（註：此為火險的規定其他財產險不適用）

保險標的物因保險事故之發生，僅部分受有損失，而未全部滅失時，保險契約就其餘未受損部分仍繼續存在，無使其當然終止之必要，但是保險法規定保險人或要保人有終止契約之權。保險人如欲終止契約時，應於十五日前通知要保人，俾使要保人有充裕時間另向其他保險人投保，在此期間內保險人仍就未損失部分負原契約上之責任。此乃強制規定，保險人不得以契約變更之。

於實務上，火災保險即依保險法規定，保險標的物部分受損，保險金額即須扣除該賠付部分。但營造綜合險、汽車保險、船舶保險、藝術品展覽運送綜合保險等，於保險標的物部分受損後，其保險金額仍恢復為原額。惟恢復原額之方式，有些須再繳交受損部分之保險費。

如營造綜合險基本條款第五條規定：「本保險單第一條之保險標的發生毀損或滅失時，其保險金額，仍恢復原額，繼續有效，但被保險人應以該損失金額依照原約定保險費率，按日數比例計算，加繳自損失發生之日起至本保險單所載保險期間屆期日止之保險費。」但亦有不須再繳交保險費者，如藝術品展覽運送綜合保險基本條款第二十五條規定：「回復保險金額：保險標的物發生損失後該損失金額立即自動回復，被保險人不須再繳付額外保險費。」

綜上所述，保險人賠償後保險金額是不是隨著減少得視損失的情形、保險單之種類、恢復保險金額是否要加費等情況而定。

火災保險理賠流程可以圖 5–2–1 表示，詳細說明如下：

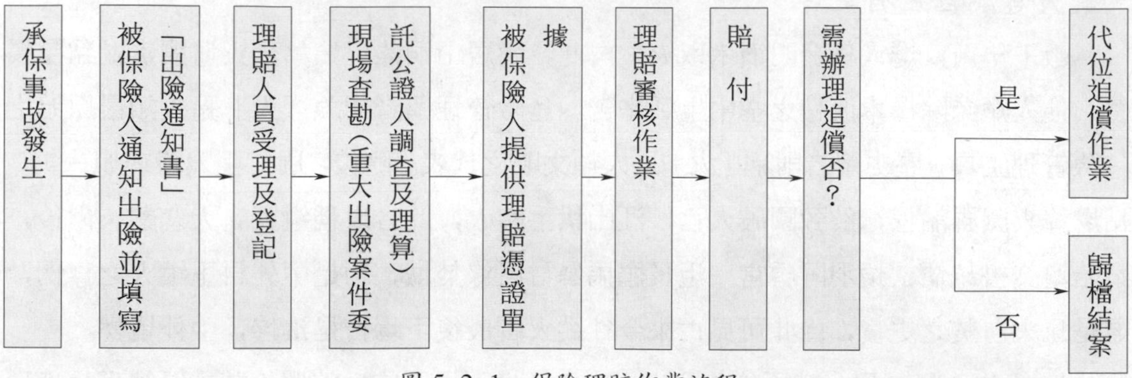

圖 5–2–1　保險理賠作業流程

1. **損失發生：**

　被保險人發生損失，採取必要的損害防阻措施，為避免或減輕損失的擴大，請被保險人採取必要合理的處置（如：保留現場、搶救標的物等），並保留對第三人所得行使之權利（如：未經保險公司同意，請勿私下與第三人和解）。

2. **通　知：**

　被保險人立即通知保險公司。

3. **報　案：**

　理賠人員於接獲報案通知後，立即以電話聯絡被保險人，以瞭解損失情形。

4. **出險之調查：**

　理賠人員或保險公司委託公證人查勘以確認出險原因及承保範圍。

5. **備齊理賠文件：**

　被保險人備齊所需之理賠文件寄予保險公司或指定之公證人。

6. **損失金額之確定：**

　理賠人員或公證人與被保險人確定損失金額。

7. **付　款：**

　理賠人員安排付款給被保險人。

八、縱火與保險理賠

㈠縱火悲劇自古有之

數千年前，燧人氏發明鑽木取火，自此，穴居山洞能以熊熊烈火避開毒蛇猛獸侵襲，使人類免除擇木而棲之空中生活辛苦。危險管理學者認為「火」是人類最原始之危險管理工具，歷史學者則稱「火」是人類文明之代表。隨後，周紂王為博褒姒一笑，點燃烽火戲弄諸侯，終致國破人亡，江山拱手讓人，此者堪稱縱火者大悲劇。爾後，秦始皇焚書坑儒、項羽阿房宮一炬及羅馬暴君尼祿焚城，均是中外君王縱火之實例，更是玩火自焚之史實，由此可見古來今往縱火者最後下場皆是淒慘，中外皆然。

1666 年 9 月 2 日，英國倫敦發生大火，延燒五天五夜，整個倫敦市區幾乎焚燒殆盡，英國巴本 (Nicholas Barbon) 趁倫敦市民對火災餘悸猶存，於 1667 年經營房屋火災保險，此即為商業火災保險之始。其後歷經三百餘年，中外保險公司無不致力火災損失之研究，尤其在損失防阻方面之努力，其投注之時間、人力、金錢，更是無可計數，盼能防患未然，減少寶貴資源之浪費。

㈡縱火 — 火災防阻最棘手的挑戰

在火災各項防阻工作，最令人深感棘手的，莫過於縱火事件之防阻。根據研究，德國 1965 年至 1985 年一般犯罪刑案計成長 235%，而同期縱火件數卻增至 375%，顯示縱火案件較一般犯罪案件快速增加，且依美、英、德、澳四個縱火資料得知，每年縱火案件之財物損失，均超過全部火災損失金額 20% 以上，且有年年遞增之趨勢。由此可見，縱火已是保險公司經營火災保險亟待克服之難題。

㈢縱火原因複雜值得探討

根據犯罪心理學家分析，一般縱火犯之所以縱火，其原因可以歸納為下列幾種：

1. 因受利誘而縱火：

   此類型之縱火者，有些是為詐領保險金或社會福利救濟金而縱火，有些則是受雇他人而為職業縱火者。而前者多半與經濟景氣有關，例如股市若經年常黑，則火場將連年常紅。

2. 因怨恨報復而縱火：

   此類型之縱火者，多半是遭受欺凌之弱勢復仇者，因無計可施，只好將內心無名怒火付諸行動，藉縱火以達到復仇之目的。

3. 湮滅證據而縱火：

此類型之縱火者，通常以犯案前科者居多，例如，竊盜殺人犯為免現場留下證據，遂縱火來湮滅證物，避免日後被逮捕。

4. 因情感困擾而縱火：

此類型發生於兩性之間，通常由於始亂終棄，或琵琶別抱，致使感情受困而縱火。根據犯罪心理學研究，女性因情困縱火比率為男性五倍。

5. 其他原因：

如惡作劇、房屋改建、避免鼠疫流行、民間節慶等原因之縱火。

在上述五種縱火成因，當以第一種中之詐領保險金最為常見，根據國外保險公司經驗，因詐領保險金而縱火之可能跡象，大體上可歸納為十二種，謹此列示於表 5–2–8，供為國內業者參考。

表 5–2–8　詐領保險金之縱火可能跡象

研判縱火之可能跡象
1. 火災發生時間 (1)在保單生效日起二個月內 (2)在保單滿期日前一個月內 2. 超額投保 3. 最近突然擴大投保範圍 4. 無設定抵押或抵押金額偏低 5. 貸款或稅捐欠繳未付 6. 房屋年久失修或無人使用 7. 被保險人失業 8. 貨物存貨過多 9. 損失原因明顯可疑 10. 貨物明顯被搬移 11. 房屋門窗被封死 12. 火警警報系統失靈

資料來源：*Insurance Company Operations*, 2002.

(四)縱火法律刑責重

對於縱火之刑責規定，各國法令規定處罰標準雖有不一，然對縱火無不予以嚴厲懲罰。英美普通法對於惡意縱火焚燬他人住宅者，處以縱火罪，旨在保障居住安寧。此處所謂惡意，係指意外及過失以外之故意而言，若係行為人引火不慎，意外或過失將他人住宅焚燬，不得以本罪論處。再者，對於標的物住宅必須實際遭遇全部焚燬或局部焚燬，始得成立本罪。近年來美國部分州刑事立法將縱火罪略加擴張，即被焚之不動產不限於他人之不動產，住宅亦不以有人現住為限，各種建築物均得為本罪標的，故意縱火焚燬他人動產之價值在 25 美元以上者，亦得處以本罪。此外，對於故意縱火焚屋詐領保險金者，雖不使負縱火罪責，亦論以重罪。至於我國法律對於縱火罪之論處，在刑法及陸海空刑法均有明文規定，茲條列如下：

1. 刑法部分：

我國刑法對於縱火稱之放火，其在刑法第二編第十一章公共危險罪有詳細規定：

(1)刑法第一百七十三條：放火燒燬現供人使用之住宅或現有人所在之建築物、礦坑、火車、電車或其他供水、陸、空公眾運輸之舟、車、航空機者，處無期徒刑或七年以上有期徒刑。

失火燒燬前項之物者，處一年以下有期徒刑、拘役或 500 元以下罰金。

第一項之未遂犯罰之。

預備犯第一項之罪者，處一年以下有期徒刑、拘役或三百元以下罰金。

(2)刑法第一百七十四條：放火燒燬現非供人使用之他人所有住宅或現未有人所在之他人所有建築物、礦坑、火車、電車或其他供水、陸、空公眾運輸之舟、車、航空機者，處三年以上十年以下有期徒刑。

放火燒燬前項之自己所有物，致生公共危險者，處六個月以上五年以下有期徒刑。

失火燒燬第一項之物者，處六個月以下有期徒刑、拘役或 300 元以下罰金，放火燒燬前項之物，致生公共危險者，亦同。

第一項之未遂犯罰之。

(3)刑法第一百七十五條：放火燒燬前二條以外之他人所有物，致生公共危險者，處一年以上七年以下有期徒刑。

放火燒燬前二條以外之自己所有物，致生公共危險者，處三年以下有期徒刑。

失火燒燬前二條以外之物，致生公共危險者，處拘役或 300 元以下罰金。

⑷刑法第一百七十六條：故意或因過失，以火藥、蒸氣、電氣、煤氣或其他爆裂物炸燬前三條之物者，準用各該條放火、失火之規定。

2. 陸海空刑法部分：

我國陸海空刑法對於縱火罪，在第二編第九章縱火罪 有較刑法嚴厲之處罰規定：

⑴陸海空刑法第八十條：非因戰爭上必要，無故縱火者，處死刑。

前項未遂罪，罰之。

⑵陸海空刑法第八十一條：以縱火嚇人民者，按前條未遂罪處罰。

㈤ 5A 防範法有減輕縱火災難之效

根據國內犯罪防治學者建議，對於面臨縱火災難時，應即時運用 5A 防範，以減少災害確保人員生命及財物安全，所謂 5A 防範法，茲分述如下：

1. **裝備 (Accouter)**：

指滅火、逃生之硬體設備要齊全，並且裝備性能要保持正常。例如，即使是最簡單之塑膠袋，袋中空氣將可免於嗆死命運，因為根據統計資料顯示，在火場喪生者有 90% 是死於煙嗆而非燒死。

2. **注意 (Attention)**：

指火燒時應注意建築物之構造，逃生出口管道。根據研究，在火災發生時，由於驚慌緣故，當事人之能見度與聽覺度均會降低，常因不注意周遭環境，誤跑誤撞因而喪生。

3. **機警 (Alert)**：

指在火場中要敏捷靈活，隨機應變。例如，旅館大火，旅客從容將床單、被單或窗簾撕成條狀浸水後連結成繩索，順利下垂逃生。

4. **迴避 (Avoid)**：

指火場中逃生要有技巧，應避免不理性之冒險行為，如跳樓，以免因而失去寶貴之生命。

5. **熟練 (Adroit)**：

指平時多充實滅火逃生知識及各種逃生滅火技巧之演練，養兵千日，用於一朝。

例如，對新型滅火器材之使用技巧等。

論及縱火與保險理賠，在人壽保單條款規範極為明白，較少造成理賠紛擾，然在財產保險中，由於縱火者身分不明，縱火動機不詳，使因縱火之產險理賠，更感棘手困難。以 1989 年 8 月 3 日發生於西門町之今日百貨公司大火而言，火災現場燃燒二十個小時以上，財物損失更超過億元，依各種跡象研判，遭人縱火成分頗大，雖縱火者目前消遙法外，國內共同承保之三家保險公司，至今尚未決定如何理賠，使國內保險形象再度面臨極大考驗。

㈥縱火應否理賠依保單規定處理

基本上，對於縱火損失是否予以理賠，將視保單規範而定。在英國標準火災保險單中，對於因騷擾者縱火所致之損失，則不在賠償範圍之內；但如縱火者之人數或行為並不構成騷擾者時，保險人仍須理賠。至於騷擾之成立要件，依英國判例必須具備下列五項：

1. 有三人以上參加。
2. 參加者有某種共同目的。
3. 為達此一共同目的而集體行動。
4. 企圖合力對抗反對此一目的之人。
5. 藉暴力使正常人感到恐懼。

至於我國火災保險單對於縱火是否應予以賠償，基本上，應視縱火者之身分與動機而定。依現行火災保單第五條第一項第七款規定：「要保人、被保險人或其法定代理人或其家屬之故意或唆使縱火，保險人不負賠償責任，但被保險人之家屬非企圖使被保險人獲得賠償者，不在此限。」析言之，現行保單僅排除要保人、被保險人等故意或唆使縱火而拒予理賠，如係第三人縱火之損失，保險人仍須予以賠償。此外，對於民眾騷擾所致之縱火損失，我國現行火災保單基本條款第四條第一項規定：「無論直接或間接由於罷工、暴動、民眾騷擾，或因其引起之火災或其延燒所致之損失，除特別約定外，保險人不負責任。」顯見民眾騷擾之縱火不屬於保險人賠償範圍之內。然因我國對於民眾騷擾，目前尚未如英國予以明確規定，未來今日公司縱火案之理賠是否成立，縱火者之身分確定，及縱火動機及行為，將是主要關鍵所在。

㈦加強核保理賠為最佳防範之道

縱火因涉及公共危險，嚴重影響居住安全，各國法律均處以重罪。依各國火災損失統計顯示，縱火損失佔全部火災損失 20% 以上，顯示縱火已到相當嚴重的地步。根據保險理論知，對於損失機率等於一必然發生之蓄意縱火，其將直接危及保險經營穩健。然由於縱火係屬心理道德危險，防範頗為困難，其治標方法，可由加強核保理賠著手，惟有加強被保險人心理建設，使被保險人真正瞭解保險真諦，如此，方能防範縱火，避免寶貴資源慘遭人為蓄意破壞，最後僅以「玩火自焚」供為心存縱火者三思與警惕！

第六節　火災保險費率

一、消防設備與火險費率

增設防火設備的主要目的，乃是當火災發生時得以儘早發現，並發揮防阻火災延燒及撲滅的功能，以減少生命財產之損失。

我國產物保險公司為提醒被保險人大眾對火災預防措施之注意，並鼓勵被保險人增設消防設備，乃特別訂定了「火災保險消防設備減費辦法」及「火災保險特別費率承保規則」，前者在規範被保險人之消防設備合乎該辦法所訂標準者，即得申請消防減費；而後者，則依據建築物或工廠環境及各種消防設施等項目訂定減費標準，但此兩種減費僅能擇一申請適用。

因此，被保險人投保財產火災保險，其保險標的物附近設置防火器材者，可依上述減費辦法或承保規則，享受降低保費之優惠，但其消防設備必須合乎設置之最低標準，俾該消防設備能切實發揮防火功能，達成減少火災損失的目的。

為確保增設之消防設備可以達到防火及滅火之功能，消防設備減費辦法有下列之規定：

1. 消防設備必須備有經受消防訓練之救火人員，並依實際需要加以編組，定期舉行消防設備性能測驗及訓練，此項人員不得少於下列標準：

⑴室內消防栓設備六人以上。

⑵室外消防栓設備八人以上。

(3)自動灑水設備三人以上。

(4)火警自動警報器設備三人以上。

2. 自設各種防火器材之規格及數量，如水源水量、消防栓個數及其有效消防面積等，均有一定之標準。

3. 經核定消防減費之火險業務，其增設之消防設備，必須經常保持其效能，臺北市產物保險公會並得於合理期間內派員再檢查，以確保其功能在必要時充分發揮。

4. 消防設備減費之標準：

(1)室內或室外消防栓設備合於標準者減費 10%。

(2)自動灑水設備合於標準者減費 15%，但如未全部裝設者，其裝設部分可減費 10%。

(3)火警自動警報器設備合於標準者可減費 5%。

二、火險保單自負額減費

老黃與小張同住一層公寓，其住宅條件相同，並在同一家保險公司投保火險，但其住宅投保火險的保費負擔卻不同，老黃的保費較低；小張不服乃向保險公司詢問，原來老黃的住宅投保火險，訂定自負額，可享受減費優惠。

自負額係指保險公司與要保人或被保險人於保險契約中約定，當保險事故發生時，其損失金額的某一特定金額，或以保險金額的某一百分比為準，先由被保險人自行負擔，保險公司則只負擔超過該額度或百分比以上部分之損失金額，但以不超過約定之保額為限。

在保險契約中訂定自負額之主要目的為：

1. 促請要保人或被保險人加強損害預防及防阻之措施，以期減少保險事故發生率與發揮損害防阻功能。

2. 減少保險公司對小額賠款處理上之麻煩，保險公司理賠人員之費用等均係來自要保人或被保險人所繳交之保險費，小額賠款的免除或減少，一方面減少處理之麻煩，另一方面減少保險公司之費用支出。

3. 可降低保險人對於品質不良業務之承保責任及風險，保險人為期兼顧對要保人之危險保障與減少本身之承保風險，通常可藉提高保險費或設定較高之自負額或採用兩者並用方式接受承保，使得保險成本維持在合理水準與承保責任有適當控制。

4. 自負額之設定，可以節省保險費之負擔。近年來企業規模日趨龐大，多數有指定專人風險管理經理負責辦理保險有關事務，這些經理人基於風險理財原則及依據風險評估結果算出適當之自負額，憑以向保險人爭取最優惠的保險費率。

一般產物保險公司非常歡迎自負額的承保條件，對於自願承擔自負額，或提高原定自負額之要保人，常以優惠費率承保。

因此，保險契約中訂定自負額後，在保險公司方面可減少保險公司小額賠案之處理，又可減少保險人費用之支出；在被保險人方面可以提醒要保人或被保險人加強損害防阻措施。所以，保單訂定自負額後就可以降低被保險人保費之負擔。

三、火險特別費率

我國現行火災保險係採用費率規章制度，這項「火災保險費率規章」是由產險公會研擬，報請財政部核定後實施，全體產險公司共同遵守，並依此費率規章承做火險業務。

但為激勵社會大眾加強火災預防與保護措施，並減輕被保險人保費負擔，產險公會專案訂定「火災保險特別費率承保規則」，凡是合乎下列四種基本條件者，投保火災保險可申請特別費率：

1. 被保險人在同一鄰接場所，其保險標的物之總保險金額（不含貨物）在新臺幣1億元以上者。
2. 依火災保險費率規章建築等級之規定，適用於頭等以上之保險標的物之價值不得少於總保險標的物價值50%。
3. 最近三年平均損失率在50%以下。
4. 被保險人之財產分由二家以上之保險公司承保時，有關資料應合併計算。

至於特別費率的計算方式，依現行火災保險及其附加險費率規章的基本費率，乘以優待率。而優待率則依保險標的物總保險金額，由下列二種公式計算，優待率最高不得超過50%：

1. 其保險標的物之建築物及機器設備總保險金額在新臺幣 2 億元以上者：

$$X\% = 50\% \times \frac{S}{1500} \times L$$

2. 其保險標的物之建築物及機器設備總保險金額在新臺幣 1 億元以上，2 億元以下者：

$$X\% = 40\% \times \frac{S}{1500} \times L$$

附註：上二公式中，X 表示特別費率之優待率。S 為保險標的之積分，此項積分係依據保險標的建築之四周環境（包括公設消防、延燒危險範圍）、自設消防設備（包括機動消防車、動力消防幫浦、室外消防栓、自動撒水設備、室內消防栓、火警警報器及警備狀況）及危險狀況等分別給予不同標準之積分，合計各項積分最高以 1,500 為限。L 為損失率之調整係數，此係數則依據近三年之損失率及出險次數，分別訂定，最高為 1，最低為 0.38。

除上述優待率外，若總保險金額超過新臺幣 5 億元者，再給予下列折扣優惠：⑴ 5 億元至 10 億元，優待 2%；⑵ 10 億元至 15 億元，優待 3%；⑶ 15 億元至 20 億元，優待 4%；⑷ 20 億元至 25 億元，優待 5%；⑸ 25 億元以上者，優待 6%。

四、流動保險

流動保險亦稱動產保險與流動保單 **(Floatine Policy)**，係指承保之保險標的可以移動，且非永久置存於特定地點之流動財產，不論在何處因保險事故所致損失之保險，本質上屬陸上運輸保險之範疇。

流動保險之種類名稱甚多，但大致可分為下列兩類：商業流動保險 **(Commercial Floaters 或 Business Floaters)** 及個人流動保險 **(Personal Floaters)**。

㈠商業流動保險（亦稱商業動產保險）

商業動產可能長時間置存某一地點，但只要非永久性的置存，且隨時可以移動，都可為商業動產保險的保險標的。

就其本質言，商業動產保險標的應具備下列三要件。

1. 必須是可以移動的財產。

2. 非置存在欲永久置存的地點。

3. 承保範圍必須包括運送保險；如未包括運送保險則此動產之保險，不屬於陸上運輸保險，而視其承保危險分屬於火災保險或意外保險。

此項保險可承保下列商業活動中的動產，諸如出租供他人使用的動產、操作使用中的動產、修理保養中的動產、委託他人加工的動產、委託他人銷售之商品、連鎖商店銷售之商品、分期付款銷售之商品及巡迴展示銷售之商品。

㈡個人流動保險（亦稱個人動產保險）

由於近年來，社會經濟發達，社會財富增加，住家設備、個人用品衣服、飾物、運動和娛樂設備，以及珍藏古玩藝品等數量金額均大為增加，其所需要保險隨著保險觀念的發展，要求層次亦較前提高。何況，交通發展一日千里，人們遷徙、旅行日益頻繁，除家庭中個人財產需要保險，旅行中所攜帶的財物亦需保險，所以個人流動（動產）保險就逐漸發展而成。

此項保險可承保下列個人活動中的動產：

1. 一般個人自用之動產，如個人自用之家具、衣服。

2. 個人特定用途之動產，如個人自用之運動器材。

3. 個人特殊之動產，如名貴的自用音樂器材。

第七節　住宅房屋抵押貸款的火災保險

一、銀行貸放的金額永遠低於抵押房屋及土地的價值

一般人（抵押人）以房屋為抵押向銀行（抵押權人）借錢時，銀行貸放的金額，實際上是分成兩部分的，一部分為土地的抵押放款，另一部分才是真正的房屋（建築物）抵押放款。通常銀行對抵押土地的放款，最高以抵押土地估價金額的 90% 為限；對抵押房屋（建築物）的放款，最高以抵押房屋估價金額的 80% 為限。因此，無論如何，銀行貸放的金額，一定比抵押土地及房屋的實際價值總和為低。

二、抵押房屋需要投保火險，抵押土地則無此必要

由於房屋可能因火災的發生而燒燬，但土地卻不受影響。因此，抵押貸款中屬於土地的部分不需要投保火災險，只有房屋的部分才需要投保。而銀行要求抵押人（借款人）投保的金額，一般也只限於房屋部分的抵押放款金額而已。例如向銀行貸得的110萬元中，若40萬元屬土地貸款，而70萬元屬房屋（建築物）貸款，則銀行會要求需投保70萬元的房屋火災保險。

目前銀行對房屋（建築物）的最高放款額（不包括土地放款額），其計算公式如下：

$$\text{房屋的單位時價} \times \frac{\text{剩餘年數}}{\text{耐用年數}} = \text{房屋的單位現存價值}$$

房屋的單位現存價值 × 面積（建坪）= 估價金額（但附屬建物如陽臺等折半計算）

估價金額 × 放款率（最高 80%）= 放款值

不過，目前銀行對住宅用房屋每坪及每平方公尺（等於 0.3025 坪）的最高估價標準，以不超過表 5-2-9 所列金額為限：

表 5-2-9　銀行對貸款抵押房屋的估價標準

建築物類別	建築物層數	每坪金額（元）	每平方公尺金額（元）
鋼筋混凝土造	16 層以上	41,000 元	12,400 元
	13 ～ 15 層	38,000 元	11,500 元
	9 ～ 12 層	35,000 元	10,500 元
	6 ～ 8 層	29,000 元	8,700 元
	5 以下	23,000 元	7,000 元
鋼筋混凝土加強磚造	4 ～ 5 層	17,000 元	5,200 元
	2 ～ 3 層	14,000 元	4,100 元
	平　房	12,000 元	3,500 元
磚木石造		8,000 元	2,400 元
鋼鐵鋁架造		8,000 元	2,400 元

此外，鋼骨結構建築物每平方公尺另加 2,500 元（每坪為 8,000 元）；而估價金額亦可依據建築材料的品質、建築物的利用狀況及經濟效益等因素在前述標準上下三成範圍內酌予增減。不過，上面所列的最高估價標準僅供參考，對貸款人的貸款額度而言，需依實際市場情況加以調整才能符合需要。而住宅用建築物的耐用年數標準，依據行政院 1986 年 10 月 20 日頒布的固定資產耐用年數表規範如表 5–2–10：

表 5–2–10　固定資產耐用年數表

建材＼年數	耐用年數
鋼筋混凝土造	55 年
加強磚造	35 年
金屬建造（骨材實厚 4 公釐以上）	40 年
金屬建造（骨材實厚不足 4 公釐）	20 年
磚石牆載重建造	25 年
木造	15 年

註：房屋如非新造，其剩餘年數由耐用年數減去已使用年數而得。

三、投保金額不足時，火災保險的賠償將受限制

房屋之火災保險為不定值保險，在損失發生時，如有不足額保險（**Under Insurance,** 即保險價額大於保險金險）之情形時，保險人則按保險金額與保險價額（保險標的的價值）之比例負賠償責任，此即一般所稱的損失分擔條款 (**Pro Rata Condition of Average Clause**)。其公式如下所示：

$$\frac{\text{保險金額}}{\text{保險價額}} \times \text{損失金額} = \text{保險人的賠償金額}$$

而保險價額及損失金額的估計標準，原則上是以實際現金價值（Actual Cash Value，即重置成本減去折舊）為準。因此，投保的金額（保險金額）應與保險價額一致，否則一旦損失發生時，被保險人即須自行負擔一部分的損失。

四、抵押房屋應如何投保火災保險

抵押房屋的火災保險，雖然可由銀行（抵押權人）投保，但銀行必須自行負擔保險費，這是銀行所不願意的，何況銀行是較強勢的一方。所以，習慣上都由借款人（抵押人）投保並支付保險費，然後將保險單正本交由銀行保管，作為保障。

由抵押人投保時，通常附有三項條件，即

1. 至少要投保抵押房屋貸款部分的金額。
2. 保險期間應與貸款期間相配合。
3. 以銀行為保險賠償優先受償之人。

由前面所述，可知銀行抵押貸款額度包括土地貸款部分及房屋貸款部分。因為土地不因火災發生而毀損滅失，所以銀行要求借款人（抵押人）投保的金額，是以房屋貸款部分為準，至少應投保房屋部分的抵押貸款金額。

抵押房屋所需投保的為長期火災保險，其保險期間需配合貸款的期間，例如貸款的期間為十五年，自 1990 年 1 月 1 日起至 2005 年 1 月 1 日止，則保險期間也需十五年，最好也同日起訖。

至於以銀行為保險賠償優先受償之人，乃銀行要保障其債權的安全，不因抵押房屋發生火災，失去了抵押標的，致發生放款無法收回的困境。通常就抵押房屋投保長期火災保險時，有兩種特約條款可擇一附加：

㈠抵押房屋之保險債權條款

約定在遇有損失時，保險人應付的賠款，應在抵押權人（銀行）的債權權益範圍內，優先給付給抵押權人。其目的在保障抵押權人的債權。

㈡抵押權特款批單

不但約定遇有損失發生時，保險人應付的賠償金額，應在抵押權人（銀行）的債權權益範圍內，優先給付給抵押權人，且賦予抵押權人更多的權利。例如抵押權人所享有優先給付賠償的權利，不因要保人（抵押人）違反告知義務的規定事項或因標的物所有權的變更而受影響；保險人想終止保險契約時，亦應在十五日前通知抵押權人，以便抵押權人能及時另行安排火災保險。但抵押權人亦應負某些義務，例如要保人或被保險人未繳清保險費而經保險公司通知時，抵押權人應於十五日內代為繳付；此外抵押權人亦應協助保險人行使代位求償權。

一般言之，附加抵押權特款批單對抵押權人的保障最大，因此多為抵押權人（銀行）所要求使用。

五、以貸款金額投保火險，永遠無法獲得充分的保障

銀行對抵押房屋可貸放的最高額度，既然以抵押房屋估價金額的 80% 為限，倘以此房屋貸款的金額投保火災保險，則保險金額顯然是不夠的。何況銀行在估算貸款額度時，通常都採取較保守的態度，致可貸放的額度與房屋的實際價值有一段距離，而保險人在估計保險價額（保險標的的價值）時，又是以房屋的實際現金價值（即重置成本減去折舊）為準，其標準通常又較銀行所採用的估價標準為高，因此可能擴大不足額保險的程度。一旦有損失發生時，被保險人就要分擔一部分的損失，而無法獲得充分的保障。因此，若希望抵押權人（銀行）可以得到保障，自己（抵押人）也能獲得充分的保障，應該不要考慮貸款的金額的多寡，而直接以該抵押房屋的保險價額（保險標的的價值）為標準投保。

六、不要為了房屋抵押貸款才投保火災保險

很多人投保房屋的火災保險，都是消極的，被動的為了應付銀行的要求才投保，而投保的金額又只以房屋的抵押貸款額度為標準。

事實上任何房屋，即使不為抵押的標的，也隨時有遭受火災損失的可能。因此不論房屋是否有抵押，為了保障自己的權益，避免因火災造成財務上的困境起見，平時除了應當注意維護房屋的安全外，最好能主動的投保火災保險；雖然須支付小額的代價（保險費）卻可以獲取非常大的保障（保險賠款）。

七、在漫長的保險期間中，應適時調整房屋保額

抵押房屋的火災保險，是長期火災保險，其保險期間是配合貸款的期限，一般期限長達七年、十五年，甚至二十年。房屋雖然會每年折舊，但以實際現金價值（重置成本減去折舊後的金額）為準而計算的保險價額（保險標的的價值）須適時調整房屋保險額度才能符合足額投保的意義。

第八節 地震保險

一、地震的分析

㈠臺灣正處於歐亞大陸板塊與菲律賓海板塊的交界處

歐亞大陸板塊與菲律賓海板塊在臺灣東側及東北方，因此臺灣附近的板塊運動可分成三方面來談。在臺灣北部，菲律賓海板塊沿琉球群島向歐亞大陸板塊下方俯衝，形成琉球海溝；在臺灣南部到菲律賓呂宋島的中部之間，則情形恰跟北部相反，是歐亞大陸板塊向菲律賓海板塊下俯衝。

根據文獻紀錄，目前歐亞大陸板塊及菲律賓海板塊大約以每年七公分的速率由東南向西北聚合，屬於一個很新的構造活動。這種構造活動可能始於上新世中期，一直延續到更新世晚期。

㈡臺灣的地震多屬淺源地震

整體上來說，臺灣所發生的地震，其震源多集中於深度 30 公里以內。西部地震帶造成災害的地震次數超乎東北部及東部地震帶上，然而東北部和東部兩個地震帶的地震活動卻遠比西部地震活躍，這是因為有不少地震發生於距離較遠的海底之故。

㈢全球地震震央分布圖

現今全世界地震的分布大體成三個主要地震帶，以地震發生次數的多寡依序為環太平洋地震帶、歐亞地震帶及中洋脊地震帶。其中大約有 80% 的地震都發生在環太平洋地震帶，它包括環繞在太平洋四周的南北美洲西岸、阿留申群島、大葉群島、日本列島、琉球群島、臺灣、菲律賓群島、馬里亞納群島、新幾內亞、美拉尼西亞、紐西蘭等地區。

㈣臺灣地震分布略圖

臺灣處於環太平洋地震上，每年所發生的地震也相當頻繁。臺灣之地震帶主要分成三區，即西部地震帶、東部地震帶及東北部地震帶。西部地震帶起自臺北南方，經臺中、嘉義而至臺南，寬度約 80 公里，其地震為臺灣受到菲律賓海板塊不斷擠壓而產生的反應，震源都相當淺，僅約十多公里，但是影響的範圍廣大，所造成的災情較嚴重。東部地震帶北起宜蘭東北方海底，向南南西方向延伸經過花蓮、新港、臺東一直到呂宋島，其地震次數較多，通常震源較西部地震帶稍深。東北部地震帶則自琉球群島向西南延伸，經花蓮、宜蘭至蘭陽溪上游附近，震源由淺層一直到 300 公里左右，本帶是臺灣東北部地殼受其下方菲律賓海板塊隱沒作用的影響所產生的反應現象。本圖可大概看出臺灣地震的分區。

就中國四個地震帶的地震活動頻率而言，自然以環太平洋地震帶上的臺灣為最高，青康藏地震帶的大地震活動最活躍，而後依次為天山地震帶、華北地震帶。從長時期歷史記載地震資料的分析中，可以看出中國大陸大多數地震帶似乎有顯著活動期與相對平靜期交替出現的現象。缺乏歷史記載的地區，有無週期性並不易看出。而像臺灣東部和東北部地震帶，則無所謂的週期性，因為這些經常都處於活動期。

㈤臺灣地震帶與中國大陸地震帶的關聯

中國的地震常成狹長帶狀分布，如果加以細分，總共可得二十五個地震帶，但也有人採用較為粗略的方法，分成臺灣、華北、青康藏及天山等四大地震帶。中國大陸位於歐亞大陸板塊的東部，東邊跟太平洋板塊和菲律賓板塊相接，南邊及西南邊與印度洋板塊相鄰。當它受到西南方印度洋板塊、東方太平洋板塊和菲律賓海板塊的推擠時，中國大陸的大斷塊間即發生相對運動，造成這些大斷塊交界帶上地震活動集中的現象。

㈥地震會造成極為嚴重的災害

地震是一種極為激烈的地殼變動，在短時間之內，對人類可能造成極大的影響。地震所造成的災害包括有海嘯、公路坍方、橋樑斷裂、山崩、管線破損等等。

要防範地震災害的發生，首先就必須做好地震預測的工作，而地震預測到底是什麼?

地震預測至少包含三個要件，即什麼時候會發生地震？發生地震的處所（震央)?發生地震的規模有多大？缺少了其中任何一個，這種預測就沒有任何意義。如今日本、美國、蘇俄等國都正積極進行地震預測的研究工作，但由於大多數地震皆為突發事件，故進行起來相當困難，截至目前為止，還沒有任何一個國家能做非常準確的預測。更何況，人們對地震的恐懼感遠大於其他災害，隨隨便便預測地震，恐怕對社會造成不利的影響。

人類對地震的瞭解雖然越來越清楚，但仍有許多尚待研究之處，期望在不久的將來，地震不再對人類構成嚴重的威脅。

二、地震保險之核保

一次規模七級以上的地震，可能造成上百億元財產的損失及數十萬人員之傷亡，如此巨大的災害不但嚴重損害國家的經濟，且可能使保險公司及再保險公司面臨崩潰的邊緣。在現階段政府尚未擔當起再保險人的角色之前，且再保險公司對於地震險的承受意願尚躊躇之時，保險公司為了自求多福減輕自己的損失，對於承保的危險限制，不得不採取較為嚴格的控制，以下爰就地震險的核保略抒己見。

地震的災害，常由地基、地點及建築物的構造所決定，所以對保險業而言，前三者實為核保上首應注意的三大要領。

(一)地基地點的選擇

地基包含地質是一個首要條件，沒有堅固的地基，建築物的設計結構再好亦無濟於事。建築物坐落的地方，其下的地質是否堅硬，地點的選擇是否適當，與地震的災害具有密切關係。

一般言之，地基的選擇應避免在：

1. 活動斷層帶中容易發生地震的部分及其附近地區。所謂活動斷層，係指一斷層在過去經常發生週期性的活動，而此斷層的活動性可由歷史、地質、地震、大地測量及地球物理測勘獲知。

   活動斷層的交界處最易發生地殼錯動，因此建築物如位於活動斷層帶內，即使沒有發生地震，由於斷層平時緩慢地移動，亦能使牆上出現裂縫甚至管線扭曲。
2. 地下水位較淺的地方和鬆軟的土地如古河道、舊池塘或沙灘上，由於這些地方的地基比較鬆軟，不太結實，一旦遇到震動很容易崩塌。又如位於海岸處，則有遭受海嘯侵襲的危險。
3. 地勢較陡的山坡、沖積扇上，這些地方遇到地震，不但上面的建築物容易倒塌，還會由於山崩、滑坡而被掩沒或者由於重力關係而向下滑。
4. 地下有石灰岩洞的地方，在地面下不太深的地方，如有石灰岩洞，地震時可能造成局部塌陷，所以在它的上面不應該有建築高大或沈重的建築物。

總之，地基、地點及地形對於地震危險的影響有顯著的差異，實須加以十分的注意。

㈡保險標的物的防震措施

1. 建築物的結構：

地震險核保之重要前提為現場查勘。查勘時除應對建築物的結構瞭解外，對於機器設備的安裝、管線之架設、孤立高大物體的位置、易燃易爆物品之管理及防震措施等，均應予以深入瞭解，以期對於最大可能損失作準確的評估，並對承保之內容作適當的限制。

在地震險的範疇中，建築結構即意味著對地震的抵抗力，也是受損因素的一種具體尺度。

建築結構的抵抗力或受損因素，在地震險中當以耐震性能來決定投保物件危險性的良莠。耐震性能的強弱可由下列幾個因素評估：

⑴材料是否單一：一幢建築物須以同一性質的材料來建築，始稱具有耐震能力。如一幢建築物使用耐震性能不同的材料，遇地震時各部位的材料各自作用，必然導致整個建築物支離破碎。

⑵房屋的形狀：不論從平面或立體面觀之，都應該規則些，成為整齊的長方形，圓形或其他沒有凹凸的形狀。因為地震時各個部分所受的力的大小不一致，形狀不規則，就容易在轉變的地方斷裂或倒塌影響整體。

⑶房屋的高低，各個部分也應該一致：如果各個部分的高度或結構截然不同時，就以抗震縫將其分成為各個獨立單元，建築物在一個獨立單元內最好等高。

⑷結構選型：房屋的重量越重，地震力就越大。因此在保持正常使用的條件下，房屋的各部分，特別是屋頂應儘量做得輕些，以免頭重腳輕搖晃強烈。高大樓房的非承重牆及隔間牆，最好能採用輕質材料，並和承重結構牢牢地連結起來。

以下再就各種房屋的抗震能力詳細分析，以為核保的參考。

①木造屋：臺灣木造屋分為本地式木屋與日本式木屋二種，它們的耐震度比之磚造屋或石造屋為堅強。而日本式木屋又比本地式木屋稍為良好，其原因在於日本式木屋多用斜撐，故其結構較為結實，地震時不易歪斜或倒塌。

而本地式木屋桁樑與柱的併接雖用榫頭接合，因多用方形結構不加斜撐，更少用鐵件及螺絲栓將各榫頭栓緊，故遇強烈地震時便容易側倒傾斜。

木造屋的缺點除結構問題外，其一般通病為易受白蟻蠹蛀。材料經蟲蛀後，不但其承受壓力的性能銳減，即其承受的拉力、扭力也隨之急劇降低，遇有地震，易於柱折樑斷，引起全屋倒塌。

其次，木材易開裂生縫，堅固性能大打折扣。一旦外力增加超過其負荷壓力界限後，會因材料的斷裂而全屋塌毀。又因雜木建造的房屋，受熱濕膨脹乾寒收縮的影響，無形中變成了彎曲扭翹的形狀，其對壓力、拉力的承受能力便大大地降低，故一遇地震極易受損。

今後建造木屋時，凡柱樑接榫部位應用鐵螺絲釘栓緊，凡柱腳埋入地下的部分必須塗刷防腐劑，屋架及柱樑相接部位應加做斜撐及支柱，以增加結構的鞏固性。

②竹造屋：臺灣許多盛產竹材的地區多用竹材建屋。以口徑粗大的做柱樑，以較小的做桁樑，以細小的或劈開的竹片做牆筋，其上粉以黏泥及白石灰。屋頂覆以煉瓦或其他輕質材料。此類房屋的優點為竹的彈性大、拉力強、重量輕，故其接受地震力的性能很大，除非有強烈地震，很少會全屋倒塌。但竹造屋亦有其缺點，即柱子桁樑的接合部分不能利用榫頭接合，更不適於用螺絲釘等鐵件栓緊，其接合方法多採用竹篾或細鐵線捆綁，時間一久，竹材乾縮，接頭鬆動，一遇地震，極易傾斜或歪倒。

從歷次地震的經驗中，竹造屋很少在初期的劇震中即行倒塌，除年久失修者外，一般需經過相當時間的震動始會倒塌。故對地震來說，竹造屋實比土确造、石造、磚造屋都要耐震。

③土确造屋：所謂土确造屋即屋之承重樁用土确堆砌而成。土确造屋的優點有防熱防寒作用，故冬暖夏涼同時造價低廉。而其缺點為土确造屋的承重牆毫無剛性可言，承受壓力的性能不高，而承受拉力的性能更差，故其抗震力比之磚造、石造屋更不如，每遇地震即造成嚴重的災害。

今後建築此類房屋時，應以鋼筋混凝土柱或磚柱來加強，而其屋頂應覆以輕質材料以減輕土确樁的承重量。

④磚造屋：所謂磚造屋即採用磚椿做承重，建築材料以磚為主，以木料為輔。磚塊與磚塊間之黏合，過去多用石灰漿，亦有用牡蠣殼灰漿，近年來多用水泥沙漿。屋架與樓板則用木料，屋頂覆以煉瓦。此類房屋在鄉間仍普遍存在，其缺點為：

a.磚牆本身重量過大，倘地基不堅實，發生地震壓力增加時，牆基即沈陷，輕則地面和牆壁龜裂，重則房屋倒塌。

b.地震時破壞建築物最大的力量就是水平加速度，而磚造屋對於水平震動的抗力最小，故歷次地震發生時，災害總不輕。

c.臺灣舊式磚造屋，很少用鋼筋混凝土柱加強，一般多用磚砌的方柱加強。按磚柱對牆身的穩固雖有作用，但磚柱究竟無黏性構造，抗震力十分脆弱，故遇強震難免傾倒。

d.舊式房屋的桁樑多直接擱置或擠在牆身中，很少在磚牆與桁樑連結處裝釘鐵片，一遇地震牆壁搖動時，此項木料即脫出牆身而陷落，造成全屋倒毀。

今後建築此類房屋時應儘量採用加強磚造，即以鋼筋混凝土為主樑而以磚塊為牆。如不以鋼筋混凝土加強時，其承重牆厚度至少須 24 公分，隔間牆須 12 公分。

其次，房屋外牆以水泥空心磚砌築的，地震時牆壁都會發生龜裂。故今後應儘量避免用空心磚構築。否則應於空心磚內豎立鋼筋並以混凝土填實。

⑤石造屋：石造屋與磚造屋的不同點是前者用石牆做承重，而後者則用磚牆做承重。如論耐震性能時，石造屋遠不及磚造屋的鞏固。尤其是臺灣鄉間的石造屋其石料為鵝卵石，缺乏稜角，故砌成牆壁時易鬆滑崩落，一遇地震，承重牆倒，全屋也隨之倒塌。此外，凡磚造屋的缺點，石造屋兼而有之。

2.易燃易爆物品的管理：

(1)使用石油為液體燃料的設備，諸如石油熱水爐、煤油爐、重油爐、柴油汽油幫浦，地震時除遭遇設備本身的毀損外，往往會波及管線等附屬設備，造成管線斷裂，有時因漏油引起爆炸或嚴重的火災。

另外以石油為液體燃料的設備，不可放置於易燃物附近或有落下物的地方及在出入口附近使用。

⑵使用瓦斯為燃料的設備，諸如瓦斯熱水器、瓦斯爐、瓦斯暖爐、液化瓦斯筒等，不論是壁掛式或落地式均應用鎖鍊固定，防止傾倒或掉落，因為傾倒或掉落的瓦斯容器，可能洩漏瓦斯引起爆炸或火災。

⑶化學品具有強酸性、強鹼性、易燃性、禁水性、爆炸性的特質，當其盛裝的容具因地震而發生滑動或破裂致使液體流出時，容易引起爆炸或火災。

因此，化學品應裝入不易碎的容具內放在底層，並避免將用火器具設置在存放化學品的棚架下面。

此外，石油類或液狀化學品儲槽的四周應設置磚造堤防，以防止液體流出時擴散，擴大延燒危險。

鑑於地震對標的物具有嚴重影響，必須由所屬單位全體人員組織起來應付緊急情況。緊急防護組織的工作可分為三方面：

①經常任務：即在平時做的例行性工作。

②緊急任務：指在地震開始後幾分鐘內所需完成的工作。

③善後任務：處理地震後的復舊工作。

地震緊急防護組織原則上應每年或一年集訓一次，此種訓練可作為地震危險評估的重要參考資料。

㈢承保內容的審核

1.標的物的選擇：

地震的災害具有巨大、同質、集中的特性，一次地震可能造成上百億元財產的損失，因此民營保險公司對於業務的選擇不可不慎，對某些危險不可能提供完整的保障，例如易碎的陶瓷器、玻璃製品、石雕品及坑道內的物品以不承受為宜。

2.避免逆選擇：

據保險事業發展中心統計資料顯示，1984 年臺灣地區地震保險投保的件數不到 600 件，保費約 1,500 萬元，此一數字顯示社會大眾欠缺地震危機意識，保險公司亦未積極開拓業務。今後保險公司應積極扮演危險管理者的角色拓展地震保險，擴大承保層面，以符合大數法則的運用，但仍應注意避免逆選擇。

3. 保險金額的設定：

同一危險地區保險金額累積過大，對於保險公司的經營無疑是一種潛在的危機，即使保險先進的日本，政府對於地震保險亦只參與住宅財產保險的經營，充當再保險人的角色，至於企業財產地震保險仍責由民營保險公司經營。同時法令明定住宅財產地震保險的保額為火險保額的 30% ～ 50%，且限制每一住戶的房屋保額最高為日幣 1,000 萬元，傢俱衣李保額最高為日幣 500 萬元。因如再發生一次規模七級以上的地震，政府及保險公司的賠付能力恐有不足。這點對於未來國內產險業者如採行聯合經營時頗值得參考。

4. 附加營業中斷保險之商榷：

地震引起的損失已十分龐大，且復舊的時間需要半年或一年之久，因其造成的營業中斷損失更加重保險公司的賠償負擔，因此在承保營業中斷保險時，核保人員應格外審慎並充分瞭解其危險的存在。

5. 危險分區再評估：

現行地震保險將臺灣分為三區即第一區：下列第二區第三區以外的地區。第二區：臺南縣市、苗栗縣、臺東縣、雲林縣。第三區：嘉義縣、花蓮縣。如建築結構相同，則第三區的地震險費率較第二區高，第二區又較第一區高。

為切實評估其危險並求費率公平合理起見，現行的地震保險地區的劃分法應比照法令所規定的劃分法，因其係依統計經驗及各地區地質的構造而來，比較有科學的根據。

三、未來地震保險的經營

(一)政府應重視地震保險的經營

對於自然災害的處理，政府之參與是必要的。如地震保險之特別立法，解決賠款準備金之提存及稅負問題。建立地震專業再保險制度，政府擔當再保險人的角色，協助解決民營保險公司的承保能力。同時籌措經費加強地震科學的研究，提高地震預測的準確性，進而提供產險業者計算合理費率的依據。

(二)產險業者應提高經營技術水準

地震保險雖自1972年開辦，但業者無正確的統計資料及損失記錄以供分析。今後業者應加強地震承保資料的統計，擬出合理的費率。

其次，保險公司必須將簽發的每一張保單作成記錄，並須提供一切有助於評估每一地震區域內危險累積的資料。如此不但保障自己的賠付能力且可鼓勵再保險公司擴大其承擔危險的意願。

再者，保險業者應提供經費製作文書及影片，加強社會大眾地震危險教育，減輕災害損失。

㈢社會大眾應加強防震配合措施

多一分準備少一分損害。未雨綢繆可適度減輕地震造成的災害，有幾項措施需要民眾配合：

1. 新造建築物依照政府頒布之建築法規標準設計施工，已有的建築物未達標準者予以加強。
2. 機器設備安裝架設時，使用附有對地震災害能自動滅火的裝置和自動截斷燃料供應的裝置。
3. 加強管制危險物品，以免衍生爆炸或火災損害。

四、地震保險費率之釐訂

㈠前　言

臺灣地區位於環太平洋地震帶，且有多次重大災害。因地震之發生事先並無任何預兆，常引起社會大眾相當的恐懼和不安。地震危險屬損失頻率低，但損失幅度大之危險，此類危險無論就社會之需求或保險人之供給而言，均為最具可保性之危險。我國產物保險業為配合國家經建政策，保障工商業財主安全，1972年1月13日財政部以(61)臺財錢第10271號令核准地震保險以批單方式附加於火災保險承保。自開辦迄今地震保險承保件數僅佔火災保險件數之0.03%，此一數字除顯示社會大眾欠缺地震危機意識，致投保比率偏低外，另產物保險業者消極的以批單方式配合保戶需要承保，而未能積極的扮演危險管理者之角色拓展地震保險之層面，亦值檢討。

臺灣地區地震保險之經營，在地震危險之核保認知，因有中央氣象局及中央研究院地球科學研究所兩個單位負責地震的研究工作，帶來極大之助益。然對地震保險費率計算基礎之危險衡量方面，因地震保險出險頻率極微，現行費率水準是否足夠負擔未來不可預料的損失，產險業長期疏於注意地震危險衡量資料之蒐集，有鑑於此，擬對地震保險費率之釐訂作一探討，藉此盼能提升產物保險業經營地震保險之警覺與水準。

㈡保險費率釐訂之基本原則

費率釐訂除須使用數理與統計做計算基礎外，同時需掌握若干基本原則，以下先就幾個主要原則作一簡述：

1. 費率足夠原則：

即費率之訂定應足以支應一切可能發生的損失與費用，亦即須使保險人所收之保險費，能具有充分的償債能力。此外為穩健保險公司之經營，尚須賴再保險方式以穩定盈餘，或在時間上運用會計處理技術，由獲利年度、險種提撥準備、盈餘累存，分數年抵補虧損，以配合足夠原則。

2. 費率公平原則：

所謂費率公平，是指被保險人均能按照被保險標的的危險情況及危險性的大小，分擔保險的損失及費用。危險分類應配合統計技術的運用，避免分類太細致影響損失預測的準確性，必須集合多數危險性類似的危險單位，俾提高費率之信度與效度。

3. 費率穩定原則：

在相當期間內，費率水準應力求不變。保險費率為購買保險所支付的價格，若時有變動，則被保險人將難以確定保費的預算。

4. 促進損害預防原則：

費率之釐訂，應使其具備促進損失預防之功能。近代保險業除消極的損失轉嫁外，更著重積極的損失預防活動，而損失預防的活動，可減少損失發生的頻率與幅度，對被保險人與保險公司而言，均極為有利。

㈢釐訂地震保險費率考慮之因素

1. 地震危險衡量資料之掌握：

地震危險之衡量，須對地震損失之頻率與損失幅度有關資料加以蒐集統計分析，一般統計資料之蒐集以採用細分類較公平、合理，惟地震資料的蒐集卻有其事實上的困難與費用上之不經濟；地震危險資料的蒐集採大分類除資料較能掌握外，釐訂之費率且有較大之信度與效度，即在完善地震保險制度之日本，建物之構造則亦僅採木造與非木造之二分法，此亦可實證大分類較有可行性。

2. 地震保險費率之考慮因素：

從前述費率釐訂之原則觀之，下列項目損失結果有關資料應作掌握：(1)建材與建築結構；(2)使用性質；(3)地區；(4)觀察期；(5)損害預防措施。

3. 地震保險費率訂定之方法：

由於各保險公司處理原始資料的方法不同，因而有不同的費率釐訂法。主要的方法有：

(1)判斷法：核保人根據其本身的經驗與判斷，配合有關的統計資料，針對保險標的之個別情況，單獨計算費率。

(2)分類法：根據被保險標的的危險因素，將保險標的分成若干類別，對於同一類別的被保險人適用相同的費率；分類法包括兩種不同的計算方法：①損失率法；②純保費法。

(3)修正法：此法又稱增減法，其標準依被保險人過去的經驗或是危險單位的大小、危險性質加以分析，本文擬從純保費法來作探討。

(4)有效控制地震保險責任累積：地震保險普遍存在於世界許多國家，但因地震保險需要相當長期間以累積事故經驗，且因同時涉及難以預知之大量危險(Risks)，以致保險公司均感到地震危險之保險責任難以控制。

這種現象係由於保險公司缺乏採取適當的預防控制辦法，諸如再保險之安排或適當的財務準備，以應付事故發生時之巨災損失。

此外，為使潛在危險定量化，保險公司必須對各地震區 (Earthquake Zones) 內責任額保持密切注意，適時調整。所謂地震區牽涉三個互不相同而常被混淆之概念，須分辨清楚：

1. 地震暴露區 (Earthquake Exposure Zone)：

地震暴露區僅顯示某長期間內通常可能發生之某特定地震損失之危險，例如 Return Periods 與 Earthquake Intensity，因而地震暴露區也是釐訂費率不可或缺之基礎。不過應注意的是因管理上因素，費率區 (Tariff Zone) 可能配合行政範

圍 (Communal Boundaries) 而劃分，因而費率表上之地震暴露區在次要細節上可能與純以科學觀點而劃分之區域有所差異。但基於控制責任累積之考慮，仍須保持地震暴露區不被其他因素影響而改變區域之劃分，也沒有理由將暴露區域費率區間之責任額相加一起。

2. 地震損失累積區 (Earthquake Loss Accumulation Zone)：

地震損失累積區導源於事先假設之某特定地點與強度之地震受震區，其範圍由所擁有之地震資料所估計出來之地震大小及有關該地區地殼構造上之演變與斷層現象，以及過去曾發生之巨大地震經驗應列入考慮。為求便利，地震損失區域 (Loss Area) 定義為地震強度大於等於 MMVII 之地區。由一地區在地震學上及地理位置上保險標的物之分布情況所呈現出來的地震損失累積區域作區隔頗為便利，否則必須逐一計算並決定相互重疊之各損失累積區之可能累積損失。

不過損失累積區之範圍終究須由保險公司自己之推測及其對損失累積區之估算基礎而定。既然決策依各公司業務性質及承擔危險之準備程度或管理上之審慎態度而異，因此在地震損失累積區之問題上沒有必要要求各公司之意見全然一致，故保險市場上各保險公司對地震損失累積區也無須互作妥協。此外，劃定損失累積區彈性邊緣有利於該地區地下結構隨著時間有所改變或保險標的物有所變遷時可調整運用。

3. 地震累積評估區 (Earthquake Accumulation Accessment Zone)：

為能檢查損失累積區內所承保之責任，分保公司與再保公司須再劃定累積區 (Accumulation Zones) 並計算區內業務量，以決定損失累積區內自留額 (Retention)。所謂地震累積評估區即保險公司及再保險公司用以檢查累積責任所劃定之區域。劃定累積評估區可省去逐筆業務、逐一位置地評估之手續，乍看之下好像是最適宜的處理方法，各公司根據其一般經營管理狀況作權宜，通常喜歡依管理上或地理上適當的特徵定界，並力精細。將一地區劃分為若干小的累積評估區後，任何想要的損失累積區即可合併數個累積評估區而獲得。完成區分一地區為若干累積評估區之工作，乃保險公司及再保公司做好累積評估之基本條件。

劃定累積評估區之另一好處是有關損失累積區內預期最大損失 (Probable Maximum Loss, PML) 之估計，因損失情況隨著與震央距離之增加而逐漸減輕，故可假設較靠近假想震央 (Hypothetical Epicentre) 位置之平均損失高於損失累積區邊緣，此一假設亦允許隨著損失累積區內保險標的物價值分布情況作調整。

至於累積控制方法在人工與 EDP 方法間，基本上有所不同，以下僅討論人工方法。任何一種方法都是為使保險公司能完成計算，以提供保險公司某特定日各累積評估區內地震責任額，並分類為房屋、貨物與從屬損失等資料；將承保責任分為三類甚為重要，因這三類保險利益性質上有異，同一保險事故將造成不同程度之損失；當評估 PML 時更顯示其重要性。

保險公司須處理與自留額及再保合約有關之資料，再保公司也可利用同一方法知悉其承保之責任額，而其重點在於確定報值日 (Reporting Date) 實際有效之責任額，而非過去一季或半年中進來之業務量。這裡介紹三種累積控制方法：

1. 報值日盤存法 (Inventory on Each Reporting Date)。
2. 更新系統 (Updating System)。
3. ISCAP 方法。

五、住宅地震險

㈠辦　法

2002 年 4 月 1 日我國開始實施的住宅地震險第一年共保額度約 500 億元，一年期地震險保費全省不分區都是 1,459 元，但理賠之前提為發生地震後，房屋「全倒」的狀況之下才會獲得理賠。值得注意的是如果房貸還沒還清，理賠金額之六成要先還銀行債權。

㈡特　色

根據財政部規劃，**2001** 年 **4** 月 **1** 日實施的住宅地震保險，是採取住宅火險自動涵蓋地震險方式，與過去投保行為不同處在於，民眾過去投保火險後要再購買一張地震險保單，但現在購買一年期火險保單後即自動附加地震險保障，保費支出將包括火險及地震險保費。

過去臺灣民眾投保地震險意願極低，投保率約千分之一左右，為提高民眾購買住宅地震險意願，「住宅火險」費率將向下調降 7.5%，隔年起，住宅火險費率還將再調降 7.49%，也就是說，民眾現在買火險保單會比過去便宜許多。

在保障方面，住宅地震險保額為 120 萬元，臨時住宿費用 18 萬元，但是一定要在地震造成被保險房屋「全倒」時，消費者才能獲得全額理賠，房屋因為地震未損是不理賠的。理賠時，如果消費者銀行房貸還沒有還清，理賠金的六成必須先拿來還銀行債權，消費者只能獲得理賠金的四成。

產險業者表示，如果是新房貸戶，2002 年 4 月 1 日起向銀行辦房貸，就可以同時購買到住宅地震險，但如果是舊房貸戶，要獲得住宅地震險保障，需再自行「加保」購買，如果房貸已經還清的消費者可以直接向產險公司購買住宅地震險。

財政部表示，住宅地震險完全針對一般民眾住屋，企業及廠商若要獲得地震保障，還是要先購買「商業火險」保單，再購買商業地震險，但從今天開始，商業火險費率要調升 13.5%，而商業地震險費率因為國際再保費用調漲，保費漲幅約五到九成不等，因此，不少企業及廠商也都趕在 3 月底前完成續保或加保地震險的動作。

財政部規劃，如果實施住宅地震險機制，第一年投保率超過 15%，整體共保額度約可達到 500 億元，應該可以應付一次大地震的理賠金額；而住宅地震險理賠機制共分四層，第一層 20 億元由國內二十三家中外產險公司共同負擔，第二層 180 億元由住宅地震險基金負擔，第三層 200 億元額度由國際再保險業者負擔，最後 100 億元理賠額度政府負擔。

㈢基本條款

茲以保險契約條文內容說明如下：

1. 共同條款：

第一條　契約之構成

本保險單所載之條款及其他附加條款、批單或批註及與本保險單有關之要保書，均為本保險契約之構成部分。

本保險契約的解釋，應探求契約當事人的真意，不得拘泥於所用的文字；如有疑義時，以作有利於被保險人的解釋為原則。

第二條　承保範圍類別

本保險契約之承保範圍經雙方當事人同意約定如下：

一、住宅火災保險。

二、住宅地震基本保險。

第三條　定　義

本保險契約所用名詞定義如下：

一、要保人：指以自己或他人所有之住宅建築物及其內之動產向本公司投保並負有交付保險費義務之人。要保人以自己所有之住宅建築物及其內之動產投保，要保人即為被保險人；以他人所有之住宅建築物及其內之動產投保，該住宅建築物及其內之動產之所有權人為被保險人。

二、被保險人：指對承保住宅建築物及其內之動產所有權有保險利益，於承保的危險事故發生時遭受損失，享有保險賠償請求權之人。

本保險契約承保被保險人之配偶、家屬、受雇人、同居人所有之物時，該物之所有權人就該特定物視為被保險人。

三、保險標的物：住宅火災保險之保險標的物為本保險契約所承保之住宅建築物及其內之動產；住宅地震基本保險之保險標的物為本保險契約所承保之住宅建築物。

四、建築物：指定著於土地作為住宅使用之獨棟式建築物或整棟建築物中之一層或一間，含裝置或固定於建築物內之冷暖氣、電梯、電扶梯、水電衛生設備及建築物之裝潢，並包括其停車間、儲藏室、家務受雇人房、游泳池、圍牆、走廊、門庭、公共設施之持分。

五、建築物內動產：除本保險契約另有約定外，指被保險人及其配偶、家屬或同居人所有、租用、或借用之家具、衣李及其他置存於建築物內供生活起居所需之一切動產。

六、重置成本：指保險標的物以同品質或類似品質之物，依原設計、原規格在當時當地重建或重置所需成本之金額，不扣除折舊。

七、實際價值：指保險標的物在當時當地之實際市場現金價值，即以重建或重置所需之金額扣除折舊之餘額。

八、時間：本保險契約所使用之時間及所載之保險契約起訖時間，係指本保險單簽發地之標準時間。

第四條　告知義務

訂立契約時，要保人對於保險人之書面詢問，應據實說明。

要保人故意隱匿，或因過失遺漏，或為不實之說明，足以變更或減少保險人對於危險之估計者，保險人得解除契約；其危險發生後亦同。但要保人證明危險之發生未基於其說明或未說明之事實時，不在此限。

前項解除契約權，自保險人知有解除之原因後，經過一個月不行使而消滅。

第五條　保險費之計收

本保險契約之保險期間為一年者，以一年為期計收保險費。

保險期間如不足一年，或被保險人中途要求終止時，本公司按短期費率（如附表）計收保險費。

第六條　保險費之交付

保險費應於本保險契約成立時交付，本公司應給予收據。除經本公司同意延緩交付外，對於保險費交付前所發生之損失，本公司不負賠償責任。

第七條　危險變更之通知

保險標的物本身之危險性質、使用性質或建築情形有所變更，而有增加承保之危險事故發生之危險者，如係要保人或被保險人之行為所致，其危險達於應增加保險費或終止契約之程度者，要保人或被保險人應事先通知本公司。要保人或被保險人怠於通知者，本公司得終止契約。

前項之危險增加，不由於要保人或被保險人之行為所致者，要保人或被保險人應於知悉後十日內通知本公司。

要保人或被保險人依前二項約定通知本公司時，本公司得提議另定保險費，或終止契約。要保人或被保險人對於另定保險費未同意者，本保險契約即為終止。本保險契約終止時，本公司按日數比例退還保險費。但因第一項前段情形終止本保險契約時，本公司如有損失，得請求賠償。

本公司知危險增加後，仍繼續收受保險費，或於危險發生後，給付賠償金額，或其他維持契約之表示者，喪失前項之權利。

危險減少時，要保人或被保險人得請求重新核定費率減低保險費。本公司對上述減少保險費不同意時，要保人得終止契約。其終止後之保險費已交付者，本公司按日數比例返還之。

第八條　保險標的物所有權之移轉

保險標的物所有權因轉讓或被保險人破產而移轉者，本保險契約僅於所剩餘保險期間內繼續有效。但若所剩餘保險期間超過九十日者，除當事人另有約定外，本保險契約自保險標的物轉讓或被保險人破產宣告之次日起屆滿九十日時即行終止。終止前之保險費按日數比例計算。

被保險人死亡時，本保險契約仍為繼承人之利益而存在。但繼承人應通知本公司簽批變更被保險人。

第九條　建築物之傾倒

本保險契約因承保建築物全部或一部傾斜、倒塌或變移，致使該建築物全部或一部實質上不能使用時，其效力即告終止。但該傾斜、倒塌或變移係由於承保的危險事故所致者，不在此限。

終止後之未滿期保險費本公司按日數比例退還。

第十條　契約之終止

對於本保險契約，要保人或被保險人均有終止之權。要保人或被保險人終止契約者，除終止日另有約定外，自終止之書面送達本公司之時起契約失其效力，對於終止前之保險費本公司按短期費率（如附表）計算。

要保人行使前項之終止權，應獲得被保險人同意。

對於本保險契約，除法律另有規定或本保險契約另有約定外，遇有下列情形之一時，本公司得終止契約：

一、保險費未依本保險契約第六條之約定交付時。

二、本保險契約生效後未逾六十日時；但保險契約為續保者，不得依本款約定終止。

本公司依前項第一、二款終止契約者，應於終止日前十五日通知要保人或被保險人。本公司終止契約後應返還之未滿期保險費應按日數比例計算，並於終止生效日前給付。

第十一條　危險發生之通知

遇有承保之危險事故發生時，被保險人應於知悉後五日內通知本公司。要保人、被保險人之代理人或被保險人以外之其他有保險賠償請求權之人亦得依本項約定為危險事故發生之通知。

未依前項約定為通知者，對於本公司因此所受之損失，被保險人應負賠償責任。

第十二條　權利之保留

本公司於接到危險發生之通知後，為確定賠償責任所為之查勘、鑑定、估價、賠償理算、證據蒐集以及依據後述第三十一條第一項之處置等行為，不影響本公司於本保險契約所得行使之權利。

第十三條　損失擴大之防止

遇有本保險契約承保之危險事故發生時，要保人或被保險人應立即採取必要之措施，以避免或減輕保險標的物之損失，並保留其對第三人所得行使之權利。

要保人或被保險人履行前項義務所支出之費用，本公司於其必要合理範圍內負償還之責。其償還數額與賠償金額，合計雖超過保險金額，仍應償還。但保險金額低於保險標的物之價值時，本公司之償還金額，以保險金額對保險標的物價值之比例定之。

第十四條　消滅時效

由本保險契約所生之權利，自得為請求之日起，經過二年不行使而消滅。有下列各款情形之一者，其期限之起算，依各該款之規定：

一、要保人或被保險人對於危險之說明，有隱匿遺漏或不實者，自本公司知情之日起算。

二、承保危險事故發生後，利害關係人能證明其非因疏忽而不知情者，自其知情之日起算。

第十五條　仲　裁

被保險人或其他有保險賠償請求權之人對於理賠存有爭議時，得以仲裁方式解決。其程序及費用依仲裁法及相關法令辦理。

第十六條　管轄法院

因本保險契約涉訟時，除當事人另有約定外，以保險標的物所在地之中華民國地方法院為管轄法院。

第十七條　維護與損失防止

本公司得隨時派人查勘保險標的住宅，如發現全部或一部處於不正常狀態，得建議被保險人修復後再行使用。本公司亦得建議被保險人對承保建築物定期檢查、隨時注意修護、備置基本消防設備，對通道及安全門應保持暢通。

第十八條　契約內容之變更

本保險契約之任何變更，非經本公司簽批同意，不生效力。但本公司依照主管機關核定之保險單條款修訂擴大承保範圍而不增加要保人之保險費負擔者，不在此限。

第十九條　法令之適用

本保險契約未約定之事項，悉依照中華民國保險法或其他法令之規定辦理。

2.相關事項：

第二十條　承保範圍

本公司對於下列危險事故致保險標的物發生損失時，依本保險契約之規定，負賠償責任：

一、火災

二、閃電雷擊

三、爆炸

四、航空器墜落

五、機動車輛碰撞

六、意外事故所致之煙燻

因前項各款危險事故之發生，為救護保險標的物，致保險標的物發生損失者，視同本保險契約承保危險事故所致之損失。

本章所稱「損失」係指承保的危險事故對承保之建築物或建築物內動產直接發生的毀損或滅失，不包括租金收入、預期利益、違約金、其他附帶損失或對第三人的損害賠償。但本保險契約另有約定者，不在此限。

第二十一條　額外費用之補償

被保險人於承保危險事故發生後所支出之下列各項費用，本公司亦負賠償責任：

一、清除費用：指為清除受損保險標的物之殘餘物所生之必要費用。

二、臨時住宿費用：承保建築物毀損致不適合居住，於修復或重建期間，被保險人必須暫住旅社或租賃房屋，所支出之合理臨時住宿費用，每一事故之補償限額每日最高為新臺幣參仟元，但以六十日為限。

前項第一款之清除費用與保險標的物之賠償金額合計超過保險金額者，本公司之賠償責任以保險金額為限。前項第二款之臨時住宿費用與保險標的物之賠償金額合計超過保險金額者，本公司仍負賠償責任。

被保險人僅投保建築物內動產時，不得請求第一項第二款之臨時住宿費用。

第一項第一款之清除費用，須受不足額保險比例分攤之限制。第一項第二款之臨時住宿費用則不受不足額保險比例分攤之限制。

第二十二條　須經特別約定承保之危險事故

本公司對下列各種危險事故所致保險標的物之損失，非經特別約定承保者，不負賠償責任：

一、保險標的物自身之醱酵、自然發熱、自燃或烘焙。

二、竊盜。

三、第三人之惡意破壞行為。

四、衛浴、消防設備及水管之滲漏。

五、不論直接或間接由於下列危險事故，或因其引起之火災或其延燒或爆炸所致之損失：

㈠地震、海嘯、地層滑動或下陷、山崩、地質鬆動、沙及土壤流失。

㈡颱風、暴風、旋風或龍捲風。

㈢洪水、河川、水道、湖泊之高漲氾濫或水庫、水壩、堤岸之崩潰氾濫。

㈣罷工、暴動、民眾騷擾。

㈤恐怖主義者之破壞行為。

㈥冰雹。

因前項第一、二、三、四款所列之危險事故導致第二十條第一項之承保危險事故發生者，本公司對保險標的物因此所生之損失，負賠償責任。

第二十三條　不保之危險事故

本公司對下列各種危險事故所致保險標的物之損失，不負賠償責任。

一、各種放射線之輻射及放射能之污染。

二、不論直接或間接因原子能或核子能引起之任何損失。

三、戰爭（不論宣戰與否）、類似戰爭行為、叛亂、扣押、征用、沒收等。

四、火山爆發、地下發火。

五、要保人或被保險人之故意行為。

六、由於烹飪或使用火爐、壁爐或香爐正常使用產生之煙燻。

七、政府命令之焚毀或拆除。但因承保之危險事故發生導致政府命令之焚毀或拆除者，本公司負賠償責任。

第二十四條　承保之建築物

被保險人所有作為住宅使用坐落於本保險契約所載地點之建築物因承保危險事故發生所致之損失，本公司負賠償責任。

第二十五條　不保之建築物

凡全部或一部分供辦公、加工、製造或營業用之建築物，縱其坐落於本保險契約所載之同一地點，不在本保險承保範圍以內。本公司對其發生之損失，不負賠償責任。但為家庭手工副業者，不在此限。

第二十六條　承保之建築物內動產

被保險人置存於本保險契約所載地點建築物內之動產因承保危險事故發生所致之損失，本公司負賠償責任。

被保險人之家務受雇人如與被保險人同住一家者，該受雇人所有之財物亦承保在內，但以供其生活起居所必需者為限。

第二十七條　不保之動產

本公司對於下列動產因承保危險事故發生所致之損失，不負賠償責任：

一、供加工、製造或營業用之機器或生財器具。

二、製造完成之成品或供製造或裝配之原料及半製品。

三、各種動物或植物。

四、供執行業務之器材。

五、承租人、借宿人、訪客或寄住人之動產。

六、被保險人及其配偶、家屬或同居人受第三人寄託之財物。

七、皮草衣飾。

八、金銀條塊及其製品、珠寶、玉石、首飾、古玩、藝術品。

九、文稿、圖樣、圖畫、圖案、模型。

十、貨幣、股票、債券、郵票、票據及其他有價證券。

十一、各種文件、證件、帳簿或其他商業憑證簿冊。

十二、爆炸物。

十三、機動車輛及其零配件。

前項第四款至第十三款所列動產，如經特別約定載明承保者，本公司亦負賠償責任。

第二十八條　停效與復效

有下列情形之一者，除經本公司書面同意並簽發批單者外，本保險契約對於該項保險標的物之保險效力即告停止，對於效力停止後所發生之損失，本公司不負賠償責任。

一、承保之建築物或置存承保之動產的建築物，連續六十日以上無人看管或使用者。

二、承保之動產搬移至本保險契約所載地址以外之處所者。

保險契約因前項情形而效力停止者，於停止原因消失後其效力即自動恢復。停效期間之保險費本公司按日數比例退還。

第二十九條　承保建築物之保險金額

承保建築物保險金額之約定係以重置成本為基礎，依其投保時中華民國產物保險商業同業公會「臺灣地區住宅類建築造價參考表」之金額為重置成本，並依該重置成本約定保險金額。

保險金額約定後，要保人或被保險人得參考因物價變動調整後之前項「臺灣地區住宅類建築造價參考表」調整保險金額。

第三十條　承保建築物內動產之保險金額

本公司承保被保險人所有之建築物者，該「建築物內動產」即自動納入本保險之承保範圍內，該動產之保險金額為建築物保險金額之百分之三十，最高以新臺幣五十萬元為限。但另有約定加保者，從其約定。

前項所稱「建築物內動產」係指被保險人及其配偶、家屬或同居人所有、租用、或借用之家具、衣李及其他置存於建築物內供生活起居所需之一切動產。

前二項承保建築物內動產，除另有約定外，以實際價值為基礎約定保險金額。

第三十一條　損失現場之處理

遇有本保險契約所承保之危險事故發生，要保人或被保險人除依前條規定為必要之緊急措施外，應保留受損及可能受損之保險標的物，並維持現狀。本公司得隨時查勘發生事故之建築物或處所及被保險人置存於該建築物內或處所之動產，並加以分類、整理、搬運、保管或作其他合理必要之處置。

要保人或被保險人無正當理由拒絕或妨礙本公司執行前項之處置者，喪失該項損失之賠償請求權。

第三十二條　理賠應檢附之文件

被保險人向本公司請求理賠時，應檢附下列文件：

一、理賠申請書。

二、損失清單。如有必要時，本公司得要求要保人、被保險人或其他有保險賠償請求權之人自行負擔費用，提供相關證明文件或證據。

第三十三條　承保建築物之理賠

建築物因承保危險事故發生所致之損失，本公司得選擇修復或重建受毀損之建築物，亦得以現金賠付因修復或重建受毀損建築物所需之費用，不再扣除折舊。

本公司選擇修復或重建受毀損之建築物時，其所需之費用雖超過保險金額時，本公司仍負賠償責任。

除法令規定或事實原因無法修復或重建外，若被保險人不願修復或重建受毀損建築物，本公司僅以實際價值為基礎賠付之。本公司並就重置成本為基礎與實際價值為基礎之保險金額差額部分計算應返還之保險費。

建築物之保險金額低於承保危險事故發生時之重置成本之百分之六十時，本公司僅按保險金額與該重置成本百分之六十之比例負賠償之責。其理賠基本計算方式如下：

$$\text{按重置成本為基礎計算之損失金額} \times \frac{\text{承保建築物之保險金額}}{\text{承保建築物於承保危險事故發生時之重置成本} \times 60\%}$$

建築物之保險金額高於承保危險事故發生時之重置成本者，本保險契約之保險金額僅於該重置成本之限度內為有效。但有詐欺情事時，本公司得解除契約，如有損失並得請求賠償。無詐欺情事時，本保險契約之保險金額及保險費，均按照承保建築物之重置成本比例減少。

第三十四條　承保建築物內動產之理賠

建築物內動產因承保危險事故發生所致之損失，本公司以該動產承保危險事故發生時之實際價值為基礎賠付之。

建築物內動產之保險金額低於承保危險事故發生時之實際價值者，本公司僅按保險金額與該實際價值之比例負賠償之責。

建築物內動產之保險金額高於承保危險事故發生時之實際價值者，本保險契約之保險金額仍以該實際價值額度為限，其保險金額及保險費，均按照建築物內動產之實際價值比例減少。

任何一套或一組承保之建築物內動產遇有部分損失時，應視該損失部分對該動產在使用上之重要性及價值之比例，合理估定損失金額，不得因該損失部分即將該承保動產視為全損。

前項各款及其他動產合計賠償金額不得超過動產之保險金額。

本公司得按前五項理算之損失金額為現金給付，或回復承保建築物內動產之原狀。

第三十五條　給　付

本公司以現金為賠付者，應於被保險人或其他有保險賠償請求權之人檢齊文件、證據及賠償金額經雙方確認後十五天內為賠付。若因可歸責於本公司之事由而遲延者，應給付遲延利息年利一分。本公司正常鑑認承保之危險事故及損失之行為，不得視為可歸責本公司之事由。

本公司以回復原狀、修復或重置方式為賠償者，應於合理期間內完成回復原狀、修復或重置。

第三十六條　複保險

對於同一保險標的物，如同時或先後向其他保險人投保相同之保險，致保險金額之總額超過保險標的物之價值者，要保人或被保險人應立即將其他保險人之名稱及保險金額通知本公司。

要保人或被保險人故意不依前項規定為通知，或意圖不當得利而為複保險者，本保險契約無效。保險費已收受者，本公司不予退還，尚未收受者，本公司得請求交付。

本保險契約有善意複保險情形者，本公司得為如下之處理：

一、於承保危險事故發生前，本公司經要保人或被保險人通知後，得降低本保險契約之保險金額，並按減低之保險金額及未滿期保險期間，比例退還保險費。

二、於承保危險事故發生後，僅按本保險契約之保險金額對全部保險契約保險金額總額之比例負賠償責任。

第三十七條　其他保險

除前條情形外，保險標的物在承保之危險事故發生時，如另有其他保險契約同時應負賠償責任，本公司應依本保險契約之保險金額與總保險金額之比例負賠償之責。但本公司得經被保險人請求，先行全額賠付後，依比例分別向其他保險之被保險人攤回其應賠付之金額，被保險人應提供必要之協助。

前項所稱其他保險契約不包括責任保險及保證保險契約。

第三十八條　賠償責任之限制

對於承保之危險事故發生所致保險標的物之損失，除本保險契約另有規定者外，本公司僅於本保險契約所載之保險金額範圍內負賠償責任。

於本保險有效期間內因承保之危險事故發生而本公司依本保險契約之規定為賠償者，此項賠償金額應自保險金額中扣除。但保險標的物修復或重置後，要保人得按日數比例加繳保險費，恢復保險金額或重新約定保險金額。

如未恢復保險金額或重新約定保險金額者，若再有保險事故發生，本公司僅就保險金額之餘額負賠償責任。一次或多次理賠之賠償金額累積達保險金額時，本保險契約失其效力。

第三十九條　禁止委棄

保險標的物因承保之危險事故發生遭受部分損失時，被保險人或其他有保險賠償請求權之人非經本公司同意，不得將之委棄予本公司，而要求本公司按全損賠償。

第四十條　代　位

被保險人因本保險契約承保範圍內之損失而對於第三人有賠償請求權者，本公司得於給付賠償金額後，於賠償金額範圍內代位行使被保險人對於第三人之請求權。

前項情形，被保險人對第三人有賠償請求權以外之其他權利時，被保險人同意轉讓該權利予本公司。

本公司就保險標的物之全部或一部以全損賠付被保險人或其他有保險賠償請求權之人時，被保險人同意轉讓該已賠付保險標的物之所有權予本公司。

第四十一條　合作協助

本公司依第四十條之規定行使權利時，要保人、被保險人或其他有保險賠償請求權之人應協助本公司蒐集人證、物證或出庭作證，提供本公司所要求之資料及文書證件，並不得有任何妨害之行為。

要保人、被保險人或其他有保險賠償請求權之人違反前項之約定時，本公司得請求損害賠償。

因第一項所生之合理必要費用，由本公司負擔。

第四十二條　損失之賠償

本保險契約係依約定方式賠償保險標的物損失之契約。被保險人或其他有保險賠償請求權之人不得藉保險而獲得損失補償以外之不當利益。被保險人或其他有保險賠償請求權之人之損失，如已由第三人予以賠償時，就該已獲賠償部分不得再向本公司請求賠償。本公司因不知被保險人或其他有保險賠償請求權之人已獲得第三人賠償而仍予賠付時，得請求退還該部分之賠償金額。

表 5-2-11　住宅火災保險短期費率表

期間 ＼ 費率比	一個月或以下者	一個月以上至二個月者	二個月以上至三個月者	三個月以上至四個月者	四個月以上至五個月者	五個月以上至六個月者	六個月以上至七個月者	七個月以上至八個月者	八個月以上至九個月者	九個月以上至十個月者	十個月以上至十一個月者	十一個月以上者
按全年保險費百分比 (%)	15	25	35	45	55	65	75	80	85	90	95	100

3. 住宅地震基本保險：

第四十三條　承保範圍

本公司於本保險契約保險期間內，因下列危險事故致保險標的物發生承保損失時，依本保險契約之規定負賠償責任：

一、地震震動。

二、地震引起之火災、爆炸。

三、地震引起之地層下陷、滑動、開裂、決口。

前項危險事故，在連續七十二小時內發生一次以上時，視為同一次事故。

第四十四條　臨時住宿費用之補償

因承保之危險事故致保險標的物發生前條承保損失後，本公司就每一保險標的物，另行支付臨時住宿費用新臺幣十八萬元整。

第四十五條　定　義

本保險契約所用名詞定義如下：

一、保險標的物：指本保險契約所承保之建築物。

二、地震：本保險契約所承保之地震以中華民國交通部中央氣象局監測並紀錄之自然地震為限。

三、承保損失：本章所稱「承保損失」，係指本章之保險標的物直接因本保險承保的危險事故所致的毀損或滅失，不包括土地改良之費用及其任何性質之附帶損失。但臨時住宿費用不在此限。

前述毀損或滅失經政府機關或專門之建築、結構、土木等技師公會出具證明，鑑定為不堪居住必須拆除重建，或非經修建不能居住且補強費用為重建費用百分之五十以上。

第四十六條　不保事項

本公司對下列各種危險事故所致保險標的物之損失，不負賠償責任：

一、各種放射線之輻射及放射能之污染。

二、不論直接或間接因原子能或核子能輻射引起之任何損失。

三、戰爭（不論宣戰與否）、類似戰爭行為、叛亂、扣押、征用、沒收等。

四、火山爆發、地下發火。

五、洪水或海潮高漲所致之損失。

六、非因地震引起之地層下陷、滑動或山崩所致之損失。

七、政府命令之焚毀或拆除。但因承保之危險事故發生導致政府命令之焚毀或拆除者，本公司負賠償責任。

第四十七條　保險標的物之保險金額

本保險契約以重置成本為基礎，依其投保時中華民國產物保險商業同業公會「臺灣地區住宅類建築物造價參考表」之金額為保險標的物之重置成本，並以重置成本為保險金額，且最高不得超過新臺幣一百二十萬元。

第四十八條　保險標的物之理賠

保險標的物發生第四十五條第三款之承保損失者，本公司依第四十七條所約定之保險金額及第四十四條所約定之臨時住宿費用負賠償責任。

第四十九條　一次地震事故住宅地震基本保險全國賠償總額之限制

倘一次地震事故住宅地震基本保險理賠，全國合計應賠付之保險損失總額超過政府主管機關所訂危險承擔機制總額度時，本公司按該危險承擔機制總額度對全國合計應賠付之保險損失總額之比例賠付被保險人。

前項危險承擔機制總額度遇有調整者，以地震發生當時之總額度為計算標準。

第五十條　理賠應檢附文件

被保險人向本公司請求理賠時，應檢附下列文件：

一、住宅地震基本保險賠償申請書。

二、政府機關或專門之建築、結構、土木等技師公會鑑定證明文件。

三、建築物權狀影本或謄本。

四、賠款接受書。

第五十一條　給　付

住宅地震基本保險之理賠給付方式，以現金為限。被保險人或其他有保險賠償請求權之人檢齊文件後，本公司應於賠償金額經雙方確認後十五天內賠付之，若因可歸責於本公司之事由而遲延者，應給付遲延利息年利一分。

前項賠償金額之確認，應依第四十九條全國賠償總額之限制為基準計算之；倘全國合計應賠付之保險損失總額超過政府主管機關所訂危險承擔機制總額度時，本公司應依保險共保組織公告之金額及條件先行給付部分賠償金。

第五十二條　複保險

對於同一保險標的物，如同時向其他保險人投保相同之住宅地震基本保險時，要保人或被保險人應立即將其他保險人之名稱及保險金額通知本公司。

於承保危險事故發生後，保險標的物有承保損失，如遇有其他住宅地震基本保險同時應負賠償責任，本公司僅就本保險契約保險金額對全部住宅地震基本保險保險金額總額之比例負賠償責任。惟全部住宅地震基本保險賠償責任額為該建築物之重置成本，但最高不得超過新臺幣一百二十萬元。臨時住宿費用亦按前述比例負賠償責任。

第五十三條　其他保險

除前條情形外，保險標的物在承保之危險事故發生時，如另有其他保險契約同時應負賠償責任，本公司應依本保險之保險金額優先賠付。

4. 火災及地震基本保險抵押權附加條款：

抵押建築物之保險債權條款

茲經通知並雙方同意，遇有損失時，本保險單之應付賠款，應優先給付（詳保單記載），但以其對於本保險單所保建築物持有之債權利益為限。

抵押權特約條款批單

第一條　茲經雙方同意，訂立本抵押權人優先受償附加條款（以下簡稱本附加條款），本公司同意就本保險契約之保險金在抵押權人與被保險人債權債務範圍內，除本附加條款第三條另有約定外，應優先清償抵押權人之抵押債權，本公司並得直接給付予抵押權人。

第二條　保險金清償被保險人所欠抵押債務後仍有餘額時，該餘額應給付予被保險人。

第三條　本附加條款於保險標的物發生住宅地震基本保險承保之事故損失時，本公司同意除依主保險契約約定之臨時住宿費用，排除本附加條款之適用外，其他仍依事先約定之保險金比例在抵押權人與被保險人債權債務範圍內，優先清償抵押權人之抵押債權，本公司並應直接給付予抵押權人。

第四條　被保險人同意於承保事故發生後，於未受清償債務範圍內，抵押權人得以代理人身分代理被保險人申請理賠。

抵押權人以代理人身分申請理賠時，應併檢附尚未受清償之抵押債權餘額證明文件。

第五條　抵押權人之抵押債權因保險金之給付而受償時，應自受清償日起十日內將繳款證明交付本公司，本公司應即交付被保險人。

第六條　要保人或被保險人未繳清保險費時，抵押權人即不得依本附加條款第一條及第三條就給付之賠償金額優先受償。但抵押權人經本公司通知並於十五日內代為繳付保險費者，不在此限。

第七條　本公司依本保險契約之規定終止契約時，應於十五日前通知抵押權人。

5.保險費延緩交付特約條款（甲式）(J)：

一、茲應要保人（或被保險人）之要求，本公司同意本保險契約保險費，延自保險責任開始之日起至三十日內付清，並先行簽交保險單。

二、倘要保人（或被保險人）未能在前項約定延緩期間內付清保險費，或所付票據未能於延緩期間兌現時，本公司即根據保險法第六十八條規定，以書面通知要保人自延緩期滿之翌日起解除契約，其在有效期間之應收保費仍按短期費率計收，並通報同業，須俟該項欠費付清後始可承保。

三、本特約條款亦適用於本保險契約所載保險費以外之增加或附加保險費。

6.保險費延緩交付特約條款（戊式）適用於金融機構押貸業務 (K)：

一、茲應要保人（或被保險人）之要求，本公司同意在未交付保險費前先行簽交保險單，其保險費延緩交付日期為保險責任開始三十日內。

二、尚要保人（或被保險人）未能在保險責任之日起十五日內交清保險費時，本公司應以書面通知抵押（質）權人，並仍應繼續催收保險費。

三、抵押（質）權人收到前項通知應於十五日內書面通知本公司，承諾如要保人或被保險人未能在前述延緩期限內交清保險費時，由抵押（質）權人自承諾之日起十五日內負責墊付，倘在上述承諾期間發生保險事故，本公司仍依章理賠，但如抵押（質）權人未能承諾負責墊付時，本公司即根據保險法第六十八條規定，以書面通知要保人自延緩期滿之翌日起解除保險契約，其在有效期間之應收保費仍按短期費率計收，並通報同業，須俟該項欠費付清後始可承保。

四、本特約條款亦適用於本保險契約所載保險費以外之增加或附加保險費。

第九節　營業中斷保險

一、營業中斷保險的需求

或許現在每一企業都有火災保險以保障其建築物、機器、貨物及其他物品 (Contents)，卻仍有許多企業因未投保火災等事故所致營業總額 (Turnover) 降低之損失而無充分之保障。假設火災真的發生，建築物、廠房、機器及貨物雖終可重建或重置，但在完成重置之前，生產活動可能停頓，營業總額隨即嚴重減少。營業中斷保險可協助企業克服這種難關。

二、營業中斷保險保障項目

營業中斷保險保障企業因營業中斷期間營業總額降低所致之損失、維持企業支付持續費用 (Standing Charges) 後之淨利，使之如同未發生毀損事故一般；被保險人因而得以保留必要之人員或全部人員並支付工資至企業恢復正常營運。

營業中斷保險也保障企業於損失發生後利用臨時處所或由其他廠商代工製造以維持某程度營運而增加之成本。保險事故發生後附帶引起之某些特定損失也在承保範圍內。

三、基本承保範圍之擴大

基本式營業中斷保險承保企業因火災保險所承保之火災、閃電雷擊、家庭用或照明用或取暖用之煤氣爆炸造成財產毀損滅失所致毛利 (Gross Profit) 減少之損失。其他某些特定危險事故 (Peril) 可附加承保，保單也可以擴大或延伸承保非被保險人所使用之處所，例如被保險人特與依賴之供應商所使用之廠房與設備。

四、保費與保險之安排

費率依被保險人營運處所之物品火險費率 (The Contents Fire Insurance Rate) 及最大補償期間 (Maximum Indemnity Period) 而釐訂，其他影響費率釐訂之因素有保額之高低及補償期間之適當性 (Adequacy) 等。保費支出可作收入之扣減項目。（按：國內以廠房之火險（平均費率）及其附加險之累計費率之 85% 為本保險之費率）

如果保險安排得當，可使企業於保險事故發生後，雖遭受嚴重之營業中斷，尚能維持與事故不發生之情況處於同一財務狀況。尤其是保險金額應計算正確、補償期間應選擇適當，以獲得損失之充分補償。

五、保險金額

保險金額以企業年度毛利總額 (Annual Gross Profit) 為基礎，但利潤損失保險所稱之毛利可能與會計帳上之毛利有所不同。概言之，利潤損失保險所稱毛利乃下列 1. 與 2. 之差額：

1. 營業總額 (Turnover)。
2. 原料或存貨之購買成本及企業遭受營業中斷時預期直接隨營業總額變動而減少之費用支出。

這些費用隨個案互異，但包括銷貨退回與折讓、呆帳，有些還包括動力、運輸及包裝，它們列為保單「不保之營運費用 (Uninsured Working Expenses)」，並從保險之毛利中扣除。但重要的是，只有那些直接隨著營業中斷期間營業總額之變動而比例減少之費用才可從保險中扣除，至於任何不因發生毀損而有所變動之費用即應予承保在內。

如果被保險人不打算在長期的營業中斷期間中保留所有人工，則工資可列為不保之營運費用，然後另由獨立項目投保。有關計算保險金額之表格，參見後節。由該表可知毛利乃導源於上一會計年度會計帳目，並利用最近幾年（例如三年）之營業趨勢作增減之調整。這樣做的理由是受保險中低額保險分攤條款 (Average) 之限制，如果火災發生而保險金額低於此後十二個月正常營運之毛利，則被保險人應與保險人比例分攤損失。故應考慮得夠遠（例如分析最近三年資料），並預留若干餘額。能留意這一點，則不易有所疏失，因每一會計年度終了都有一份完整的會計師簽證，以協助被保險人所安排之保險能配合情況所需，如果發現保險金額過高，則在全部保費 50% 之限度內可比例退還。

六、補償期間 (Indemnity Period)

補償期間乃被保險人選定並載明於保單上，規定保險人於保險事故發生後應提供損失補償之最長期間。此期間應夠長，以便企業於損失事故後重建營運處所、重置設備並恢復至事故前之營運狀況。考慮因都市計劃、罷工或其他困難所致之延遲、及找回因營業中斷而離失之顧客所需之時間也很重要。

如果補償期間長於十二個月，則保險金額應比例增加，但保費並不按同比例提高，因其費率應降低。若補償期間短於十二個月，則保險金額並不減少，但費率降低。

七、工資 (Wages)

如果不論營業中斷期間多長，企業希望保留全部人員，則全部工資費用應包含於毛利項目內投保。尤其是在雇用技工或半技工，如果一發生營業中斷即解散這些員工，則企業於他日要重新招傭這類特殊技術員工時，將因爭聘或技工之要求過高而遭延誤之情形下，這樣投保最為簡單而安全。

如果不打算保留工人，則可從毛利中扣除工資費用，以節省保費，再另以「雙重基礎 **(Dual Basic)**」獨立投保。這種方法只適用於被保險人會計帳上工資費用項目而非薪資費用 (Salaries) 項目，因薪資費用通常應包含於毛利項目中。

八、雙重基礎

本項目承保初始期間 **(Initial Period)** 內工資費用之全部及其餘補償期間 **(The Remainder of The Indemnity Period)** 內工資費用之某百分比。因此，當企業遭受嚴重營業中斷時，在決定如何恢復企業正常營運前，被保險人可在相當期限內保留全部人員並準備支付遣散金。在其餘補償期間內，被保險人可保留維續企業營運所必需之人工。初始期間不可短於四週，不過為符合有關法令或雇用契約之要求，通常會長於這一標準。

其餘補償期間內所投保之工資應是該期間所保留工人之全部工資費用加上若干備

以支付在失序中為維持部分繼續營業可能需要較多人工或費用之餘額 (Allowance)，總額應在全部工資費用 10% 以上。

如果被保險人認為其企業不大可能發生長期的營業中斷，則他可加繳保費而引用選擇合併條款 **(The Option to Consolidate)**，以便在損失事故發生後可轉換其餘補償期間保障工資之額度來延長初始期間而不用其餘補償期間。例如，被保險人選定補償期間十八個月，雙重基礎之初始期間十三週，其餘補償期間投保全部工資費用之 25%，則企業可於營業中斷期間，經由轉換而保留全部人工達六個月。應注意的是須確定這樣轉換能否獲得一充分的「合併期間 (Consolidation Period)」，故應先設定標準以有效運用這一選擇權與合併期間。雙重基礎之注意事項如下：

1. 保單上通常定義工資費用為被保險人會計帳上薪資 (Salaries) 人員以外全部人工之酬勞，包括獎金、節金及任何屬於工資之支出。
2. 本項之保險金額為全年工資費用，初始期間之長短及其餘補償期間之工資百分比乃調整費率之依據。
3. 本項之補償期間應與毛利項目相同，不可短於十二個月。
4. 若補償期間長於十二個月，則保險金額應與毛利項目之保險金額同比例調高。
5. 保險金額應預留充分的餘額以備來年工資費用增加之用。每一會計年度終了時，可利用會計師簽證核對毛利及實際工資費用，若原定保險金額過高，則在全部保費 50% 之範圍內，可比例退還。

九、附帶項目 (Additional Items)

㈠會計人員費用 (Auditors' Charges)

保單自動承保有關處理理賠事項之會計人員或專業會計師之費用，但保單上毛利項目所定之保險金額應足夠以包含此類費用。

㈡違約罰金與損害賠償

被保險人因發生保險事故而營業中斷，以致遲延或無法完成客戶之契約，所負之罰金或損害賠償，也在本保險承保範圍內。

㈢營運成本之增加

基本式保單自動承保任何為維持企業繼續營運或盡速恢復正常營運所產生之額外

支出 **(Additional Expenditure)** 或所增加之營運成本 **(Increase In Cost of Working)**，但須合理且總額不得超過因而所能減輕之損失。故被保險人安排保險時，通常不必另訂條款以保障此類費用。

不過有某些個案，被保險人知道當營業中斷時，除了須以原來全部成本保持企業續存外，還可能產生若干常被視為不經濟的額外支出，以致會超過保單之限額，這種情況可能發生於提供必要之服務 (Essential Services) 的企業，如麵包師傅、奶品商或報社，對這類企業而言，最好是在保單中加一項「額外增加之營運成本」**(Additional Increase In Cost of Working)** 以承保超過一般保障範圍之額外支出。

㈣租金收入

租金收入可能因建築物遭受毀損而停止或減少，如果沒有其他保險承保，則利潤損失保險保障之。

租金收入也可以獨立項目投保，以全年租金收入為保險金額；若補償期間長於十二個月，則按比例增加；如果金額不大，則可以簡單地包含於毛利項目中投保，但應註明地址。

十、特殊危險事故 (Special Perils)

被保險人可加繳附加保費以擴大保單承保範圍，保障前述基本火險保單承保範圍以外之其他危險造成財產毀損所致之從屬損失 (Consequencial Loss) 須仍在有效期間方可。這類可附加承保之危險有：

1. 航空器墜落 (Aircraft)。
2. 爆炸 (Explosion)。
3. 暴動與民眾騷擾 (Riot and Civil Commotion)。
4. 惡意行為（本項只能配合暴動而投保）。
5. 地震 (Earthquake)。
6. 暴風、洪水、水槽水管或水儀器之溢流或豁裂。
7. 車輛碰撞 (Impact by Road Vehicles)。
8. 工程保險之工程危險 (Engineering Perils)：

⑴蒸氣管、鍋爐、節料器 (Economizer) 或壓力容器之爆炸或崩潰。

⑵鍋爐或節料器之崩潰或過熱。

其他特定危險如竊盜、撒水器滲漏等所致之損失也可予承保。

要注意的是，有關條款 (Wordings) 及承保範圍可能因國家地區而不同，但最重要的是，常運用於財產實體毀損保險之超額保險 (Excess) 並不適用於本附加危險部分，這並不違反財產實體毀損保險須仍有效之規定。

十一、承保範圍之延伸 (Extensions)

被保險人可加繳保費，延伸保單承保範圍，以保障因非被保險人所使用但與被保險人之營運有密切關連之房屋或處所發生保險事故而毀損所引起被保險人營業中斷之損失。

可延伸之承保範圍及有關規定如下：

1. 供應商之房屋，包括任何非被保險人所有而製造或提供被保險零件、商品或物料之房屋及與業務有關之處所。

   在延伸承保範圍內之供應商名稱及地址應載明於保單，保費是以該供應商房屋或處所之火險費率為基礎而計收，由被保險人決定每一處所 (Location) 所引起損失之限額並以原保單保險金額之某百分比形式載明於保單上。例如，被保險人估計某一重要供應商若發生嚴重毀損，將影響其營業總額之 25%，則被保險人可選定 25% 之限額並加繳保費。若被保險人在十二個月補償期間之最初三個月內可能完全營業中斷直到尋獲替代的供應商為止，則也可選定同一限額，即 25%。

   也可延伸承保其他不列名之供應商，但每一地區之損失限額不得超過原保險金額之 10% 或 10 萬美元，以兩者中較低者為限。

2. 顧客之房屋，也應載明顧客名稱及地址，保費以顧客房屋或處所之火險費率及收自該顧客之營業額百分比 (Percentage of Turnover) 為基礎而計收，該百分比應載明於保單中，若該百分比定得不適當，則有關本部分之保險金將照比例降低。但不允許以不列名方式投保。

3. 電力公司、瓦斯廠及水廠：

   任何供給被保險人能源之電力公司或輸電站、瓦斯廠或地面瓦斯設備、或水廠均可延伸承保，且無限額限制。須注意的是，本延伸承保範圍僅限於因火或其他附加之特殊危險事故，所造成這些處所或設施毀損所致被保險人營業中斷之損失，因其他任何意外原因致公共能源突然不繼 (Accidental Failure) 所致之損失，通常是由其他保單承保。

4. 履行契約之處所：

延伸本承保範圍不須明列處所名稱於保單上，但應限定每一地區之損失限額，並用本節第 1 項之表示方式載明保險金額之百分比。

5. 通道阻塞 (Prevention of Access)：

本項延伸承保被保險人因其附近之他人財產遭受毀損，以致阻礙被保險人使用或接近其房屋或處所，所致之營業中斷損失。

本項不須限制或明列他人財產名稱，也不須設定損失限額。

6. 儲備之財產 (Property Stored)：

本延伸承保範圍，保障被保險人儲存於他人所使用之處所中之財產，因保險事故而遭受毀損所致之營業中斷損失。本項不須明列儲存處所，但應載明每一處所之損失限額，並依該限額計收保費。

各項延伸承保範圍所承保之危險事故通常與被保險人自有房屋之承保範圍相同，補償期間也一致。

關鍵詞彙

1. 基本火災保險
2. 長期火災保險
3. 營業中斷保險
4. 租金損失保險
5. 回復原狀
6. 流動保險
7. 地震保險
8. 營業中斷保險

習題

一、何謂基本火災保險？

二、何謂長期火災保險？

三、消防設備減費之意義為何？

四、何謂火災保險特別費率？

五、流動保單之意義為何？

六、何謂商業動產保險？

七、地震保險之承保內容為何？

八、住宅保險之承保內容為何？

第六篇

社會保險

第一章 社會保險的基本原則與特性

我國在 1994 年公布「全民健康保險法」以及 1958 年公布的「勞工保險條例」，1958 年公布的「公務人員保險法」，1989 年公布的「農民保險條例」等，皆屬於社會保險 (Social Insurance) 的範圍。

第一節 社會保險的基本原則

一、強制保險之原則

依據全民健康保險法第十六條規定：「投保單位應於保險對象合於投保條件之日起三日內，向保險人辦理投保，並於退保原因發生之日起三日內，向保險人辦理退保。」

另據罰則的第六十九條指出，未依十六條規定，為所屬被保險人或其眷屬辦理投保手續者，應予罰鍰。由此可知全民健保是以政策性的方式強制投保的一種保險。

二、自給自足之原則

依據全民健康保險法規定：「保險費率以百分之六為上限，開辦第一年以百分之四點二五繳保險費；第二年起重新評估保險費率。

保險費率，由保險人至少每兩年精算一次，每次精算二十五年，保險費率，由主管機關聘請精算師、保險財務專家、經濟學者及社會公正人士十五至二十一人組成精算小組審查之。」

三、最低保障之原則

社會保險所提供的保障是以維持最低生活的給付，所以又稱為社會適當 (**Social Adequacy**) 原則，例如：失業保險的給付，就考慮是否能維持基本的生活。至於要獲得更優渥的生活給付，就要投保商業保險。

四、政府責任之原則

政府的職責在於使人民生活安定、使國家成為一個福利國家，而欲達到此目標必須透過社會保險，故推動社會保險是政府的責任，也就是說，社會保險是由政府舉辦或監督，且由政府制定相關法令，以使社會保險順利施行。

五、全體國民福利之原則

社會保險的目的在使一國之人民生活無虞，故其對象為一國之全體國民，而非某一特定對象，即被保險人不須出示財力證明等其他文件均可享有同等待遇的保險。

六、費用合理之原則

被保險人所享有的醫療給付與所繳交的保費沒有直接關係。社會保險的保費是依據投保人之薪資而繳納，並非依據個人發生事故之機率而繳納。

第二節　社會保險之特性

社會保險與商業保險的發展背景極為不同，不僅財務規劃不同，制度之運作與給付方式均有不同，茲分別說明如下：

一、社會適當性與個人公平性之差異

社會保險強調整體社會利益，皆重社會適當性，商業性保險則著重個人公平性 (Individual Equity)。

二、強制投保

社會保險具有政策性與強制性，因此不論個人是否有意願，均需投保，而商業性保險則以任意性為主，被保險人是否參加，均無法勉強。

三、完全提存準備制

商業保險須符合會計制度，收支相等原則，因此在準備金的提存方面採完全提存準備制 (Full Funding)，社會保險則不需提存準備金採開放性，世代移轉，由下一代來負擔上一代的給付，採用隨收隨付制 (Pay-as-you-go)

四、保險基本需求

社會保險提供的為最低生活保障，並不像商業保險可以依個人所得能力，決定投保數額，滿足個人生命價值及生涯規劃之需求。

五、核保與否之差異

社會保險不需核保，因此也無體檢之要求，商業保險則可以選擇有體檢或無體檢的方式，因此在有體檢的情形，須經核保之程序，以決定保險公司是否接受，及接受之額度與費率。

六、市場取向

商業保險是以營利為主，因此保險市場本身就具有競爭與挑戰，費率與價格戰均是競爭之利器，社會保險則由政府主辦，其經營型態屬於「獨占」。

第三節　社會保險與商業保險之搭配與整合

一、互補不足

社會保險所提供者為最低生活之保障，而商業保險則可以依被保險人之所得與各種狀況決定投保之金額與條件，因此個別被保險人可依本身需要，選擇最合適之保險。此外在全民健保部分既然提供最低生活之保障，有些醫療給付項目則有部分負擔之規定，這就靠被保險人額外投保商業性保險以補不足，至於全民健保部分在病房分配上均屬一般性之病房，而被保險人如希望未來因疾病住院能住較高級病房，則可以加保商業性保險以彌補不足。

二、員工福利之加強

社會保險為企業必須投保之政策性保險，如企業為了落實照顧員工，又能減稅或避稅，可幫員工加保雇主責任保險、團體保險，提供更多的保障，以加強對員工的照顧與士氣的提昇。

關鍵詞彙

1. 社會保險 (Social Insurance)
2. 社會適當 (Social Adequacy)
3. 個人公平性 (Individual Equity)
4. 完全提存準備制 (Full Funding)
5. 隨收隨付制 (Pay-as-you-go)

習題

一、何謂最低保障之原則？

二、何謂自給自足之原則？

三、社會保險之特性為何？

四、何謂完全提存準備制？

五、社會保險與商業保險，兩者在核保方面有何不同？

第二章 全民健康保險

第一節　全民健康保險之理論基礎

隨著經濟的繁榮與生活水準的提高，人們開始關心個人的身體健康，而一個高度開發的國家，也特別重視全體國民的健康與福利，在此狀況下，為達成政府對於人民的照顧，及人民對於本身健康保障的需要，因而促成了全民健康保險制度的建立與發展。

第二節　健康保險之特性

一、健康的定義與程度無絕對標準

「健康」本身就是一個相當抽象的名詞，尤其是健康的定義是很複雜而且難以下定義。廣義的健康定義係指個人在心理、生理以及社會各方面的良好狀況而言 (Well-being)。因此「健康」一詞是難以用「健康對疾病」的二分法加以劃分的。

從另一個角度而言，「健康」的定義可以視為一種連續性的概念 (Continum)。亦即在此連續性的一端視為心理、生理及社會各方面均達到完全良好的狀況，而另一端則屬於死亡，表 6-2-1 說明了健康的連續性觀念下各階段的狀況：

表 6-2-1　健康的連續性

健康情況良好				健康情況低劣		
無疾病或其他殘障	出現某種徵兆	求診限制活動	主要活動之參與受到限制	無法參加主要活動	住院	病危死亡

雖然較為理想的定義是將健康視為個人在心理、生理及社會各方面的完好狀態，但這種狀態在現實生活中是很難加以測量的。因此健康與否也就成為個人主觀的感受(Subjective Feeling)，至於赴醫就診的頻率 (Frequency of Consultation with Doctors) 與處方的頻率 (Frequency of Prescriptions) 則取決於被保險人對健康狀態 (State of Health) 的感受而定。由於健康的定義缺乏客觀的認定標準，因此被保險人只要覺得不舒服，就可以請求醫師給予處方，甚至可以要求住院接受檢查。由於每一個人對於疾病的感受力不同，有病看不看醫師也和個人判斷有關，如要解決這方面的問題，應該建立一套管理的制度，以衡量「哪些人應該受門診治療，哪些人應該住院，住院應該住多久，住院應該適用哪些醫療照顧」，才不致於因被保險人的過度需求，而增加醫療成本。

二、健康保險將增加醫療的需求

在以往的時代，由於沒有健康保險的制度，因此有關的醫療活動，是病人需要看病，可以直接找醫師進行診療，而醫師也針對病人的個別需求，給予醫治。醫療活動可以說是一種自由的醫療，病人有選擇醫師的自由，嚴重的疾病，甚至威脅到生命時，即使窮人，借錢也要看病，但是若病情較輕，或對身體的影響不大，可能因沒錢就拖過去；而有了健康保險制度之後，由於只需負擔小額的保險費，便可獲得免費的醫療，因此常促成被保險人對於醫療照護不當的需求。若運用 Arrow (1963) 之模型加以修正，以圖 6-2-1 加以說明，在實施全民健康保險制度以後，人民對於醫療產生誘發性需求，在圖中縱座標表示醫療服務之價格，橫座標代表醫療服務之數量，D_1 表示沒有健康保險下的醫療服務需求線，此種醫療下的需求價格彈性會較小，因此一般民眾對醫療服務的需求量醫療服務價格高低的影響也較小，因由圖中所示當醫療服務價格為 P_1 時，消費者會消費 Q_1 的醫療服務，若價格較 P_1 為高時，則醫療服務的需求量會小於 Q_1，若價格較 P_1 為低時，醫療的需求量會大於 Q_1，當醫療價格等於零時，則一般民眾對於醫療服務的需求量會等於 Q_2，一旦引進全民健康保險時，民眾對於醫療服務之需求量均會成為 Q_2。Q_2-Q_1 的差額，就是全民健康保險制度下所產生的誘發性需求。此即說明在被保險人對醫療照護的超額需求，使得消費量增加到 Q_2 的水準，促使醫療資源產生不當的分配及社會福利方面的損失。主要原因在於當一般民眾患病或需要醫療時，由於有投保單位的付費而降低了醫療照護的邊際成本，因此民眾之醫療消費大於無保險時的數量，此種濫用醫療服務與資源的問題，在經濟學的研究文獻中，曾先後被 Arrow (1963), Pauly (1968), Feldstein (1977)，以及 Rosett & Huang (1973) 等人討論過，也就是一般所謂的道德危險。這種醫療需求的大幅增加，常常促使醫療資源及設備增加的速度無法配合，因此不僅出現供給與需求之失衡，也使得健康保險因為被保險人的超額需求而產生財務的虧損。

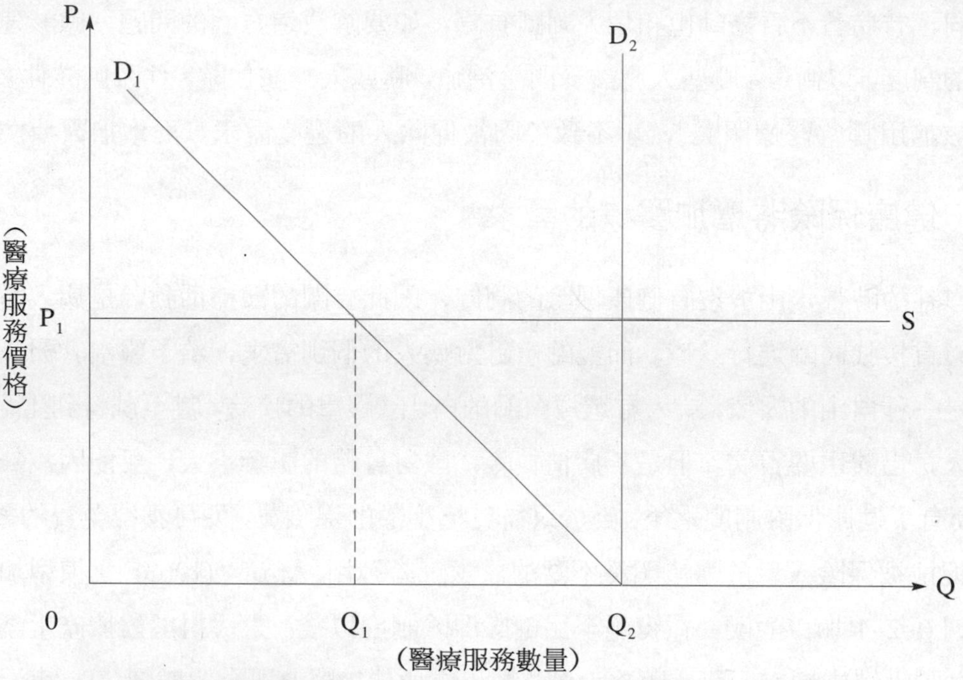

圖 6-2-1　有全民健康保險時醫療服務之需求曲線

三、醫療科技的進步

隨著人類歷史的演進，醫療科技也不斷的創新，不僅醫藥的發明，治療了許多疾病，醫療儀器之進步以及器官移植的成功率更使得無數的生命得以延續，然而另一方面卻也增加了醫療的成本，以下將由三方面來作一詳細的說明。

㈠醫藥的發明

在 1930 年以前，若感染了傳染病，只能聽天由命，大都沒有任何藥物可以治療。因此大部分的傳染病如水痘、麻疹、猩紅熱、腮腺炎、風濕熱等疾病，僅能採用的一種醫療方式就是「隔離」，同時在患者的門口掛示黃色的牌子以做為警告，令人對於傳染病有談虎色變的感受；尤其小兒麻痺的流行，輕則殘廢，重則死亡。然而隨著疫苗的問世，以及抗生素的發明，不僅治療了許多傳染病，同時有些疾病如天花，也早在數十年前已在世界上消失了。由於抗生素大量使用於疾病的治療，造成了抗生素的利用有超越其他藥物的現象，在美國注射式抗生素佔了所有藥費支出的 30%，根據統計大約有 66% 的抗生素處方，其利用方式有不當的現象，因此限制抗生素的使用已成了節省藥品支出的要項。

㈡醫療儀器的進步

由於醫學的進步，各種醫療儀器不斷推陳出新，帶動了醫療診斷和治療水準的提升，而其中又以電腦斷層攝影 (CT)、震波碎石器及核磁共振儀 (MRI) 最受矚目。CT 是經由醫學工程界所發展成功的產品。以 X 光原理，利用放射線縱橫剖面，將人體同一部位分為不同層次檢查，對早期診斷腦部及肝臟等部分準確率相當高。自從榮民總醫院引進國內第一部 CT 以來，目前臺灣地區 CT 雖已有一百餘部，數量幾近飽和，然而仍有不少醫院爭相採購。由於 CT 使用方便，在民眾爭相要求以 CT 檢查下，醫界似有濫用的情況，而 CT 的使用因收費昂貴，也成為近年來醫界所詬病的問題之一。

另外一種與 CT 作用相似的是 MRI，亦即所謂的核磁共振儀。兩者的差別在於 CT 是利用原子自轉時產生的磁矩，和外界磁場間的作用，將能量吸收後，再以電腦處理轉化的形象，以瞭解人體內部的構造，而 MRI 則敏感度較高，並且以追縱體內生理改變，不致造成輻射傷害。目前榮總、臺大等多家大型醫院都相繼引進此種儀器。

此外震波碎石器由德國道尼爾公司於 1980 年研究成功，主要功能在於腎結石病人接受碎石器治療，只要上好麻醉，躺在不銹鋼澡缸裡，便可藉著震波擊碎結石，不須開刀。國內民眾結石發生率原本就偏高，因此榮總在引進該儀器後，許多結石病人便一擁而上，大排長龍等候接受治療，全省的幾所教學醫院也紛紛將病人轉診治療，面對為數頗多的結石病人，由於一部碎石機不敷使用，因而其他醫院也爭相購置，儼然一場醫療設施的裝置競賽，使得衛生署不得不出面限制。

這些儀器的共同特色是售價與診治費用均相當昂貴。CT 剛上市時，售價約新臺幣 3,000 萬～ 4,000 萬元，震波碎石器售價約為 8,000 萬元，MRI 則需 6,000 萬～ 7,000 萬元到 1 億元左右。而診療費也需數千元之譜，對於一般民眾或公、勞保的執行單位，均是一項重大的負擔。因此衛生署也特別擬定貴重精密醫療儀器設備的管制政策，並要求各醫院降低收費標準。然而幾年下來，仍然顯著的增加了醫療給付的成本，也構成醫療費用的上漲，未來加強醫療設備管理，是全民健康保險控制醫療給付成本必須考慮的因素之一。

㈢器官移植的進步

在五十年前，心臟病、中風、及其他器官的疾病，不是造成行動不便，就是會引起死亡的危險，然而由於各種醫療技術的進步，冠狀動脈可以施行繞道手術，而其他器官功能失常時仍可經由醫療的方式以延續病人的生命達數日、甚至數年之久。至於肺臟移植的相關實驗雖然早在 1950 年初期就開始，而其發展率仍然較其他器官移植為慢。但是在經過一連串的醫學研究之後，成功率卻有明顯的上升，尤其在 1983 年至 1990 年初，全世界的單側全肺移植約二百例左右，其一年成功的存活率已達到 60%～80%，而我國更在 1991 年由臺北榮民總醫院完成了亞洲第一例的單側全肺移植手術。此外，對於因意外傷害所可能致死的狀況，在現今醫學技術也可以利用人工關節及復健的技術予以治療，這些新的醫療科技雖然治癒人們的疾病，但隨之而來的大量醫療費用，都是一項重大的醫療成本負擔。

四、醫師的職業道德

一般人購置商品可以依據自己的財務能力，來決定所購置商品的種類與品質，若發現想購置的商品過於昂貴，可以選擇其他可供替代的商品，但是當一個人生病之後不僅自己無法得知生病的原因，而即使當醫師開了藥方，病人更不敢與醫生討價還價，選擇少吃一顆藥或收一些錢，而這時整個醫療過程的適當與否，就完全取決於醫師的職業道德了。

以美國為例，為了貧困病人的醫療救助，實施了“Medicaid”，同時也提供了 Medicare 來照顧老年病患，由於這兩種制度均由聯邦政府支付醫療費用，因此某些醫師自己並不看病，而雇用了許多助理醫師，濫開檢驗單，病人需不需要看病，也完全決定於助理醫師，因此造成醫療費用的高漲。

此外，以眼科為例：在 DRGs 制度未施行之前，眼科開刀的助手，可以從醫療保險給付申報費用，自從 DRGs 制度施行之後，醫療保險的給付僅提供醫師主刀的費用，助手的費用則需由醫師自行負擔。這種措施，不僅引起相當大的爭議，美國國會甚至為此還召開公聽會。醫師所提出的抗辯理由是，如果眼科手術無助手在場，醫療給付固然可以減輕，但是醫療過程可能較為困難，手術時間及麻醉的時間均較長，對病人會有不良的影響，這種醫療服務架構的改變，讓我們必須考慮到在健康保險制度之下，一方面我們應使病人獲得妥善的醫療照顧，但是另一方面也要配合醫療保險制度，合理的降低醫療成本，因此醫師的職業道德就變得相當重要。

五、醫療資源的不當利用

由於目前我國社會保險在現有體制之下，病患只要拿一張健保卡，至醫院付個掛號費，就可以享受醫療照顧，被保險人不僅可以自由選擇醫師及醫療院所，而就診的次數也無限制，因此常易發生以下幾種濫用醫療資源而增加醫療費用的現象。

(一)藥品的濫用

根據 2002 年中央健康保險醫療給付統計勞保住院病人打針率和吃藥率均高達 95% 以上，而其中又以打點滴、維他命、抗生素的消耗量為最大，由處方之中甚至可以看出點滴和維他命不但處方多、耗量大，而且支出的費用也高，讓人感覺被保險人似乎形成「有病吃藥，沒病保健」的現象。

(二)被保險人偏好大型醫院

根據臺大公共衛生研究所做的調查，在被保險人可以自由選擇就醫的情況下，發現臺大、長庚、馬偕、高醫、臺中榮總分院、省立桃園醫院等七所教學醫院所收治的勞保門診病患，以消化器系疾病及呼吸器系疾病為多，約佔 40%，與一般中小型醫療院所收治的勞保門診病患並無太大的差異。以最常見的呼吸器系疾病分析，又有20%以上的病人以大型醫院為求診醫院，事實上，這些簡單的疾病，都可以就近到小型的特約醫院診療。也由於有此特殊現象，使得大醫院一張看「小病」的勞保單可申請千元以上的醫療給付，而小型醫院之給付則限定為平均每張勞保單 140 元左右，結果，幾家大醫院就囊括了 30% 以上的勞保醫療費用，這種給付上的鉅額差距，正是造成醫療浪費，鼓勵小病上大醫院，作不必要檢查、醫療費用高漲的主要因素。也使得病床永遠人滿為患，真正大病者找不到床位，造成了醫療投資無法適當利用的缺失。

㈢醫療設備的濫用

醫院基於本身經營成本的考量，一旦添購醫療設備就希望能充分利用，降低營運成本，因此有些人即使是輕微的感冒，到醫院求診，醫師都讓病患照 X 光、心電圖、腦波測驗等。又如以超音波掃描器作妊娠常規檢查，為胎兒鑑定性別，這種醫療行為除了能滿足被保險人的好奇心之外，實難以發揮實際的醫療價值，但卻使得醫療費用大為增加。

㈣住院日數過長

一般醫院平均住院日數，通常是保險病人高於自費病人。有些被保險人為圖檢查方便，醫院方面也為了增加收入來源，常容許輕微疾病的被保險人住院，此外勞保被保險人住院可領取傷病給付的津貼，因此更使得有些被保險人寧願延遲出院，此種情形不僅浪費醫療費用，更使病床不能有效利用，急需住院的病人也無法獲得妥善的治療。以目前幾家大醫院為例，均產生病床不敷使用的困擾，分析其原因，主要仍是具有保險保障的病人住進醫院就不肯走，在醫師三催四請下才辦理出院，使得病床的使用率遭受影響，無形中也增加了醫療費用。

以美國為例，為了控制醫療成本，防止醫療資源的不當利用，因此成立了專業標準審核委員會 (Professional Standards Review Organization, PSRO)，此一委員會是由醫師組成，對於住院日數是否適當，住院期間的醫療及藥品的使用，作仔細的審核。我國全民健康保險若要有效的控制醫療成本，防止被保險人不必要的住院及不當的醫療行為，衛生署應儘速成立此種醫療資源使用的審核機構，才能減少醫療資源的濫用，降低醫療給付的成本。

六、診療報酬的支付方式

當前世界上並無一種放諸四海皆準的診療報酬制度，但多數國家仍然依據本身的文化背景與經濟環境發展出各自符合該國需求的健康保險診療報酬，惟近年來，因各國社會保險醫療費用不斷上漲，導致保險財務難以負荷，所以為緩和醫療費用上漲的壓力，各國也都對健康保險診療報酬方式尋求更佳的制度，尤其完善的支付方式將能有效控制醫療成本，以下將就不同的診療報酬支付方式分析其對於醫療費用抑制之影響。

(一)住院診療報酬的支付方式

1. 論量計酬制 (Fee-for-Service)：

此種制度又稱為服務項目別支付方式 (Payment by Item of Sevrice)，也就是保險人與醫師之間，依照雙方協定的費用價目表。來收取費用，看一次病付一次費，因此醫師收入的多寡，完全取決於看病人次的多寡。這種制度就是目前我國公、勞、農保所採行的診療報酬支付方式，在論量計酬方式之下，由於醫師的收入與看病人次有關，醫師為增加收入，會增加不必要的治療程序或是處方過量。尤其我國尚未實施醫藥分業制度，因此不僅醫療機構可以自行採購藥劑，也可以自己用藥，為使收入增多，常有投藥過多的現象。另一面由於醫療服務項目過於繁雜，往往造成審核工作的困難，因此論量計酬制不僅會鼓勵醫院提高服務的項目，加速醫療費用的上升，同時也使審核的工作加重，而增加了行政的成本。

2. 論人計酬制 (Capitation System)：

在此種制度之下保險機構每月固定支付一固定金額給醫院，對於病人究竟生什麼病、或究竟看病幾次都不考慮，此種制度通常運用於基層醫療之門診，或與門診部分合併。最典型的例子是健康維護組織 (Health Maintenance Organization, HMO)。

醫師依照接受登記的被保險人數，負有醫療的責任，並向保險機構收取固定的費用，所收取的費用與接受登記人數有關，而與實際診療次數與實際所發生的醫療費用多寡無關。在此種制度下，保險機構通常在一定期間之內（一般都是一年），付給醫師一筆費用，在這段期間之內，被保險人的醫療費用，完全由該醫師負責。此種制度之下，由於醫療費用核付簡便，加上醫師有固定病患，收入穩定，可避免濫診虛報，但是醫師所能獲得的費用固定，因此缺乏激勵作用。

3. 疾病診斷關係群 (DRGs)：

此種方式是依照疾病不同，所需醫療費用也不同而提出的一種計價方式，支付方式是將住院病人依其疾病、年齡、治療方式，併發症的有無加以分類，目前所通用的疾病分類方法是「國際疾病傷害及死因標準」(International Classification of Disease, ICD–9)。分類的方式不宜太細，但也不能太廣。美國現行使用的

DRGs (Diagnosis Related Groups) 的分類有 467 組，是世界各國第一個以醫療資源消耗為主的疾病分類方法，此種制度的優點在於可以促使醫院或醫師重視醫療服務量的節制，其缺點則是同樣一種疾病分類的病人，所接受的診療並不一定相同，例如急性闌尾炎 (Acute Appendicitis) 若是未患有腹膜炎者在 ICD–9 上只有一類 (540.9)，但是影響醫療費用的因素其實尚包括有年齡、體型胖瘦、有無併發症及既往症等等，而這些因素都不在 ICD–9 之分類標準之中。所以 ICD–9 之分類無法作為計價之分類標準。

4. **論日計酬 (Per Diem)：**

論日計酬制以病人住院日數作為計價之基準，其計算方式是以醫院過去一年當中總營運成本除以總住院人天 (Patient Days) 算出每日平均費用作為支付基準。論日計酬制的優點在於行政管理作業簡化，醫院及醫師可以選擇最有效益的治療方式，缺點則是醫院可能為了增加收入而提高病人住院天數。

5. **總額預算分配制 (Apportionment of Total Budget)：**

所謂總額預算法，是保險單位與醫院協調根據醫院的財務報表設定下一年度醫院的預算總額，此種制度之下不考慮給付期間病人之種類或醫療費用的消耗項目，支付額度一般只含營運成本與設備建築之折舊，而不包括新建築、昂貴儀器之投資，更不含教學與研究之成本，而保險機關只依照醫院之類別、床數、佔床率等等指標，同時考慮過去該院之實際成本，設定年度支付總額，因此這種制度的優點是對於醫療成本之控制有實質的效益，但是卻容易產生醫院會為了減少工作量而延長病人住院日數，而使病床時常客滿，減少病患的收容率。

㈡門診診療報酬的支付標準

門診的項目包括醫院的醫師服務，X 光及其他實驗的檢驗等。而門診的診療報酬支付方式分為論人計酬、論套服務計酬及論量計酬。

1. **論人計酬制：**

論人計酬制支付醫師的費用是依照每一位醫師所接受的病人總數，並以每一病人看病次數多寡在同一醫師的人群中，求取一個合理的平均次數。按人計酬制在行政作業上較為簡便，而且也容易控制成本，同時為求降低醫療費用，醫師也會加強疾病預防及保健工作。

2. 論套服務計酬制：

論套服務計酬也就是將疾病的種類分為若干套，在美國就發展出這種「門診服務分類」(Ambulatory Visit Grouping) 方式，這種方式可以減少醫師濫用注射與檢驗來增加收入，同時在行政管理上也較為簡便，缺點是醫師在這種制度下如無利可圖可能會要求病人轉換為住院方式，而不考慮病人的醫療需求。

3. 論量計酬制：

門診若採論量計酬，由於醫師的收入與看病人次有關，醫師為增加收入，可能會增加不必要的處方與檢驗，造成醫療資源浪費的情形。

㈢藥劑的支付標準

藥劑的支付標準通常包含：

1. 藥劑人員或藥劑師調劑服務費。
2. 藥劑儲存成本。
3. 大盤商及製造商購置成本。

由於藥劑師執業與醫院聘雇藥劑師支薪方式有差異，加上藥品購入成本不易控制，因此也影響健康保險醫療給付成本，若以世界各國的支付標準為例，有：

1. 設定參考價格表。
2. 藥商公開競價。
3. 設定利潤比例。
4. 中央統一購置等方式。

由於支付制度包括門診、住院以及藥劑等三部分，而門診診療方式又分為論套服務計酬，論量計酬及論人計酬，住院部分又區分為論量計酬制，論人計酬制，疾病診斷關係群，論日計酬，及總額預算分配制，因此我國健康保險為了有效的控制醫療給付成本，應該考慮的因素有：

1. 簡化支付制度的手續及行政管理費用。
2. 支付制度的設計必須健全而合理，才能提高醫療服務的效率。
3. 透過支付制度以有效的運用醫療資源。

七、人口結構的高齡化

(一)高齡化的社會現象

1. 高齡人口的定義：

依據 1982 年世界老人大會對聯合國的建議，決定以六十五歲以上的人口稱之為高齡人口，同時世界各主要工業國也都以六十五歲為退休人口。

2. 高齡社會的定義：

依據聯合國衛生組織法的定義，高齡化社會是指當一個國家六十五歲以上的老年人口超過總人口的 7% 以上者即可視為人口老化的國家。

3. 高齡人口在世界各地區的比重：

在當前全世界 60 億的總人口中，若依據聯合國以六十五歲以上人口佔該國人口 7% 以上為高齡化社會的標準，在 1950 年，北美及歐洲分別平均為 12.09% 及 12.0%，至 2025 年將增至 22.27% 及 24.72%，非洲與拉丁美洲分別平均為 5.50% 及 5.39%，至 2025 年可增加至 6.62% 及 10.79%；在亞洲，日本老年人口增加快速，其他東亞地區人口老化也在急速增加；而紐西蘭與澳洲則與北美洲地區相近，因此可見高度開發地區如北美，及歐洲高於低度開發地區的非洲與拉丁美洲，而亞洲地區的情況則介於二者之間。

以目前全世界 60 億人口加以統計，六十五歲以上的老年人口每年的成長速率約為 2.4%，因此目前已經超過了 3 億人口，約佔全世界總人口的 6%，其中又以工業國家如法國、比利時、奧地利、瑞典等國家在 1950 年，老年人口已超過了 10%，其中瑞典的增加率最高，因此又稱為老人王國。

如果以 7% 以上的老年人口即視為老人國，全世界已有五十一個國家（地區）老年人口已超過 7%，而其平均壽命也達七十歲。預測在 2025 年，全球老年人口將較現在增加一倍約為 6 億人，而人口平均壽命也將突破七十歲。

(二)高齡人口的醫療問題

在社會結構的改變之下，傳統的大家庭制度瓦解了，代之而起的是以夫婦為中心的小家庭，因此往昔的養老制度無法維持，親人所提供的家庭照護逐漸減少，在缺乏家人照顧的情形之下，老人的醫療照護方式只有仰賴專業性的護理人員或採用居家照護的型態。

其次隨著老年人口的逐漸增加，高昂的醫療費用更是不容忽視的問題。因此長期照護的需求量將會隨著疾病型態改變而大量增加，這種情形，也可由活動能力受限的人數來說明。慢性疾病對於患者所造成的最直接影響即是身體功能的障礙，使得慢性疾病患者在活動能力上受到限制，其至日常生活中需依賴他人協助，因此衡量一個人活動能力受限的情況，是詳估長期照護需要量的重要指標。

而居家照護乃是以患者住處作為其提供醫療照顧場所的一種服務方式，這種服務方式已經在現在的醫療體系當中佔著相當重要的地位。

我國居家照護服務仍然在萌芽階段，在醫療體系當中，並未被廣泛的採行，目前只有部分全民健康保險會有效的控制高齡化社會所帶來的高昂醫療費用，老年人的長期照護問題乃是一項相當重要的工作，而最為老年人所需要的居家照護，長期療養機構療養服務及日間住院等項目，在全民健康保險的給付方面應該提供適當的給付項目，以便能對急性期照護與慢性期照護兩者兼顧，同時更要加強預防保健的工作，希望藉著妥善的醫療給付規劃，能使全民健康保險的醫療給付成本獲得有效的控制，同時也能提供老年人所需的健康醫療保障。

八、疾病型態及治療方式的改變對健康保險醫療給付成本的影響

㈠疾病型態的改變

1. 傳染性疾病轉變為慢性疾病：

1930 年代以前，人類若是感染了傳染病只有等待死亡的命運，當時不僅小兒痲痺是致命的殺手，即使得了痲疹、腮腺炎、水痘、風濕熱、猩紅熱等等傳染病，也只有靠隔離的方式，等到後來幾年，因為有了各種疫苗的問世，以及抗生素的發明，許多傳染病才能治好，例如經過不停的努力防治，天花幾乎已消失。當傳染性疾病慢慢受到控制之後，代之而起的是心臟病、癌症、中風等。雖然在進步的科學治療下，可以透過適當治療及器官移植或是採用人造的器官來延續生命，但是卻須較多的醫療設施及醫療資源的配合，同時也須付出高額的醫療費用。

2. 愛滋病：

早在 1977 年美國醫師們就開始注意到存在於同性戀者、靜脈注射濫用者，以及海地人之間開始增加的一種叫作 Kaposi 氏肉瘤 (Sarcoma) 的癌症病例有陸續增加的趨勢。感染個體也具有高度的易併發症，最後的死因都是原蟲病肺炎（肺囊腫性肺炎，或稱為 PCP)，但是這種疾病在 1981 年以前一直都被確認過，這種疾病的特質是身體免疫系統的衰敗，導致病毒藉著身體防禦系統脆弱的時候，趁虛而入，這種疾病就是今天所稱的後天免疫不全症候群或稱為“AIDS”。1983 年免疫不全病毒首次在法國被辨認而且將之分離出來，而美國則是在次年。但是這種病毒其實早在 1950 年中非洲的一個小地方就已經在血清標本中被察覺，因此被公認是最早發源地應該是非洲大陸。HIV 病毒是經由二人的體源互通來傳播。傳染的過程可能經由性接觸、感染此病毒者的輸血過程或是感染針筒的注射過程，甚至於未出生的嬰兒經由子宮內感染，已出生者經由母奶餵食而感染。最早對感染 HIV 病毒者作研究的法蘭克福大學內科醫學中心及美國疾病控制中心與舊金山市立診所也分別提出詳細的研究報告認為真正愛滋病的孕育期是八到十五年之久，同時 HIV 病毒所具有的另一個特徵是，它具有多達兩百多種的變種，而且一個人可能染患有同樣病毒的好幾種變種。因此，可以想見一種抗病毒的疫苗或是藥物只能有效的對抗一種或數種病毒，不能對抗所有的病毒，這也是對抗 HIV 疫苗或藥物發展上的一個難題。

3. **環境污染的因素：**

我國數十年來的工業發展，雖然讓我國締造了經濟的奇蹟，但卻也在環境污染中付出了相當高的代價，因此公害污染例如金屬鎘的中毒，汞中毒的事件均對人體造成了極大的傷害，此外工廠作業間所導致的疾病如化學物質中毒、塵肺症、接觸性皮膚炎、職業性氣喘等等，都是由於工作環境的污染所導致的疾病，若是環保工作不能嚴格管制，未來因環境公害污染所導致的疾病，將有日益增加之趨勢。

㈡對全民健康保險醫療成本之影響

1. **醫療費用：**

由於疾病型態的改變將促使醫療需求的改變，例如由過去的傳染性疾病轉為惡性腫瘤及腦血管疾病，都需要靠高醫療科技的配合，此外公害污染所造成的職業病不但使醫療需求增加，更加重了醫療成本。

除此之外，愛滋病更是有史以來最為複雜的疾病，它不像以往的疾病，雖然發生率頻繁，但發生的期間有限，而且僅侷限於某些地區；愛滋病不但散布於全球，而潛伏期又相當的長。每個愛滋病患者平均治療費用高達美金 115,000 元，不但醫療費用高昂，而且又無法醫好，因此也造成了健康保險沉重的負擔。

2. 醫療照護的型態：

現今醫院的設備大都傾向於以急性病的照護為主，目前由於慢性病患的增加，若以急性病的照護設備來治療慢性病患，將造成醫療資源的浪費及成本的不經濟，因此慢性病的治療如病床的設立及居家照護制度的建立都是未來健康保險制度極其需要的，此外對愛滋病的患者，未來保險機構應該成立愛滋病人療養中心，提供友善，舒適的環境，使患者可以減低痛苦，雖然目前醫療尚不能讓其痊癒，但是透過特別訓練的護理人員照顧，不但顧及人道精神，而且更經濟，使病人得以獲得妥善的醫療，也可以有效的降低醫療成本。

九、生命延續所增加的醫療成本

由於生與死的判定，不單是醫學上的問題，同時更需考慮到國民的各種習性、文化的背景、社會學以及法學等等的知識，因此有關死亡定義的爭議，安樂死的被許可與否以及生命延續的爭議性問題都增加了醫療成本，以下將就其影響分別加以探討。

(一)死亡的定義

在傳統上對於死亡的判定，通常均以「心跳停止」、「呼吸停止」、「瞳孔散大」三大徵候為判斷死亡的依據，詳如圖 6-2-2 及圖 6-2-3。

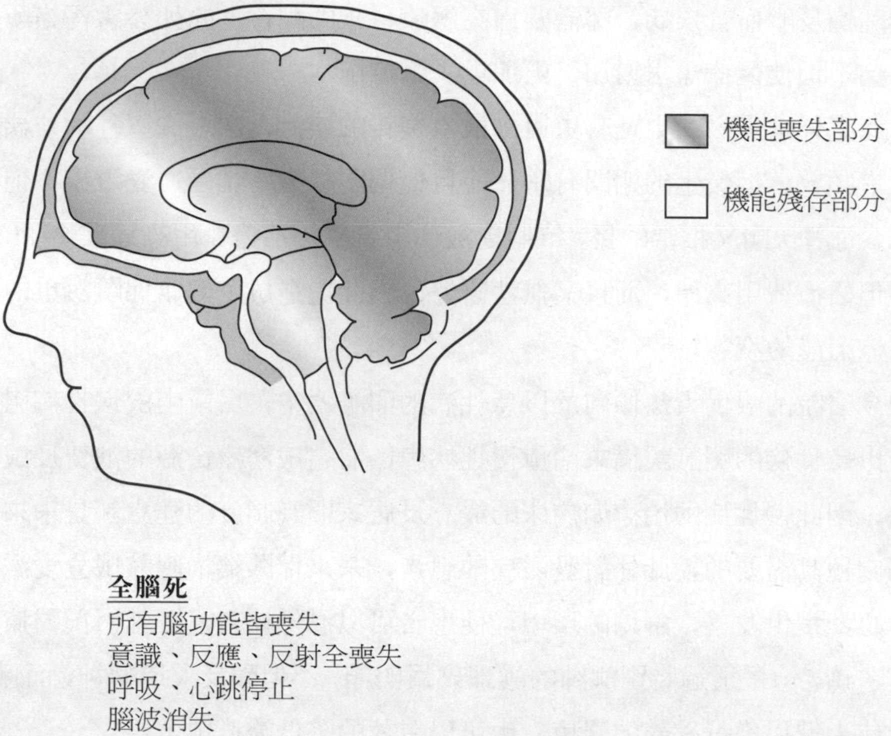

圖 6-2-2　全腦死

一般真正適合判定為腦死的病人只佔 1%，而 99% 均需要藉由上述的三種徵候為判斷，也因為這的判定不易而增加了許多醫療成本。例如腦部有不可逆性的嚴重損害者，雖可藉由人工蘇救儀器來維持患者的心跳及呼吸，從外觀上仍可看到心跳、呼吸及體溫，好像尚未死亡，但是已不能自行呼吸，並且呈現深度昏迷，此時期對患者及其家屬而言並無實質意義。

為了避免患者家屬經濟上的負擔與醫療資源的浪費，醫學先進國家多認定在醫學上「腦幹死」（簡稱腦死），就視為個體死亡，詳見圖 6-2-4。

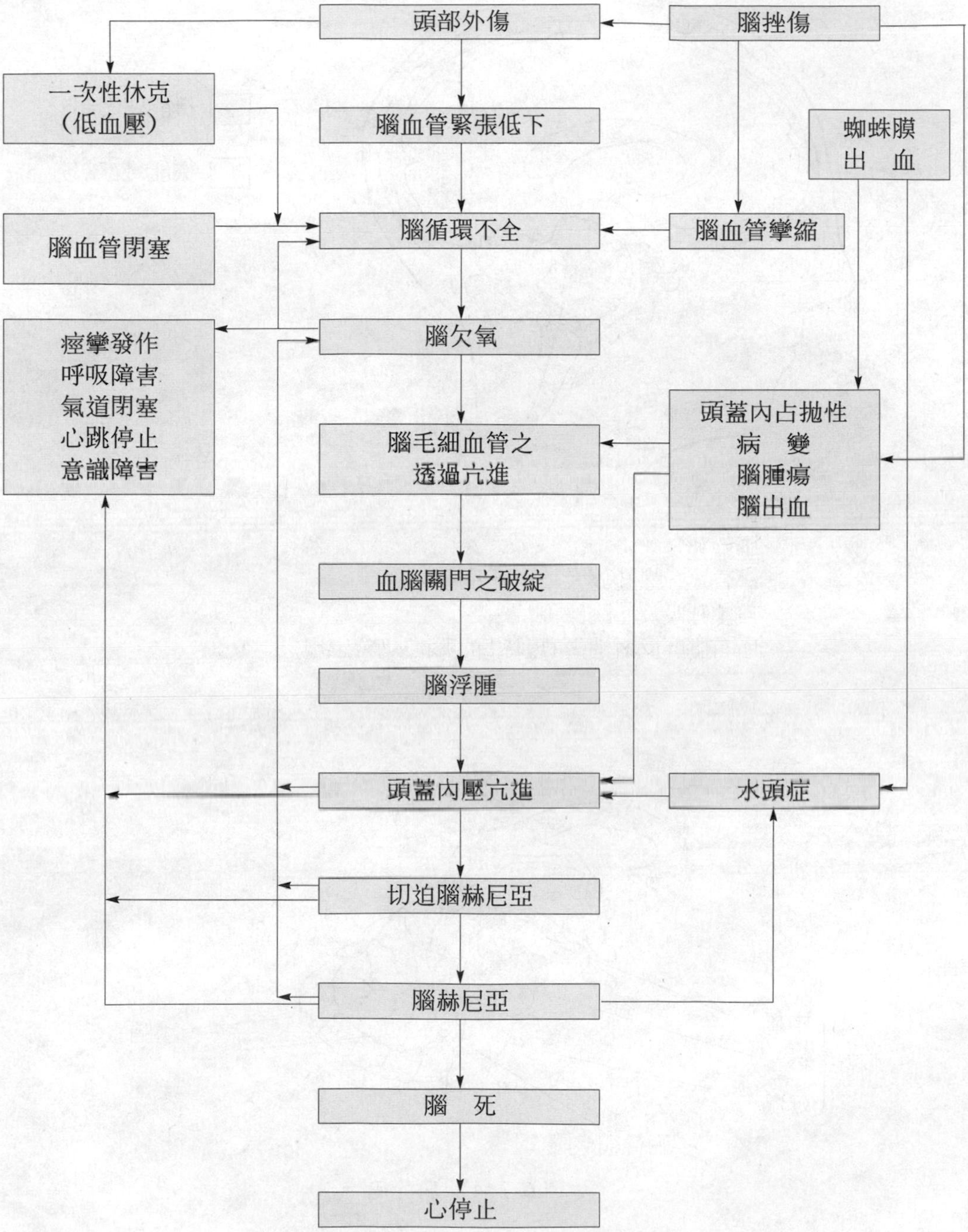
頭部外傷
腦挫傷
一次性休克
（低血壓）
腦血管緊張低下
蜘蛛膜
出　血
腦血管閉塞
腦循環不全
腦血管攣縮
痙攣發作
呼吸障害
氣道閉塞
心跳停止
意識障害
腦欠氧
頭蓋內占拋性
病　變
腦腫瘍
腦出血
腦毛細血管之
透過亢進
血腦關門之破綻
腦浮腫
頭蓋內壓亢進
水頭症
切迫腦赫尼亞
腦赫尼亞
腦　死
心停止

圖 6-2-3　腦死的過程

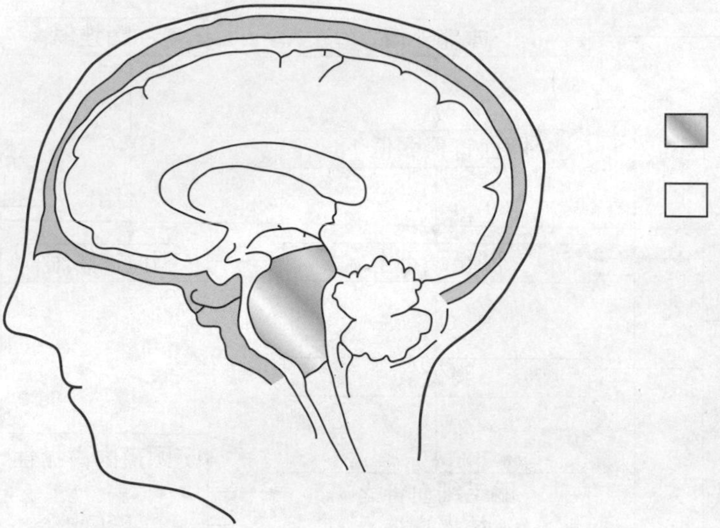

腦幹死
深昏迷、瞳孔放大、光反射消失
自主呼吸及心跳停止
所有腦幹反射消失 (短時間內腦波仍會出現)

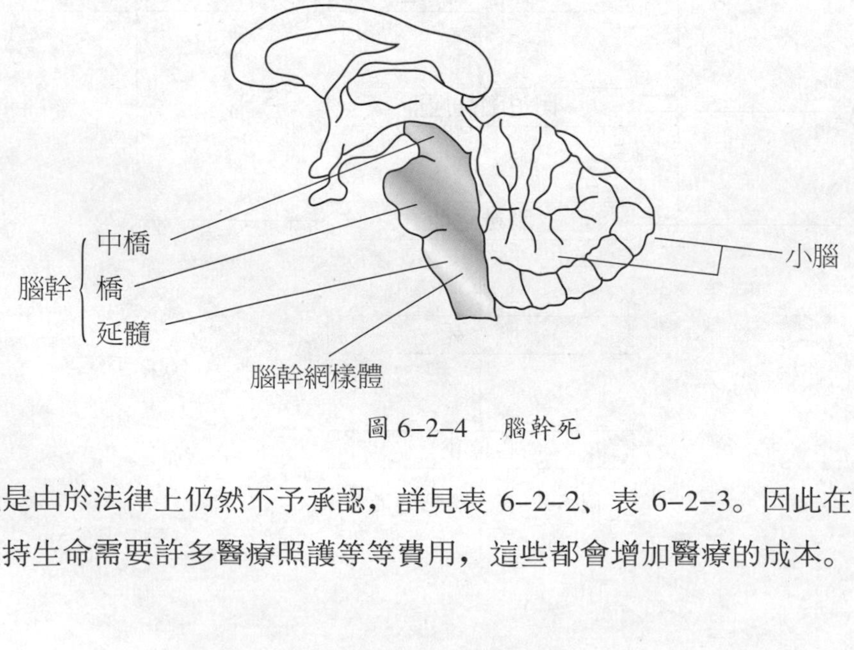

圖 6-2-4　腦幹死

但是由於法律上仍然不予承認，詳見表 6-2-2、表 6-2-3。因此在死亡判定之間為了維持生命需要許多醫療照護等等費用，這些都會增加醫療的成本。

表 6–2–2　腦死觀念之國際間之比較

國　名	是否承認腦死的觀念		有無腦死之基準
	醫學會	法律上	
阿根廷	○	○	○
澳　洲	○	×	○
玻利比亞	○	×	△
巴　西	○	×	△
智　利	○	×	△
哥倫比亞	○	×	△
捷　克	○	○	○
埃　及	×	×	×
芬　蘭	○	○	△
法　國	○	×	△
印　度	×	×	△
以色列	○	×	△
義大利	×	○	○
日　本	×	×	△
韓　國	○	×	△
秘　魯	○	×	△
英　國	○	×	○
美　國	○	○	○
中華民國	○	×	△

○必需　△參考　×不要

表 6–2–3 腦死判定基準之比較

基　準	Harvard	Minesota	瑞　典	日本腦波學會	義大利	墨西哥	英　國	美國總統委員會	中華民國醫師會
年　代	1968	1971	1972	1974	1975	1976	1976	1981	1984
深昏睡	○	○	○	○	○	○	○	○	○
無呼吸	○	○	○	○	○	○	○	○	○
瞳孔放大	○	○	○	○	○	○	○	○	×
腦幹反射消失	○	○	○	○	○	○	○	○	○
脊髓反射消失	○	×	×	×	×	○	×	×	×
平坦腦波	○	×	○	○	○	○	×	△	×
腦血流消失	×	×	○	△	×	×	×	△	×
低血壓	×	×	×	○	×	×	×	×	×
判定時間（小時）	24	12	25 分	6	12	24	24	12－24	12
條　件	藥物中毒低體溫除外	無法修復之腦病變	藥物中毒除外，原因必須明確	腦部之原發生粗之病變	每四小時作 30 分之腦波	低體溫藥品、酒精攝取除外	原因必須明白，藥品中毒除外	藥物中毒低體溫休克除外	藥物中毒低體溫休克除外

○必須　△參考　×不要

㈡安樂死的爭議問題

安樂死 (**Euthanasia**) 依照其希臘語“Eu”即安易的、舒適的，“Thanatos”則為死亡之意，未來安樂死之動機純粹是基於「憐憫之心，慈悲之心」，因而又稱為「慈悲殺」(Mercy Killing)，是醫學上為了結束或縮短正與痛苦掙扎而無法治療的病人，使其無痛苦地死亡，所施行的方式。尤其因為現代醫學的發展，延長了人的生命，對於一些植物人（詳見圖 6–2–5），由於醫療費用龐大，而且對病人的家屬，也是一種身心的長期負擔，若給予安樂死似乎可以減少醫療資源的浪費，但是基於以下的四點理由，安樂死卻始終無法施行：

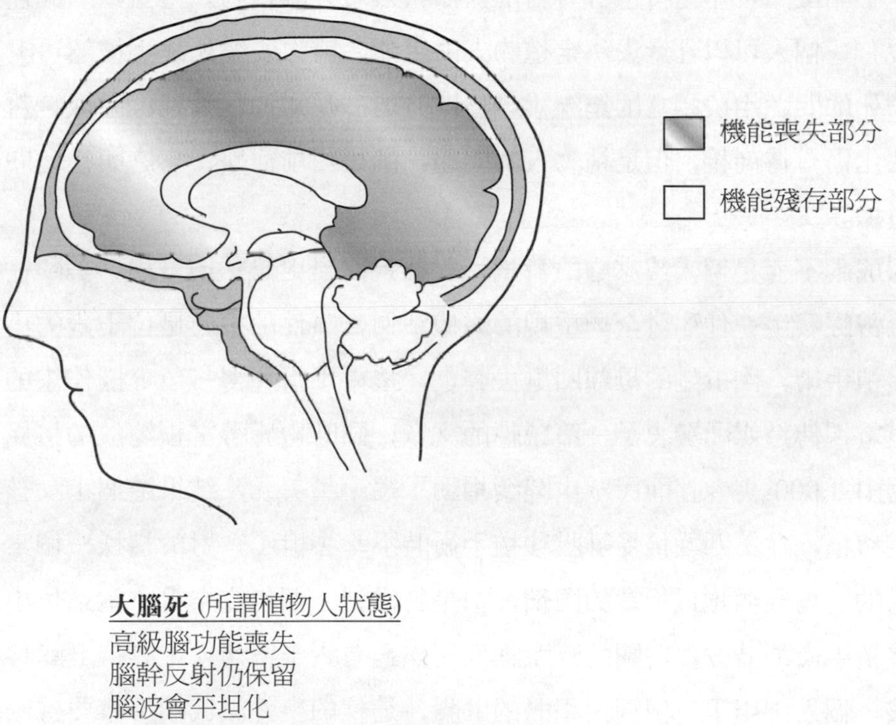

圖 6–2–5 植物狀態

1. 植物人不論其本身的意識如何，他們均無法表達其個人的意願，而家人或醫師若擅自以自己的觀點或感受去判斷病人的苦痛，甚至決定是否給予安樂死是有所偏差的，因為他們並無法瞭解病人對於病痛的感覺及忍受程度。
2. 既非病人所自願，而由別人代為決定安樂死，其間或許會夾雜著故意謀殺的動機，尤其民間常流傳所謂的「久病無孝子」，因此家人對於植物人的照顧，由於精神上、肉體上，其至經濟上的壓力，均可能同意安樂死，此外更可能因為圖謀保險金或遺產繼承的關係而贊成安樂死，因此這也是安樂死至今不被合法化的原因。

3. 安樂死如果被認可，甚至合法化，可能會造成社會的其他類似症狀也受到波及，例如對於有缺陷的嬰兒，或因人類壽命延長而增加的老人痴呆症患者，甚至精神病患都可能被處以安樂死，這在人道立場是不被容許的。

4. 由於科技的發展，帶動醫學的進步，有些植物人雖然在目前無法治療，但是過了十年或二十年之後也許有新的醫療科技可以讓植物人重生，因此在這觀點上沒有一個人可以任意去決定植物人的生死，所以安樂死是不被認可。

安樂死的問題由於相當的錯綜複雜，同時更涉及道德、倫理、宗教、哲學等，因此其合法化仍有待商榷，但是植物人的問題，卻是目前醫學、家庭與社會間一個沈重的醫療負擔。

醫療成本不僅是個人或家庭的負擔，對社會而言更是一項重擔。美國在雷根總統的時代就曾經發生一件引發全國重視的醫療案例，事件的主角是位十歲的小女孩需要肝臟的移植手術，由於她的母親四處去奔走，後來不但獲得一位專欄作家的支持，在報紙甚至電視傳播媒體發表了一篇感性的文章，同時也獲得雷根總統的接見，並以私人名義捐出 1,000 美元，而民眾也陸續捐助了幾十萬美元，結果這個小女孩接受了三次的肝臟移植，在第四次接受肝臟移植手術時不幸去世了，對於這樣一個案例，雖然基於人道的立場我們抱以相當的同情，但是若從另一個角度來看，當這位小女孩在接受肝臟移植手術的時候，美國的醫院裡面居然還有六十個病人正等待肝臟移植手術，而小女孩一個人卻用了三個別人捐贈的肝臟，這樣的事件讓我們不禁要感嘆難道與雷根總統見面就享有這種的特權嗎？醫療資源的分配是否需有一合理而公平的原則，而高科技手術所帶來的昂貴成本，更是我們在談論生命的意義與醫療成本控制之間一個極大的衝突。

第三節　全民健康保險醫療成本之控制

近年來大多數的先進國家，不管是以社會保險方式提供醫療保障的日本及西歐國家，或是實施公醫制度的瑞典及英國，或以採行多元化制度的美國，在醫療費用的支出方面均有逐年上昇的現象。雖然全民健康保險實施之後，投保人數與保費收入會不斷增加，但是醫療保險給付也會大量增加，將來可能與勞保、公保相同形成醫療保險支出超過保險費收入的現象，如果全民健康保險制度不能訂出一套有效的控制醫療給付的計劃，很可能造成財務上的赤字，也影響制度的推行，因此以下將就實施醫療保險制度之國家，所實施之控制醫療成本之方法加以分析與探討，以供全民健康保險實施之參考。

一、轉診制度的建立

為了提供國民更多、更好的醫療照顧，並使醫療資源能達到合理的分配，轉診制度已成為合理有效醫療體系建立的必要條件，也是未來全民健康保險實施必須優先考慮的。

我國自 1984 年起由勞保局之六家特約醫院開始實施轉診制度；這項措施雖然給國內的醫療界及全體國民帶來很大的改變，然而勞保局在實施的過程中，由於缺乏良好的宣導，致使國內醫療界對於轉診制度並不能密切配合，而勞保被保險人在缺乏認知的情況下，所以不管大小疾病也都湧向大醫院求診，加上目前勞保對於大型醫院醫療費用所洽訂的費用有偏高的現象，而小型醫院則支付費用偏低，這也造成了病患寧可至大型醫院求診的另一個因素。

事實上在其他實施醫療保險國家的經驗當中，分級醫療與轉診制度，是有效運用及均衡臺灣地區醫療資源的要件。在轉診作業的架構之下，分級醫療是將醫院功能層次化（分級），如圖 6-2-6，每一醫療區域中由基層單位負責第一級的基層醫療照護，地區醫院負責第二級的醫療照護，區域醫院和醫學中心則負責第三級照護。

我國全民健康保險如欲防止「大醫院看小病」的弊端，勢須嚴格實施轉診制度。這樣不但可以防止醫療資源的濫用，節省醫療費用，也可藉以提高醫療水準，促進醫

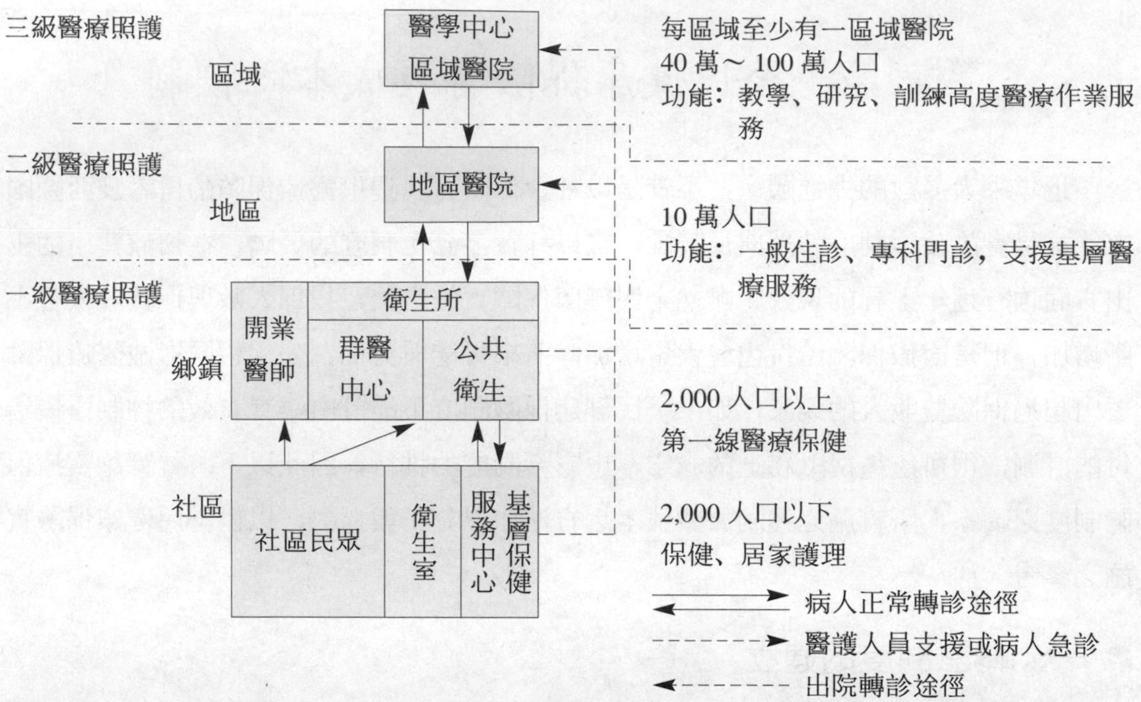

圖 6-2-6　轉診作業之架構

療設施的均衡發展，使區域醫療可以充分發揮其功能。使得大病上大醫院，小病看小醫院，而大型的醫療院所也較能有充分的時間從事醫學的研究。此外轉診制度的實施，對病患而言也有以下幾項幫助：

1. 由基層醫師診療，瞭解病人的身體狀況與過濾轉診的病人後，可代病人選擇合適的專科醫師，免去病人因認知不足或對病情不瞭解以致到大醫院就診時掛錯科別，不僅浪費時間，也延誤病情。
2. 在轉診制度實施之後，大醫院的就診量可以獲得有效的舒解，而且病人也可經由事先適當而妥善的住院安排，不致產生病患因病情需要至大醫院被拒收或無法進行適當檢查的困擾。
3. 實施轉診制度之後，由於病人已經過初步的檢查與治療，因此當送至大醫院時，醫師也能立刻進入狀況，有效的掌握病情，不僅有利於病情的控制，也可避免反覆而不必要的檢查。

全民健康保險實施轉診制度雖然有其必要性及可行性，惟在實施上仍然須考慮的問題如實施轉診時，輕重疾病如何認定？此外初診醫院與轉診醫院之間，應如何建立彼此的溝通與交流關係？又初診與轉診醫院之設立標準應以哪些條件予以分級？這些問題均是轉診制度實施所須事先解決的，因此為解決以上問題，健全轉診制度施行可以由以下各點加以考量：

㈠家庭醫師 (Family Doctor) 的推廣

在歐美國家每個家庭都有一位一般科醫師並兼醫藥衛生保健的顧問，家庭醫師對於家中成員的健康狀況、衛生情形及家族病歷與遺傳病症均有詳細記錄，以做為患病時之參考。因此對於一家大小如果患小病及健康檢查等工作均能委由家庭醫師執行，而如疾病較為嚴重須要轉診時，也可協助轉診，並針對患者的需要轉到適當的科別，而不致產生患者自己至醫院看病不知到底掛內科、外科、腦神經科的困擾。原則上，一個受過完整醫學訓練，能給予病人耐心的醫療及提供病人充分保健醫療資訊的醫師，就是好的家庭醫師。而選擇好的家庭醫師，大致可歸納如下：

1. 參考目前家庭專科醫學會員的認定標準：⑴為內、外、婦、兒科醫師；⑵為基層開業醫師；⑶曾接受家庭專科醫學會舉辦之繼續教育課程者。
2. 經由獲得家族中其他成員認可之家庭醫師所推介者。
3. 能耐心關懷病人身體、心理及社會生活背景的醫師。

臺灣至目前為止大約僅有 1,000 名家庭醫學專科醫師，比估計的合理數量 10,000 名，約短少 9,000 人，為配合全民健康保險的需要，家庭醫師的訓練與培養仍是相當迫切需要的。

㈡統一醫院診療費用的支付標準

我國全民健康保險實施時，為了公平及尊重醫師專業能力，對於醫療給付中的診療費用應採一致標準，這樣不僅可以順利推行轉診制度，達到同病同酬的公正給付標準，也能緩和醫療費用日益上漲的趨勢。

㈢醫療院所之分級標準應著重醫療之品質

目前勞保醫療院所之分級標準主要著重在醫療儀器及病床數的多寡作為分級標準，這種以硬體設備為分級的依據常造成大型醫療院所的不正常發展，而且也使得國內幾家大醫院每日門診人數高達 7,000 人，此種情形是國外所少見。未來全民健康保險對於醫院的等級劃分，應著重醫療院所之軟體設備、醫療人員的素質以及醫院的服務品質，才能建立較公平而合理的轉診標準。

㈣明訂轉診轉院之標準

為防止病人在住院後，因病情需要轉院時，少數醫療院所藉故拖延病人的治療時間，因此未來全民健康保險應該明訂轉院的標準，並在發現病人應該轉院而未轉院時，該特約醫療院所須受到相當處罰，如情形嚴重可以取消其特約資格，這樣才能確實保障被保險人的就醫權利。

㈤轉診醫院與一般診所之合作關係

為健全全民健康保險醫療體系之轉診制度，醫院之間應建立起良好的溝通管道，各級醫療院所的病歷及作業規章應加以統一，並建立起相互間的資訊網路，以減少病人轉院時的重複作業和醫療資源的浪費，同時藉著病歷及其他資料的統一而使得醫療服務組織間的轉診作業能更迅速、確實。

總之，未來全民健康保險的實施，若要合理分配醫療資源，就必須建立良好的轉診制度，而做好轉診制度，除了在制度上須給予被保險人合理與方便外，更須要求醫療服務的提供者能負起醫療的責任，而民眾也須建立正確的觀念，勞保局在推行轉診制度上的許多問題與缺失都是未來全民健康保險制度上一種很好的參考，希望能藉由這些經驗對全民健康保險的實施有所助益，也才能確實提高醫療品質，使醫療資源合理化，減少醫療資源浪費的現象。

二、DRG 制度之建立

近十多年來美國健康照護費用的成長相當迅速，根據統計，健康照護費用佔國民生產毛額的百分比已由 1965 年的 6% 上漲至 1980 年的 9.4%。近年來每年平均上漲 15%，使得聯邦政府的醫療財政幾乎破產，因此美國政府為控制健康照護費用的上漲，自 1983 年首先在美國老人健康保險 (Medicare) 實行診斷關係群（**Diagnosis Related Groups**，簡稱 **DRG**）制度，亦即採用預估價格制度（**Prospective Pricing System**, 簡稱 **PPS**）核付費用，以抑制醫療費用的上漲，及提高醫療資源的合理使用。由於構成 DRG 制度的組成要素，在國際間大致相同（如病情的分類、年齡、診斷、病情與治療等因素），因此頗值得作為未來全民健康保險制度上的參考，以下將由 DRG 制度之內容作分析與探討，希望能有助於我國未來全民健康保險之實施。

㈠ DRG 制度之內容

DRG 制度是 1960 年代耶魯大學的醫療及醫政學者所命名，最初是醫院基於管理的需要，將病人加以分類，以便於醫院的需要。分類的方式，包括依種族分為白種、黑種及其他有色人種。依照醫療付費方式分為全免、優待及自費，而分類的標準是依據世界衛生組織 (WHO) 的國際疾病分類標準（International Classification of Diseases, 簡稱 ICD）。經過多次修正美國於 1979 年訂出 ICD-9-CM (International Classification of Disease-9th Revision-Clinical Modification)，並在全國統一實施，以利資料之統計、交換及比較。這一套方法是現今醫學方面最完善的一套方法，是 DRG 制度分類的基礎，目前我國有幾所醫院也採用作為病歷分類的基礎。

DRG 將 ICD-9 所訂的十七種人體生理系統、器官或疾病系統再細分為二十三大系統稱為 MDC (Major Diagnostic Categories)，並將此包括疾病分類、手術分類及特別分類 (Vcode) 的一萬多種細分類，依據對一百餘所醫院及一百四十餘萬份出院病歷及收費調查分析，將住院病人之診斷、治療型態及對醫院資源之消耗程度合併考慮，其中屬於手術類者有二百種，非手術類者有二百五十二種，兼有手術及非手術者有十五種，合併為四百六十七種，此四百六十七種稱為四百六十七個診斷關係群 (Diagnosis Related Groups)，亦即四百六十七個 DRG。此外為了適應實際需要及方便作業，再多加三個號碼，其中第四六八號，為手術與診斷不相干的病例，第四六九號為醫院所報資料不夠詳盡，不足以指派 DRG 的病例，第四七〇號為所有其他因錯誤或遺漏不能進行分派 DRG 作業之病例。由於此三編號因與實際之病例分類無關，故一般均不予計入，因此總數雖有四七〇號，但一般均使用四六七這一數目。

㈡ DRG 費用支付標準計算公式

其計算公式如下：

某診斷組合應得之費用 = 某診斷組合應給付之價格 × 某診斷組合價格之加權數值 × 當年間接醫學教育成本調整指數 × 通貨膨脹率

假設某一家醫院 2002 年的給付價格為 $5,600.30，間接教育成本調整指數為1.095，通貨膨脹率為 1.04，則編號 001 的診斷組合（權數 3.3199）病例，其可獲得收入為：

$\$5,600.43 \times 3.3199 \times 1,095 \times 1.04 = \$21,173.07$

根據上述實例，有幾項問題需要探討，茲分析如下：

1. 價　格：

診斷組合的價格 (Rate) 包括了病人住院期間所獲得的醫療照顧之作業成本，而數值的取得則來自於美國老人醫療保險給付案例，經過調整後而計算出來的平均數。至於價格的訂定可分為兩部分，一為醫院別部分 (Hospital-Specific Portion)，另一為聯邦費率部分 (Federal Rate Portion)。其計算公式如下：

某診斷組合價格＝醫院個別價格×當年度調整比率＋
區域性價格×當年度調整比率＋
全國性價格×當年度調整比率
（後兩項合稱：聯邦價格）

由上述公式可知 DRG 價格高低之影響因素有二，一為各醫院別價格的高低，另一為聯邦價格 (Federal Rate) 之計算。

在醫院別的價格方面所考慮的因素，包括了病人住院期間所獲得醫療照護的作業成本 (Impatient Operating Costs)，所包括的項目有：

⑴常規作業成本（例如病房及伙食等費用）。

⑵輔助醫療成本（如 X 光、檢驗等）。

⑶特殊醫療成本（如加護病房、洗腎等）。

⑷醫療訴訟保費等費用。

除了這四項外，其他作業成本則不列入預定價格考慮之列，但該項成本費用仍被視為合理費用支付，稱為可通過費用 (Pass through Costs)，其項目如下：

⑴設備投資成本。

⑵門診成本。

⑶直接醫學教育成本。

⑷醫院醫師之醫療與手術費用。

⑸腎臟移植臟器取得手續費。

至於聯邦價格目前為 3,307.96 美元，乃是全國性之平均費率。而聯邦之區域性價格，是將全國劃分為九個區域，並按照都市及鄉村分別求出每出院人次之標準化平均費用。目前全國平均值 3,307.96，原則上全國共同適用，但在制度推行初期，為減少各方阻力，在計算上考慮各醫院及區域之價格，而以四年期間，依下表 6–2–4 所列比率分別調整，求出綜合價格，用來作為計算各診斷組合費用的依據。

表 6–2–4　診斷組合價格比率表

年　份	混合價格	醫　院	區　域	全　國
1985	$5,600.30	75%	20%	5%
1986	$4,869.42	50%	28%	22%
1987	$4,078.08	25%	10%	65%
1988	$3,307.96	0%	0%	100%

醫院價格：$6,302.65
區域價格：$3,520.05
全國價格：$3,307.96

2. 診斷組合加權值之分析：

DRG 分類制度是訂定預估價格（PPS）之礎石，每一診斷組合均有一個價格權數，例如在前一節所舉例子 001 的診斷組合 $\$5,600.30 \times 3.3199 \times 1.095 \times 1.04 = 21,173.07$，其中 3.3199 即是權數，此權數表示該診斷組合的疾病所需要耗費資源的程度。美國聯邦醫療財政局（Health Care Finance Administration, 簡稱 HCFA）根據醫院歷史性之收費資料，對每一 DRG 訂有一權值表，最低者為 DRG: 382T，權數為 0.1842，最高者為 DRG: 457「重度燒傷」，權數為 6.8631，差距達三十七倍之多。權值訂為一者，依目前規定大約是美金 3,000 元左右。DRG 加權值的計算公式如下：

$$\text{某 DRG 之加權值} = \frac{\text{某DRG之平均費用}}{\text{所有DRG之平均費用}}$$

DRG 制能否成功的使用在 PPS 之基礎下，則須靠此相對加權值根據實際需要，加以調整。

3. 間接醫學教育費用與通貨膨脹率之分析：

間接醫學教育成本計算時是依「醫師數」及「病床數」作指標，並對 DRG 費用中的聯邦價格和除外費用作一修正後而得，因此教學醫院間接醫學教育指數較非教學醫院為高。若以芝加哥醫學中心適用之數據資料作例子如下：

DRG127 加權值 × DRG 價格 × 間接醫學教育費用指數 × 通貨膨脹率
= DRG127 之給付費用

1985 年：$1.0164 \times 5{,}600.30 \times 1.095 \times 1.04 = 6{,}482.21$

1986 年：$1.0164 \times 4{,}869.42 \times 1.210 \times 1.09 = 6{,}527.60$

1987 年：$1.0164 \times 4{,}078.08 \times 1.380 \times 1.14 = 6{,}520.85$

1988 年：$1.0164 \times 3{,}307.86 \times 1.633 \times 1.19 = 6{,}533.68$

4. 額外費用給付：

每一 DRG 有一幾何平均住院日數及住院日上限數，當實際住院日數超過上限者稱為住院日除外者 (Day Outlier)，可以獲得額外補償，但須經過另一機構（PRO 見後述）審核證實醫療上有其必要。另一種情況是，雖在住院日上限內，但其費用超過 DRG 所訂金額，而有正當理由者，稱為費用除外者 (Cost Outlier)，也可獲得補償，但也須經過 PRO 審核。

5. DRG 制度下的費用審核辦法：

所謂的同業審核機構（Peer Review Organization, 簡稱 PRO）是由醫師與醫務行政人員共同組成的團體。依據 1983 美國社會安全法案，PRO 的職責有以下幾項：

⑴審核病人住院與出院之適當性。

⑵審核某些病患給付費用過高者的醫療照顧內容的適當性。

⑶審核醫療品質與醫療照護的完整性與適當性。

⑷審核特約醫療院所提供資料的可信度與效度。

PRO 除了負責以上所述的各項工作外，也從事有關轉診率，平均住院費用和平均住院日之統計，以做為評估醫院利用率之需要。而醫院、醫師或病人如對 PRO

的判斷具有異議也可請求 PRO 重新審核。主要目的均是在使被保險人能獲得合理而有效的醫療照顧。

6. DRG 的實施成效：

DRG 制度的償付方法，使得醫院在提供患者醫療服務時，若費用低於預估價格的範圍，便可獲得差距的利潤，反之若費用高於預估價格，超過部分則需由醫院自行吸收。因此醫院的主管人員為減低醫療費用的自行吸收狀況，必將謹慎的審核員工的工作要求及醫事人員的技術水準，此外對於醫師成本、醫療設備的使用、醫療品質的提昇及生產力的增加均有所幫助，茲分析如下：

(1)醫師成本資料的檢討：在 DRG 制度下，各醫院可將其費用的開列與其他相似的機構做一比較。以馬里蘭州為例，該州的健康服務費用審核委員會就提供醫師臨床的費用資料給予各醫院參考，這些資料包括每一診斷關係群的平均總醫療費用、每月費用、手術費用、檢驗、放射線及診療費用。由這些費用評估資料，使醫院的行政單位與醫師能決定各單位如何雇用員工，也讓醫師能決定如何運用最適當的診療方式，減低非必要或昂貴的照護費用。

(2)醫療設備使用率的評估：在預估價格體制下，由於非必要性的住院日數延長及額外的住日數均不給予核付，因此也促使醫院對醫療設備的使用率及實際的效益更加重視，對於住院時間過長或診療費用過高者均會特別留意，此外更特別注意患者的住院是否有其實質的需要性。

(3)醫療品質的提昇及生產力的增加：在預估價格的制度下，由於醫院為增加醫療效率，因此對於昂貴或缺乏實質效益的醫療服務將會相對減少，這些因素也會促使醫院更著重醫療品質的提昇及加強醫院的生產力，無形中使得醫院能更積極提供高品質的醫療照護。

美國自從 1983 年實行 DRG 診斷付費制度之後，不僅各醫院的檢驗項目及住院日數均大為降低，在 1985 年全國醫療費用上漲率也首次在 10% 以下(9.1%)，雖然也引起少數醫院的抗議，但真正管理健全的醫院，在 DRG 制度下財務情況均呈現相當良好的狀態。

就目前我國現況而言，長庚醫院雖自美國引進 DRG 系統，但卻無法完全照抄使用，主要原因在於該院各科十年來所接到的醫療病例有限，因此只有較常見的病例擁有較多的樣本，可以據以求出較客觀的平均醫療費用，而另外有許多疾病都仍無法取得大量的樣本，因此也較難求得較客觀的平均收費標準。例如某一種疾病僅有兩個病例，其中一個住院僅七日，醫療費用總計 5 萬元，另一病例住院超過一個月，醫療費用總計在 20 萬元左右，這時就無法用 25 萬元除以 2 來作為收費的標準。

因此為顧及 DRG 制度實施時的客觀性，並節制住院醫療的濫用，實施 DRG 制度仍是未來全民健康保險抑制醫療費用上漲的目標之一，尤其站在醫學界的立場，醫師開始嘗試仿效 DRG 制度計收醫療費用，並修正 DRG 制度在美國實行上之缺失，從而節制整個國家醫療浪費，也是相當值得鼓勵與重視的。不過鑑於美國在實施 DRG 制度之後，卻出現醫院因為患者的住院費用已達限定金額，因而採取「趕」病人出院，降低醫療品質的缺失。為此醫院與保險單位應避免因過分著重財務費用的控制，而使醫療行為趨於商業化的現象。尤其為希望 DRG 制度移植國內之後，醫院能特別注重病人需求，讓醫師多發揮愛心與人性。

分析各國的健康保險機構，運用財務機構的功能，促使醫院與醫師共同參與監督醫療費用的責任，已是各國健康保險必然的趨勢，透過這種制度，醫院與保險單位均有公平計價依據，國內保險單位，未來如何借重這套模式的經驗，客觀衡量國內的醫療環境，建立一套適合本土化的 DRG 制度，是未來全民健康保險實施上一項重要課題。

三、醫療費用部分負擔制度之建立

在實施自由診療制度的情況中，由於醫療消費是屬於個人責任，因此個人的經濟能力與醫療價格的高低，均影響醫療市場的供需，同時患者也較能選擇醫療的品質、內容及節制醫療的行為。然而一旦實施醫療保險制度之後，在免費的醫療保險下，被保險人如需接受醫療照護時，則完全由保險人負擔醫療費用，在此情況下，常常形成醫療需求量有大量增加的趨勢，或者形成被保險人濫用醫療資源的現象，例如：索取非必要的藥品，增加就診的次數或要求改變醫療內容的情形。而另一方面，醫師在病人的要求下也樂於提供較複雜或較昂貴的手術與治療。因此在免費的醫療保險制度下，不僅造成了被保險人的過度浪費醫療資源，也是醫療費用日益增加的因素之一。

由於各國醫療費用的快速上漲，世界上幾個先進國家無不致力於各項對策以有效抑制醫療費用上漲，因此採行患者部分負擔醫療費用的方式也受到世界各國的重視。以下將就實施部分負擔制度的目的，部分負擔制度實施應考慮的因素，部分負擔制度的類型及部分負擔制度的施行效果分別加以探討。

㈠部分負擔的目的

部分負擔主要在透過被保險人與醫療服務的供給者間建立起一種合理的費用分配，使得醫療資源能有效利用而被保險人也能獲得最佳的醫療照顧，並能確實降低醫療費用的增加率。因此部分負擔的目的可以從社會、醫療、經濟方面加以分析，如下圖 6–2–7 所示：

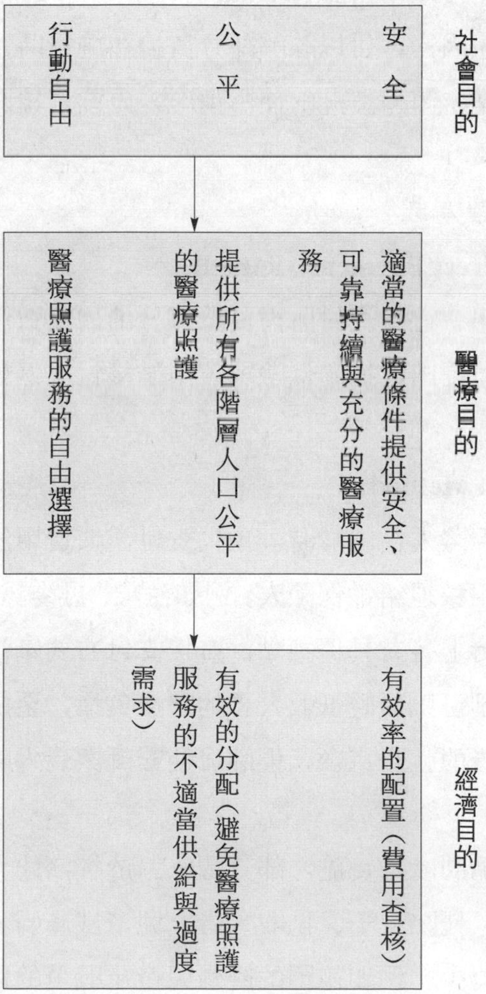

圖 6–2–7　部分負擔的目的

㈡部分負擔應考慮的因素

部分負擔制度的實施，由於影響到被保險人的醫療行為及醫療資源的使用，因此在施行時需考慮以下幾項因素：

1. 由哪些人來負擔費用？是所有的被保險人或只是部分被保險人要負擔部分醫療費用？
2. 部分負擔的醫療項目是就特定的項目或按實際總醫療費用來負擔？
3. 部分負擔的費用應規定多少金額或多少百分比才合理？
4. 應採用哪一種方式的部分負擔制？
5. 部分負擔制度的施行效果與影響如何？

由上所述的多項考慮因素，可以瞭解部分負擔在施行時，不僅須考慮一個國家的經濟狀況、國民所得水準、醫療資源的使用情形，更要考量政府的政策來決定部分負擔的施行要點。

㈢部分負擔制度的負擔方式

1. 直接支付方式 (**Direct Payment Method**)：

   此種方式乃是由患者直接支付所需負擔部分的醫療費用給予醫療單位，其餘的部分再由醫療單位提出收據向保險單位申請核付。例如英國與德國的藥劑費便是採行此種方式。

2. 核退方式 (**Refund Method**)：

   此種方式是由被保險人在就診時，預先支付醫療費用給醫療單位，再由保險單位按規定比率費用核退給被保險人。例如法國、丹麥、芬蘭便是採行這種方式。

以上兩種方式在施行上各有其優缺點，直接支付方式牽涉到保險單位與醫療機構兩者間的協調問題，但卻可以減輕低收入者的醫療負擔，至於核退方式，由患者預付費用往往遏阻了低收入者的就醫意願，但卻可使醫師與病人間建立較為和諧與平等的關係。

此外為配合部分負擔制度的實施，部分國家對於經濟能力負擔較弱的被保險人如領受養老給付的老年人、殘障人士、低收入者、兒童或產婦，均有較寬的規定或者自負額的部分較一般對象為少。例如德國的產婦兒童及戰爭的傷殘人士，均可免除部分負擔費用，此外對於眷屬的部分負擔，各國也有不同的規定：南韓對於患者是被保險人時，最高負擔率門診為40%，住院負擔為30%，眷屬門診則須自行負擔50%的比率，住院為40%。眷屬的部分負擔比例較被保險人為重。但日本在新修正的健康保險法，則減輕被保險人眷屬住院負擔的部分。

為顧及全體被保險人的權益，以及達到醫療給付的公平性，國際勞工組織曾於疾病保險公約中特別提及醫療費用分擔的法則，並特別強調當受益者須負擔醫療費用時，應達到一方面能使受益者免於遭受經濟上的困難，一方面更須兼顧醫療的效果及社會安全的目的。

㈣部分負擔制度的類型

部分負擔制度的類型由於各國採行的方式不同，因此所享有的醫療照顧在質與量方面也有很大區別，歸納目前各國所採行的方式大約可分以下四種：

1. **定率負擔制：**

   定率負擔制是被保險人對於本身所實際消費的醫療費用總額負擔固定比率的部分費用，此種方式的負擔制度雖然在行政事務的處理上相當方便，但因負擔的比率到底應採行何種標準，甚難決定。如果採用核退方式時，對於低收入者而言，可能因經濟能力不足，以致發生醫療上的困難。因此，有些國家為顧及低收入被保險人的需要，對於住院與門診訂定不同的比率，通常是門診部分負擔的比率高於住院的部分，用以減輕被保險人的負擔。

2. **定額負擔制：**

   在定額負擔制之下，被保險人不論醫療費用的多寡均負擔定額的部分費用，日本的健康保險即是採用此種方式，規定被保險人在住院與門診方面必須負擔若干金額。此種方式在行政處理上雖然也頗為簡便，但在金額的負擔上，究竟以多少金額較為適當，也頗有爭議。金額過高雖然可以達到抑制醫療費用上漲的效果，但也容易造成輕病者或低收入者「小病不上醫院，釀成大病」的狀況，也就形成所謂的「小錢不花，而須花大錢」的現象。反之若金額訂得過低，則對於多數被保險人而言並不能造成經濟上的任何影響，也就無法有效的抑制被保險人對醫療濫用的現象。尤其醫院若不分等級，被保險人若僅須就規定的金額來負擔醫療費用，則醫院因設備、規模不同、坐落的地點也有差異，同一種病如住進小醫院可能只須數千元的醫療費用，若住進大醫院，又選擇頭等或特等病房可能花費金額就相對增加，在定額負擔制之下，被保險人負擔同樣的保險費卻享受不同水準的醫療照顧，也將形成不公平的現象，尤其當醫療費用隨通貨膨脹而增加時，若自負的金額不能跟隨調整時，也失去部分負擔制抑制醫療費用的意義。

3.限額負擔制：

所謂限額負擔制，是在規定的金額範圍之內，由被保險人自行負擔該部分的醫療費用，在超過該定額的部分，則完全由保險人負擔，例如日本健康保險法規定眷屬每月負擔以不超過 39,000 元為限，未超過部分，按定率負擔制負擔二成醫療費用，超過部分則不須負擔任何費用。此一制度與定額負擔制並沒有太大的差別，所不同的是，在未達限額時，患者僅負擔實際發生的醫療費用即可。雖然限額負擔制在費用的收繳與行政作業上較前面二種方式繁瑣，但被保險人卻能事先預估每月應儲蓄的金額，以作為罹患疾病時之用，因此可以免除被保險人心理上的不安與恐懼。

4.特定項目部分負擔制：

所謂的特定項目部分負擔制，是對於特定的某一項或若干項的費用，例如掛號費、藥劑費、配鏡、義齒、以及病患的移送費用等，由受益患者按定額或按定率負擔部分費用。例如奧地利規定在牙科治療方面被保險人須自行負擔 20%，德國規定義齒、配鏡及治療儀器的部分負擔率為 20%。此種方式主要在針對影響目前保險財務支出的醫療給付項目，或對於較易產生濫診或浪費的醫療給付項目，將之列為部分負擔制度的特定項目，以減少被保險人的「撈本心理」或浪費醫療資源的現象。

㈤長瀨指數在日本的實證效果

日本學者長瀨恒藏先生所提出的「長瀨指數」乃根據醫療費用支出 (E) 和個人負擔比率 (C) 的關係，作成二次曲線方程式如下：

$$E = 1 - 1.6C + 0.8C^2$$

在此公式中 E 為醫療給付，C 為被保險人之共保率，亦即為部分負擔率，而係數 1.6 及 0.8 被稱為「長瀨係數」。

長瀨先生是利用日本國有鐵道共濟組合及警察共濟組合等組合的醫療實績，以及一般國民醫療消費推定額等資料，作成「醫療費用遞減表」詳如表 6–2–5，並由醫療費用遞減表，作成長瀨指數曲線如圖 6–2–8。

表 6–2–5　長瀨指數醫療費用遞減表

負擔成數	免費	一成	二成	三成	四成	五成	六成	七成	八成	九成	全額
遞減率	1.000	0.848	0.712	0.592	0.488	0.400	0.270	0.272	0.233	0.208	0.200

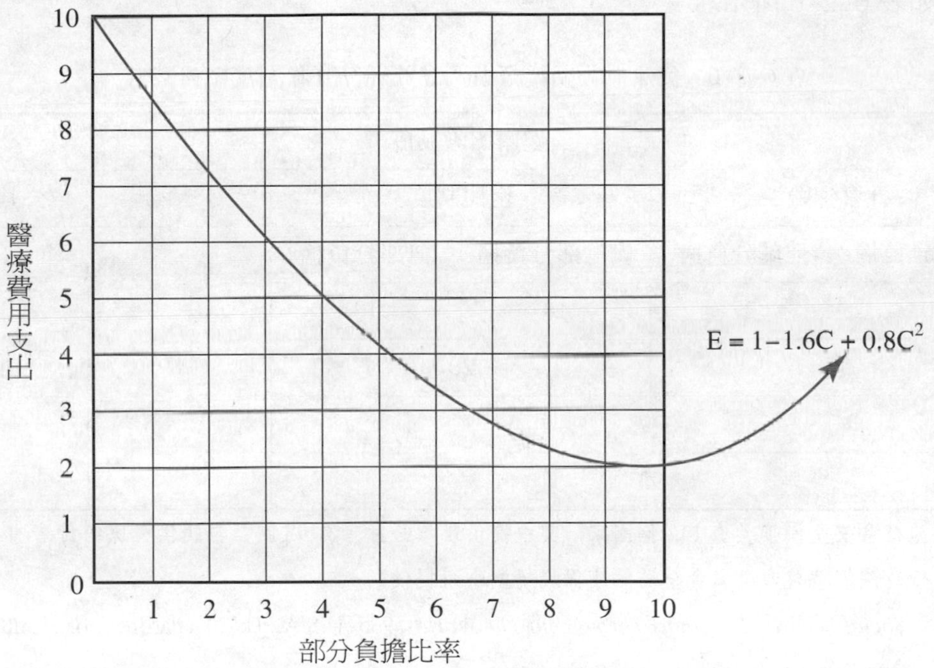

圖 6–2–8　長瀨指數曲線

依長瀨指數所示，被保險人負擔為零時，醫療支出為 1，負擔一成時，醫療支出為 0.848，此時醫療支出可減少 15.2%，也就是可以節省的醫療費用為 15.2%，負擔二成時，醫療支出為 0.712，亦即可節省 28.8% 的醫療支出，而當被保險人負擔三成時，醫療支出為 0.592，可節省 40.8% 的醫療支出，若被保險人負擔全額時，醫療支出為 0.2，可節省 80% 的醫療支出。

由長瀨先生所提出的長瀨指數可知，醫療費用部分負擔制，可以節省醫療費用的支出。惟在此值得注意的是部分負擔率與醫療費用遞減率二者關係並非呈同比例的變動，誠如長瀨指數所示，當部分負擔率為 10% 時，醫療費用遞減率為 15.2% 而不是 10%。同時採取部分負擔醫療比率的效果，與被保險人心理，行為心態有關，並非完全或同比例或較大比例節省費用。同時，部分負擔制的實施也不宜過高，否則雖能減少醫療支出，但使得被保險人的負擔過重，若部分負擔比例過低，則又容易造成道德危險，增加醫療費用的支出。因此仍須視是否能抑制醫療費用的浪費性支出，及是否會增加被保險人的負擔而定。

目前世界各國實施的健康照護制度各有不同，而採取部分負擔制度的國家數也不多，詳如表 6–2–6 所示。

表 6–2–6　健康照護制度類型及實施部分負擔制度之國家數

<table>
<tr><th colspan="6">健康照護制度</th></tr>
<tr><th colspan="2">社會保險</th><th colspan="2">全民制度</th><th>公積金</th><th>公共救助</th></tr>
<tr><td>實施部分負擔</td><td>無部分負擔</td><td>實施部分負擔</td><td>無部分負擔</td><td rowspan="5">1</td><td rowspan="5">15</td></tr>
<tr><td>30</td><td>27</td><td>10</td><td>10</td></tr>
<tr><td colspan="2">57</td><td colspan="2">20</td></tr>
<tr><td colspan="4">77</td></tr>
<tr><td colspan="4">93</td></tr>
</table>

說明：實施社會安全制度共有 142 個國家，其中提供醫療給付者有 93 國，無提供醫療給付者有 49 國。（行政院經濟建設委員會全民健康保險規劃小組提供）

資料來源：*Social Security Programs Throughout The World-1985,* U.S.A., U.S. Department of Health and Human Services.

四、居家護理制度的建立

由於慢性病與人口老化病患日益增加，因此居家護理也漸漸受到重視，以下將就居家護理的意義、種類、功能及居家護理納入健康保險應考慮的問題加以探討，以作為未來全民健康保險實施的參考。

㈠居家護理的意義

居家護理（Home Health Care 或 Home Care）的意義是指在病人住處提供健康保險服務之意。因此又稱為居家照護或居家醫療。居家護理所強調的是醫療的專業人員，如醫師、復健人員、護理人員、心理醫師、社會工作人員以團隊工作的方式從事服務，以增進或恢復個人身體的健康。居家護理的服務對象是以不需要住院，而仍須接受醫療與護理的病人最為適合。

在醫院未發展的時代，醫生往往是靠著往返於社區之間為病人治病。而今日居家護理所以重新受到重視，除了對於病人具有方便與減少住院的麻煩以外，主要的發展背景是由於人口的老化及慢性病患的增加。根據調查，美國六十五歲以上的老年人大約有 85% 以上的比例罹患一種或一種以上的慢性病，而臺北市老人患有一種以上慢性病的也高達 78%。然而根據調查老人因疾病而需限制活動的平均月數約為 38.4 天，而年輕者僅有 17.9 天。再則因疾病而臥床休養的老年人所需的平均日數為 12.9 天，此數目為其他年齡群的二倍（6.6 天），而慢性病經常成為「老人的伴侶」，最常見的病症諸如高血壓、心臟病、糖尿病，以及視聽器官功能失常等，如何減低老年人或慢性病患的佔床率而又能兼顧持續性的醫療，居家護理無疑的扮演相當重要的角色。

㈡居家護理的種類

居家護理通常可分為兩類，一種是以醫院為基礎 (Hospital Base)，此種類型乃是對於經醫師囑付可以出院在家裡接受醫療照顧的病患，然而服務的範圍僅限於在醫院四周的一定距離之內，目前國內的醫院如榮民總醫院、彰化基督教醫院及馬偕醫院均提供此類型的醫療服務。另一種類型是以社區為基礎 (Community Base)，接受社區內有關單位轉介而來的個案，此類的居家護理機構是單獨設置的，有的是營利事業，有的是非營利的性質，此種類型的醫療機構往往需要與醫療機構簽約或取得連繫，以使其能及時獲取個案，或在病患有緊急狀況時能迅速轉介病患回醫院。民國 76 年 8 月起行政院衛生署協助臺北市及高雄市護理師護士公會，分別負責臺北市、高雄市居家病人的護理工作，就是屬於此種類型。

㈢居家護理的功能

居家護理除了可以減少慢性病患的佔床率之外，也可以縮短病患的住院日數，同時居家護理尚具有以下的優點：

1. 在居家護理的制度下，病患雖然出院但仍能接受持續性的醫療照顧。
2. 醫院雖然是專業化醫療單位，但是病患若能在家裡接受醫療，由於環境的熟悉與舒適，對病患而言將因具有安全感而有助於病情的減輕與復原。
3. 居家護理由於某些治療程序需要藉重病人家屬與病人的自我訓練，無形中也能促使病人培養自我照顧的能力，建立其自我的信心。
4. 病患接受居家護理，由於家中的環境較為單純，因此可減少傳染其他疾病或併發其他病症的機會。
5. 居家護理可以使病患的家屬免於奔波醫院的時間，也較能安心照顧病患。
6. 縮短住院日數，增加病床使用率。
7. 透過居家護理的方式，可以減少醫療費用的支出。

㈣居家護理納入全民健康保險醫療給付應考慮的問題

目前，部分先進國家如美國、德國、英國等已將居家護理納入醫療保險給付的範圍，國內居家護理正展開試辦階段，若將來打算納入保險給付項目中尚須配合以下幾項條件：

1. 居家護理的給付，應以被保險人未接受此項服務便須長期住院者為對象，而對於可自行前往門診者應予以排除，方可避免被保險人的浮濫使用。
2. 居家護理的服務項目中，哪些適宜由保險機構給付，哪些不適宜應有明確的規定。
3. 居家護理的各項服務項目收費宜合理。
4. 居家護理機構的設置標準，須作適當的規定，以確保居家護理機構的服務品質與正常功能。

居家護理是一種新式的醫療照護方法，不僅有助於病患之診療需要，又可縮短住院的日數，增加病床的使用率，對於抑制醫療資源的浪費也有幫助。

五、老人保健服務制度的建立

㈠目　的

本世紀以來不僅老年人歲數大為提高，老年人人數也大為增加。老年人的罹病率較高，所需的醫療期間也較一般人為長，因此老人醫療費用的支出造成醫療保險財務上的虧損；加上老年人大都無收入的來源，即使施行醫療保險，也將導致保險費徵收的困難，並不適宜完全採用以治療為主的醫療保險制度。因此為了保障老年人的生活，徹底執行由預防，檢查，治療的綜合性老人醫療體系，未來全民健康保險宜實施保健服務以保障老年人的健康，也較能有效抑制醫療成本的增加。

㈡保健服務的費用來源

老人保健服務的對象大抵以六十五歲以上的無業老人為主，至於保健服務的費用，大致可以由政府、全民健康保險單位與老人病患三方面來共同負擔。

㈢保健服務的施行方式

為貫徹保健服務的功能，主管單位應大量設置老人醫療服務中心，提供老年人保健指導服務、門診、健康檢查及醫療服務，病患通常須經過此一醫療服務中心診療之後，再依病情的需要轉介至其他醫療機構或接受居家護理的服務。

㈣保健服務制度的效益

在社會福利的國家，老人醫療保健服務往往被視為醫療安全體系的最終目標之一。然而由於平均壽命的延長，老年人口比例正逐漸增加，老年醫療也將造成醫療保險財務的沈重包袱。日本是個典型的長壽國家，六十五歲以上的人口，占全人口 11%，而且老年人口增加的速率，要比歐美快上兩、三倍。因此高齡化趨勢已經成為影響醫療發展重要的因素。日本在實施全民保險之後也頒布了七十歲以上老人免費醫療，但是在幾年期間已成醫療保險的重大負荷，使得日本政府不得不重新修訂老人保健法，改行部分負擔制度，另外老年人必須接受指定醫院的轉診，對就醫選擇也有很多限制。而修正後的老人醫療規定，也提供兩項原則：一是由保險制度與老年人，共同分攤醫療保險費，以應付所需的照護與醫療。另一方面則著重預防與保健，尤其為了照顧老年人，因而廣設醫院與家庭間的中介機構，並推行居家護理政策，以減輕醫院及其他醫療機構的負擔。

老人醫療雖然是一項福利措施，然而依世界其他國家在老人醫療上所發生的問題，也是國內未來在高齡化及高所得化下所不可免的。為使往後全民健康保險的實施能減少老年醫療方面的負擔，又能達到社會福利的目標，及早綢繆建立老年醫療保健服務及預防措施，才能有效降低未來全民健康保險的醫療費用的支出。

六、安寧病房給付

為提供癌末病患身、心、靈照護安寧病房需要較多的人力及硬體設備，除醫護人員外，還包括社工師、宗教人員及志工等團隊，但目前健保對於安寧病房的給付金額，仍比照一般病房，使得醫院必須自行吸收龐大的人力、設施成本，成為「虧本生意」；目前設有安寧病房的二十家醫院，全數均為教會或公立醫院，顯示多數醫院因缺乏實質誘因，不願設置安寧病房。

各醫院安寧病房住院的照護成本，每日至少 3,000 元，為了維持安寧病房照護品質，衛生署已訂出安寧病房設置標準，未來將把安寧病房分三級制，健保局則對符合標準的病房分級給付。衛生署保健處表示，署內健保小組已針對安寧病房給付，進行兩次內部討論，將從提高病房費給付金額著手，預計很快就可以開始實施。

衛生署強調根據 2002 年統計，國內每年有二萬多人死於癌症，推估每日至少有八十名癌末病患需要安寧療護，不過，現有的安寧病房床數僅二百四十九床，即使再加上十五縣市、二十五家醫院試辦安寧居家療護計劃，受惠者仍屬少數，經常供不應求。除了爭取合理的健保給付外，透過「安寧療護專業人員研修計劃」，也能讓所有醫護人員認識安寧療護，只有當醫療體系落實全人醫療理念，才能讓安寧病房成為沒有圍牆的病房，讓病患受惠。

同時若能真正落實安寧病房之給付，採用分級制，依等級不同給付，也能推廣臨終關懷提供實質誘因，並有效控制醫療成本。

第四節　全民健康保險與商業保險之互補性

一、全民健康保險與一般商業性保險之差異性

全民健康保險所以不同於一般商業性保險在於具有以下幾項基本特質：

㈠強制性原則

全民健康保險乃是由政府透過立法，強制規定全體國民均須參加的政策性保險，由於參加的人數眾多，較易發揮大數法則的作用，因此不需要核保手續。一般商業性

保險，由於是一種任意性的保險，因此被保險人有自由選擇投保與否的意願，較容易產生危險逆選擇 (Anti-Selection)。

(二)最低生活保障原則

全民健康保險目的僅在於提供全體國民最基本的醫療保障，因此所規劃的醫療給付水準不宜太高，而給付項目也不宜過多，以免造成主管機關的財務負擔過重，同時也可為商業性的保險預留空間，同時搭配全民健康保險制度的推行，藉由二者的配合，以提供全體國民更舒適，更完善的健康醫療保障。

(三)著重「社會適當原則」

全民健康保險較著重社會適當原則，在被保險人因事故發生須要醫療時，使每一位國民均領受相同的醫療照顧，因此具有所得重分配的效果。商業保險則著重個人公平原則，也就是被保險人所繳付保險費及所領受的醫療給付與照顧之間，具有直接的數理關係。

二、全民健康保險與商業性保險功能之劃分

全民健康保險所保障的是國民最基本的醫療照顧，至於超過最低標準以外的需求，則應由商業性醫療保險來提供保障。若將二者的保障範圍以圖來表示可參閱圖 6-2-9：

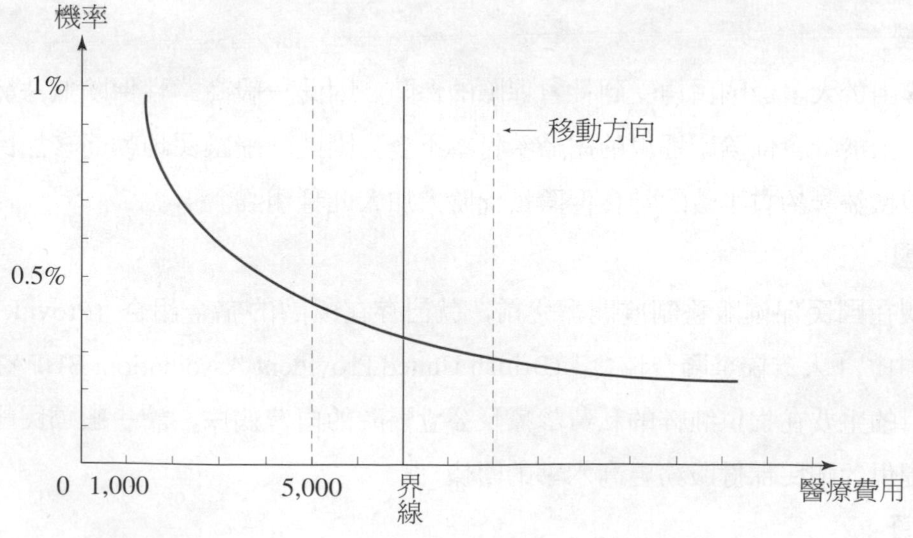

圖 6-2-9 醫療費用發生機率分布及劃分圖

在圖中，橫軸代表每一個人的醫療費用在某段時間內可能累積的各種金額，縱軸代表其相對發生率的分布情形，在醫療費用為零之點機率為 100%，而隨著醫療費用的增加，發生機率逐漸下降，發生機率高的部分透過保險制度可以發揮所得再分配的功能，至於機率愈低的部分，透過保險制度愈能發揮危險移轉的功能；在中間的界線部分，為商業保險與全民健康保險由兩方向移動的逐漸接近之處，其決定點端視政府的政策及財力而定。界線的左側為商業保險的領域，右側則屬於全民健康保險之領域。當全民健康保險剛開辦之初，人們對於既得之利益一定不願放棄，因此可將界線往右移以減輕財政成本，爾後再檢討其施行之成效及政府財力，再往左移動，逐漸與商業保險相銜接。機率下之面積則代表在保險範圍之內所應負擔的成本。

三、世界各國健康保險之配合情形

歐美各先進國家的醫療保險發展，往往是商業性醫療保險所佔的比重大於政府辦的健康保險。以下將分別分析德國、美國、法國、英國之發展狀況。

(一)德　國

德國目前參加商業性醫療保險的人數，約佔全國總人口的 7% ～ 8% 左右。而商業性醫療保險通常以高所得為主要承保對象，由於西德政府正逐步加強充實社會保險，因此國民參加商業性保險意願已有逐漸遞減的現象。

(二)法　國

法國由於大多數國民均受到社會保險的保障，因此一般商業性保險無法發揮其效用。然而由於社會保險所提供的醫療給付率不變。因此一般國民均轉而參加民間共濟組織，根據統計約有半數的社會保險被保險人加入此種組織。

(三)英　國

英國在國民保健服務制度開辦之前，就已存在所謂的儲金組合 (Provident Society)，其中以「大英儲金聯合協會」(British United Provident Association, BUPA) 規模最大，其目的主要在提供純粹的私費診療及公立醫院的自費病床，讓一般國民能享受比政府所提供的國民保健服務更高水準的醫療。

(四)美　國

美國由政府所提供的公共醫療保險僅限於老人及殘障等特定對象，因此大多數的國民須要醫療保障時，大抵仍仰賴民間的組織如藍十字會與藍楯協會 (Blue Cross & Blue Shield)，其中藍十字會所承保的項目為住院費用，藍楯協會則承保醫師診療及手術費用。因此可以說商業性的保險仍超越社會保險所提供之醫療保障。

由以上所述各國之醫療安全體制，大抵仍偏重以商業性醫療保險作為彌補社會保險醫療給付之不足，因此未來我國施行全民健康保險之後，仍須教導一般國民，全民健康保險只是提供「最低醫療之保障」，若須要更好的醫療照顧，仍須自行投保商業性醫療保險的觀念，以免全民健康保險在全體國民的過度依賴與過分浪費下而造成全民健康保險財務的重大壓力，同時也才能發揮社會保險與商業保險相輔相成的效果。

四、最佳醫療保障之選擇定位

由於全民健康保險是「保險」而非「福利」，因此要有良好的醫療照顧，就須要負擔合理的保險費。而在社會資源有限的情況下，政府所能提供的應該以最基本的醫療照顧為主，一般的社會大眾如欲確實獲得較高水準的醫療服務，應在全民健康保險的基本保障之外，自行負擔一部分的費用，而自行負擔的部分，除了靠平時的儲蓄以外，也可購買商業性醫療保險。同時就被保險人的立場而言，在全民健康保險之保障下，如何購買商業性保險，除須顧慮個人需要與經濟能力之外，應進一步的考慮全民健康保險的給付範圍，以便在購買商業性保險時，能避免承保範圍與給付條件的重複及增加不必要的保費支出，同時能在最經濟的保費支出原則下，獲得最佳的醫療照顧。

第五節　全民健康保險案例之研討

健康保險具有相當高之道德危險，在 2001 年 3 月 9 日中央健保局公布一起歷來涉案人數最多的詐領健保費案，含當事醫師夫妻在內的 107 名涉案人中，有約 80 名是臺北縣某大學學生，涉案大學生人數之多是臺灣司法史上少見。有的大學生還用掉上百格的健保卡，來換取百元大鈔或是請假用的醫師診斷證明。全案已由板橋地檢署提起公訴。

這起診所和病人合作詐騙健保醫療費用案，是因健保局正進行用藥總歸戶而曝光。健保局會同臺北縣調查站，查獲臺北縣某家診所以每格健保卡 100 元的價格，向前來看診或風聞而來的民眾、大學生，價購健保卡，或讓他們以一格健保卡換領診斷證明，供上班族或學生請假之用。

如果一次蓋用兩格以上，還能抵掛號費、點滴費、藥品費或換用和疾病無關的藥品。這名開業醫師則用這些健保卡，製作不實的病歷及就醫紀錄，向健保局詐領健保醫療給付近 690 萬元。如以每格健保卡約可向健保局請領 300 元醫療費，從 88 年起，這名開業醫師至少蒐羅到近兩萬格的健保卡。

最令人驚訝的是，涉案的 105 名民眾中，有約 80 名是臺北縣某大學學生，涉案人平均年齡在十八到二十三歲之間，和過去合作詐領健保費者多是中老年人相當不同。除了換得請假用診斷證明外，這些大學生有的才換到 500 元，有的已用掉自己九十餘格健保卡，而且還拿別人的健保卡代領，換得上萬元。

這麼多大學生受診所利誘，把健保卡當成有價證券，為了這些小錢惹上詐欺官司，調查人員和健保局都不禁搖頭。這些大學生被約談時都坦承當初自己並未生病，有的根本未曾去過診所，是由別人拿卡代領，診斷證明書上多半寫著感冒、上呼吸道感染等疾病。

這起健保開辦以來涉案人數最多的詐領健保費案，已經北縣調查站移送板橋地方法院檢察署在近期偵查終結，連同涉案開業醫師夫妻，以及 105 名持健保卡換取金錢、診斷證明書、折抵掛號費、點滴費、藥品費的民眾，都以共同詐欺提起公訴。無論這些大學生被如何判刑，都難免會留下一個汙點紀錄，真是得不償失。

依全民健康保險法第七十二條規定：「以不正當行為或以虛偽之證明、報告、陳述而領取保險給付或申報醫療費用者，按其領取之保險給付或醫療費用處以二倍罰鍰，其涉及刑責者移送司法機關辦理。保險醫事服務機構因此領取之醫療費用，得在其申報應領費用內扣除。」而法院應以詐欺罪起訴，因其符合下列犯罪要件：

1. 詐欺行為→與醫師共謀之行為。
2. 他人陷於錯誤→使健保局誤認危險事故發生。
3. 陷於錯誤者之處分財產→給付費用。
4. 財產處分者本人或第三人財產損失→健保局損失費用給付，全體保險大眾共同承擔。
5. 行為人獲得財產利益或使第三人得之→涉案人或不當得利。

依刑法第三百三十九條:「意圖為自己或第三人不法之所有,以詐術使人將本人或第三人之物交付者,處五年以下有期徒刑、拘役或科或併科 1,000 元以下罰金。

以前項方法得財產上不法之利益或使第三人得之者,亦同。」

第六節　結論與建議

當 1989 年 7 月 12 日,臺灣誕生了第 2,000 萬名人口時,許多專家學者就提出呼籲,對於 2,000 萬人口背後的出生率、死亡率、勞動參與率加以考慮,我們不得不警覺到人口結構改變所可能帶來之影響。根據國建會學人涂肇慶博士的研究指出,臺灣人口當總和生育率降至 1.2% 時,臺灣將成倒金字塔的人口結構。在此狀況下所顯示的是勞動人口的遞減,退休人口的遞增,因此將使少數的勞動人口,負擔愈來愈多的社會安全支出。另外隨著工業化的進行,以往農業社會時代的大家庭制度將逐漸演變成小家庭的制度,家庭和個人的關係將逐漸淡化。

因此無論就成本觀念或基於社會的需要,全民健康保險有其迫切性。本章爰就攸關該項保險成效之行政體系財政狀況醫療資源之配置、醫療費用的上漲及如何有效抑制醫療費用的相關問題,作一深入有系統的分析探討,期能揭櫫問題之癥結與缺失之所在,並提出具體的改善建議與配合措施。茲將本章經由保險理論,醫療社會學與經濟理論為基礎,所探究分析的結果說明於下。

一、結　論

本章經由實務與理論之分析與現行制度之探究結果,可歸納出主要具體之結論如下。

㈠我國實施全民健康保險,深具重要性與政策性涵義

提高國民所得,安定全民生活,是民主國家所努力的主要目標。社會保險自 1883 年德國首相俾斯麥首先創辦勞工保險至今,已有百餘年的歷史。根據美國社會安全署的統計,目前全世界已有一百四十多個國家及地區施行,並且有與年俱增的趨勢。可見社會保險已成為當前世界各國推行社會福利政策的主要措施。

㈡現行體制攸關全民健康保險之施行績效,應妥善的加以整合

現行健康保險體制,包括勞工保險、公務人員保險、退休人員保險、私立學校教

職員保險、公務人員配偶眷屬保險、退休公務人員疾病保險、退休公務人員配偶疾病保險、私立學校退休教職員疾病保險、私立學校退休教職員配偶保險、農民健康保險等共有十種之多，因此在政策決定、制度規範、給付設定、服務品質及行政體系等無法集中處理，形成多頭馬車，為保障國民未來之醫療權利，在實施全民健康保險時應妥善加以整合。此外在制度之執行方面也該參考國外之情況，儘早成立衛生福利部，以接辦後續工作。

㈢財務方面宜周全規劃，以利制度之執行

由於當今世界上實施全民健康保險的國家，幾乎沒有不因社會安全支出的增加，而帶來沈重的負擔，甚至造成國家經濟的困擾，同時保險給付的設定、醫療成本的預估、以及保險財源的籌措都關係到全民健康保險的推展，因此不僅未來對於全民健康保險所需之經費及財務管理應周全的規劃，而且在目前，當務之急更應將現有保險的財務問題，事先加以解決，以利未來保險財務之管理。

㈣醫療資源之合理運用與配置

全民健康保險施行之後，必然使得被保險人對於醫療需求之增加，當需求之增加過於迅速，而使得醫療供給無法配合時，必然產生供需之失衡，這也是全民健康保險實施時首須面臨的一項難題。面對此項問題，除了須加強基層醫療服務，以符合全體民眾的基本需求之外，更須充實醫療設備，培植醫療人力，建立完善的醫療網路系統，加強轉診制度的推行，建立分級醫療制度；同時也須酌量提供健康檢查等疾病的預防工作，以改進目前所偏重的疾病治療工作。

㈤全民健康保險之成本有日益加重的趨勢

健康保險實施之後，除了因健康之標準與定義不明確，再加上疾病本身的併發症之外，更因醫療資源的不當利用，以及物價上漲所帶來的醫療費用上升，以及醫療技術的不斷進步所帶來之高額醫療費用，也因平均壽命的增長，生存權利的意義，生命價值的觀念，而增加了不少成本；同時全民健康保險實施之後，由於保險範圍的擴大，必然增加了農林漁牧、殘障、失業者、低收入等社會弱勢團體，而其醫療需求均較常人為高，因此這些因素均足以加重全民健康保險之成本，是值得未來主管當局重視與關注的。

二、建　議

㈠財務處理方面宜妥善規劃

全民健康保險既非社會救助，因此財務上仍以保險費之收入，力求自給自足較為合理，未來在施行上如發生財務虧損或收支失衡時，仍以調整給付結構及保險費率為原則，不宜由政府來補助虧損，政府所支付的以例行的行政事務費原則，以免因社會安全公共支出的增加，而帶來沈重的財務負擔，影響國家整體的發展。

㈡建立完整的醫療體系

為使全體國民在全民健康保險制度之下，均能獲得妥善的醫療照顧，應充實偏遠地區的醫療設施，合理分配醫療資源，提高醫療品質以保障被保險人的權益。此外應規劃建立醫療體系，緊急醫療網、慢性病及後建醫療服務網，辦理醫院評鑑，建立專科醫師制度及培養醫院管理人才。同時衛生行政體系應與健康保險體系相配合，對於醫療資源之短期設施與長期規劃，均須作全盤考量，以使全民健康保險之績效更臻完善。

㈢有效控制醫療費用的持續上漲

目前世界各國施行醫療保險之後，均面臨醫療費用高漲的問題，尤其現行的勞保、公保在醫療給付方面所佔的比重也日益增加，主要問題在於目前的「免費醫療」造成被保險人的撈本心理，現在全民健康保險已改採部分負擔制度，建立分級轉診制度，加強特約醫療院所管理以減少醫療浪費；研議醫療費用的核付方式，在門診部分採論人計酬與論量計酬制度混合制以截長補短，在住診部分宜採用預估價格制度，建立一套適合我國的核付醫療費用制度，以有效抑制醫療費用的過度上漲。同時為了因應老年人口與慢性病患的增加，在全民健康保險的給付項目中，宜增加居家護理的項目，以抑制居高不下的住院醫療給付，真正達到控制醫療成本之效益。

㈣醫療保健與醫療復健制度之建立

目前的保險制度均著重在疾病的治療工作，忽略了醫療預防與醫療復健工作，然而全民健康保險制度施行之後必然增加許多的被保險人，為了做好保健預防的工作，須增列醫療預防與醫療復健工作，強調健康的維護重於治療，才能真正保障全體國民之健康。

㈤全民健康保險與商業性健康保險應相輔相成

全民健康保險所提供的是基本的醫療保障，因此被保險人在投保之前應該瞭解，在基本的保障之外，如需要更好的醫療照顧，應加保商業性健康保險，以彌補不足之醫療費用。而商業性健康保險在未來的保單設計上，也需考慮到在全民健康保險制度之下，如何以最佳的保單來保障被保險人的需要。因而被保險人除應衡量個人的需要、經濟能力，進而應考慮全民健康保險之承保範圍，再搭配最佳的商業性健康保險，這樣不但能避免給付的重複，也能獲取最佳的醫療保障。

關鍵詞彙

1. 就診的頻率 (Frequency of Consultation with Doctors)
2. 處方的頻率 (Frequency of Prescriptions)
3. 論量計酬制 (Free-for-Service)
4. 論人計酬制 (Capitation System)
5. 疾病診斷關係群 (DRGs)
6. 論日計酬 (Per Diem)
7. 總額預算分配制 (Apportionment of Total Budget)
8. 診斷關係群 (Diagnosis Related Groups)
9. 預估價格制度 (Prospective Pricing System)

習題

一、何謂轉診制度?

二、居家護理的功能何在?

三、何謂 DRG 制度?

四、何謂部分負擔制度?

五、全民健保與商業性健保應如何達到互補功能?

第三章

勞工保險

第一節　勞工保險的沿革與組織概況

一、沿　革

我國憲法第十三章基本國策第四節社會安全第一百五十五條規定:「國家為謀社會福利，應實施社會保險制度。」1949 年中央政府播遷來臺於百廢待舉之際，對社會保險一事仍予重視，乃依既定國策積極籌辦，而於 1950 年開辦我國第一個社會保險——勞工保險。

勞工保險舉辦之初，保險給付種類僅有生育、傷害、殘廢、老年暨死亡給付五種，1956 年增加產業工人疾病給付一種，辦理住院診療給付，迨 1960 年全面實施。自 1970 年 1 月起增辦門診診療給付。

為配合全民健康保險實施，勞工保險條例於 1995 年 2 月做第五次修正，依照新修正條例規定，勞工保險各項給付，除普通事故保險之醫療給付移轉中央健康保險局辦理外，普通事故保險之生育給付、傷病給付、殘廢給付、老年給付、死亡給付及職業災害保險之各種給付，仍由勞保局繼續辦理。保險費率及保費負擔比例同時調整，並規定雇用員工達一定人數以上之投保單位應採實績費率制，以投保單位實際發生職業災害事故申請給付高低調整費率。1999 年 1 月 1 日起開辦勞工保險失業給付，現以勞工保險條例第六條第一項第一款至第五款、第八條第一項第一款及第二款所規定之十五歲以上，六十歲以下之本國籍被保險人為適用對象。

二、組織概況

1950 年勞工保險初創時，其保險業務係委由臺灣人壽保險公司專設「勞工保險部」

承辦。及至 1958 年中央立法後，乃於 1960 年 4 月 16 日正式成立「臺灣省勞工保險局」，專責辦理勞工保險業務，其主管機關明定為兩級，在中央為內政部，在省（市）為省（市）社會處（局），至於業務、財務及爭議事項等之監理審議等，則由「勞工保險監理委員會」司其職。

1968 年，勞工保險條例第一次修正，行政院隨之修正施行細則，勞工保險擴大其實施區域至福建省（金門、馬祖）及臺北市，因此臺灣省勞工保險局乃改名為「臺閩地區勞工保險局」。

1979 年第三次修正勞工保險條例時，規定勞工保險之主管機關在中央為內政部，在省（市）為省（市）政府，臺閩地區勞工保險改為省政府之二級機構，與各廳處之地位平行。

1988 年第四次修正勞工保險條例時，由於中央已成立勞工委員會，故中央主管機關改為行政院勞工委員會，在省（市）則仍為省（市）政府。

1995 年第五次修正勞工保險條例，原有委託地方辦理勞保業務之文字刪除，「勞工保險局組織條例」並於 1995 年 11 月 8 日公布施行，勞工保險局 1996 年 7 月 1 日起改隸行政院勞工委員會。

勞工保險局除辦理勞工保險業務外，自 1985 年 10 月 25 日及 1989 年 9 月 1 日起分別受臺灣省政府委託試辦農民健康保險暨各級地方民意代表村里長及鄰長健康保險，並於 1989 年 7 月 1 日起依農民健康保險條例全面辦理農民健康保險，另自 1986 年 11 月 1 日起接受內政部委託代辦積欠工資墊償業務。由於被保險人數不斷增加，業務不斷成長，故 1989 年 9 月臺閩地區勞工保險局組織規程再度修正，主要增設農民健康保險部及稽核室，並規定設置分局及辦事處。1995 年全民健康保險開辦，醫療給付業務移轉中央健康保險局辦理，民保及福保同時停辦。

三、政府舉辦勞工保險的目的

勞工保險是政府實施的社會保險，基於自助與互助之原則，採用危險分擔方式，集合多數人及政府的經濟力量，以保障勞工生活，促進社會安全。當被保險人遭遇到生、老、病、死、傷、殘、失業等事故時，可向勞工保險局請領各種保險給付，獲得經濟上的幫助；或者接受醫療服務，使迅速恢復身體的健康，早日重回工作崗位，增加生產，繁榮經濟。

四、勞工保險的保險對象

凡年滿十五歲以上，六十歲以下的下列勞工，應以其雇主或所屬團體或所屬機構為投保單位，全部強制參加勞工保險為被保險人。

1. 受雇於雇用勞工五人以上之公、民營工廠、礦場、鹽場、農場、牧場、林場、茶場的產業勞工及交通、公用事業的員工。
2. 受雇於雇用五人以上公司、行號的員工。
3. 受雇於雇用五人以上新聞、文化、公益及合作事業的員工。
4. 依法不得參加公務人員保險或私立學校教職員保險的政府機關及公、私立學校之員工。
5. 受雇從事漁業生產的勞動者。
6. 政府登記有案的職業訓練機構接受訓練者。
7. 無一定雇主或自營作業而參加職業工會者。
8. 無一定雇主或自營作業而參加漁會的甲類會員。

前述規定，於經主管機關認定其工作性質及環境無礙身心健康之未滿十五歲勞工亦適用之。

以上所稱勞工，包括在職外國籍員工。

上述各業以外的勞工，受雇於雇用未滿五人的上述 1.、2.、3. 項的各業員工實際從事勞動的雇主，參加海員總工會或船長公會為會員的外雇船員得自願參加保險。但於參加保險後，非依勞工保險條例規定，不得中途退保。凡應徵召服兵役、派遣出國考察、研習或提供服務者，因傷病請假致留職停薪普通傷病未超過一年，職業災害未超過二年者，因案停職或被羈押，未經法院判決確定者，或已加保之在職勞工年逾六十歲繼續工作者，均得繼續參加勞工保險。

五、投保、退保及保險效力

1. 勞工保險是採團體保險方式，其投保手續，由勞工所屬的單位負責辦理，應於員工到職或離職、入會或退會、到訓或結訓之當日，申請加保或退保。

2. 保險效力的開始，自通知勞工保險局的當日零時起算；至於退保之保險效力到通知退保的當日二十四時止。如未依 1. 項規定辦理加保者，除應依罰則處理外，其保險效力之開始均自通知的翌日起算。

3. 被保險人退保後再參加保險時，其原有保險年資應予併計。惟被保險人於 1988 年 2 月 5 日條例修正生效之前已停保六年者，或於 1979 年 2 月 21 日條例修正生效前已停保二年者，其停保前之原有保險年資應不予併計。

六、勞工保險費率與分擔比例

㈠保險費率

1. 普通事故保險費率為被保險人當月之月投保薪資的 6.5% 至 11%，現行費率為 6.5%。（不適用失業給付之被保險人，自 1999 年 1 月 1 日起扣除失業給付保險費率 1% 後，按 5.5% 計收。）

2. 職業災害保險費率，按被保險人當月之月投保薪資，依職業災害保險適用行業別及費率表之規定辦理。但雇用員工達一定人數以上之投保單位，其前三年職業災害保險給付總額占應繳職業災害保險費總額之比例超過 80% 者，每增加 10% 加收其適用行業之職業災害保險費率之 5%，並以加收至 40% 為限；其低於 70% 者，每減少 10% 減收其適用行業之職業災害保險費率之 5%，每年計算調整其職業災害保險費率。

㈡分擔比率

1. 有雇主的各類被保險人：

   普通事故保險費本人負擔 20%，投保單位負擔 70%，其餘 10% 由中央及省（市）政府各負擔 5%；職業災害保險費全部由投保單位負擔。

2. 無一定雇主或自營作業而參加職業工會的職業工人：

   普通事故保險費及職業災害保險費均由本人負擔 60%，省（市）政府補助 40%。

3. 無一定雇主或自營作業而參加漁會之甲類會員：

   普通事故保險費及職業災害保險費均由本人負擔 20%，省（市）政府補助 80%。

4. 參加海員總工會或船長公會為會員之外雇船員：

   普通事故保險費及職業災害保險費均由本人負擔 80%，省（市）政府補助 20%。

5. 被裁減資遣而自願繼續參加勞工保險被保險人：

普通事故保險費由本人負擔 80%，省（市）政府補助 20%。

七、勞工保險的投保薪資

1. 投保薪資是計收保險費與支付保險給付的標準，投保薪資高，繳納的保險費多，所得到的現金給付（生育、傷病、殘廢、老年、死亡、失業）也多，反之，保險費繳納少，所得現金給付也少。

2. 投保薪資係由投保單位按被保險人的月薪總額，(以勞動基準法第二條第三款規定之工資為準，即勞工因工作而獲得之報酬；包括工資、薪金及按計時、計日、計月、計件以現金或實物等方式給付之獎金、津貼及其他任何名義之經常性給與均屬之。其每月收入不固定者以最近三個月收入之平均為準）再依「勞工保險投保薪資分級表」規定等級的金額申報。

八、勞工保險的各項保險給付

(一)生育給付

1. 請領人資格：

被保險人於全民健康保險實施，合於下列情形之一者，得請領生育給付。

(1)參加保險滿二百八十日後分娩者。

(2)參加保險滿一百八十一日後早產者。

2. 給付標準：

被保險人分娩或早產者，按其平均月投保薪資一次給與生育給付三十日。

(二)傷病給付

1. 請領人資格：

(1)被保險人遭遇普通傷害或普通疾病住院診療，不能工作，以致未能取得原有薪資，正在治療中者，得自不能工作之第四日起，請領普通傷害補助費或普通疾病補助費。

(2)被保險人因執行職務而致傷害或職業病，不能工作，以致未能取得原有薪資，正在治療中者，得自不能工作之第四日起，請領職業傷害補償費或職業病補償費。

2. 給付標準：

⑴普通傷害補助費及普通疾病補助費：按被保險人平均月投保薪資半數發給，以六個月為限。但傷病事故前參加保險已滿一年者，增加給付六個月。

⑵職業傷害補償費及職業病補償費，按被保險人平均月投保薪資70%發給，經過一年尚未痊癒者，減按半數發給，但以一年為限。

附註：傷病給付的功用是補助薪資性質，所以在傷病期間照領薪資的被保險人不能請領。

㈢殘廢給付

1. 請領人資格：

⑴被保險人遭遇普通傷害或罹患普通疾病及遭遇職業傷害或罹患職業病，經治療終止後，如身體遺存障害適合殘廢給付標準表規定之項目，並經全民健康保險特約醫院或診所診斷為永久殘廢者，得請領殘廢補助費或殘廢補償費。

⑵被保險人領取普通傷病或職業傷病給付期滿，或所患普通傷病經治療一年以上尚未痊癒，身體遺存障害適合殘廢給付標準表規定之項目，並經全民健康保險特約醫院或診所診斷為永久不能復原者，得比照前項規定辦理。

2. 給付標準：

⑴被保險人因普通傷害或罹患普通疾病致殘廢者，依其殘廢程度（殘廢給付標準表一百六十項，另行政院勞工委員會補充增列心臟、肺臟、肝臟……等移植、塵肺症障害等級肺功能損失程度及身體皮膚排汗功能喪失者等審查標準計七項，合計一百六十七項）一次發給殘廢補助費，其給付標準（分為十五等級），最高為一千二百日，最低為三十日。

⑵被保險人因職業傷害或罹患職業病致殘廢者，依其殘廢程度一次發給殘廢補償費，最高為一千八百日，最低為四十五日，即照⑴項標準增加50%。

㈣老年給付

1. 請領人資格：

被保險人合於下列規定之一者，得請領老年給付：

⑴參加保險之年資合計滿一年，年滿六十歲或女性被保險人年滿五十五歲退職者。

⑵參加保險之年資合計滿十五年，年滿五十五歲退職者。

⑶在同一投保單位參加保險之年資合計滿二十五年退職者。

⑷擔任經中央主管機關核定具有危險、堅強體力等特殊性質之工作合計滿五年，年滿五十五歲退職者。

⑸被保險人於轉投軍保、公教保符合勞工保險條例第七十六條規定得予保留勞保年資者，其於年老依法退職時，得請領老年給付。

2.給付標準：

⑴被保險人依上列規定請領老年給付者，其保險年資合計每滿一年按其平均月投保薪資，發給一個月老年給付；其保險年資合計超過十五年者，其超過部分，每滿一年發給二個月老年給付。但最高以四十五個月為限，滿半年者以一年計。

⑵被保險人年逾六十歲繼續工作者，其逾六十歲以後之保險年資最多以五年計，於退職時依上述規定核給老年給付。但合併六十歲以前之老年給付，最高以五十個月為限。

附註：⑴不滿半年之保險年資不予計算老年給付。

⑵老年給付按被保險人退休之當月起前三年之平均月投保薪資計算。

⑶被保險人已領取老年給付者，不得再行參加勞工保險。惟自 1998 年 7 月 1 日起凡已領取勞保老年給付再受雇於勞工保險投保單位之勞工，投保單位得為其辦理參加職業災害保險。

㈤死亡給付

1.請領人資格：

⑴被保險人之父母、配偶或子女死亡者，得請領喪葬津貼。

⑵被保險人死亡，遺有配偶、子女及父母、祖父母或專受其扶養之孫子女及兄弟、姊妹者，得請領喪葬津貼及遺屬津貼。

⑶被保險人死亡，如無上開受益人，其喪葬津貼得由負責埋葬者請領。

⑷遺屬津貼受領順序如下：①配偶及子女，②父母，③祖父母，④孫子女，⑤兄弟、姊妹。

⑸父母、子女，係指生父母、養父母、婚生子女或已依法收養，並辦妥戶籍登

記滿六個月的養子女而言。岳父、岳母、家翁、家姑不在其列。

2. 給付標準：

(1)家屬喪葬津貼發給標準如下：

①父母或配偶死亡——三個月。

②年滿十二歲子女死亡——二個半月。

③未滿十二歲子女死亡——一個半月。

(2)被保險人死亡喪葬津貼發給五個月。

(3)被保險人普通傷病死亡，遺屬津貼發給標準如下：

①加入保險未滿一年者十個月。

②加入保險滿一年而未滿二年者二十個月。

③加入保險二年以上者三十個月。

(4)被保險人因職業傷害或職業病死亡者，不論其保險年資，一律發給遺屬津貼四十個月。

附註：(1)被保險人死亡，非專受其生前扶養或有謀生能力的孫子女或兄弟姊妹不得請領遺屬津貼。

(2)依「同一事故不得重複請領」規定，被保險人死亡，其遺屬津貼得由受益人依勞工保險條例第六十三條、第六十四條規定請領。至於其喪葬津貼五個月，如被保險人家屬（配偶、父母或子女）同為勞工保險之被保險人，並依勞工保險條例第六十二條規定請領家屬死亡喪葬津貼較多時，二者得擇一請領。

(六)職業災害保險醫療給付

1. 請領人資格：

被保險人於保險效力開始後，停止前因職業災害事由發生傷病並符合「勞工保險被保險人因執行職務而致傷病審查準則」規定需門診或住院者，及勞保被保險人在保險有效期間發生職業傷病事故，於保險效力停止後一年內需住院者。

2. 給付標準：

被保險人遭遇職業傷害或罹患職業病應向全民健康保險醫事服務機構申請診療，免部分負擔醫療費用，普通膳食費及一般治療飲食費給付三十日內之半數，醫療費用支付標準準用全民健康保險有關規定辦理。

㈦預防職業病健康檢查

從事現行「勞工健康保護規則」所列高溫、噪音……等二十三類特別危害健康作業種類且最近加保年資連續滿一年之被保險人，可由投保單位向本局提出申請，每人每年可申請檢查一次，每次申請檢查時間應間隔一年。檢查費用由本局支付，被保險人只需繳交掛號費。

㈧失業給付

1. 請領資格：

被保險人於1999年1月1日「勞工保險失業給付實施辦法」施行後，因非自願離職辦理勞工保險退保，而有下列各款情形者，得請領失業給付：

⑴具有工作能力及繼續工作意願。

⑵至離職辦理勞工保險退保當日止繳納失業給付保險費滿一年。

⑶向公立就業服務機構辦理求職登記，七日內仍無法接受推介就業或安排職業訓練。

所稱非自願離職，係指下列各款情事之一：

⑴因投保單位關廠、遷廠、休業、解散或破產宣告而離職者。

⑵因勞動基準法第十一條、第十三條但書、第十四條、第二十條規定情事之一而離職者。

⑶因定期契約屆滿離職，逾一個月未能就業，且離職前一年內，契約期間合計滿六個月以上者，視同非自願離職。

2. 給付標準：

失業給付每月發給一次，按申請人離職辦理勞工保險退保之當月起前六個月平均月投保薪資60%計算，自申請人向公立就業服務機構辦理求職登記之日起第八日起算。

九、罰　則

凡違反下列規定者，均應依法處罰：

1. 以詐欺或其他不正當行為，領取保險給付或為虛偽之證明、報告、陳述者。
2. 勞工不參加勞工保險及辦理勞工保險手續者。

3. 投保單位不依本條例之規定辦理投保手續者。

4. 將投保薪資金額以多報少或以少報多者。

5. 投保單位拒不出示員工薪資表冊以供查對者。

6. 投保單位不按規定期限繳納保險費者。

第二節　勞工保險給付作業實務

一、概　說

1. 什麼是現金給付：

被保險人發生保險事故後，保險人以現金（媒體轉帳、支票或匯票）直接支付被保險人或其受益人應得之給付金額。

2. 現金給付的功用：

(1)補償被保險人因保險事故發生後，不能工作時之薪資損失，使仍能過著正常之生活。

(2)補助被保險人因保險事故發生後增加支出之費用，使其經濟上能應付裕如。

(3)支給被保險人於退休或死亡後，本人或其遺屬之生活費用。

(4)現金給付不是遺產，亦不是人身之傷害賠償。

3. 勞保現金給付的種類：

(1)普通事故保險：生育、傷病、殘廢、失業、老年及死亡六種給付。

(2)職業災害保險：傷病、殘廢及死亡三種給付。

4. 勞保現金給付的有關法規：

(1)勞工保險條例。

(2)勞工保險條例施行細則。

(3)勞工保險爭議事項審議辦法。

(4)勞工保險被保險人轉投軍人保險、公務人員保險、私立學校教職員保險年資保留辦法。

(5)勞工保險被保險人因執行職務而致傷病審查準則。

⑹勞工保險失業給付實施辦法。

⑺主管機關（行政院勞工委員會）之解釋令。

5.勞保平均月投保薪資：

⑴現金給付金額以平均月投保薪資為計算基準。

⑵生育、傷病、殘廢、失業及死亡給付以六個月平均月投保薪資計算。

⑶老年給付以三年平均月投保薪資計算。

⑷投保未達上列年資者，按實際投保月數之平均月投保薪資計算。

二、生育給付

1.請領資格：

⑴被保險人參加保險滿二百八十日後分娩者。

⑵被保險人參加保險滿一百八十一日後早產者。(所謂早產係指被保險人妊娠週數大於二十週但小於三十七週，或嬰兒出生時體重大於 500 公克，但少於2,500公克。)

2.給付標準：

被保險人分娩或早產者，按其平均月投保薪資一次給與生育給付三十日。

3.請領手續：

請領生育給付，應檢送下列書據證件：

⑴生育給付申請書（兼給付收據）、核定通知書。

⑵嬰兒出生證明書或載有生母姓名及嬰兒出生年月日之戶籍謄本。但死產者，應檢附醫院、診所或領有執業執照之醫師、助產士所出具之死產證明書。

⑶持外文證明書者，應檢附被保險人護照影本。

三、傷病給付

1.請領資格：

⑴被保險人遭遇普通傷害住院診療，不能工作，以致未能取得原有薪資，正在治療中者，得自不能工作之第四天起，請領普通傷害補助費。

⑵被保險人罹患普通疾病住院診療，不能工作，以致未能取得原有薪資，正在

治療中者，得自不能工作之第四天起，請領普通疾病補助費。

⑶被保險人因執行職務受傷不能工作，以致未能取得原有薪資，正在治療中者，得自不能工作之第四天起，請領職業傷害補償費。

⑷被保險人因罹患職業病不能工作，以致未能取得原有薪資，正在治療中者，得自不能工作之第四天起，請領職業病補償費。

2.給付標準：

⑴普通傷害補助費及普通疾病補助費：按被保險人平均月投保薪資半數發給，每半個月給付一次，以六個月為限。但傷病事故前參加保險已滿一年者，增加給付六個月，一共為一年。

⑵職業傷害補償費及職業病補償費：按被保險人平均月投保薪資 70% 發給，每半個月給付一次；經過一年尚未痊癒者，減為平均月投保薪資之半數發給，但以一年為限，前後共為二年。

3.請領手續：

傷病期間超過十五天者，以每十五天為一期，於期末請領，須長期治療，可按月請領。請領傷病給付，應檢送下列書據證件：

⑴傷病給付申請書（兼給付收據）。

⑵傷病診斷書。

⑶罹患塵肺症，初次請領傷病給付時，應另附送塵肺症診斷書、X 光照片及粉塵作業職歷報告書。但經本局核定以塵肺症住院有案者，得免再附送。

四、殘廢給付

1.請領資格：

⑴被保險人遭遇普通傷害或罹患普通疾病，因職業傷害或罹患職業病，經治療終止後，身體遺存障害適合殘廢給付標準表規定之項目，並經全民健康保險醫事服務機構診斷為永久殘廢者，得請領殘廢給付。

⑵被保險人領取普通傷病或職業傷病給付期滿，或所患普通傷病經治療一年以上尚未痊癒，身體遺存障害符合殘廢給付標準表規定之項目，並經全民健康保險醫事服務機構診斷為永久不能復原者，得比照前項規定辦理。

2. 給付標準：

(1)殘廢給付就被保險人身體各部分之殘廢程度，依勞工保險殘廢給付標準表所定之一百六十項障害項目，核定其殘廢等級及給付標準。

(2)被保險人身體各部分殘廢，同時適合兩個以上之障害項目，兩個以上之殘廢等級者，依勞工保險條例第五十五條各款規定分別按其最高等級或其中最高等級升一級至三級之給付標準給付。

(3)被保險人因職業傷害或罹患職業病殘廢者，增加給付 50%，即最低為四十五日，最高為一千八百日。

3. 請領手續：

請領殘廢給付，應檢送下列書據證件：

(1)殘廢給付申請書（兼給付收據）。

(2)勞工保險殘廢診斷書（由應診的全民健康保險醫事服務機構出具。在本條例施行區域外致殘者，得由原應診之醫療院、所出具）。

(3)經 X 光檢查者，附 X 光照片。

五、老年給付

1. 請領資格：

(1)男性被保險人年滿六十歲，或女性被保險人年滿五十五歲，參加保險之年資合計滿一年退職者。

(2)參加保險之年資合計滿十五年，年滿五十五歲退職者。

(3)在同一投保單位參加保險之年資，合計滿二十五年退職者。

(4)擔任經中央主管機關核定具有危險、堅強體力等特殊性質之工作合計滿五年，年滿五十五歲退職者。

(5)被保險人於轉投軍保、公教保符合勞工保險條例第七十六條規定得予保留勞保年資者，其於年老依法退職時，得請領老年給付。

2. 給付標準：

(1)被保險人符合資格請領老年給付者，參加保險年資合計滿十五年以內者，每滿一年發給一個月老年給付。保險年資超過十五年者，自第十六年起，每滿一年發給二個月老年給付。前後合計最高以四十五個月為限，滿半年者以一年計。

⑵被保險人年滿六十歲仍繼續從事工作且繼續參加保險者，逾六十歲以後之保險年資最多以五年計，合併六十歲前之保險年資後，依前項標準核發老年給付。但合併六十歲以前之老年給付，最高以五十個月為限。

3. 請領手續：

請領老年給付者，應檢送下列書據證件：

⑴老年給付申請書（兼給付收據）、核定通知書。

⑵被保險人戶籍謄本或國民身分證正背面影本（身分證影本應由投保單位蓋章證明和原件相符）。

⑶擔任經中央主管機關核定具有危險、堅強體力等特殊性質工作之被保險人，須檢附工作證明文件。

⑷符合勞工保險條例第七十六條規定得予保留勞保年資者，另檢附：

①轉投軍人保險者，檢附軍人保險證影本或其他載有轉投軍人保險起訖日之證明文件。

②轉投公教人員保險者，檢附公教人員保險卡影本或其他載有轉投公教人員保險起訖日之證明文件。

③依法退職之證明文件。

六、死亡給付

1. 請領資格：

⑴被保險人之父母、配偶或子女死亡者，得請領喪葬津貼。

⑵被保險人死亡，得請領喪葬津貼，遺有配偶、子女及父母、祖父母或專受其扶養之孫子女及兄弟、姊妹者，得請領遺屬津貼。

⑶遺屬津貼受領順序如下：①配偶及子女，②父母，③祖父母，④孫子女，⑤兄弟、姊妹。

2. 給付標準：

⑴家屬喪葬津貼發給標準如下：

①父母或配偶死亡——三個月。

②年滿十二歲子女死亡——二個半月。

③未滿十二歲子女死亡——一個半月。

⑵被保險人死亡喪葬津貼發給五個月，無法定遺屬者，發給負責埋葬人十個月喪葬津貼。

被保險人生前請領殘廢給付或老年給付，經本局核定應予給付，在未領取前死亡，無法定遺屬者，發給負責埋葬人十個月喪葬津貼，其殘廢給付或老年給付不予發給。

⑶被保險人普通傷病死亡，遺屬津貼發給標準如下：

①加入保險未滿一年者十個月。

②加入保險滿一年而未滿二年者二十個月。

③加入保險二年以上者三十個月。

⑷被保險人因職業傷害或職業病死亡者，不論其保險年資，一律發給遺屬津貼四十個月。

3. 請領手續：

⑴請領家屬喪葬津貼，應提具下列書據證件：

①喪葬津貼（家屬死亡給付）申請書（兼給付收據）、核定通知書。

②死亡診斷書或檢察官相驗屍體證明書，死亡宣告者為判決書。

③載有死亡日期之戶籍謄本，死者為養子女時，並需載有收養及登記日期。

⑵被保險人之受益人請領喪葬津貼及遺屬津貼應提具下列書據證件：

①喪葬津貼及遺屬津貼（本人死亡給付）申請書（兼給付收據）、核定通知書。

②死亡診斷書或檢察官相驗屍體證明書，死亡宣告者為判決書。

③載有死亡日期之全戶戶籍謄本，受益人為養子女時，並需載有收養及登記日期。

七、失蹤津貼

1. 請領人資格：

漁業生產勞動者或航空、航海員工或坑內工，於漁業或航空、航海或坑內作業中，遭遇意外事故以致失蹤時，其家屬得請領失蹤津貼。

請領失蹤津貼之順序如下：①配偶及子女，②父母，③祖父母，④孫子女，⑤兄弟、姊妹。

失蹤津貼之受益人為孫子女或兄弟、姐妹者，以專受扶養為限。

2. 給付標準：

自戶籍登記失蹤之日起，按被保險人平均月投保薪資70%發給失蹤津貼，每滿三個月於期末發給一次，至被保險人生還之前一日，或失蹤屆滿一年之前一日或依法宣告死亡之前一日為止。

3. 請領手續：

請領失蹤津貼，應提具下列書據證件：

⑴失蹤津貼申請書（兼給付收據）、核定通知書。

⑵全戶戶籍謄本，應載明失蹤日期，未載失蹤日期者，應另檢具海（失）事報告。

八、職業災害保險醫療給付

1. 請領人資格：

被保險人於保險效力開始後，停止前因職業災害事由發生傷病並符合「勞工保險被保險人因執行職務而致傷病審查準則」規定需門診或住院者，及勞保被保險人在保險有效期間發生職業傷病事故，於保險效力停止後一年內需住院者。

2. 給付標準：

被保險人遭遇職業傷害或罹患職業病應向全民健康保險醫事服務機構申請診療，免部分負擔醫療費用，普通膳食費及一般治療飲食費，給付三十日內之半數，醫療費用支付標準準用全民健康保險有關規定辦理。

3. 申請手續：

⑴被保險人於申請門診或住院診療時，應向全民健康保險醫事服務機構提具下列書據證件：

①「勞工保險職業傷病門診就診單」或「勞工保險職業傷病住院申請書」。

②全民健康保險卡及國民身分證或其他足資證明身分之證件。

⑵勞工保險職業傷病門診就診單及住院申請書之使用方式:

①門診就診單之使用方式:

- 門診就診單一份二聯，被保險人因同一職業傷病至同一全民健康保險醫事服務機構就診時，一份至多可使用六次。
- 被保險人初診時，應繳交門診就診單第一、二聯，由醫事服務機構填寫傷病名稱，並於就醫紀錄欄第一格加蓋日期戳章後，第一聯交還被保險人收執，被保險人因同一職業傷病至該醫事服務機構複診時得再使用。
- 被保險人因同一職業傷病需至另一全民健康保險醫事服務機構就診時，投保單位應另行填發門診就診單。
- 被保險人因同一職業傷病不再至原就診之醫事服務機構門診，或已門診六次第一聯已蓋滿六格戳章，或離職退保，則該門診就診單不得再行使用，應繳回投保單位留存至翌年底。

②住院申請書之使用方式:

- 住院申請書一份二聯，每次住院使用一份。
- 被保險人於住院時，應繳交住院申請書第一、二聯。
- 被保險人離職退保後，不得再使用住院申請書住院，但因於保險有效期間發生職業傷病,於保險效力停止後一年內因該職業傷病需住院診療者，仍得使用住院申請書。

③門診就診單及住院申請書限當年內使用，逾期未使用者，由投保單位自行銷毀，不得再使用或外流。

⑶被保險人因尚未領得職業傷病門診就診單或住院申請書或全民健康保險卡或因緊急傷病就醫，致未能繳交或繳驗該等證件時，應檢具身分證明文件，聲明具有勞保身分，辦理掛號就診，全民健康保險醫事服務機構應先行提供醫療服務，收取保險醫療費用並掣給單據，被保險人於就醫之日起七日內（不含例假日）補送證件者，全民健康保險醫事服務機構應退還所收取之保險醫療費用。

⑷因不可歸責於被保險人之事由,未能依規定於就醫之日起七日內補送證件者，被保險人得於門診治療當日或出院之日起六個月內（有特殊原因者為二年

內)，填具自墊醫療費用核退申請書並檢附職業傷病門診就診單或住院申請書及全民健康保險醫事服務機構開具之醫療費用收據正本及費用明細表和診斷書，向就診醫事服務機構所在地之中央健康保險局轄區分局或勞工保險局申請核退醫療費用。

(5)全民健康保險醫事服務機構應核對被保險人所提之門診就診單或住院申請書各欄無漏誤後，始准予掛號診療，並應將門診就診單第二聯附於病歷內備查，住院申請書醫事服務機構證明欄應詳細填明，且將第一聯於三日內逕送勞工保險局審核，第二聯附於病歷留存備查。

(6)被保險人因緊急傷病至非全民健康保險醫事服務機構就診或於本條例施行區域外遭遇職業傷病，必須於當地門診或住院診療者，得填具自墊醫療費用核退申請書並檢附職業傷病門診就診單或住院申請書和就診醫療院所之診斷書、醫療費用收據正本及費用明細表（以上文件如為外文文件時，應檢附中文翻譯，發生地點在施行區域外者，應附當次出入境證明文件影本或投保單位出具之證明），於門診治療當日或出院之日起六個月內（有特殊原因者為二年內)，由所屬投保單位向其所在地之中央健康保險局轄區分局或勞工保險局申請核退醫療費用，逾期不予受理。

(7)被保險人遭遇職業災害或罹患職業病，其所屬投保單位未依規定發給職業傷病醫療書單者，得由被保險人本人或委託他人攜帶印章及國民身分證或其他足以證明身分之證件逕向本局或各縣市辦事處請領，經查明屬實後發給。

(8)為方便罹患職業病之勞保被保險人就醫，奉行政院勞工委員會核示，勞保職業病患者至經行政院衛生署認定具有診療職業病資格之醫師處，或至地區教學醫院以上之醫院專科醫師處就診時，如未持「勞工保險職業傷病門診就診單」，得由該醫師開具「勞工保險職業病門診單」，以保障其權益。

九、預防職業病健康檢查

1.檢查對象：

(1)實際從事「勞工健康保護規則」所規定之特別危害健康作業之被保險人最近加保年資連續滿一年以上者，年資之計算以勞工保險局受理申請日為止。

(2)「勞工健康保護規則」所規定之危害健康作業種類檢查對象如下:

①從事高溫作業勞工作息時間標準所稱高溫作業之勞工。

②從事噪音在八十五分貝以上作業之勞工。

③從事中央原子能主管機關指定之游離輻射線作業之勞工。

④從事異常氣壓危害預防標準所稱異常氣壓作業之勞工。

⑤從事鉛中毒預防規則所稱鉛作業之勞工。

⑥從事四烷基鉛中毒預防規則所稱四烷基鉛作業之勞工。

⑦從事 1,1,2,2, 四氯乙烷之製造或處置作業之勞工。

⑧從事四氯化碳之製造或處置作業之勞工。

⑨從事二硫化碳之製造或處置作業之勞工。

⑩從事三氯乙烯、四氯乙烯之製造或處置作業之勞工。

⑪從事二甲基甲醯胺之製造或處置作業之勞工。

⑫從事正己烷之製造或處置作業之勞工。

⑬從事聯苯胺及其鹽類、4- 胺基聯苯及其鹽類、4- 硝基聯苯及其鹽類、β - 萘胺及其鹽類、二氯聯苯胺及其鹽類、α - 萘胺及其鹽類之製造或處置作業之勞工。

⑭從事鈹及其化合物之製造或處置作業之勞工。

⑮從事氯乙烯之製造或處置作業之勞工。

⑯從事苯之製造或處置作業之勞工。

⑰從事二異氰酸甲苯、4,4- 二異氰酸二苯甲烷、二異氰酸異佛爾酮之製造或處置作業之勞工。

⑱從事石綿之處置作業之勞工。

⑲從事砷及其化合物之製造或處置作業之勞工。

⑳從事錳及其化合物之製造或處置作業之勞工。

㉑從事黃磷之製造或處置作業之勞工。

㉒從事聯吡或巴拉刈之製造作業之勞工。

㉓從事「粉塵危害預防標準」所稱粉塵作業之勞工。

2. 申請手續:

⑴申請勞工保險預防職業病健康檢查，應填具「勞工保險預防職業病健康檢查申請書」並檢附「勞工保險預防職業病健康檢查申請名冊」。對符合檢查作業種類且連續加保滿一年之投保單位，勞保局主動寄發勞工保險預防職業病健康檢查申請書表，如未收訖申請書表，可洽本局或各辦事處索取。

⑵本項勞工保險預防職業病健康檢查由投保單位為實際從事工作內容及性質與檢查類別有關且連續加保滿一年之被保險人提出申請。投保單位未依規定申請者，被保險人得逕向勞保局申請，經審查後辦理。

⑶本項勞工保險預防職業病健康檢查全年均可申請辦理，投保單位可視情況分批為所屬合於規定之被保險人，一年申請檢查一次。

⑷勞工保險局受理申請書件，經審查後寄發核定通知，並檢附勞工保險預防職業病健康檢查指定醫院名冊及符合規定之被保險人每人一張「勞工保險預防職業病健康檢查證明單、紀錄表」，由被保險人於規定之三個月有效期間內前往指定醫院受檢。

3.受檢時注意事項：

⑴請參考勞工保險預防職業病健康檢查指定醫院名冊，選擇合適醫院，並宜事先聯繫，以便指定醫院作業，順利受檢。

⑵應持健康檢查證明表單及國民身分證或其他足以證明身分之證件至指定醫院接受健康檢查，檢查費用由勞保局支付，被保險人只需繳交掛號費。

⑶檢查結果由指定醫院於實施檢查後通知投保單位及被保險人。

4.檢查醫院：

以依指定醫療機構辦理勞工體格及健康檢查辦法所指定之全民健康保險醫事服務機構為限。

5.投保單位為合於規定之被保險人申請實施本項健康檢查，檢查費用不在勞保職業災害保險實績費率計算範圍，且可視同已辦理「勞工健康保護規則」規定之該項勞工特殊體格及健康檢查。

十、失業給付

1. 適用對象：

失業給付以勞工保險條例第六條第一項第一款至第五款、第八條第一項第一款及第二款所規定之本國籍被保險人為適用對象即指符合下列資格者：

(1)年滿十五歲以上，六十歲以下之勞工保險被保險人。

(2)受雇下列投保單位之員工：

①受雇於公、民營工廠、礦場、鹽場、農場、牧場、林場、茶場之產業勞工及交通、公用事業之員工。

②受雇於公司、行號之員工。

③受雇於新聞、文化、公益及合作事業之員工。

④依法不得參加公務人員保險或私立學校教職員保險之政府機關及公、私立學校之員工。

⑤受雇從事漁業生產之勞動者。

⑥受雇於上列各項規定各業以外之員工。

(3)具有中華民國國籍者。

2. 請領資格：

被保險人自 1999 年 1 月 1 日「勞工保險失業給付實施辦法」施行後，因非自願離職辦理勞工保險退保，而有下列各款情形者，得請領失業給付：

(1)具有工作能力及繼續工作意願。

(2)至離職辦理勞工保險退保當日止繳納失業給付保險費滿一年。

(3)向公立就業服務機構辦理求職登記，七日內仍無法接受推介就業或安排職業訓練。

所稱非自願離職，係指下列各款情事之一：

(1)因投保單位關廠、遷廠、休業、解散或破產宣告而離職者。

(2)因勞動基準法第十一條、第十三條但書、第十四條、第二十條規定情事之一而離職者。

(3)因定期契約屆滿離職，逾一個月未能就業，且離職前一年內，契約期間合計滿六個月以上者，視同非自願離職。

被保險人有下列情形之一者，不得請領失業給付：

⑴無正當理由不接受推介就業或安排職業訓練者。

⑵失業期間另有工作，其每月工作收入超過基本工資者。

⑶領取訓練生活津貼、臨時工作津貼或創業貸款利息補貼者，不得同時請領失業給付。

3.給付標準及期限：

⑴給付標準：

失業給付每月發給一次，按申請人離職辦理勞工保險退保之當月起前六個月平均月投保薪資60%計算，自申請人向公立就業服務機構辦理求職登記之日起第八日起算。

⑵給付金額的扣除：

受領失業給付期間另有工作者，其每月工作收入加上失業給付之總額超過平均月投保薪資80%部分，應自失業給付中扣除。

⑶給付期限：

失業給付之給付期間以六個月為限。每次領取失業給付後，其失業給付繳費年資應重行起算。

4.請領手續：

⑴被保險人離職後，應檢附離職證明文件或定期契約證明文件及國民身分證或其他足資證明身分之證件，親自向各地公立就業服務機構辦理求職登記，並填寫「失業（再）認定、失業給付申請書暨給付收據」申請失業認定。

⑵公立就業服務機構於申請之日起七日內無法推介申請人就業或安排職業訓練者，或於安排職業訓練期滿申請人仍未能就業者，應於翌日完成失業認定，並予核章後將申請案件轉送勞工保險局辦理失業給付。

⑶申請人對公立就業服務機構推介之工作，有下列各款情事之一而不接受者，仍得請領失業給付：

①工資低於離職當月工資三分之二。

②與原任工作性質之教育、訓練及專長不同或不相似。

③工作地點位於申請人辦理求職登記時所填希望工作地點及原工作所在地以外之縣（市），且距離申請人日常居住處所 30 公里以上。

⑷申請人應於公立就業服務機構推介就業之日起七日內，將就業與否回覆卡檢送原公立就業服務機構。申請人未依前項規定辦理者，公立就業服務機構應停止辦理當次失業認定或再認定。

⑸勞工保險局完成審核後，逕將給付案件款項匯入申請人以本人名義於郵局或金融機構開立之帳戶。如經審核不給付或需補正資料案件，則寄發不給付通知單或通知補正。

⑹繼續請領失業給付者，每個月應親自前往原公立就業服務機構接受失業再認定（適逢國定假日或星期例假日者，得順延）。但因傷病診療期間無法親自辦理者，得以書面陳述理由，並提出醫療機構出具之相關證明文件，委託他人辦理。

5. 應備文件：

⑴離職或定期契約證明文件。

⑵國民身分證或其他足資證明身分之證件。

⑶失業（再）認定、失業給付申請書及給付收據。

離職證明文件：指由投保單位或直轄市、縣（市）勞工行政機關發給之證明，其有取得困難者，得經公立就業服務機構之同意，以書面釋明理由代替之，文件或書面內容應載明離職原因。

申請人未檢齊第一項規定文件者，應於七日內補正，屆期未補正者，視為未申請。

公立就業服務機構為辦理推介就業及安排職業訓練所需，得請申請人提供下列文件：

①最高學歷及經歷證書影本。

②專門職業及技術人員證照或執業執照影本。

③曾接受職業訓練之結訓證書影本。

6. 給付之中止：

⑴未依規定前往原公立就業服務機構辦理失業再認定者。

⑵經原公立就業服務機構認定已不符合失業給付申請規定條件者。

⑶已經再就業者。

7.「失業（再）認定、失業給付申請書暨給付收據填表應注意事項」：

⑴文字應力求工整容易辨認。

⑵申請人姓名、身分證號碼及出生日期應與勞工保險局資料一致，如有不同，請於申請失業給付時，另檢附國民身分證正、背面影本一份由公立就服機構轉送勞工保險局辦理變更；或先填具「被保險人變更事項申請書」，檢附國民身分證正、背面影本送勞工保險局辦理。

⑶「電話」及「地址」欄，請填明可聯絡申請人之電話及詳細通訊處所。

第三節　職業災害保險之法令規範

全民健保開辦以前，生病時可用勞保單看病、住院。自 1995 年 3 月 1 日全民健保施行後，生病即用健保卡門診、住院。但依勞保條例第七十六條之一，全民健康保險施行後，只停止生育給付及普通事故醫療保險給付。故如發生職業災害或職業病時，仍應用勞保職業傷病門診就診單或住院申請書，看病、住院。

勞工保險依種類分為二類，如表 6–3–1 所示：

1. 普通事故保險：

保險費分擔比為：勞工 20%、雇主 70%。分生育、傷病、醫療（健保開辦後停止）殘廢、失業（尚未開辦）、老年及死亡等給付。

2. 職業災害保險：

保費由雇主全額負擔。分傷病、醫療、殘廢及死亡等四種。

一、職業災害之定義

謂勞工就業場所之建築物、設備、原料、材料、化學物品、氣體、蒸氣、粉塵等或作業活動及其他職業上原因引起之勞工疾病、傷害、殘廢或死亡。

表 6–3–1　勞工保險保費分擔比例表

被保險人類別	保險費分擔比例					
	普通事故保險			職業災害保險		
	被保險人	投保單位	政府	被保險人	投保單位	政府
1. 產業勞工及交通、公用事業之員工 2. 公司、行號之員工 3. 新聞、文化、公益、合作事業之員工 4. 政府機關及公、私立學校之員工 5. 受雇從事漁業生產者 6. 職訓機構受訓技工	20%	70%	10%		100%	
無一定雇主之職業工人	60%		40%	60%		40%
無一定雇主之漁會甲類會員	20%		80%	20%		80%
外雇船員	80%		20%	80%		20%
被裁減資遣續保人員	80%		20%			
上岸候船（漁民）	100%					
上岸候船（外雇船員）	100%			100%		

「尊重生命、關懷安全」這是勞工安全衛生工作的理念，政府為防止職業災害，保障廣大勞工在工作場所中的安全與健康，特公布「勞工安全衛生法」，作為規範事業單位，工作場所最低安全衛生標準其中對職業災害亦作明確界定，俾便勞工在發生職業災害時，能依照「勞動基準法」及「勞工保險條例」，當勞工在職業災害發生時，雇主應給予的最低補償，以保障受災勞工家庭經濟不致受到嚴重影響，以促進勞資和諧安定社會。

職業災害保險在臺灣是屬於勞工保險這種綜合保險的項目之一，同時也是社會保險中一項提供就業者的最佳保障。

二、職業災害補償相關法令

職業災害補償相關法令概要，茲分述如下：

1.「勞工安全衛生法」之立法目的在於防止職業災害，保障勞工安全與健康，對事業單位安全衛生工作規範了最低標準，以保障現場工作安全，並對職業災害給予明確界定，俾便運用在勞動基準法及勞工保險條例中，在勞工發生職業災害時，應得到最低之補償規定。

2.勞動基準法對職業災害的補償規定：

「勞動基準法」立法目的在於規定勞動條件最低標準，保障勞工權益，加強勞雇關係，促進社會與經濟發展，在該法第八條第二項中對有關安全衛生事項依有關法律之規定，此法律即為勞工安全衛生法事業單位如違反規定，致勞工發生職業災害時勞工即可依勞動基準法職業災害補償規定，向雇主求償。

「勞動基準法」規定勞工遭遇職業災害而致疾病、傷害、殘廢、死亡時，雇主應負醫療補償、工資補償、殘廢補償、死亡補償等責任。

「勞動基準法」中對於職業災害補償的相關規定如下：

第五十九條

勞工因遭遇職業災害而致死亡、殘廢、傷害或疾病時，雇主應依下列規定予以補償。但如同一事故，依勞工保險條例或其他法令規定，已由雇主支付費用補償者，雇主得予以抵充之：

1.勞工受傷或罹患職業病時，雇主應補償其必需之醫療費用。職業病之種類及其醫療範圍，依勞工保險條例有關之規定。

2.勞工在醫療中不能工作時，雇主應按其原領工資數額予以補償。但醫療期間屆滿二年仍未能痊癒，經指定之醫院診斷，審定為喪失原有工作能力，且不合第三款之殘廢給付標準者，雇主得一次給付四十個月之平均工資後，免除此項工資補償責任。

3.勞工經治療終止後，經指定之醫院診斷，審定其身體遺存殘廢者，雇主應按其平均工資及其殘廢程度，一次給予殘廢補償。殘廢補償標準，依勞工保險條例有關之規定。

4.勞工遭遇職業傷害或罹患職業病而死亡時，雇主除給與五個月平均工資之喪葬費外，並應一次給與其遺屬四十個月平均工資之死亡補償。其遺屬受領死亡補償之順位如下：(1)配偶及子女，(2)父母，(3)祖父母，(4)孫子女，(5)兄弟、姐妹。

第六十條

雇主依前條規定給付之補償金額，得抵充就同一事故所生損害之賠償金額。

第六十一條

第五十九條之受領補償權，自得受領之日起，因二年間不行使而消滅。

受領補償之權利，不因勞工之離職而受影響，且不得讓與、抵銷、扣押或擔保。

第六十二條

事業單位以其事業招人承攬，如有再承攬時，承攬人或中間承攬人，就各該承攬部分所使用之勞工，均應與最後承攬人，連帶負本章所定雇主應負職業災害補償之責任。

事業單位或承攬人或中間承攬人，為前項之災害補償時，就其所補償之部分，得向最後承攬人求償。

第六十三條

承攬人或再承攬人工作場所，在原事業單位工作場所範圍內，或為原事業單位提供者，原事業單位應督促承攬人或再承攬人，對其所雇用勞工之勞動條件應符合有關法令之規定。

事業單位違背勞工安全衛生法有關對於承攬人、再承攬人應負責任之規定，致承攬人或再承攬人所雇用之勞工發生職業災害時，應與該承攬人、再承攬人負連帶補償責任。

職災的補償是無過失責任主義，意思是說，就算雇主對於職災的發生沒有過失，勞工還是可以依勞保條例及勞動基準法請求補償；另一方面，勞工即使有疏失，除非是違法的行為，否則也不妨害其勞保與勞基法的請求補償權利。如果雇主對於職災的發生有過失，勞工除了勞保及勞基法補償之外，還可以依民法的侵權行為向雇主提起民事賠償要求。（勞保條例、勞基法及民法的補償權利請求時間皆為兩年內有效。）

依民法第一百九十二至第一百九十五條，如勞工因為雇主的侵權行為而職災受傷時，得請求：一、「喪失或減少勞動能力」之賠償，如減少之工資或因此殘廢而不能工作之工資；二、「增加生活上需要」的賠償，如醫療費用等；三、精神損害之賠償，如因此而造成的心理上障礙。如果死亡時，則其父母、子女或配偶可請求三種賠償：一、殯喪費；二、法定義務扶養人之扶養費；三、精神損害賠償。其額度則由法院衡量當事人之實際狀況判定，如經濟狀況、薪資高低等。

至於雇主的刑事責任方面，勞基法中對於雇主沒有盡到職災補償責任的罰則，只是罰錢而已（第七十九條第一項）。倒是在勞工安全衛生法中（第三十一條及第三十二條第一項第一款），如果因為雇主在安全衛生設備上的過失，造成勞工三人以上職災或有勞工死亡的話，雇主必須負擔刑事責任（不過勞工安全衛生法有其適用範圍的問題）。

因雇主過失而導致職災之勞工，另可依刑法第二百八十四條過失傷害罪（追訴權半年內有效），向雇主提起刑事訴訟。

綜上所述，勞工因遭遇職業災害而致死亡、殘廢、傷害或疾病時，雇主應依表 6–3–2 所列責任提出補償。

表 6–3–2　雇主應負之職業災害補償責任

補償責任	內　容
醫療補償	受雇人因執行職務遭遇職業災害而致體傷時，經登記合格之醫院或診所治療者，雇主對超過全民健康保險給付部分補償之。
工資補償	依勞基法第五十九條第二項規定，勞工在職業災害醫療期間不能工作時，雇主應按其原領工資數額予以補償，以免因工資之不濟而影響其個人及其眷屬生活。
失能補償	勞工職業災害醫療期間屆滿二年仍未痊癒，經指定醫院之診斷，審定為喪失原有工作能力且不符合勞工保險殘廢給付之標準者，雇主得一次給付四十個月之平均工資後，免除此項工資補償責任。
殘廢補償	勞工治療終止後，經指定醫院診斷，審定其身體遺存殘廢者，雇主應按其平均工資及其殘廢程度，一次給予殘廢補償。殘廢補償標準，依勞工保險條例有關之規定為準。
喪葬費與死亡補償	勞工遭受職業傷害不幸死亡時，雇主除給付五個月平均工資之喪葬費外，並應一次給付其遺族四十個月平均工資之死亡補償。

雇主應負之賠償責任依民法規定，可整理如表 6–3–3 所示。

表 6–3–3　民法規定雇主應負之職業災害賠償責任

類別	賠償範圍	法律依據
死 亡	殯葬費用	民法第一百九十二條第一項：不法侵害他人致死者，對於支出殯葬費之人，亦應負擔損害賠償責任。
	扶養上之損害賠償	民法第一百九十二條第二項：被害人對於第三人負有法定扶養義務者，加害人對於第三人，亦應負損害賠償責任。
	慰撫金（精神上的損害賠償）	民法第一百九十四條：不法侵害他人致死者，被害人之父、母、子、女及配偶，雖非財產上之損失，亦得請求賠償相當之金額。
體 傷	醫療費用	民法第一百八十四條第一項：因故意或過失，不法侵害他人之權

	利者，負損害賠償責任。
喪失或減少勞動能力之損害賠償增加生活上需要之損害賠償	民法第一百九十三條第一項：不法侵害他人之身體或健康者，對於被害人因此喪失或減少勞動能力或增加生活上之需要時，應負損害賠償責任。
慰撫金（精神上的損害賠償）	民法第一百九十五條第一項：不法侵害他人之身體、健康……者，被害人雖非財產上之損失，亦得請求賠償相當之金額。

至於「勞工保險條例」職業災害給付與「勞動基準法」職業災害補償之關係，茲分述如下：

1.「勞工保險條例」之職業災害給付係屬社會保險，該項保險費由雇主負擔，而「勞動基準法」之職災補償為勞工法之範疇，兩者均採取雇主無過失責任規範。
2.「勞工保險條例」之給付項目，有醫療、傷病、殘廢及死亡等；「勞動基準法」之補償項目有醫療、工資、殘廢及死亡（喪葬費及遺屬補償）等，兩者最大相異處，在於死亡補償之額度，「勞工保險條例」職災給付以平均月投保薪資計算，較「勞動基準法」以平均工資計算為低。但勞工職業災害保險費用由雇主支付，因此其保險給付額依「勞動基準法」規定雇主得予抵充之，而「勞動基準法」規定之職災補償金額，雇主應予補足其差額才符合規定。

勞工為弱勢的族群，政府為照顧職業災害勞工之生活，在勞工保險條例中，訂有職業災害給付及勞動基準法中訂有職業災害雇主應負責之最低補償費，以上兩種補償請求權均自得受領之日起，因二年間不行使而消滅。

在大多數歐洲國家，職業災害保險是單獨存在的。這些國家之所以將職業災害保險獨立出來，主要的目的，並不是在發生職業災害時，提供各種醫療服務或現金給付而已，而是如何預防職業災害或職業病的發生，也就是防患未然勝於事後補救的觀念。

他們的職業災害保險不僅可使勞動工作者得到很大的保障，而且更擴張到全國民眾，包括從幼稚園學童到大學生，只要在教育機構內發生傷害，都可以得到職業災害保險的保障，學生家長免付任何費用。

職業災害保險在歐洲國家的普及率很高，其普及的程度甚至達到，有些人在救人時發生傷害，或是捐血後發生意外事故，都可以得到職業災害保險的保障。

三、職業災害勞工保護法

依關全臺九百餘萬勞工權益的職業災害勞工保護法從 2002 年 4 月 28 日開始實施，往後凡從事有給勞務，無論本地或外籍勞工，有無參加勞工保險，只要工作中發生意外，都可獲得補償，對於違反職災保護法雇主，政府將祭出連續開罰單告發的重罰。本法所保障範圍除應參加或得參加勞保而未加保的「受雇」勞工為主，但包括外籍勞工、臨時工、家庭幫傭、家庭代工，只要是雇主惡意不加保的工人，都可適用。

有關生活津貼補助，勞委會規劃勞工發生職災或職業病時，依傷殘程序，每月可領取 1,000 元至 6,000 元不等，有勞保受雇勞工，最長可領五年，沒有勞保勞工最長可領三年，如果沒有參加職業訓練，依殘障程度每月 6,000 元至 12,000 元不等的訓練津貼最長二年。另依規定勞工因職業災害，必須要他人照顧時，每月可獲 8,000 元的看護補助，最長五年，如傷殘須購買義肢等補助器材，也可獲得適度金額的補助。

新法實施之後也創下勞動基準法對雇主重罰的新制度，未來職災工人經公立醫院認定心神喪失或身體殘廢不堪勝任工作時，受雇勞工可要求雇主依勞基法規定發給退休金。另外，職災工人經醫療終止，雇主必須依其健康狀況，安置適當工作，並提供必要輔助設施。雇主如果不配合，可處 5 萬元以上、30 萬元以下罰款，且可連續告發，直到改善。

依據職災保護法，勞工發生職災死亡，若未投保者，依規定可領取五個月喪葬津貼、四十個月死亡補助（約 71 萬餘元），家屬還可獲得 10 萬元的補助，總計 81 萬餘元。有投保勞工，依投保金額計算，最高可獲 200 萬元補償。

依據勞基法規定，職災發生後，有兩年追溯期。勞委會一度考慮職災保護法實施後，能往前追溯兩年適用期限；但是經勞委會法規會討論，已否決該項主張，也就是實施日起發生的事故才能適用。

職業災害勞工申請給付之內容如下表 6-3-4 所示：

表 6-3-4　職災勞工申請給付一覽表

項　目	對　象	給　付
未加入勞工保險遭遇職災勞工，雇主未依勞基法補償時，得比照勞保條例，按最低投保薪資申請職災殘廢和死亡補助。	包括實際從事勞務的受雇或自營作業勞工（即一切從事有給勞務者都適用）。	職災死亡，按勞保最低投保薪資，發給五個月的喪葬補助；四十個月的遺屬補助（合計 71 萬餘元）。殘廢者依勞保殘廢標準表，申請殘廢給付。
職災或職業病生活津貼。	勞保被保險人，最長可領取五年；未加入勞保者，最長可領三年。	職業病生活津貼： 第一至三等殘（喪失全部工作能力）：每月領 6,000 元。 第二至七等殘（喪失部分工作能力）：每月領 4,000 元。 第八至十等殘：每月領 2,000 元。 第十一至第十五等殘：每月領 1,000 元。
		殘障生活津貼： 第一至三等殘（喪失全部工作能力）：每月領 6,000 元。 第二至七等殘（喪失部分工作能力）：每月領 4,000 元。
職災或職業病患者職訓津貼。	適用所有勞工，但五年內，合計以受訓二年為限。	第二至七等殘（喪失部分工作能力）：每月領 12,000 元。 第八至十等殘：每月領 8,000 元。 第十一至第十五等殘：每月領 6,000 元。
職災或職業病患者重殘看護補助。	勞保被保險人最長可領五年；未加入勞保者，最長可領三年。	每月 8,000 元。
職災或職業病患者死亡時，家屬可領死亡補助。	適用所有勞工。	每人 10 萬元。
職災或職業病患者器具補助。	適用所有勞工，但分成低收入戶和非低收入戶。	依勞委會所訂的標準表申請補助款。

資料來源：勞委會

第四節　失業保險與就業保險法

一、失業保險之意義

失業保險是由政府主辦，最早創辦於 1911 年英國通過失業保險法，隨後美國、加拿大、瑞典等各國也陸續開辦失業保險。日本在 1947 年實施失業保險，失業保險主要目的在「救急不救窮」，因此必須協助失業勞工就業，美國對於沒有正當理由而自行離職者，如不參與規定之訓練或再訓練，或者有工作者仍然領取失業保險，將會受到各種處分，如取消給付權利，減額給付，或甚至收押財產。而瑞士則規定領取失業保險者要接受職業訓練。

二、就業保險法

依據 2002 年 4 月 25 日三讀通過的就業保險法，失業勞工健保費政府將補助，而且失業勞工除了可以領取失業給付之外，還有提早就業獎助津貼或職業訓練生活津貼可領。

為使失業勞工的全民健保不因失業而中斷，就業保險法第十條規定，失業之被保險人其全民健保費補助，列為失業保險給付項目。現行法令規定，領取失業給付的勞工，健保費用由政府負擔。

失業勞工可領六個月失業給付，領滿後二年內再次請領失業給付則以三個月為限，亦即三年內最多可領九個月的失業給付。

為了獎勵就業，提早就業獎助津貼，以及職業訓練生活津貼，其領取提早就業獎助津貼的條件是，符合失業給付領取條件，於失業給付請領期限屆滿前受雇工作，並依規定參加就業保險滿三個月以上者，得申領其尚未請領的失業給付金額的 50%，一次發給提早就業獎助津貼，也就是說未來失業者若只領了三個月的失業給付就開始工作，另三個月可領而未領的失業給付可以領取其中的半數，以提早就業獎助津貼的名義一次領取。

立法院在 2002 年 4 月 25 日，三讀通過「就業保險法」，其內容主要如表 6-3-5

所示：

表 6–3–5　就業保險法主要內容

投保對象		十五歲以上、六十歲以下受雇的本國籍勞工。
保險給付項目		1. 失業保險給付、2. 提早就業獎助津貼、3. 職業訓練生活津貼、4. 健保補助。
請領條件	失業給付	勞工被迫失業後，經公立就服中心推介就業或安排接受職訓，十四天內無法完成前述程序，即可請領。
	提早就業獎助津貼	領取失業給付的失業者，若在失業給付請領期限（即六個月）之前找到工作，並工作滿三個月以上，就可領取剩餘失業給付的五成金額。
	職業訓練生活津貼	勞工被迫失業，經公立就服中心安排參加全日制職訓，受訓期間可領取職訓生活津貼。
給付金額	失業給付	⊙依勞工失業前半年的平均月投保薪資六成計算。 ⊙最長發給六個月。
	職訓生活津貼	⊙依勞工失業前半年的平均月投保薪資六成計算。 ⊙最長發給六個月。

失業給付與就業保險之比較可以分析如表 6–3–6：

表 6–3–6　失業給付與就業保險比較

項　　目	就業保險	失業給付
法源	就業保險法。	勞工保險失業給付實施辦法。
適用對象	十五～六十歲受雇的本國籍勞工。	十五～六十歲受雇於五人以上企業的本國籍勞工。
保費收入	承接失業給付基金，並從勞保費率 6.5% 移 1 個百分點為就業保險基金。	從勞保費率 6.5% 的收入，移 1 個百分點做為失業給付基金。
保費分擔	雇主七成、勞工二成、政府一成。	
費率	依月投保薪資 1% ～ 2%。 開辦第一年暫訂 1%，每三年精算一次。	1%。
給付項目	1. 失業給付。	失業給付。

	2. 提早就業獎助津貼。 3. 職業訓練生活津貼。 4. 失業期間全民健保保費補助。	
罰則	雇主未依規定加保，依加保之日起至參加保險之日止應負擔保費金額，罰處十倍罰鍰。	雇主未依規定加保，從應加保之日起至參加保險之日止應負擔保費金額，處以二倍罰鍰。
實施日期	2003 年 1 月 1 日（暫定）。	1999 年 1 月 1 日。
	就業保險開辦後，現行失業給付將停辦。	

關鍵詞彙

1. 危險分擔
2. 生育給付
3. 傷病給付
4. 殘廢給付
5. 老年給付
6. 死亡給付
7. 職業災害保險醫療給付
8. 預防職業病健康檢查
9. 失業給付

習題

一、失業給付須具備哪些條件方可領取給付？

二、什麼是現金給付？

三、勞工保險的投保薪資如何計算？

四、舉辦勞工保險目的為何？

五、勞工保險的投保對象有哪些人？

六、何謂職業災害勞工保護法？

七、何謂普通事故？保費如何負擔？

八、何謂職業災害保險？保費如何負擔？

九、職業災害之定義為何？

十、勞基法對於職業災害之規定為何？

十一、職業疾病鑑定委員會之組織架構為何？

第四章 我國國民年金制度

第一節 緒 論

一、背 景

基於臺灣人口有日益老化的趨勢，根據內政部人口統計六十五歲以上人口 1998 年比例僅為 8.3%，估計到 2011 年時比例將上升至 10%，國人對老年經濟安全保障制度的期盼與關心，政府必須非常積極與正面的予以回應，以迎接高齡化社會的挑戰。

此外由於以下幾個因素也促成國民年金之規劃受到大家的重視與需求。

1. 「敬老福利津貼」、「老年農民福利津貼」、「中低收入戶老人生活津貼」等各種政府津貼逐年出現，這些針對六十五歲以上的老人而實施的福利措施，會引起廣大的回響與注意，顯然不是一時一地的單一事件，民眾已藉此間接表達了對於老年生活保障的期望與需要。
2. 公務人員退撫制度也在 1995 年完成改制作業，從過去的恩給制改為相對撥繳制。
3. 另外，1995 年時，會計財務準則公報第 18 號「退休金會計處理準則」的公告，要求企業應在其財務報表中，確實反映有關員工退休準備金的財務狀況，也引起勞資雙方的重視及對老人退休年金規劃之急迫性。

二、發展方向

1996 年 12 月「國家發展會議」研議之「跨世紀國家建設計劃」將「規劃國民年金制度」訂為應辦理事項，並訂定 2000 年為實施國民年金制度的發展目標。

1999 年九二一震災後，因政府必須撙節經費，以應付龐大之重建支出，規劃工作小組於同年 10 月 15 日第二十七次委員會議中,建議行政院將原本預定於 2000 年開辦的目標延緩，一年後再評估國民年金制度實施時間。

國民年金的延緩實施讓全體國民因此有更充分的時間來瞭解國民年金的權利與義務，政府亦可對研擬中的制度作更縝密周詳的考量和修正，如此將更能促進年金制度順利的推行。

此外，國民年金實施需考慮的因素如保險費率，輔助財源，基金管理等項目的規劃與適當性，鑑於日本及歐美國家年金制度瀕臨破產危機的警訊，本文特別就世界各國的發展經驗，分別從福利思想與年金制度實務的變動，社會福利發展所面臨的困境，並對照我國現階段的國民年金制度規劃，提供思考我國年金制度未來走向之參考。

此外，也將評估國民年金制度經濟基礎的健全性，並特別就保險費率基金管理、財務規劃應如何訂定始能維持年金制度永續經營作進一步的討論，希望能夠以目前之規劃方向，擷取先進各國之寶貴經驗與教訓，求新求變，結合不同見解，在我國未來面臨的在高齡社會中，兼顧理論與實務保障老年生活的安全與基本之需求。

第二節　我國實施國民年金之需求性

一、社會安全制度之考量

自第二次世界大戰以後,社會安全制度已廣被世人所認可,在各國政府主導之下,陸續發展出各種類型的社會安全制度。

就各國的歷史發展來看，社會安全制度已在許多國家或地區發展了數十年。制度的起源，主要是起於個人與社會的需要，是為因應工業化與都市化對社會結構所造成的衝擊，為了解決日增的貧富不均問題，以及老年、死亡、殘廢、疾病、失業等風險，消除其所衍生的各種社會問題，以避免形成社會進步的障礙。

「老年貧窮」已普遍被「確認」為是現代生活的風險之一。至於對抗風險的技術，在人類社會的發展過程中，也發展出多種不同的方式，諸如公共救助 (Public Assistance)、互助 (Mutual Assistance)、保險 (Insurance)、相互保險 (Mutual Insurance) 等等方法，均各有其發展背景與特質。

1997 年發生的東亞金融風暴，後續所衍生的對社會面的衝擊，特別是缺少社會安全機制的國家或地區，也促使各國普遍正視社會安全機制在整體國家建設中的重要角色。

二、主客觀環境之影響

我國國民年金實施之主客觀環境可以從以下幾方面加以分析：

1. 各種政府敬老福利津貼逐年浮現引起廣大注意。
2. 公務人員退撫制度改為相對提撥繳制，激發大家對退休福利的重視。
3. **1995** 年會計財務準則公報第 **18** 號「退休金會計處理準則」的公告，引起勞資雙方之重視及勞方對退休年金規劃之需求。
4. 高齡人口比例快速增加：

   如圖 6–4–1 所示，臺灣地區六十五歲以上人口 1998 年比例僅為 8.3%，估計到 2011 年時比例將上升至 10%，2033 年將達 20%，從 10% 上升到 20% 所需的時間僅二十一年，遠較歐美國家的五十至八十年為快，政府須為未來老年人的經濟保障預為綢繆。

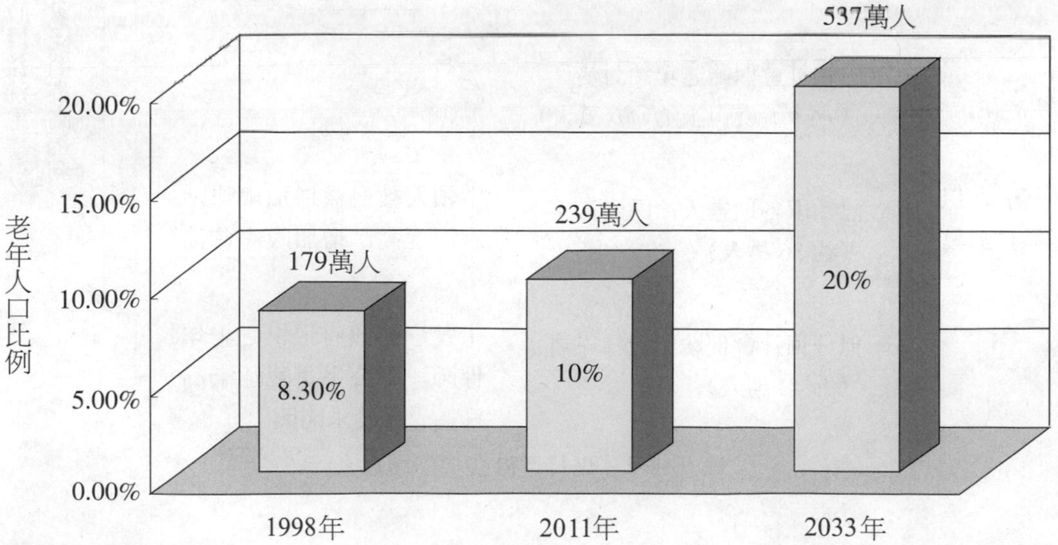

圖 6–4–1　臺灣地區老年人口之成長比例

5. 家庭成員相扶持功能減弱：

目前雖然仍有近半數的老人依賴子女供養，但是子女供養比率已逐年下降，靠個人儲蓄養老的比率大幅上升，未來隨著子女數的減少和家庭觀念的改變，此趨勢將更為明顯，個人也須在年輕時為老年生活經濟來源預作準備。

6. 現行保障體系不周全，也存在不公平問題，使政府與國民均高度關切國民年金實施之方式與實施時間。如圖 6–4–2 所示。

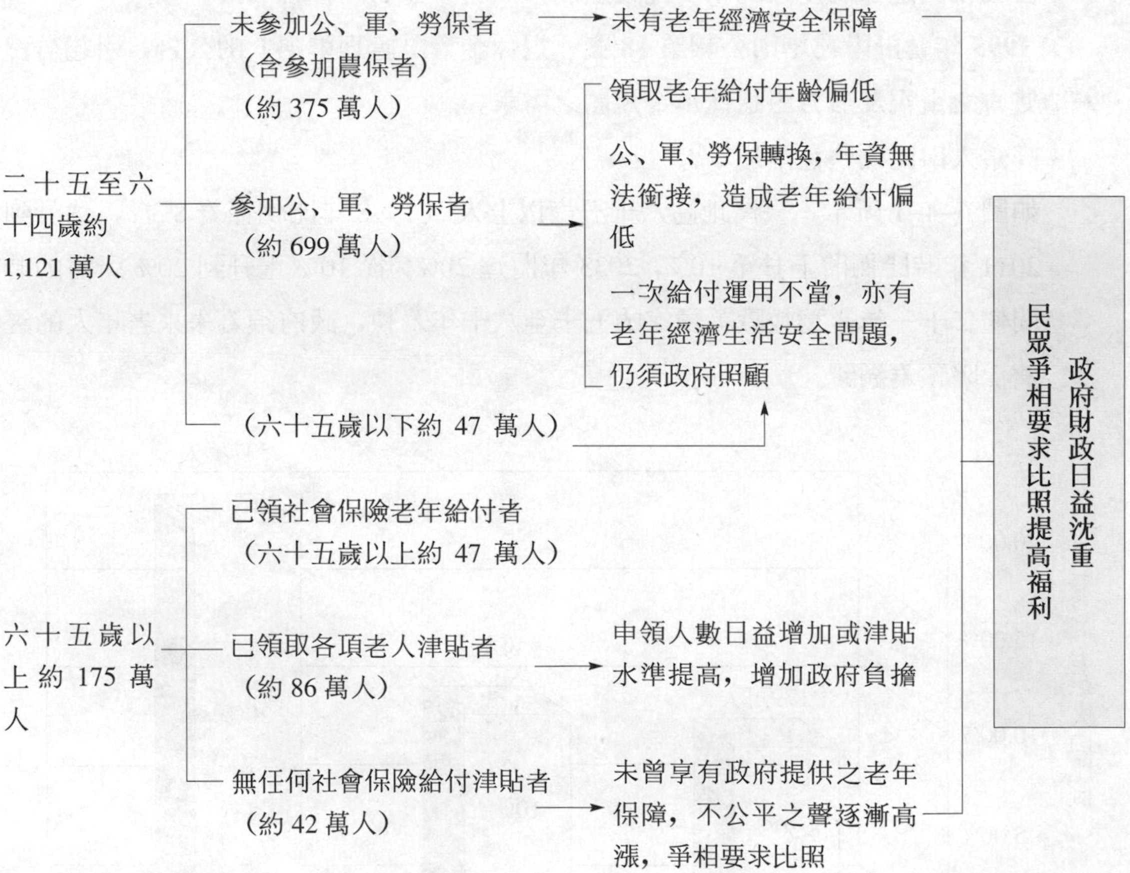

圖 6–4–2　現行不周全之保障體系

第三節　國民年金制度之概況及趨勢

在一個社會福利良好的國家，其國民通常享有三層年金保險制度所帶來的保障，第一層為「政府國民基礎年金」，保障國民經濟安全；第二層為強制性雇主職業附加年金，使國民生活達到經濟舒適；第三層為自願性雇主職業附加年金與個人附加年金，使國民生活達到經濟享受。由此可知，在一個福利國家中，國民年金保險為政府給予其國民最基本的生活保障。

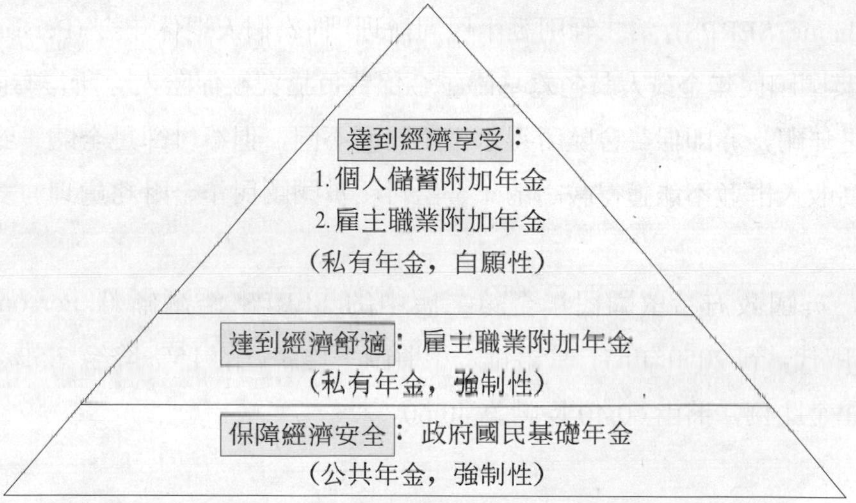

一、各主要國家國民年金發展之概況及改革

㈠瑞　典

瑞典於 1913 年正式創立國民老年年金制度，為世界上第一個建立「強制性」及「普及性」年金制度的國家。由於瑞典人口老化壓力沉重，光是老年年金給付就佔了瑞典全部社會保險支出的四成以上，故於 1984 年提出三項重要改革方案。其內容為逐漸統合成為單一老年年金制度、以終生所得決定給付水準、以及退休年齡彈性化。

目前，瑞典國民年金制度主要由定額基礎年金 (AFP) 及附加年金 (ATP) 所構成，屬於雙層式國民年金制度。前者以全體國民及符合支付要點之外國人為對象，後者以受雇者為對象。此外，並以六十歲至六十四歲之部分勞動者為對象，設立部分工時年金 (DP)。瑞典國民年金財務處理方式，在基礎年金方面採用完全賦課制，附加年金方面則採修正混合制。

㈡英　國

英國早在 1908 年國會即通過老年年金法，以非繳費式的方式解決貧困老人的基本生活。約在 1940 年代有了國民年金的相關立法。

目前，英國國民年金採雙層式國民年金制度，第一層為基礎年金，以全體國民為對象，第二層為附加年金。在第二層中又可分成二種，第一種由政府主辦，以受雇者為對象，給付水準與薪資相關，稱為與薪資連結的國家退休年金 (State Earnings Related Pension Scheme, SERPS)，第二種則委由民間辦理，稱為個人退休年金 (Personal Pension Scheme)。英國國民年金最大特色為基礎年金保費負擔與被保險人之所得有關，但保費與給付卻是無關，亦即保費會隨所得水準不同而不同，但給付卻是全體一致，繳交較高保費的高收入群並不能獲得較高的年金給付。英國國民年金財務處理方式採完全賦課制。

近來，英國政府希望國民年金第二層中的 SERPS 能漸漸為 Personal Pension Scheme 所取代，到 2050 年時，其給付水準將由平均薪資的 15% 降至 7.5%，同時，公私部門的年金比例，將由 60:40 反轉為 40:60。

㈢美　國

美國社會安全制度以 1930 年代經濟大恐慌為背景拉開序幕，一開始以一般工作者為對象，所有給付為一次給付，到 1940 年開始有了年金給付制度及擴大適用對象，1972 年通過給付水準隨消費者物價調整之相關法案，1980 年初，美國警覺到社會安全制度的長期財務危機，於是開始一些制度的改革，例如社會安全給付開徵所得稅。

目前，美國國民年金包括老年給付、殘障給付、遺屬給付及老年醫療 (Old-Age, Survivors, Disability Insurance, and Health Insurance, OASDHI)，亦即屬於只有基礎年金的單層式國民年金制度。美國國民年金財務處理方式採完全賦課制。由於，保費的報酬率遠低於市場的投資報酬率，故未來可能朝向公營個別儲蓄帳戶制或民營個人儲蓄帳戶雙層年金制之方向發展，亦即由確定給付型改為確定提撥型。

㈣智　利

智利約在 1920 年左右即有了社會安全制度，為現行舊制年金保險的前身，其性質為非純粹的隨收隨付制 (Impure Pay as You Go)，而另有累積一筆資本化基金 (Collective Capitalization of Funds)，但由於政府對於基金管理不佳，造成於 1970 年代就面臨破產之危機，故在 1980 年代興起改革風潮，主要政策為建立推廣個人退休帳戶制度 (Individual Capitalization Pension System)，允許個人自由選擇基金公司 (Administradora de Fondos de Pensiones, or AFP)。此項重大改革對智利的國民儲蓄有很大的貢獻，尤其帶動了智利的經濟起飛。

目前，智利國民年金採雙軌制，一為舊有的社會保險系統，一為改革後的強制性私人保險，為單層式國民年金制度。改革後才進入勞動市場者均參加新制，舊體制內的人則於 1986 年 5 月以前可自由轉入新制，同時保有原來的求償權。

二、國民年金未來發展趨勢

㈠國民年金有偏向確定提撥型之趨勢

目前世界人口結構不斷地走向老化，各國財政赤字日益嚴重，為減輕國家財政負擔，各國政府對於國民年金政策逐漸傾向由原來福利提供（即由政府承擔國民未來生活之不確定，保障國民的未來生活）改由國民自行承擔未來生活之不確定，亦即各國國民年金有走向確定提撥型之趨勢。目前已有國家將國民年金由確定給付型改為確定提撥型，例如：美國。

㈡國民年金有偏向民營化私有化之趨勢

為使國民年金在經營管理上更有效率及獲得良好績效，以免政府挪作他用，各國國民年金有從公營公辦走向民營私有之趨勢，亦即政府由主導管理角色漸漸走向監督之角色。

第四節　我國國民年金之規劃方向

一、我國老年退休體系之現況分析

我國老年退休之體系與問題如下：

1. 職業別分別加入公、軍、勞、農保，但仍有約三分之一的成年國民未能納入保險體系中，對六十五歲以上老年人口則輔以「中低收入老人生活津貼」、「老年農民福利津貼」、「榮民就養給與」、或部分地方政府開辦的「敬老福利津貼」等福利措施，難以滿足現代社會結構中老年生活之基本需求。
2. 公務人員的退撫制度，也由於受到退休人數逐年增加，政府每年所需編列的退撫支出，亦達到了難以負荷的地步，自 1973 年即開始研議改制，經過二十年的努力，才在 1995 年由恩給制轉型改制為共同撥繳的儲金制，由於目前尚屬開辦初期，每年基金尚可快速累積，惟此一制度本質仍屬確定給付制，俟制度成熟後，依現行費率是否仍可維持運作，不無疑問。
3. 勞工退休基金，由於制度不夠完備，經常被勞工朋友們譏為美如天上星辰，卻永遠摘不到手，雇主亦批評不符企業經營法則，致提撥意願低落，提撥比率甚低而難以落實保障勞工退休權益的美意。

此外在技術上也有以下缺失：

1. 未能依精算費率收取保費，未建立制度化費率調整機制，民眾視國庫撥補虧損為正常，老年給付準備嚴重不足，不符社會保險財務獨立自主原則。
2. 以職業身分補助保費比率，而不問其經濟狀況，致可能發生所得愈高者，得到的補助愈多。
3. 領取保險給付最低年齡之規定偏低，與世界多朝向六十五歲延長趨勢不符，我國仍未就此進行檢討，已對保險財務及政府財政造成相當沈重的負擔。
4. 農保沒有老年給付，政府因而特別發放「老年農民福利津貼」，但由於農保加保年齡無上限規定，致形成老年農民既可參加農保，又可申領老年農民福利津貼之現象。
5. 以職業身分或居住地為取向的福利措施，隱含許多公平性的問題，而且常形成相互比照提高福利，造成政府沉重的財政負擔。
6. 老年一次給付的型態，易受通貨膨脹或運用不當等因素影響，無法提供長期而穩定的保障，目前僅黎巴嫩及我國仍維持一次給付方式。
7. 各類保險的年資無法轉換銜接，於轉換保險時無法隨同移轉，常使得當事人之保險權益受損，已不符現代就業市場工作場所經常變動的趨勢。

二、經建會原先規劃之內容

基於臺灣人口老化問題日趨嚴峻，以及民意要求政府照顧老人福利的呼籲高漲，行政院於 1993 年 11 月指示經建會「協調處理各類年金、津貼或補助等項目之方向及原則，以及釐訂相關各項現金給付間之關係及整合工作」，並於 1994 年 3 月核定在該會成立「年金制度專案小組」，負責年金制度之審議工作。

相關內容分析如下：

1. 規劃中的「國民年金」之目的是為保障全體國民老年、發生身心障礙或死亡時，其本人及遺屬的基本經濟安全的一種制度，其保障範圍通常包括「老年年金、障礙年金與遺屬年金」（國指組，民國 88 年，頁 6）。國民年金制度是由政府主導，採「社會保險制」，由內政部設「中央國民年金保險局」統籌辦理國民年金保險業務。

   透過國民年金制度的建構，不僅要提供每一位國民基本的老年生活保障，同時解決現制的紛亂，並實現全民納保的理想，將目前各種不同的老年給付制度，統整為一套完善的老年經濟安全保障體制。結合個人、企業與政府的力量，分從基礎年金、職業年金、鼓勵私人儲蓄投資等不同層次的保障體系，該每一位國民都享有基本生活保障，並依個人的工作生涯與規劃，分別滿足其不同的生活保障與需求。

   由政府辦理的第一層保障：採社會保險方式辦理，具有強制儲蓄功能。

   基本上可以分成幾個不同的層次來探討，一方面要能顧及基本生活的保障，另方面亦能兼及個人努力程度的公平原則。其架構如圖 6-4-3 所示。

   (1)基本層次的保障：由於涉及社會集體連帶的觀念，其所需成本宜由社會全體共同承擔，課以國家最終的保障責任，這也是政府規劃國民年金制度的最主要精神，以政府為機制，結合社會群體力量，保障每一位國民老年基本生活需要。

   (2)一般平均水準的生活保障：這已不僅是國家的責任問題，而應由雇主及個人，在其工作期間，依其努力程度來共同達成。由於員工是企業成長與發展的最重要資產，為安定員工的職責，亦應視為吸納人才的有效作為，而政府在這一個層次的職能，應致力於創造與維護一個優質的投資環境（包括合理妥善的社會安全制度），讓企業經營者願意投資並繼續經營下去，為民眾創造更多的就業機會，同時有效規範其運作，確保參與者應有權益。

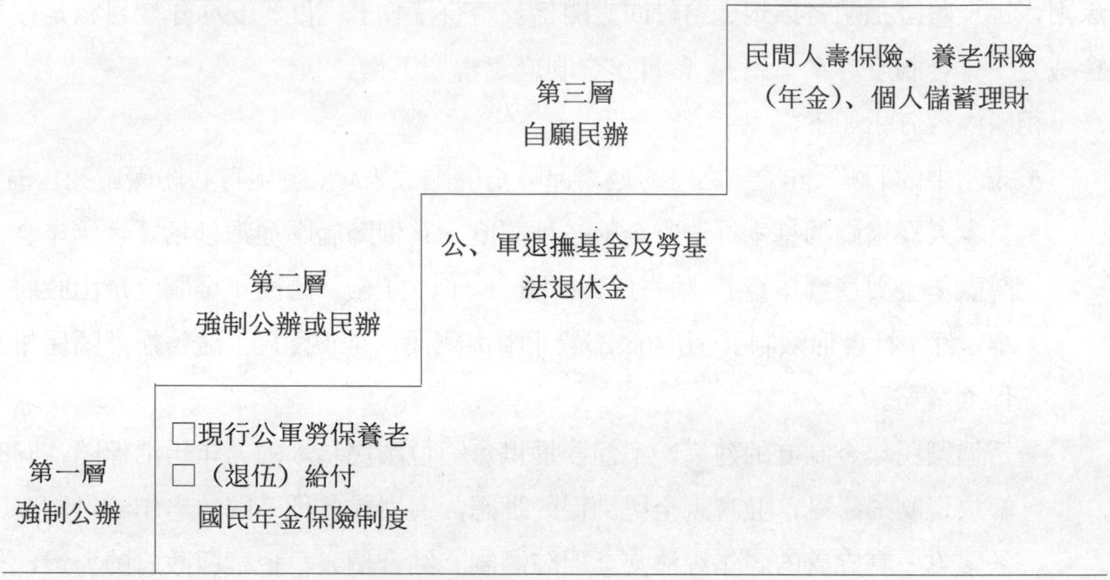

圖 6-4-3　國民年金與商業年金之架構圖

⑶個人理想的生活型式：因人而異，也非政府或企業所可干預，例如個人投資儲蓄的理財觀念，規避風險與危機的思想，家庭關係與親友網路的經營等，幾可說多屬個人事務的範疇，國家所可著力者，則為透過社會教育，提倡尊親敬老風氣，灌輸危機意識與風險管理觀念，為自己的老年生活進行生涯規劃。

2. 國民年金制度規劃以社會保險方式辦理，如圖 6-4-4 所示。

3. 國民年金制度規劃原則：

採社會保險方式辦理，依權利義務對等原則，除低收入戶及重度以上身心障礙被保險人保險費由政府負擔外，全體被保險人須先盡繳費義務，始能享有給付之權利，以符合公平正義原則。

老年年金給付所需財源，部分由自己負擔，部分由下一代負擔，並且由被保險人共同分擔發生身心障礙與死亡的風險，兼具個人自助、社會連帶與世代間互助精神。合理訂定給付水準，保障被保險人需求與權益，並依據精算結果訂定保險費徵收標準，以充分支應保險給付，維持長期財務平衡。

以循序漸進方式整合現有社會保險體系及老人生活津貼。

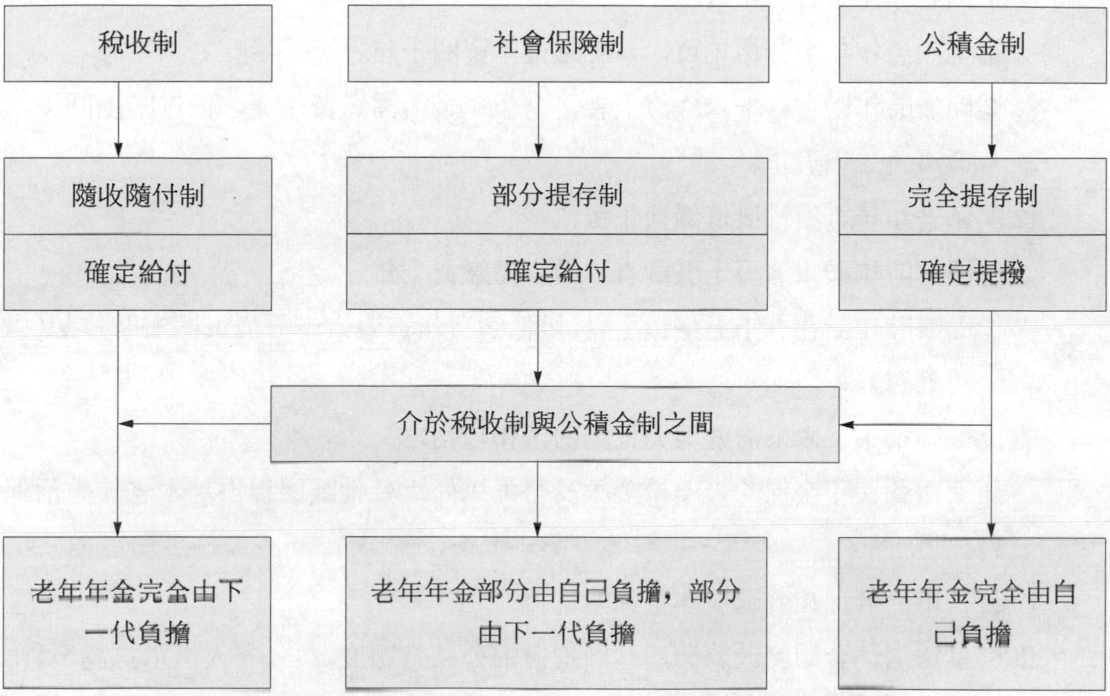

圖 6-4-4　社會保險方式的國民年金制度

4. 給付標準和項目：

全額年金標準：開辦時按前二年每人每月消費支出 60% 訂定。全額年金標準約相當每人 GNP 之 25% ～ 30%（各國標準約在 18% ～ 32% 間）。

5. 給付項目：

(1)老年年金：按規定繳費，至六十五歲時按繳費年資給付，但在過渡時間，年金給付低於 2,000 元，由政府編列預算補足。

(2)障礙年金：加保後，在繳費期間發生重度以上障礙事故者，可領取障礙年金至終老。

(3)遺屬年金：加保後死亡者，死亡前繳費年資合計達應加入期間的三分之二以上者，其法定配偶、未滿十八歲或未滿二十歲重度以上障礙子女，及其受扶養之直系尊親屬可領取遺屬年金。

⑷喪葬津貼：被保險人於繳費期間死亡，一次發給十個月全額年金。

6.老年年金年資規定：

⑴全額老年年金合格年資：

①全額老年年金合格年資：累計繳費年資四十年。

②開辦時年齡在二十六歲以上者，全額年金所需繳費年資，依年齡由四十年遞減為二十五年。

⑵請領老年年金給付最低繳費年資：

①開辦時年齡未滿五十五歲者，最少需繳費十年。

②開辦時年齡在五十五歲以上者，最低繳費年資為六十五歲減開辦時年齡(以月計算)。

在此一架構下，未來需要努力推動的工作包括：

⑴新開辦國民年金保險，為軍公教及勞工以外之其他國民提供基本老年生活保費。

⑵公、軍、勞保配合國民年金保險進行改制作業。

⑶勞基法退休金制度改為勞雇共同提撥的公積金制度，與公務人員退撫基金(正進行改採確定提撥制之可行性評估)共同建構成為就業者的職業年金，成為老年經濟安全保障體系中的第二層保障。

⑷透過稅制優老措施，鼓勵民眾依個人生活需要，進行個人儲蓄與投資規劃。

7.老年年金之給付方式為二十五歲以上的國民按規定按月繳費至六十四歲後停繳，至六十五歲時起其年金給付按以下公式計算：

年金給付＝當年年金×全額老年年金係數

8.保險費率依年金給付標準的10%訂定。至於保費費率，從投保國民的立場，除企業主因實施後將增加雇用員工的部分保費及營業稅附加捐而有異議外，大多數民眾對規劃中保費費率尚無強烈對抗反應。但規劃保費費率是否可支持年金制度永續經營，有待進一步探討。

9. 政府在每期收到保費時，在提存保險責任準備金的同時，對當期各年齡組被保險人也發生對應的年金負債。個人的年金義務及權利與政府的保險準備金及年金負債是對應相等的。政府對個別投保人的年金負債，也就是投保人享有的年金給付權利，與其保險準備金（即個人繳納之保費）之間的差距，必須考量世代間經濟負擔能力與社會經濟發展狀況。是以，年金負債是否允當，為國民年金保險營運政策者的重要課題。
10. 年金基金是中央國民年金保險局每年將二十五至六十四歲年齡組投保人收到之保費連同其收益累積而成的保險準備金。個人實際繳納（含政府補貼）的年金構成「自繳年金基金」，是老年年金「由自己負擔」的部分。為永續支付被保險人自六十五歲至壽終的年金支出，政府必須提存足夠的年金基金，稱「永續年金基金」。「年金負債」，依照其本質是與提存的永續年金基金相等。
11. 規劃中的國民年金保險是採定額保費、部分提存準備制辦理。從投保人個人觀點看，自投保至屆滿六十四歲按期繳納保費，是向政府設置的中央國民年金保險局盡儲存養老儲金的義務；到六十五歲至壽終為止就享有向保險局按期支領年金給付的權利。從政府的觀點來看，政府收到被保險人的保費，就有妥善儲備，充作保險基金，以備充分支付被保險人屆滿六十五歲至壽終期間內之年金給付義務。其計算公式如下：

永續年金基金減去自繳年金基金為「淨年金負債」，其關係可列如下式：

淨年金負債＝永續年金基金－自繳年金基金　　(1)

在完全提存制下，老年年金完全由自己負擔，永續年金基金與實際繳納年金基金相等，淨年金負債等於零 (Hatta and Oguchi, 1997)。至於在部分提存制下，個人只負擔部分老年年金，永續年金基金大於自繳年金基金，淨年金負債為正值，由下一代負擔。

因為式(1)中之自繳年金基金即為「部分年金基金」，所以政府對某特定年齡投保人自投保至六十四歲期間每年的淨年金負債可改寫為：

淨年金負債＝永續年金基金－部分年金基金　　(2)

倘若政府按永續年金制與部分年金制保費費率之差額，課徵下一代負擔部分，以補貼該年齡組投保人，式(2)中部分年金基金將提高到等於永續年金基金，淨年金負債於是等於零。

從個人觀點看，淨年金負債是政府對投保人的年金補貼。年金補貼加上自繳年金基金即為投保人在投保年齡至六十四歲期間，政府每年為該投保人所累積的「年金財富」，依之，式(1)可再改寫為：

年金財富 = 自繳年金基金 + 年金補貼 (3)

年金財富累積至六十四歲時，達到該年齡組預期領到的平均年金給付總額，是為其「終身年金財富」(Lifetime Pension Wealth)，其組成為：

終身年金財富 = 自繳終身年金基金 + 終身年金補貼 (4)

年金負債的多寡取決於保險費率、年金給付水準、基金收益率、預期壽命，以及社會經濟環境的變遷。其中最具決定性，而且是受年金制度當局直接操控的，是保費費率及年金給付水準。規劃中年金給付額的水平，為國際上普遍採用標準，已取得一致共識，無重大調整的空間。

第五節　國民年金之財務管理

一、國民年金資金提撥方式

國民年金資金的提撥方式有三種常見基本型態：完全提存準備制、完全賦課制、修正混合制，茲分述如下：

(一)完全提存準備制 (Full Funding)

1. 意　義：

係指事先不斷地提存足額基金，以備將來給付需求，意即對將來的給付事前已完全予以提存準備，為一種未雨綢繆的觀念。此種提存方式為長久的資金累積，資金的報酬率依賴累積資產的報酬率，故可作為長期產業的資金供給者。

2. 優　點：

⑴因為是自己儲蓄自己領，故可避免世代間之不公平及世代間抗爭，且保費會較穩定。

⑵對於政府財政預算依賴程度最低，且可避免臨時財務危機。

⑶增加利息及投資收益，進而可降低保費水準。

⑷可減少將來給付水準不穩定的風險，且比較能抵抗總體變化的風險。

⑸因為為強迫儲蓄，資金長久且龐大，所以可增助資本市場的發展。

3. 缺　點：

⑴需要有良好金融市場、金融工具、人才，且所需管理成本相對較高。

⑵從開始提撥到可以開始發放年金之準備期間相對較長，故不易為政策決策者採用（因為無法立竿見影）。

⑶易淪為政府挪作他用之資金，且投資易缺乏效率。

4. 適用情形：

⑴適用於人口結構處於老化或成長率低的階段。

⑵適用於金融環境良好的國家。

㈡完全賦課制 (Assessment Method)

1. 意　義：

又稱隨收隨付制 (Pay as You Go)，係指對於將來給付所需的費用，事前完全不予以提存，等到需要給付時，才以課稅方式作為給付所需之資金來源，亦即以當代工作人的部分所得轉移給當代老年人口。

2. 優　點：

⑴所需管理成本相對較低。

⑵實施準備期間相對較短，且較易通過實施（因為可以立竿見影）。

⑶可避免投資缺乏效率之問題。

3. 缺　點：

⑴易產生世代間之不公平及世代間抗爭，尤其當人口結構處於老化階段時，年輕的工作人被課徵的稅率將攀升，造成年輕人工作意願低落。此外，保費及未來給付亦會較不穩定。

⑵易發生政府財政困難，使整個國民年金保險系統崩潰而無法支付之現象。

⑶無利息及投資收益，造成保費負擔更重。

⑷會降低工作意願。

⑸無法累積長期資金，增助資本市場之發展。

4. 適用情形：

⑴適用於人口結構處於較年輕或成長率高的階段。

⑵適用於金融環境不良的國家。

㈢修正混合制 (Mixed Method)

係為上述兩種方式的修正與折衷，即對於未來給付所需的費用，事前提存部分提存準備 (Partial Funding)，不足之處以課稅方式來補足。

二、國民年金給付方式

國民年金依照未來給付水準確定與否可分成「確定給付型」與「確定提撥型」兩種。

㈠確定給付型 (Defined Benefit)

1. 意　義：

係指事先設定個人未來受益水準，亦即經由精算過程，設算未來給付水準後再予以折現（須先對投資報酬率、折現率等作假設），投資風險（或提撥不足之風險）由政府承擔。

2. 優　點：

比較能保障個人未來的生活。

3. 缺　點：

因未來受益水準已事先確定，但未來投資收益不確定，故將造成年金成本之不確定性及政府財政負擔。

4. 適用情形：

適用於個人風險承受力較不良之國家。

㈡確定提撥型 (Defined Contribution)

1. 意　義：

係指事先設定個人每年提撥金額，然後依此金額逐期提撥，轉入個人帳戶內，投資風險（或提撥不足之風險）由個人承擔，故其與確定給付型之最大差異在於未來受益水準不確定，且無需精算。

2. 優　點：

⑴年金成本較明確。

⑵因為為個人帳戶制，故具有可攜性。

3. 缺　點：

因個人之未來受益水準不確定，需承擔投資風險，故無法明確保障個人未來的生活。

4. 適用情形：

適用於個人風險承受力較佳之國家。

三、我國國民年金之近況

我國國民年金草案的版本內容分成以下五種：

1. 儲蓄保險制：

此一制度兼具儲蓄與保險的性質，建立個人儲蓄帳戶；個人必須提撥保費，其保障的對象則為未參加公教、勞、軍保之二十五至六十四歲之國民，此為政府一開始時所偏好之方案。

2. 全民提撥制：

以全民提撥取代向個人收取保費；個人免繳費用，其保障的對象為六十五歲以上之國民，希望由全民來共同負擔保費並享受權利。

3. 社會保險制：

開辦均等式國民年金保險，個人必須繳交保費，保費以全額年金的 10% 設定，其保障對象為未參加公教、勞、軍保之二十至六十四歲之國民，具有社會保險的性質。

4. 沈富雄立法委員版：

開辦雙層式國民年金制度；第一層的基礎年金採福利型年金，第二層的附加年金則採個人帳戶之公積金；在基礎年金部分，個人免繳費用，但在附加年金部分，必須由個人退休儲蓄專戶支付。在保障對象方面，基礎年金是針對六十五歲以上之國民來作保障；附加年金的保障對象則可分為四個類別，包括(1)軍公教人員，(2)勞工，(3)農民，(4)自營作業者及無一定雇主之受雇者。

附註：(1)第一層的基礎年金或稱基本年金，係指政府為保障國民於老年退休或到達一定年齡時，對於符合給付條件者所提供的基本經濟安全的一種年金型態。其保險事故包括老年、殘廢、遺屬等事故。

(2)第二層的附加年金係指在社會保險中除提供老年基礎年金外，另按被保險人投保薪資等因素訂定所得比例給付制，以維持受雇勞工適當的生活水準。因此，附加年金可說是政府對於國民經濟安全的第二層保障。

5. 簡錫階立法委員版：

開辦雙層式國民年金制度。第一層的基礎年金採福利型年金，第二層的附加年金採所得相關之社會保險年金制；在繳費方面，基礎年金部分，個人免繳費用，年金費用則由政府以稅收支應，而附加年金保險部分，個人必須繳保費，保費依投保薪資之 8% 至 10% 計算之。

民國 91 年 5 月 31 日，行政院之「國民年金法」草案政務審查會，正式接受社福團體建議，放棄個人儲蓄帳戶，改採「社會保險制」、確定給付制，每月保費 750 元，政府補貼 150 元，民眾自付 600 元，老年年金 7,500 元。未達社會救助標準的中低收入戶自付 480 元，政府補貼 270 元；符合社會救助標準及領有殘障手冊者，保費由政府全額負擔。預估於民國 93 年以前開辦。

第六節　結論與建議

一、結　論

從先進國家發展經驗的討論當中，可歸納出以下幾點：

1. 社會福利必須在政府基本責任與市場機能之間，維持適當均衡的組合。
2. 引進民間的力量，政府的力量不是可以永遠無限的擴張與延伸，政府的責任與職能應有其一定上限與範圍，個人應有其責任與義務。

3. 面對大環境的改變，尤其是年金制度長期財務的衝擊，要維持年金制度的長期穩定與永續經營，必須就提高收入或削減支出之間，作出適當的抉擇（這並不是非一即二的簡單議題）。在增稅可能增加國民負擔，企業勞動成本升高，投資意願，甚且擴大年金受益世代與工作世代間影響的摩擦與考量下，多朝向縮減支出的方向努力。
4. 政府之國民年金為兼顧財政之考量，應以提供基本生活保障做為基礎。
5. 世界各國的公共年金制度發展有三條路線，一是社會保險，以德國 1889 年的體制為基礎，其給付額度經常關聯過去的所得水準。第二種是需資產調查的社會津貼，以丹麥於 1891 年設立的 Danish Law 為開端。第三種為普及型年金制度，以公民權及年齡為給付要件，沒有資產調查，也不論繳費紀錄，主要實施於斯堪地半島等國 (Scandinavian) 與大英國協 (Gordon, 1988)。可做為我國往後實施國民年金之參考。
6. 新政府提出許多服務選民的具體政見，這些政治諾言的實現，必須在未來財政能力下才有兌現之希望。
7. 年金之財務處理方式：

完全儲備的確定提撥制，代表個人要為自己的老年生活負責；隨收隨付的確定給付制，代表國家對國民的保障責任及世代間的契約關係；年金給付按薪資成長水準調整，代表一定生活水準的維持；年金給付按物價成長水準調整，則代表了基本生活水準的保障。

8. 國民年金是屬於各種年金中之基礎年金，是基於大數法則，發揮自助互助精神，來保障少數遭受不可預期或不可抗拒事故的國民（主要是老人）的基本經濟生活。但國民年金不是福利津貼，這部分靠社會福利措施；它也不保障每人到老年時能享有其既有生活水準，這部分要靠儲蓄及軍、公、勞、農保等職業年金。

二、建　議

1. 目前各國盛行的公共年金體系多為確定給付 (Defined-Benefit) 的隨收隨付制度，有些國家再輔以強制性的私人年金系統，例如丹麥、法國、荷蘭與英國等。
2. 政府公共政策與市場機能應各有其重要的機能與角色，需要在尊重市場機能與政府干預的兩極之間，順應社會結構變動的需要，發展一條妥適的中間路線，尋求最適的組合。

因此，市場機能有其資源運用的一定效用之考量，政府則有其不可擺脫的職責，所以政府與人民之間的相互關係，就有必要重新檢視與定位。

3. 二次大戰以後，各國的年金制度紛紛往雙層制 (Two Tiered System) 發展，所得相關年金保險制的國家體認到必須對從未進入就業市場或未能符合給付資格者，提供最低給付水準的保障；而以老年資產調查體系為開端的國家也逐漸往普及式年金靠攏，並進一步設立所得相關年金提供附加給付。

4. 就消除老年貧窮問題而言，不應只著眼於老年階段。通常因就業關係而取得之職業年金，其給付水準遠高於基礎年金給付。所以有職業年金的國民，一般並不存在基本生活保障的問題，問題的重心主要還是落在沒有職業年金的族群上面，而需要政府出面干預。對於有工作能力及一定所得水準以上之勞動者，應該以自己的能力，承擔自己未來老年所得安全的責任。

5. 檢討公共支出的優先次序與制度的目標，就制度所要達成政策目標而言，過去在景氣持續擴張與上升的年代，終身與全生活照顧的理念，在面對變動不居的大環境，必須作出適當的調整；就支出的優先次序而言，基本生活的保障，是最需要關切的重點，但保障的水準則仍可作進一步的討論。

6. 提高制度的效能，制度最重要的是要能永續經營與發展，並能堅持其公平與正義之原則，以及其達成政策目標之功能，制度的內在結構與機制，必需以實現這些效能為準則。

7. 在思考老年所得保障問題時，我們需要一套能提供全體國民適足基本保障的綜合體制，僅靠單一個別的或零散的所得保障方案，並不足以解決老年的經濟安全問題。新的出路應該要能契合新的經社環境變遷的需要，並能保有傳統制度的基本保障功能。

8. 國民年金採用定額保費、部分提存準備制，而非採隨收隨付制，可規避將來臺灣人口老化，對年金財務籌措的困擾。惟健全的提存準備制必需嚴格保管和妥善經營年金基金，財政發生困難時，政府絕不可輕易向國民年金基金借支。提存準備制中，當年保費收入是政府對投保人屆滿六十五歲以後的負債，必須存入基金保管，屆期償還。當年保費收入與當年保險給付支出，並非對應收支關係。用以衡量年金財務狀況，當作調整保費水準依據，並不恰當。

9. 規劃國民年金制度實施後，臺灣老人經濟三層保障體系中的第一層保障得以建立；現有保險制度得以改進為具有職業年金性質的第二層保障；原有其他各種福利制度，亦能統合成為公平合理的補助。

10. 國民年金的財源，建議辦理國民年金所需增加經費，以營業稅加徵附加捐 20% 為特定財源，公益彩券等其他收入為補充性財源。無論如何，政府在開辦年金制度後都難以連年籌措此項巨款。解決政府財政困窘較為實際的辦法之一，當是從年金給付面，在老人福利補助辦法中加入排富條款。總而言之，無論是從開闢財源或是減少支出考量，政府都必須預先妥為規劃，廣泛接受意見與加強溝通，才能確保國民年金制度的永續經營。

關鍵詞彙

1. 敬老福利津貼
2. 公務人員退撫制度
3. 老年年金
4. 障礙年金
5. 遺屬年金
6. 喪葬津貼
7. 永續年金基金

習題

一、何謂國民年金?

二、國民年金之給付項目有哪些?

三、何謂完全提存準備制?

四、何謂完全賦課制?

五、何謂修正混合制?

第七篇

意外保險

第一章　意外保險之範圍與演進

第二章　汽車保險

第三章　航空保險

第四章　工程保險

第五章　電子設備保險

第六章　公共意外責任保險

第七章　員工誠實保險

第八章　玻璃保險

第九章　產品責任保險

第一章 意外保險之範圍與演進

第一節　意外保險之範圍

一、保險範圍

簡言之，所有不屬於海上保險、火災保險及人壽保險的其他保險的總稱，其中有財物的保險、有人的保險、利益的保險及責任的保險。

二、意外保險的演進

人類生活愈進化，人類的活動也愈趨複雜，新的產品、新的設備不斷的產生，其結果也產生了各種不同的新的危險，公眾對於這些新危險所造成損害保障的要求亦更感到迫切的需要，近代個人主義抬頭，每個人對自己權利、生命、財產的維護更彌足珍貴。因此積極的對於如何保護自身的利益或消極的因意外事故所造成的損失如何減少或獲得彌補，成為人類追求的目標，在這種需求之下配合需要因而產生了各種不同的保險制度，這些保險都是對財物、人身及責任因各種新的或舊有的危險事故而遭受到的損害、傷害，加以彌補，而這些種類不同的保險，由於無法歸類於火災、海上或人壽保險之範疇，為了簡便，遂納入統稱為「意外保險」的名詞之下。

第二節　意外保險之意義

按目前保險法令之規定，意外保險實包括意外責任保險在內，因此就意外保險而言，應包括二種意義在內：

1. 意外保險：

係指保險標的物因意外事故致標的物本身毀損或滅失而由保險人負賠償之責任。

2. 意外責任保險：

係指因意外事故，依法應由被保險人負賠償責任，而受賠償請求時，保險人對被保險人負賠償之責。

以上二者比較，前者為標的物本身的毀損或滅失，後者則尚有第三者即被害人的介入實有不同，有時同一保險兼具二者性質（如汽車保險、營造綜合保險等）。

第三節　侵權行為與損害賠償

一、侵權行為之意義

侵權行為可分為：⑴一般侵權行為（民法第一百八十四條）；⑵共同侵權行為（民法第一百八十五條）；⑶特殊侵權行為（民法第一百八十六、第一百九十一條）；⑷特別法上之侵權行為。

民法第一百八十四條規定：「因故意或過失，不法侵害他人之權利者，負損害賠償責任。故意以背於善良風俗之方法，加損害於他人者亦同。違反保護他人之法律，致生損害於他人者，負賠償責任。」侵權行為以故意或過失為構成責任之要件，是為「過失責任」。

二、一般侵權行為之要件

1. 自己之行為。

2. 權利或利益之侵害：

權利者為一定之人享有一定利益，法律亦付予其保護力，至於其範圍，應包括財產權及人身權在內。

3. 損害之發生：

侵權行為在民事上所負責任以填補被害人所受損害為目的。故若無損害之發生，雖其行為不法亦不能基於侵權行為之原因而令行為人負賠償之責任。

4. 因果關係之存在。

5. 行為之不法：

行為之不法即其行為違背法律強制或禁止之規定，及違背善良風俗公共秩序在內。

6. 意思能力：

意思能力，又稱為責任能力或侵權行為能力，即行為人足以負擔侵權行為上之賠償義務之識別能力，一般侵權行為之成立以行為時有意思能力為必要。在通常情形下對於有完全行為能力之人均認其有意思能力。

7. 故意或過失：

我國民法原則上採「過失責任主義」，故一般侵權行為之成立以有故意過失為必要，侵權行為在民事上之責任，不論故意或過失均無異，惟以背於善良風俗之方法加損害於他人則以故意為限。侵權行為人違反保護他人之法律者推定其有過失。

第四節　意外責任保險之規範

意外責任保險，係保險人對被保險人因特定之事因，發生意外事故，損害他人之權益，依法應負賠償責任所受之損失，負責賠償之保險。所謂特定事因，係指保險契約約定之事由、原因或危險。所謂意外事故，係指不可預料且突發之事故，其發生須與行為之過失有因果關係，但不包括故意之行為所致者。所謂依法應負之賠償責任，亦即法律上應負之賠償責任，其發生有基於侵權行為所致者。惟責任保險所保之賠償責任概以民事上之責任為限，不包括刑事上之責任及基於當事人間之契約所生之責任。

關鍵詞彙

1. 意外保險
2. 侵權行為
3. 意思能力
4. 故意
5. 過失

習題

一、何謂侵權行為？其要件為何？

二、意外保險之意義為何？

三、何謂故意或過失？

四、請說明意外保險演進之過程。

五、何謂意外事故？

第二章

汽車保險

第一節　汽車保險之種類

一、汽車之定義與分類

汽車自發明而至大量使用作為人們之交通工具，雖然帶給人們相當的便利與舒適，但也因汽車之使用而產生了空氣污染，並因使用不當而造成許多汽車意外事故。

就汽車所有人而言，因使用汽車而產生之純損風險，不外乎兩項：一為汽車本身遭受損失的危險；一是因汽車發生意外事故，造成他人身體傷害或財產（財物）遭受損害的潛在民事賠償責任。不過國內許多人只注重汽車本身的損失危險，而忽略了對他人潛在的損害賠償責任。事實上，對他人造成損害的潛在責任危險，其重要性並不低於車子本身損失的危險，甚或更為重要。

我國自 1957 年開辦汽車保險至今已有四十餘年，所謂汽車，依我國道路交通安全規則第二條的規定，係指在公路及市區道路上不依軌道或電力架線而以原動機行駛的車輛。因此火車及電車等有架線系統的車輛，並不包括於汽車範圍。

目前我國汽車保險將車輛按其類型及使用目的分為十三類，亦即：

1. 重型機器腳踏車。
2. 輕型機器腳踏車。
3. 自用小客車。
4. 自用小貨車。
5. 自用大客車。
6. 自用大貨車。
7. 營業小客車。

8.營業小貨車。

9.營業大客車。

10.營業大貨車。

11.小型特種車。

12.大型特種車。

13.曳引車。

因此我國汽車保險所保的車輛，並不限於四輪以上車輛，即使兩輪的機車亦包括在內。此外，上述小客車，包括旅行車及吉普車等；而特種車指有特種設備供專門用途而異於一般汽車的車輛及經交通部核定的其他車輛。特種車如吊車、油槽車、郵車、消防車及救護車。這些車輛，均可投保汽車保險。

二、汽車保險的承保項目

汽車保險的承保項目，基本上可分為兩項：一為汽車本身的損失保險，亦即一般所稱的車險；一為汽車第三人責任保險，亦即一般所稱的意外險。

車損險是承保被保險汽車本身因意外事故的發生，而遭受的毀損滅失。責任險則是承保被保險汽車因發生意外事故，致使他人死亡或身體受傷或財產受損，依法應由被保險人負責的損害賠償責任。

車損險的投保，通常是任意性的，亦即車主可自由決定是否投保；而責任險通常是強制性的，亦即各國政府大都規定擁有汽車者，必須投保責任險，以保障無辜的車禍受害者。

我國現行汽車保險的承保項目，可分為如圖 7-2-1 所示之四個部分，但亦不外乎上面所說的車損險及責任險兩大分類。

(一)汽車綜合損失險

承保被保險汽車因碰撞、傾覆、火災、閃電、雷擊、爆炸、拋擲物、墜落物或第三者的非善意行為所致的毀損滅失。

(二)汽車竊盜損失險

承保被保險汽車因偷竊、搶奪、強盜所致的毀損滅失。

(三)汽車第三人責任險

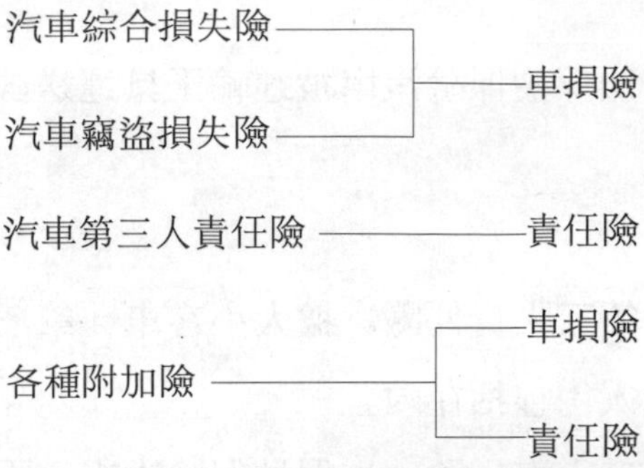

圖 7-2-1　我國現行汽車保險承保項目

承保被保險人因所有、使用或管理被保險汽車發生意外，致第三人死亡或受有體傷，或財物受有損害，依法應負的損害賠償責任。

(四)附加險

為了配合被保險人的個別需要而設計的各種附加險，共有下列十八種，通常必須投保汽車綜合損失險或投保汽車竊盜損失險或汽車第三人責任險後，方得加保。基本上，亦可分為車損險附加險及責任險附加險兩部分：

1.車損險附加險：

(1)颱風、地震、海嘯、冰雹、洪水或因雨積水險：加保被保險汽車因颱風、地震、海嘯、冰雹、洪水或因雨積水所致的毀損滅失。

(2)罷工、暴動、民眾騷擾險：加保被保險汽車因罷工、暴動、民眾騷擾所致的毀損滅失。

(3)供教練開車汽車綜合損失險：加保被保險汽車因供教練開車發生的毀損滅失。

(4)汽車經銷商汽車綜合保險損失險：承保汽車經銷站或受雇人自儲放處所駕駛被保險汽車至待售或出售地點或往返途中，因意外事故所致的毀損滅失。

(5)零件配件被竊損失險：加保固定裝置於被保險汽車上的零件及配件單獨被竊所致的毀損滅失。

(6)供教練開車汽車竊盜損失險：加保被保險汽車因供教練開車發生偷竊、搶奪、強盜所致的毀損滅失。

(7)汽車經銷商汽車竊盜損失險：承保汽車經銷商或其受雇人，自儲放處所駕駛被保險汽車至待售或出售地點或往返途中，因偷竊、搶奪、強盜所致的毀損滅失。

⑻汽車運送損失險：加保被保險汽車被運輸工具運送或裝卸時所發生的毀損滅失。

2.責任險附加險：

⑴擴大責任範圍汽車第三人責任險：擴大小客車「第三人」的範圍，使乘坐或上下被保險汽車的人也包括在內。

⑵供教練開車汽車第三人責任險：加保被保險汽車，因供教練開車發生意外事故致第三人死亡或受有體傷或第三人財物受有損失，依法應由被保險人負責的賠償責任。

⑶酗酒駕車汽車第三人責任險：加保受酒類或藥物影響的人駕駛被保險汽車致第三人死亡或受有體傷或第三人財物受有損失，依法應由被保險人負責的賠償責任。

⑷醫療費用：加保被保險人或任何乘坐或上下被保險汽車的人，因被保險汽車發生意外事故，所致直接並即時受有體傷時，其必須支出的醫療費用。

⑸汽車乘客責任險：加保被保險人因所有、使用或管理被保險汽車發生意外事故，致乘坐或上下被保險汽車的人死亡或受有體傷，依法應由被保險人負責的賠償責任。

⑹汽車雇主責任險：加保被保險人對其雇用的駕駛員及隨車服務人員，因被保險汽車發生意外事故，受有體傷或死亡，依法應負的賠償責任。

⑺汽車經銷商汽車第三人責任險：承保汽車經銷商或其受雇人，自儲放處所駕駛被保險汽車至待售或出售地點或往返途中發生意外事故，致第三人死亡或受有體傷或財物損失依法應由被保險人負責之賠償責任。

⑻汽車製造業汽車第三人責任險：承保被保險汽車製造業的受雇人，因駕駛新製造的汽車，從事試驗效能、測驗速度或駕駛至新車儲放處所，發生意外事故，致第三人死亡或受有體傷或財物受有損失，依法應由被保險人負責的賠償責任。

⑼汽車修理業第三人責任險：承保被保險人或其受雇人，因駕駛代客修理或管理的汽車，從事試驗效能、測驗速度或接送修理車輛途中，發生意外事故，

致第三人死亡或受有體傷或第三人財物受有損失，依法應由被保險人負責的賠償責任。

⑽汽車貨物運送人責任險：承保被保險人因使用被保險汽車運送他人合法貨物或貨櫃於運送途中或裝卸時，發生意外事故，致託運人受有損失，依法應由被保險人負責的賠償責任。

第二節　保險對象

保險契約載明的被保險人為受保險契約保障的人，稱為列名被保險人 (Named Insured)。實際上，受保險契約保障的人除列名被保險人外，尚有其他相關的人，這些人稱為額外被保險人 (Additional Insured)。額外被保險人包括被保險人的配偶、家屬、受雇人、及其他經被保險人允許使用汽車的人。亦即這些人使用汽車發生意外事故，致使汽車本身受損或因而造成第三人死亡、體傷或財物受損，依法應負損害賠償責任時，保險公司均須負賠償責任。不過，使被保險汽車發生意外事故的人，如為被保險人的配偶、家屬或受雇人時，保險公司對他們並無追償權利。至於對其他經被保險人允許使用被保險汽車的人，保險公司仍有追償權利。

第三節　理賠範圍

車損險的理賠範圍，原則上以汽車受損部分的實際現金價值（即重置成本減去折舊）或修理或更換該受損部分的成本，兩者中較低者為準。不過我國汽車險車損險的理賠辦法對此作部分的修正，以避免估價上的困難。

我國汽車保險中的綜合損失險及竊盜損失險，若發生承保範圍內的毀損滅失時，保險公司得選擇對其全部或一部加以修復，或調換零配件，或現款賠償。但以不得超過保險單所載保險金額為限，並依下列方式負賠償責任：

1. 毀損可以修復者，以修復至毀損發生前的狀況所需必要的修理費用及必須調換的零件、配件及其合理的裝配費用為限，任何額外費用包括加班費、趕工費、加急運費、空運費、特別運費等，保險公司不負賠償責任。

2. 上述所謂修復至毀損前發生的狀況，係指在合理可能範圍內與原狀相似而言，並非與原狀絲毫無異。

3. 必須更換的零件、配件，如國內市場無法購得時，保險公司得以其他廠牌的零件、配件更換之。

第四節　費　率

保險費在反映保險公司的賠款成本及經營費用。汽車險的費率考慮因素，各國不盡相同。就車損險而言，通常包括車種、車齡、汽車性能、投保車輛數及駕駛人年齡、性別、婚姻狀況、過去的損失紀錄和自負額等因素。就責任險而言，大致與車損險一樣，唯尚須考慮保險公司的責任限額。

目前我國汽車保險保費的決定因素，在汽車綜合損失險方面，主要考慮車輛種類、車齡、廠牌（國產車或進口車）、自負額、一次投保車輛數等因素。至於責任險方面，主要包括保險金額、車輛種類及一次投保車輛等因素。

汽車是現代人的主要交通工具，在未來的數十年內，仍將扮演非常重要的角色。對於汽車所面臨的潛在危險，社會大眾應予重視，而對於汽車保險在這方面所提供的保障功能，社會大眾更應有所體認並善加運用。

駕駛人與汽車保險費率之釐訂，二者息息相關，以下我們就駕駛人方面來探討之。

一、駕駛人特性診斷車 (Safety Liner)

所謂駕駛人特性診斷車係將五種駕駛人特性診斷儀器安裝在汽車上，然後駕駛到各企業團體所希望地點如辦公處或工廠，提供測驗服務而無需另外設置場所，就駕駛人特性加以診斷、分析並做診斷報告書。其報告針對各駕駛人的種種缺失提出建言，期望駕駛人能注意駕駛安全，防患交通事故於未然。

由於近來交通事故頻頻發生，造成許多不幸事件，各企業無不期望增強從業員安全駕駛知識與能力。因此許多公司適時引進 “Safety Liner” 以滿足客戶的需求，提昇服務品質。

以下簡單介紹 Safety Liner 五種儀器之特性：

1. 動機視力測定機：

目的在測試駕駛人於駕駛中對移動物體視力判斷是否適當（新開發機種）。

2. 遠距離視力測定機：

目的在測試遠方物體，其視力對距離感之判斷是否適當。

3. 操作測定Ｉ機（速度穿越反應測定）：

目的在測試對情況的認知及判斷，其操作反應、時機是否適當。

4. 操作測定II機（重複作業反應測定）：

目的在測試對重複發生的各種情況，是否能迅速、正確地處置。

5. 操作測定III機（處置判斷測定）：

目的在測試駕駛中注意力是否集中、持續能力如何。

根據上述五種儀器的測試結果，再透過車上電腦加以分析，約一～二分鐘後，駕駛人特性診斷報告及其駕駛時應注意事項，就由印表機繕打出來。除一方面提供每一位參加測試駕駛參考外，並做為公司管理及指導的重要參考以及評鑑的依據。

駕駛人特性診斷書的內容，在五種儀器中 1、2 二項為視覺診斷，3、4、5 三項為操作綜合診斷，依各項診斷結果，給予適當的建言及駕駛人應注意事項。

汽車防災服務，一方面是對現有顧客提供必要的服務，另一方面更可以促進業務的開拓，尤其是汽車團體保險。同時，防災服務進而可以減少事故的發生，防患於未然，達成改善汽車險損失率等多方面效益。（摘譯自 1989 年 6 月 5 日，日本《保險每日新聞》）

二、駕駛人因素

汽車保險費率宜否考慮駕駛人因素，值得商榷。汽車保險費率，其影響因素大致來自三方面，即地區因素、汽車因素及駕駛人因素，分述如下：

㈠地區因素

根據經驗統計顯示，人口愈密集之處，汽車活動愈頻繁，肇事率愈高；反之，人口愈疏散地區，則肇事率相對降低。另外，某些地區犯罪率特別高，亦可能影響損失頻率，汽車失竊率亦高。因此根據汽車經常停放地區或地點來決定被保險人負擔保費的高低，甚為符合費率公平原則。

㈡汽車因素

汽車因素一般包括車齡、汽車用途、汽車種類、汽車之里程數、汽車性能、車價等，對損失頻率或損失幅度均有相當影響。例如，汽車愈老舊，故障率愈高，故愈容易出事；上下班用車和營業用車因為汽車使用頻繁程度有差異，致肇事率亦不同；進口車一般肇事率較低，但損失幅度卻高；從另一角度來看，車價愈高，零件價格相對地亦較高，結果高價位的車子之損失率通常高於低價位車。另外，依據經驗顯示，汽車馬力愈大，損失率愈高，而汽車里程數在固定時間內消耗愈多也可以證明汽車使用愈頻繁，肇事可能性自然較高。

㈢駕駛人因素

由於汽車之駕駛、控制完全操之於駕駛人，故駕駛人行為與肇事率有相當大的關係，而通常決定費率時用以反映駕駛人行為之駕駛人因素有駕駛人年齡、性別、婚姻狀況、駕駛經驗、駕駛紀錄等。例如在駕駛人年齡方面，年輕人較不沈穩，結果開車肇事機會可能較中年人為大，而老年人因反應較遲鈍亦可能容易發生事故。另一方面，男性駕駛人較女性駕駛人冒進，因此男性駕駛人的肇事機會可能較大，但一般而言，男性駕駛人開車技術較女性駕駛人為佳，亦較有果斷力，故較能應付緊急狀況，可使肇事率降低，而實際狀況如何？大致可透過經驗統計得知其結果。又已婚駕駛人因為有家庭的掛慮，開車時會較未婚者小心。駕駛經驗豐富者因較熟悉路況、車況及緊急狀況的處理，因此較不容易肇事；而肇事紀錄以綜合且直接反應損失狀況，對訂定公平費率自然有影響。

我國對汽車保險費率公平性之考慮現況如下：

1. 地區因素：

   未予考慮。

2. 汽車因素：

   目前決定保費之公平性因素有車齡、廠牌別、車價、車種，其中車種經再加分析結果發現隱含汽車用途、里程因素在內，可見在汽車因素方面考慮相當周全。

3. 駕駛人因素：

   駕駛人因素目前仍付之闕如，考其原因可能為大部分業者及被保險人對現行制度已使用習慣，同時要保書及理賠計算書等表格資料漏填或誤填問題嚴重，使得統計資料取得有困難，另外不同公司被保險人資料或肇事紀錄無法統合或掌握不易，以致目前仍未考慮駕駛人因素。

第五節　自用汽車與營業用汽車保單比較

自用汽車與營業用汽車兩者相關的規定條文內容有差異者為：

共同條款：第二條、第十條。

汽車第三人責任保險條款：第二條。

車體損失保險甲式條款：第二條、第三條、第八條。

車體損失保險乙式條款：第二條、第三條、第八條。

汽車竊盜損失保險條款：第七條。

另外，僅營業用汽車有：1.雇主責任保險條款，2.旅客責任保險條款。茲分別以表 7–2–1 說明如下：

表 7–2–1　自用汽車與營業用汽車保單比較

	自用汽車保險單	營業用汽車保險單	備　註
共同條款	第一條　契約之構成與解釋 本保險契約之條款、批註或批單以及有關之要保書與其他約定文件，均係本保險契約之構成部分。前項構成本保險契約之各種文件若有疑義時，以作有利於被保險人之解釋為原則。	同　左	
共同條款	第二條　承保範圍類別 本保險契約之承保範圍得經雙方當事人就下列各類別同時或分別訂定之： 一、第三人責任保險。 二、車體損失保險。 　　車體損失保險甲式。 　　車體損失保險乙式。 三、竊盜損失保險。	第二條　承保範圍類別 本保險契約之承保範圍得經雙方當事人就下列各類別同時或分別訂定之： 一、第三人責任保險。 二、旅客責任保險。 三、雇主責任保險。 四、車體責任保險。 　　車體損失保險甲式。 　　車體損失保險乙式。 五、竊盜損失保險。	營業用部分增列 1.旅客責任保險。 2.雇主責任保險。

共同條款	第三條　自負額 本保險契約承保範圍內之任何一次損失，被保險人均須先負擔本保險契約所約定之自負額。本公司僅對超過自負額之損失部分負賠償之責。被保險汽車重複保險如有不同自負額時，以較高之自負額計算。	同　左	
	第四條　被保險汽車 本保險契約所稱「被保險汽車」係指本保險契約所載之汽車，並包括原汽車製造廠商固定裝置於車上且包括在售價中之零件及配件。但下列各項物品，若未經被保險人聲明並加保者，不視為承保之零件或配件： 一、汽車電話。 二、固定車內之視聽裝置（如電視機、碟影機及揚聲器等）。 三、衛星導航系統。 四、非原汽車製造廠商裝置，且不包括在售價中之其他設備。 被保險汽車依規定附掛拖車時，按下列約定辦理： 一、於發生汽車第三人責任保險、汽車旅客責任保險或汽車雇主責任保險承保範圍內之賠償責任時，視為同一被保險汽車。但該拖車已與被保險汽車分離時則不視為被保險汽車。 二、於發生汽車車體損失保險（包括甲式或乙式）或汽車竊盜損失保險承保範圍內之毀損滅失時，除經特別聲明並加保者外，被保險汽車不包括該拖車。	同　左	
	第五條　告知義務與本保險契約之解除 要保人、被保險人或其代理人於訂立本保險契約時，對於所填寫之要保書及本公司之書面詢問，均應據實說明。如有故意隱匿，或因過失遺漏或為不實之說明，足以變更或減少本公司對於危險之估計者，本公司得解除本保險契約，但	同　左	

<table>
<tr>
<td rowspan="3">共同條款</td>
<td>要保人證明危險之發生未基於其說明或未說明之事實時，不在此限。前述解除契約權，自本公司知有解除之原因後，經過一個月不行使而消滅。</td>
<td></td>
<td></td>
</tr>
<tr>
<td>第六條　保險費之交付
要保人應於本保險契約訂立時或約定期限內，向本公司交付保險費。交付保險費時應以本公司所制發之收據或繳費憑證為憑。未依約定交付保險費者，本保險契約自始不生效力。</td>
<td>同　左</td>
<td></td>
</tr>
<tr>
<td>第七條　保險契約之終止
本保險契約得經被保險人通知終止之，自終止之書面送達本公司之日起，本保險契約失其效力。其已滿期之保險費，應按短期費率表（詳如下表）計算並不得低於最低保險費之規定。如同一汽車仍由本公司另簽一年期保險契約承保時，則本保險契約之未滿期保險費改按日數比例退還之。本公司亦得以書面通知送達被保險人最後所留之住址終止本保險契約，書面應記載下列事項：
一、終止保險契約之保險項目。
二、終止生效之日期。
本項通知應於終止生效十五日前送達。
本保險契約生效已逾六十日，除保險法另有規定外，非有下列原因之一者，本公司不得終止本保險契約：
一、要保人未依約定期限交付保險費。
二、被保險人對本保險契約之理賠有詐欺行為或記錄者。
本公司依第二項終止本保險契約時，其未滿期保險費按日數比例退還之。
短期費率表如下：
<table>
<tr><th>期　間</th><th>按全年保險費百分比 (%)</th></tr>
<tr><td>一個月或以下者</td><td>15</td></tr>
<tr><td>一個月以上至二個月者</td><td>25</td></tr>
</table>
</td>
<td>同　左</td>
<td></td>
</tr>
</table>

共同條款	二個月以上至三個月者 35 三個月以上至四個月者 45 四個月以上至五個月者 55 五個月以上至六個月者 65 六個月以上至七個月者 75 七個月以上至八個月者 80 八個月以上至九個月者 85 九個月以上至十個月者 90 十個月以上至十一個月者 95 十一個月以上者 100	同 左	
	第八條　全損後保險費之退還 被保險汽車發生保險事故而致毀損滅失，經本公司以全損賠付後，保險契約即行終止，其他各險未滿期保險費按日數比例退還之。	同 左	
	第九條　暫停使用 被保險汽車因暫停使用或進廠駐修或失蹤期間，被保險人不得申請減費或延長保險期間。	同 左	
	第十條　不保事項 因下列事項所致之賠償責任或被保險汽車毀損滅失，本公司不負賠償之責： 一、因敵人侵略、外敵行為、戰爭或類似戰爭之行為（不論宣戰與否）、叛亂、內亂、軍事訓練或演習或政府機關之徵用、充公、沒收、扣押或破壞所致者。 二、因核子反應、核子能輻射或放射性污染所致者。	第十條　不保事項 因下列事項所致之賠償責任或被保險汽車毀損滅失，本公司不負賠償之責： 一、因敵人侵略、外敵行為、戰爭或類似戰爭之行為（不論宣戰與否）、叛亂、內亂、軍事訓練或演習或政府機關之徵用、充公、沒收、扣押或破壞所致者。 二、因核子反應、核子能輻射或放射性污染所致者。	自用車之不保事項增列： 「被保險汽車因出租與人或作收受報酬載運乘客或貨物等類似行為之使用所致者。」

共同條款	三、被保險人或被保險汽車所有人、使用人、管理人或駕駛人之故意或唆使之行為所致者。 四、被保險汽車因出租與人或作收受報酬載運乘客或貨物等類似行為之使用所致者。 五、未經列名被保險人許可或無照（含駕照吊扣、吊銷期間）駕駛或越級駕駛之人，駕駛被保險汽車所致者。 六、被保險人因吸毒、服用安非他命、大麻、海洛因、鴉片或服用、施打其他違禁藥物，駕駛被保險汽車所致者。 七、從事犯罪或唆使犯罪或逃避合法逮捕之行為所致者。 因下列事項所致之賠償責任或被保險汽車之毀損滅失，非經本公司書面同意加保者外，本公司不負賠償之責： 一、因罷工、暴動或民眾騷擾所致者。 二、被保險汽車因供教練開車者或參加競賽或為競賽開道或試驗效能或測驗速度所致者。 三、被保險人或駕駛人因受酒類影響駕駛被保險汽車所致者。	三、被保險人或被保險汽車所有人、使用人、管理人或駕駛人之故意或唆使之行為所致者。 四、未經列名被保險人許可或無照（含駕照吊扣、吊銷期間）駕駛或越級駕駛之人，駕駛被保險汽車所致者。 五、被保險人因吸毒、服用安非他命、大麻、海洛因、鴉片或服用、施打其他違禁藥物，駕駛被保險汽車所致者。 六、從事犯罪或唆使犯罪或逃避合法逮捕之行為所致者。 因下列事項所致之賠償責任或被保險汽車之毀損滅失，非經本公司書面同意加保者外，本公司不負賠償之責： 一、因罷工、暴動或民眾騷擾所致者。 二、被保險汽車因供教練開車者或參加競賽或為競賽開道或試驗效能或測驗速度所致者。 三、被保險人或駕駛人因受酒類影響駕駛被保險汽車所致者。	
	第十一條　其他保險 被保險汽車發生意外事故，如有其他保險時，本公司按下列規定負賠償責任： 一、該其他保險為責任保險者屬於財損責任部分，按合計之保險金額與實際應賠金額比例分攤之。於體傷責任就超過強制汽車責任保險所規定之保險金額部分按比例分攤。 二、該其他保險為社會保險者，於超過該保險賠付部分或該保險不為賠付部分。 前項所稱「其他保險」，係指被保險汽車因意外事故致發生賠償責任或毀損滅失同時有其他不同險別的保險契約亦承保同一事故之損失而言。	同　左	

共同條款	第十二條　保險契約權益移轉 被保險汽車之行車執照業經過戶，而保險契約在行車執照生效日起，超過十日未申請權益移轉者，本保險契約效力暫行停止，在停效期間發生保險事故，本公司不負賠償責任。但被保險人已向本公司申請保險契約權益移轉，而行車執照尚未辦妥過戶者，仍予賠償，惟須俟辦妥新行車執照後，方得賠付。 被保險人死亡或被裁定破產者，被保險人之繼承人或破產管理人，應於三個月內以書面通知本公司辦理權益之移轉。倘未於前項期限辦理者，本公司得予終止保險契約。其終止後之保險費已交付者，本公司應按日數比例返還之。	同　左	
	第十三條　防範損失擴大義務 被保險汽車發生本保險契約承保範圍內之賠償責任或毀損滅失時，被保險人均有防範維護之義務，倘被保險人未履行其義務，其因而擴大之損失概由被保險人自行負責。 要保人或被保險人為履行前項義務，防止或減輕損害為目的而採取措施所支付合理而必要費用本公司同意償還之，並不因被保險人無肇事責任而免除。被保險人亦無須負擔約定之自負額亦不影響無賠款減費。	同　左	
	第十四條　被保險人之協助義務 被保險汽車發生本保險契約承保範圍內之賠償責任或毀損滅失時，被保險人應協助本公司處理，並提供本公司所要求之資料及文書證件。	同　左	
	第十五條　危險發生之通知義務 被保險汽車遇有本保險契約承保範圍內之賠償責任或毀損滅失時，要保人、被保險人或受益人應立即以電話或書面通知本公司及當地憲兵或警察機關處理，並於五日內填妥出險通知書送交本公司。	同　左	

共同條款	第十六條　被保險人之詐欺行為 被保險人或其代理人於請求賠償時，如有詐欺行為或提供虛偽報告情事，本公司不負賠償責任。 前項損失雖經賠付，本公司亦得請求返還，被保險人不得拒絕。	同　左	
	第十七條　代位求償 被保險人因本保險契約承保範圍內之損失而對於第三人有損失賠償請求權者，本公司得於給付賠償金額後，於賠償金額範圍內代位行使被保險人對於第三人之請求權。被保險人不得擅自拋棄對第三人之求償權利或有任何不利於本公司行使該項權利之行為，否則賠償金額雖已給付，本公司於受妨害未能求償之金額範圍內得請求被保險人退還之。 要保人或被保險人為保全本公司之求償權利所支出之必要費用，本公司同意償還並視為損失之一部分。	同　左	
	第十八條　解釋及申訴 要保人或被保險人對於本保險契約內容或理賠有疑義時，得以書面或電話直接向本公司保戶服務部門要求解釋或申訴。 要保人或被保險人亦得依法向有關單位請求解釋或申訴。	同　左	
	第十九條　調解與仲裁 本公司與被保險人對於賠款金額發生爭議時，被保險人經申訴未獲解決者，得提經調解或交付仲裁，其程序及費用等，依有關辦法或商務仲裁條例規定辦理。	同　左	
	第二十條　通知方法及契約變更 有關本保險契約之一切通知除經本公司同意得以其他方式為之者外，雙方當事人均應以書面送達對方最後所留之住址。 本保險契約之任何變更，非經本公司簽批不生效力。	同　左	

共同條款	第廿一條　時效 由本保險契約所生之權利，自得為請求之日起，經過二年不行使而消滅。有下列情形之一者，其期限之日起算依各該款之規定： 一、要保人或被保險人對於危險之說明，有隱匿遺漏或不實者，自本公司知情之日起算。 二、危險事故發生後，利害關係人能證明其非因疏忽而不知情者，自其知情之日起算。 三、要保人或被保險人對本公司之請求係因第三人之請求而生者，自要保人或被保險人受請求之日起算。	同　左	
	第廿二條　適用範圍 本共同條款均適用於汽車第三人責任保險、汽車車體損失保險（包括甲式或乙式）或汽車竊盜損失保險及其他特約保險。	同　左	
	第廿三條　管轄法院 因本保險契約發生訴訟時，約定以要保人或被保險人居住所在地之地方法院為管轄法院。但要保人或被保險人住所在中華民國境外者，則以本公司總公司或臺灣（臺北）分公司所在地之地方法院為管轄法院。	同　左	
第三人責任保險條款	第一條　承保範圍 汽車第三人責任保險分為傷害責任保險及財損責任保險，其承保範圍如下： 一、傷害責任險 被保險人因所有、使用或管理被保險汽車發生意外事故，致第三人死亡或受有體傷，依法應負賠償責任而受賠償請求時，本公司於超過強制汽車責任保險金額以上之部分對被保險人負賠償之責。意外事故發生時，被保險人未投保強制汽車責任保險或已投保而保險契約已失效、不給付及保險人可追償時，本公司之賠償責任仍比照強制汽車責	同　左	

	任保險所規定之保險金額扣除之，但經書面約定批改加保者不在此限。 二、財損責任險 被保險人因所有、使用或管理被保險汽車發生意外事故，致第三人財物受有損害，依法應負賠償責任而受賠償請求時，本公司對被保險人負賠償之責。 被保險人因本保險承保範圍內應負之賠償責任所為之抗辯或訴訟，事先經本公司同意者，其支出之費用本公司同意支付之，並不受保險金額之限制。	同　左	
第三人責任保險條款	第二條　被保險人之定義 本保險所稱之「被保險人」，其意義包括列名被保險人及附加被保險人： 一、列名被保險人係指本保險契約所載明之被保險人，包括個人或團體。 二、附加被保險人係指下列之人而言： ㈠列名被保險人之配偶及其同居家屬。 ㈡列名被保險人所雇用之駕駛人及所屬之業務使用人。 ㈢經列名被保險人許可使用或管理被保險汽車之人。	第二條　被保險人之定義 本保險所稱之「被保險人」，其意義包括列名被保險人及附加被保險人： 一、列名被保險人係指本保險契約所載明之被保險人，包括個人或團體。 二、附加被保險人係指下列之人而言： ㈠列名被保險人所雇用之駕駛人及所屬之業務使用之。 ㈡經列名被保險人許可使用或管理被保險汽車之人。 ㈢於法律上對被保險汽車之使用應負責任之人。	兩者之差異點在於自用車汽車第三人責任保險之被保險人有：列名被保險人之配偶及其同居家屬。而營業用車之被保險人定義有：於法律上對被保險汽車之使用應負責之人。
	第三條　保險金額 本保險契約所載「每一個人」之保險金額係指在任何一次意外事故內，對每一個人傷害於超過強制汽車責任險保險金額以上之部分所負之最高賠償責任而言。如同一次意外事故體傷或死亡不只一人時，本公司之賠償責任以本保險契約所載「每一意外事故」傷害保險金額為限，並仍受「每一個人」保險金額限制。本保險契約所載「每一意外事故財物損失」之保險金額，係指本公司對每一次意外事故所有財物損失之最高責任額而言。	同　左	

第三人責任保險條款	第四條　不保事項 因下列事項所致之賠償責任，本公司不負賠償之責： 一、因尚未裝載於被保險汽車或已自被保險汽車卸下之貨物所引起之任何賠償責任，但在被保險汽車裝貨卸貨時所發生者，不在此限。 二、乘坐或上下被保險汽車之人死亡或受有體傷或其財物受有損失所致之賠償責任。 三、被保險人、使用或管理被保險汽車之人、駕駛被保險汽車之人、被保險人或駕駛人之同居家屬及其執行職務中之受雇人死亡或受有體傷所致之賠償責任。 四、被保險人、使用或管理被保險汽車之人、駕駛被保險汽車之人、被保險人或駕駛人之同居家屬及其執行職務中之受雇人所有、使用、租用、保管或管理之財物受有損害所致之賠償責任。 五、被保險汽車因其本身及其裝置之重量或震動，以致橋樑、道路或計量臺受有損害所致之賠償責任。 六、被保險汽車因汽車修理、停車場(包括代客停車)、加油站、汽車經銷商或汽車運輸等業在其受託業務期間所致之賠償責任。 因下列事項所致之賠償責任，非經本公司書面同意加保者外，本公司不負賠償之責： 一、被保險人以契約或協議所承認或允諾之賠償責任。 二、被保險汽車除曳引車外，拖掛其他汽車期間所致者。	同　左	
	第五條　和解之參與 被保險人發生本保險承保範圍內之賠償責任時，除共同條款第十三條所規定之費用外，被保險人對於第三人就其責任所為之承認、和解或賠償，未經本公司參與者，本公司不受拘束。但經被保險	同　左	

	人通知而本公司無正當理由拒絕或遲延參與者，不在此限。	同　左	
	第六條　直接請求權 被保險人依法應負賠償責任時，損害賠償請求權人得依下列規定，在被保險人依法應負之損害賠償金額範圍內，直接向本公司請求支付賠償金額： 一、被保險人依法應負之損害賠償金額，經法院判決確定者；或 二、肇事責任已確定，並經當事人雙方以書面達成和解，並經本公司同意者；或 三、依法應負賠償責任之被保險人，因破產、清算、失卻清償能力或死亡、失蹤者。	同　左	
第三人責任保險條款	第七條　求償文件之處理 被保險人於請求賠償或被起訴時，應將收受之賠償請求書或法院書狀等影本立即送交本公司。 損害賠償請求權人依本保險條款第六條第一、二、三款規定申請給付保險金時，應檢具和解書或法院判決書。	同　左	
	第八條　和解或抗辯 被保險汽車在本保險契約有效期間內因意外事故致第三人受有損害而應負賠償責任時，被保險人如受有賠償請求或被起訴，本公司得應被保險人之要求，以其名義代為進行和解或抗辯，其所需費用由本公司負擔，並不受保險金額之限制，被保險人有協助本公司處理之義務。本公司以被保險人之名義代為和解或抗辯時，倘可能達成之和解金額超過本保險契約所載明之保險金額或被保險人不同意本公司所代為之和解或抗辯時，則本公司代為和解或抗辯之義務即為終了。	同　左	
	第九條　理賠範圍及方式 體傷死亡理賠範圍及方式： 一、急救或護送費用：緊急救治或護送傷亡者，所必需之實際費用。	同　左	

第三人責任保險條款	二、醫療費用：須具有執照之中西醫院所開具之醫療費用單據，包括掛號、醫藥、X 光檢查等必需費用，如向藥房購買藥品等單據並應由主治醫師簽證。 關於醫療費用單據，倘傷者係於私立醫院就醫者，應請院方就治療之經過將手術費、藥品費、住院費、檢查費等分項開列清單，貴重藥品應加註藥品名稱、廠牌及數量、單價始准核銷。 三、交通費用：受傷者在治療期間來往醫院所必需之實際交通費用為限。 四、看護費用：傷情嚴重確實必要者為限，但雇用特別護士時，須有主治醫師認為必要之書面證明。 五、診斷書、證明書費用：診斷書須由合格醫師所開立，並儘量要求醫師在診斷書上填寫該治療期間需否住院，住院日數以及療養方法與時間並作詳確之估計。 六、喪葬費用及精神慰藉金：參照被害者之工作收入、受扶養之遺屬人數、生活程度及當地習慣等給付合理金額。 七、自療費用：得視受傷情形，病癒程度，並參照已支用之醫藥費及醫師診斷書所註之應繼續治療時間，給予必需之自療費用。 八、其他體傷賠償：以第三人依法可請求賠償者為限。 財損理賠範圍及方式： 一、運費：搬運第三人財物損壞所必需之實際費用。 二、修復費用：修復第三人財物所需費用。但以該第三人受損財物之實際現金價值為準。 三、補償費用：第三人之寵物、衣服、家畜、紀念品等因遭受損害，無法修理或恢復原狀得按實際損失協議理賠之。	同 左

	四、其他財損賠償：以第三人依法可請求賠償者為限。		
第三人責任保險條款	第十條　理賠申請 被保險人遇有本保險承保範圍內之賠償責任或損害賠償請求權人依本保險條款第六條行使直接請求權向本公司提出理賠申請時，應分別檢具下列文件： 一、汽車第三人傷害責任險體傷： ㈠理賠申請書（由本公司提供）。 ㈡應本公司要求，應提供憲警單位處理證明文件或肇事責任鑑定書。 ㈢診斷書。 ㈣醫療費收據。 ㈤療養費收據或其他補助收據。 ㈥和解書或判決書。 ㈦戶口名簿影本。 ㈧賠償金額領款收據。 ㈨行車執照、駕駛執照影本。 二、汽車第三人傷害責任險死亡： ㈠理賠申請書（由本公司提供）。 ㈡應本公司要求，應提供憲警單位處理證明文件或肇事責任鑑定書。 ㈢死亡證明書。 ㈣除戶戶口名簿影本。 ㈤和解書或判決書。 ㈥死者遺屬領款收據及被保險人領款收據。但受害第三人依第六條行使直接請求權時毋需提出被保險人領款收據。 ㈦行車執照、駕駛執照影本。 三、汽車第三人責任險財損： ㈠理賠申請書（由本公司提供）。 ㈡應本公司要求，應提供憲警單位處理證明文件或肇事責任鑑定書。 ㈢估價單或損失清單。 ㈣發票或其他收據。 ㈤照片。 ㈥和解書或判決書。	同　左	

第三人責任保險條款	㈦賠償金領款收據。 ㈧行車執照、駕駛執照影本。 本公司於接到上列相關文件齊全後應於15日內給付之。但另有約定者，依其約定。本公司因可歸責於自己之事由致未能在前項規定期限內為給付者，應給付遲延利息，其利率以年利一分計算。	同 左	
旅客責任保險條款	無	第一條　承保範圍 被保險汽車於保險期間內發生意外事故並以此為直接原因致乘坐或上下被保險汽車之旅客遭受身體傷害、殘廢或死亡，被保險人依法應負賠償責任時，本公司對被保險人負賠償之責。本保險之承保人數，以行車執照所記載之載運旅客人數為準。倘發生意外事故時，被保險汽車搭載人數超過本保險契約所載之承保人數時，本公司對每一被保險旅客之保險給付，僅按約定承保人數與實際載運旅客人數之比例賠付保險金。	
	無	第二條　旅客之定義 本保險所稱之「旅客」，係指依約定給付對價，搭乘被保險汽車代步之人。但下列之人不包括在內： 一、被保險人及其家屬、受雇人，但依約定給付對價者，不在此限。 二、被保險汽車之駕駛人、隨車服務人員，被保險人所派遣之稽核人員或執行特定職務之人。 三、其他未依約定給付對價而搭乘被保險汽車之人。	
	無	第三條　理賠範圍及方式 旅客遭受本保險承保範圍內之身體傷害、死亡或殘廢時，本公司依下列規定給付保險金： 一、身體傷害所需醫療費用依實際醫療費用為準，但以不超過本保險契約所載「每一個人」體傷保險金額為限。	

旅客責任保險條款	無	二、死亡或殘廢以意外事故發生之日起180 日內致成者為限，依本保險契約所載「每一個人」死亡或殘廢之保險金額給付死亡或殘廢保險金。 本公司依所附殘廢等級之賠償比率乘以保險金額後之數額給付殘廢保險金。旅客因同一事故同時致成兩項以上殘廢程度，本公司按較高一級殘廢保險金給付之。事故發生後旅客失蹤，於戶籍資料所載失蹤之日起滿一年仍未尋獲，或失蹤旅客之繼承人能證明該失蹤旅客極可能因本保險之意外事故而死亡者，本公司應先行墊付死亡保險金。倘該失蹤旅客於日後發現生還時，應將已領之死亡保險金歸還本公司。	
	無	第四條　給付保險金之併存 同一事故同時支付醫療保險金及死亡保險金或醫療保險金及殘廢保險金時，本公司以其合計金額給付之，但最高以每一事故保險金額為限。同時亦受每一個人醫療及死亡合計保險金額之限制。 本公司給付死亡保險金時，若已給付殘廢保險金，本公司依保險金額減除已給付金額之餘額給付之。	
	無	第五條　不保事項 旅客因下列原因所致之傷害、殘廢或死亡，本公司不負賠償責任： 一、旅客之故意行為。 二、旅客之毆鬥、自殺或犯罪行為。 三、旅客本身之疾病、殘疾。	
	無	第六條　理賠申請 被保險人遇有本保險承保範圍內之賠償責任向本公司提出理賠申請時，應分別檢具下列文件： 一、體傷醫療及殘廢保險金： ㈠理賠申請書（由本公司提供）。 ㈡應本公司要求，應提供憲警單位處理證明文件。 ㈢合格醫院或診所醫師之診斷證明書及醫療費用單據。	

旅客責任保險條款		無	㈣申請殘廢保險金者應檢具合格醫院或診所醫師之殘廢診斷書或鑑定書。 ㈤合格醫院或診所之療養費收據或其他補助收據。 ㈥和解書。 ㈦戶口名簿影本。 ㈧賠償金領款收據。 ㈨行車執照、駕駛執照影本。 ㈩應本公司要求，應提供許可本公司查閱旅客病歷之授權書。 二、死亡保險金： ㈠理賠申請書（由本公司提供）。 ㈡應本公司要求，應提供憲警單位處理證明文件。 ㈢相驗屍體證明書或合格醫院或診所醫師開立之死亡證明書。 ㈣除戶戶口名簿影本。 ㈤和解書。 ㈥死者遺屬領條收據及被保險人領款收據。 ㈦行車執照、駕駛執照影本。 ㈧應本公司要求，應提供許可本公司查閱旅客病歷之授權書。 附表：殘廢等級及賠償比例	

等　級	殘廢程度	賠償比率
第一級	一、雙目失明者。 二、兩手腕關節缺失或兩足踝關節缺失者。 三、一手腕關節及一足踝關節缺失者。 四、一目失明及一手腕關節缺失或一目失明及一足踝關節缺	100%

旅客責任保險條款	無	第一級	失者。 五、永久完全喪失言詞或咀嚼機能者。 六、四肢機能永久完全喪失者。 七、中樞神經系統機能或胸、腹部臟器機能極度障害，終身不能從事任何工作，為維持生命必要之日常生活活動，全須他人扶助者。	100%	
		第二級	八、兩上肢、或兩下肢、或一上肢及一下肢、各有三大關節中之兩關節以上機能永久完全喪失者。 九、十手指缺失者。	75%	
		第三級	十、一上肢腕關節以上缺失或一上肢三大關節全部機能永久完全喪失者。 十一、一下肢踝關節以上缺失或一下肢三大關節全部機能永久完全喪失者。 十二、十手指機能永久完全喪失者。 十三、十足趾缺失者。	50%	

旅客責任保險條款	無	第四級	十四、兩耳聽力永久完全喪失者。 十五、一目視力永久完全喪失者。 十六、脊柱永久遺留顯著運動障礙者。 十七、一上肢三大關節中之一關節或二關節之機能永久完全喪失者。 十八、一下肢三大關節中之一關節或二關節之機能永久完全喪失者。 十九、一下肢永久縮短五公分以上者。 廿、一手含拇指及食指有四手指以上之缺失者。 廿一、十足趾機能永久完全喪失者。 廿二、一足五趾缺失者。	30%
		第五級	廿三、一手拇指及食指缺失，或含拇指或食指有三手指以上缺失者。 廿四、一手含拇指及食指有三	15%

旅客責任保險條款	無	（續）手指以上之機能永久完全喪失者。 第五級：廿五、一足五趾機能永久完全喪失者。廿六、鼻缺損，且機能永久遺留顯著障礙者。　15% 第六級：廿七、一手拇指或食指缺失，或中指、無名指、小指中有二手指以上缺失者。廿八、一手拇指及食指機能永久完全喪失者。　10%	
雇主責任保險條款	無	第一條　承保範圍 本公司對被保險人雇用之駕駛員、隨車服務及隨車執行職務之人，因被保險汽車發生意外事故或因隨車執行職務發生事故，受有體傷、殘廢或死亡，被保險人依勞動基準法或其他相關法規應負賠償責任而受賠償請求時，負賠償之責。 本保險契約之承保人數以行車執照所載之人數為限。行車執照無規定者依約定之人數為準。倘發生意外事故當時，被保險汽車載運人數超過本保險契約所載之承保人數時，本公司對每一人之給付，僅按約定承保人數與實際搭載人數之比例給付保險金。	
	無	第二條　受雇人之定義 本保險所稱之「受雇人」，係指被保險人所雇用駕駛被保險汽車之人、隨車服務及隨車執行職務之人。	

雇主責任保險條款	無	第三條　理賠範圍及方式 受雇人遭受本保險承保範圍內之身體傷害、死亡或殘廢時，本公司依下列規定給付保險金： 一、身體傷害所需醫療費用依實際醫療費用為準，但以不超過本保險契約所載「每一個人」體傷保險金額為限。 二、死亡或殘廢以意外事故發生之日起一百八十日內致成者為限，依本保險契約所載「每一個人」死亡或殘廢之保險金額給付死亡或殘廢保險金。本公司依所附殘廢等級之賠償比率乘以保險金額後之數額給付殘廢保險金。受雇人因同一事故同時致成兩項以上殘廢程度，本公司按較高一級殘廢保險金給付之。事故發生後受雇人失蹤，於戶籍資料所載失蹤之日起滿一年仍未尋獲，或失蹤受雇人之繼承人能證明該失蹤受雇人極可能因本保險之意外事故而死亡者，本公司應先行墊付死亡保險金。倘該失蹤受雇人於日後發現生還時，應將已領之死亡保險金歸還本公司。	
	無	第四條　給付保險金之併存 同一事故同時支付醫療保險金及死亡保險金或醫療保險金及殘廢保險金時，本公司以其合計金額給付之，但最高以保險金額為限。 本公司給付死亡保險金時，若已給付殘廢保險金，本公司依保險金額減除已給付金額之餘額給付之。	
	無	第五條　不保事項 受雇人因下列原因所致之傷害、殘廢或死亡，本公司不負賠償責任： 一、受雇人之故意行為。 二、受雇人之毆鬥、自殺或犯罪行為。 三、受雇人本身之疾病、殘疾。	

雇主責任保險條款	無	第六條　理賠申請 被保險人遇有本保險承保範圍內之賠償責任向本公司提出理賠申請時，應分別檢具下列文件： 一、體傷醫療及殘廢保險金： ㈠理賠申請書（由本公司提供）。 ㈡應本公司要求，應提供憲警單位處理證明文件。 ㈢合格醫院或診所醫師之診斷證明書及醫療費用單據。 ㈣申請殘廢保險金者應檢具合格醫院或診所醫師之殘廢診斷書或鑑定書。 ㈤合格醫院或診所之療養費收據或其他補助收據。 ㈥和解書。 ㈦戶口名簿影本。 ㈧賠償金領款收據。 ㈨行車執照、駕駛執照影本。 ㈩應本公司要求，應提供許可本公司查閱旅客病歷之授權書。 二、死亡保險金： ㈠理賠申請書（由本公司提供）。 ㈡應本公司要求，應提供憲警單位處理證明文件。 ㈢相驗屍體證明書或合格醫院或診所醫師之死亡證明書。 ㈣除戶戶口名簿影本。 ㈤和解書。 ㈥死者遺屬領條收據及被保險人領款收據。 ㈦行車執照、駕駛執照影本。 ㈧應本公司要求，應提供許可本公司查閱旅客病歷之授權書。 本公司於接到上列相關文件齊全後應於十五日內給付之。但另有約定者，依其約定。 本公司因可歸責於自己之事由致未能在前項規定期限內為給付者，應給付遲延利息，其利率以年利一分計算。	

雇主責任保險條款

無

附表：殘廢等級及賠償比例

等　級	殘廢程度	賠償比率
第一級	一、雙目失明者。 二、兩手腕關節缺失或兩足踝關節缺失者。 三、一手腕關節及一足踝關節缺失者。 四、一目失明及一手腕關節缺失或一目失明及一足踝關節缺失者。 五、永久完全喪失言詞或咀嚼機能者。 六、四肢機能永久完全喪失者。 七、中樞神經系統機能或胸、腹部臟器機能極度障害，終身不能從事任何工作，為維持生命必要之日常生活活動，全須他人扶助者。	100%
第二級	八、兩上肢、或兩下肢、或一上肢及一下肢、各有三大關節中之兩關節以上機能永久完全喪失者。 九、十手指缺失者。	75%
第三級	十、一上肢腕關節	50%

雇主責任保險條款	無	第三級	以上缺失或一上肢三大關節全部機能永久完全喪失者。 十一、一下肢踝關節以上缺失或一下肢三大關節全部機能永久完全喪失者。 十二、十手指機能永久完全喪失者。 十三、十足趾缺失者。	50%		
		第四級	十四、兩耳聽力永久完全喪失者。 十五、一目視力永久完全喪失者。 十六、脊柱永久遺留顯著運動障礙者。 十七、一上肢三大關節中之一關節或二關節之機能永久完全喪失者。 十八、一下肢三大關節中之一關節或二關節之機能永久完全喪失者。 十九、一下肢永久縮短五公分以上者。 廿、一手含拇指及食指有四手指	30%		

<table>
<tr>
<td>雇主責任保險條款</td>
<td>無</td>
<td>
<table>
<tr><td rowspan="1">第四級</td><td>以上之缺失者。
廿一、十足趾機能永久完全喪失者。
廿二、一足五趾缺失者。</td><td>30%</td></tr>
<tr><td>第五級</td><td>廿三、一手拇指及食指缺失，或含拇指或食指有三手指以上缺失者。
廿四、一手含拇指及食指有三手指以上之機能永久完全喪失者。
廿五、一足五趾機能永久完全喪失者。
廿六、鼻缺損，且機能永久遺留顯著障礙者。</td><td>15%</td></tr>
<tr><td>第六級</td><td>廿七、一手拇指或食指缺失，或中指、無名指、小指中有二手指以上缺失者。
廿八、一手拇指及食指機能永久完全喪失者。</td><td>10%</td></tr>
</table>
</td>
<td></td>
</tr>
<tr>
<td>車體損失</td>
<td>第一條　承保範圍
被保險汽車在本保險契約有效期間內，因下列危險事故所致之毀損滅失，本公司對被保險人負賠償之責：</td>
<td>同　左</td>
<td></td>
</tr>
</table>

車體損失保險甲式條款	一、碰撞、傾覆。 二、火災。 三、閃電、雷擊。 四、爆炸。 五、拋擲物或墜落物。 六、第三者之非善意行為。 七、不屬本保險契約特別載明為不保事項之任何其他原因。	同左	
	第二條 被保險人之定義 本保險所稱之「被保險人」，其意義包括列名被保險人及附加被保險人： 一、列名被保險人係指本保險契約所載明之被保險人包括個人或團體。 二、附加被保險人係指下列之人而言： ㈠列名被保險人之配偶、同居家屬、四親等血親及三親等姻親。 ㈡列名被保險人所雇用之駕駛人及所屬之業務使用人。	第二條 被保險人之定義 本保險所稱之「被保險人」，其意義包括列名被保險人及附加被保險人： 一、列名被保險人係指本保險契約所載明之被保險人包括個人或團體。 二、附加被保險人係指下列之人而言： ㈠列名被保險人所雇用之駕駛人及所屬之業務使用人。 ㈡於法律上對被保險汽車之使用應負責任之人。	自用車之被保險人定義有一項：列名被保險人之配偶、其同居家屬、四親等血親及三親等姻親。而營業用車則有：於法律上對被保險汽車之使用應負責任之人。
	第三條 不保及追償事項 因下列事項所致被保險汽車之毀損滅失，本公司不負賠償之責： 一、被保險人因被保險汽車之毀損滅失所致之附帶損失包括貶值及不能使用之損失。 二、被保險汽車因窳舊、腐蝕、鏽垢或自然耗損之毀損。 三、非因外來意外事故直接所致機件損壞或電器及機械之故障。或因底盤碰撞致漏油、漏水所衍生之毀損滅失。 四、置存於被保險汽車內之衣物、用品、工具、未固定裝置於車上之零件或配件之毀損滅失。 五、輪胎、備胎（包括內胎、外胎、鋼圈及輪帽）單獨毀損或受第三人之惡意破壞所致之毀損滅失。 六、被保險汽車因竊盜損失險所承保事故所致之毀損滅失。 七、被保險汽車於發生肇事後逃逸，其肇事所致之毀損滅失。	第三條 不保事項 因下列事項所致被保險汽車之毀損滅失，本公司不負賠償之責： 一、被保險人因被保險汽車之毀損滅失所致之附帶損失包括貶值及不能使用之損失。 二、被保險汽車因窳舊、腐蝕、鏽垢或自然耗損之毀損。 三、非因外來意外事故直接所致機件損壞或電器及機械之故障。或因底盤碰撞致漏油、漏水所衍生之毀損滅失。 四、置存於被保險汽車內之衣物、用品、工具、未固定裝置於車上之零件或配件之毀損滅失。 五、輪胎、備胎（包括內胎、外胎、鋼圈及輪帽）單獨毀損或受第三人之惡意破壞所致之毀損滅失。 六、被保險汽車因竊盜損失險所承保事故所致之毀損滅失。 七、被保險汽車於發生肇事後逃逸，其肇事所致之毀損滅失。	營業用部分增列一項： 八、被保險人許可他人使用或管理被保險汽車所致之毀損滅失。 另外，自用車所列下述文字，於營業用車所未見：列名被保險人許可他人使用或管理被保險人汽車所致毀損滅失，本公司於賠付後得向該使用人或管理人追償。 因此，經被保險人許可使用或管理被保險汽車之毀損於營業車則保險公司不予賠付，於自用車則保險公司賠付後，可

車體損失保險甲式條款	因下列事項所致被保險汽車之毀損滅失，非經本公司書面同意加保者外，本公司不負賠償之責： 一、被保險汽車在出售、附條件買賣、出質、留置權等債務關係存續期間所發生之毀損滅失。 二、被保險汽車因颱風、地震、海嘯、冰雹、洪水或因雨積水所致之毀損滅失。 列名被保險人許可他人使用或管理被保險汽車所致之毀損滅失，本公司於賠付後得向該使用人或管理人追償。	八、被保險人許可他人使用或管理被保險汽車所致之毀損滅失。 因下列事項所致被保險汽車之毀損滅失，非經本公司書面同意加保者外，本公司不負賠償之責： 一、被保險汽車在出售、附條件買賣、出質、留置權等債務關係存續期間所發生之毀損滅失。 二、被保險汽車因颱風、地震、海嘯、冰雹、洪水或因雨積水所致之毀損滅失。	向使用人或管理人追償。
	第四條　自負額 被保險汽車發生本保險第一條承保範圍內之損失，第一次被保險人應按實際修理費用負擔基本自負額新臺幣 3,000 元，第二次為 5,000 元，第三次以後為 7,000 元，如被保險人選擇較高之自負額時，從其約定，本公司僅對超過自負額之損失部分負賠償之責。 被保險汽車發生前項之毀損滅失，可完全歸責於確定之第三人者，本公司於取得代位求償權後，被保險人無須負擔自負額，且該次賠款紀錄，不適用賠款加費之規定。	同　左	
	第五條　理賠範圍及方式 被保險汽車發生本保險承保範圍內之毀損滅失時，本公司依下列範圍及方式對被保險人負賠償之責： 一、理賠範圍：以本保險契約所載之保險金額為限，其理賠範圍如下： ㈠救護費用：為維持損害之現狀或為防止損害之擴大所需之保護、搶救、搶修之正當費用。 ㈡拖車費用：移送受損車輛至本公司同意之最近修理工廠所需之正當費用。 ㈢修復費用：包括修復工資、材料、裝配零件及訂購零件材料等所需之費用。	同　左	

車體損失保險甲式條款	二、理賠方式：本公司得修復或現款賠償，並依下列方式辦理。 ㈠修復賠償： 1. 毀損可以修復者，以修復至毀損發生前與原狀相似之狀況所必要之修理費用及零配件材料費用，但不包括加班費、趕工費、加急運費、空運費、特別運費等。 2. 前款所謂修復至毀損發生前之狀況，係指合理可能範圍內與原狀相似而言，並非指與原狀絲毫無異。 3. 必須更換之零件、配件概以新品為準，且不適用折舊比率分攤，如國內市場上無法購得時，本公司得以其他廠牌之零件、配件更換之。 ㈡現款賠償： 1. 修理材料或零件在國內無法購得者，可根據經本公司認可之當時市場價格，以現款賠付。如經本公司同意由被保險人或受害人自行向國外訂購時，則照國外發票日價格按掛牌賣出外匯匯率，折算新臺幣賠付。 2. 以協議方式賠付現款自行修復者，其修復完成後，被保險人應通知本公司檢驗，否則本公司對於以後該車同一部分之損失不負賠償責任。 ㈢被保險汽車發生承保範圍內之毀損滅失而其修理費用達保險金額扣除本保險條款第八條折舊後數額四分之三以上時，依本保險條款第七條、第八條規定辦理。	同　左	
	第六條　複保險 被保險汽車發生本保險承保範圍內之毀損滅失，如同一被保險汽車同時訂有其他相同汽車保險契約承保同一保險事故	同　左	

<table>
<tr><td rowspan="3">車體損失保險甲式條款</td><td>時，不問其契約之訂立，由要保人或被保險人或他人所為，本公司對該項毀損滅失，僅就其所保金額負比例分攤之責。要保人或被保險人應將其他保險人之名稱及保險金額通知本公司，故意不通知或意圖不當得利而為複保險者，本保險無效。</td><td></td><td></td></tr>
<tr><td>第七條　修理前之勘估
被保險汽車之毀損滅失，在本公司勘估前，不得逕行修理，但經被保險人通知後廿四小時內（假日順延）本公司未處理者，不在此限。</td><td>同　左</td><td></td></tr>
<tr><td>第八條　全損之理賠
被保險汽車發生本保險承保範圍內之毀損滅失而其修理費用達保險金額扣除下表折舊後數額四分之三以上時，本公司按保險金額乘以下列賠償率後所得之金額賠付之。被保險人無須負擔約定之自負額。
<table>
<tr><th>本保險單生效日至保險事故發生時本保險年度經過月數</th><th>折舊率(%)</th><th>賠償率(%)</th></tr>
<tr><td>未滿一個月</td><td>＊3</td><td>97</td></tr>
<tr><td>滿一個月以上未滿二個月者</td><td>5</td><td>95</td></tr>
<tr><td>滿二個月以上未滿三個月者</td><td>7</td><td>93</td></tr>
<tr><td>滿三個月以上未滿四個月者</td><td>9</td><td>91</td></tr>
<tr><td>滿四個月以上未滿五個月者</td><td>11</td><td>89</td></tr>
<tr><td>滿五個月以上未滿六個月者</td><td>13</td><td>87</td></tr>
<tr><td>滿六個月以上未滿七個月者</td><td>15</td><td>85</td></tr>
<tr><td>滿七個月以上未滿八個月者</td><td>17</td><td>83</td></tr>
</table></td><td>第八條　全損之理賠
被保險汽車發生本保險承保範圍內之毀損滅失而其修理費用達保險金額扣除下表折舊後數額四分之三以上時，本公司按保險金額乘以下列賠償率後所得之金額賠付之。被保險人無須負擔約定之自負額。
<table>
<tr><th>本保險單生效日至保險事故發生時本保險年度經過月數</th><th>折舊率(%)</th><th>賠償率(%)</th></tr>
<tr><td>未滿一個月</td><td>＊8</td><td>92</td></tr>
<tr><td>滿一個月以上未滿二個月者</td><td>10</td><td>90</td></tr>
<tr><td>滿二個月以上未滿三個月者</td><td>12</td><td>88</td></tr>
<tr><td>滿三個月以上未滿四個月者</td><td>14</td><td>86</td></tr>
<tr><td>滿四個月以上未滿五個月者</td><td>16</td><td>84</td></tr>
<tr><td>滿五個月以上未滿六個月者</td><td>18</td><td>82</td></tr>
<tr><td>滿六個月以上未滿七個月者</td><td>20</td><td>80</td></tr>
<tr><td>滿七個月以上未滿八個月者</td><td>22</td><td>78</td></tr>
</table></td><td>自用車之折舊率係自3%起算，最高25%，而營業用車之折舊率係自8%起算最高30%。</td></tr>
</table>

<table>
<tr>
<td rowspan="3">車體損失保險甲式條款</td>
<td>
<table>
<tr><td>滿八個月以上未滿九個月者</td><td>19</td><td>81</td></tr>
<tr><td>滿九個月以上未滿十個月者</td><td>21</td><td>79</td></tr>
<tr><td>滿十個月以上未滿十一個月者</td><td>23</td><td>77</td></tr>
<tr><td>滿十一個月以上未滿十二個月者</td><td>*25</td><td>75</td></tr>
</table>
本公司以全損賠付後，本保險契約即行終止，本保險及其特約保險之未滿期保費不予退還，本公司並即取得對該殘餘物之處分權，但該殘餘物如仍有未了責任或義務應由被保險人自行處理，本公司並不因取得該殘餘物之處分權而隨同移轉予本公司承受。
</td>
<td>
<table>
<tr><td>滿八個月以上未滿九個月者</td><td>24</td><td>76</td></tr>
<tr><td>滿九個月以上未滿十個月者</td><td>26</td><td>74</td></tr>
<tr><td>滿十個月以上未滿十一個月者</td><td>28</td><td>72</td></tr>
<tr><td>滿十一個月以上未滿十二個月者</td><td>*30</td><td>70</td></tr>
</table>
本公司以全損賠付後，本保險契約即行終止，本保險及其特約保險之未滿期保費不予退還，本公司並即取得對該殘餘物之處分權，但該殘餘物如仍有未了責任或義務應由被保險人自行處理，本公司並不因取得該殘餘物之處分權而隨同移轉予本公司承受。
</td>
<td></td>
</tr>
<tr>
<td>第九條　車輛之報廢
被保險汽車發生本保險承保範圍內之毀損滅失而無法加以修復，或其修理費用達保險金額扣除折舊後數額四分之三以上時，被保險人應依規定向公路監理機關辦理報廢繳銷牌照後，本公司始予賠付。</td>
<td>同　左</td>
<td></td>
</tr>
<tr>
<td>第十條　理賠申請
被保險人向本公司提出理賠申請時，應檢具下列文件:
一、理賠申請書（由本公司提供），並由被保險人親自填寫其所載內容。如被保險人死亡或受重大傷害時，得由其配偶或同居家屬代為填寫。
二、汽車行車執照及駕駛人駕駛執照影本。
三、修車估價單及修妥後發票。
四、實際全損或推定全損者，加附公路監理機關報廢證明文件。
本公司於接到上列文件齊全後，應於 15 日內給付之。但另有約定者，依其約定。
本公司因可歸責於自己之事由致未能在前項規定之期限內為給付者，應給付遲延利息，其利率以年利一分計算。</td>
<td>同　左</td>
<td></td>
</tr>
</table>

車體損失保險乙式條款	第一條　承保範圍 被保險汽車在本保險契約有效期間內，因下列危險事故所致之毀損滅失，本公司對被保險人負賠償之責： 一、碰撞、傾覆。 二、火災。 三、閃電、雷擊。 四、爆炸。 五、拋擲物或墜落物。	同　左	
	第二條　被保險人之定義 本保險所稱之「被保險人」，其意義包括列名被保險人及附加被保險人： 一、列名被保險人係指本保險契約所載明之被保險人包括個人或團體。 二、附加被保險人係指下列之人而言： ㈠列名被保險人之配偶、其同居家屬、四親等血親及三親等姻親。 ㈡列名被保險人所雇用之駕駛人及所屬之業務使用人。	第二條　被保險人之定義 本保險所稱之「被保險人」，其意義包括列名被保險人及附加被保險人： 一、列名被保險人係指本保險契約所載明之被保險人，包括個人或團體。 二、附加被保險人係指下列之人而言： ㈠列名被保險人所雇用之駕駛人及所屬之業務使用人。 ㈡於法律上對被保險汽車之使用應負責任之人。	兩者之差異在自用車之二、㈠及營業用車之二、㈡（其情形同車體損失險甲式條款第二條）。
	第三條　不保及追償事項 因下列事項所致被保險汽車之毀損滅失，本公司不負賠償之責： 一、被保險人因被保險汽車之毀損滅失所致之附帶損失包括貶值及不能使用之損失。 二、被保險汽車因窳舊、腐蝕、鏽垢或自然耗損之毀損。 三、非因外來意外事故直接所致機件損壞或電器及機械之故障。或因底盤碰撞致漏油、漏水所衍生之毀損滅失。 四、置存於被保險汽車內之衣物、用品、工具、未固定裝置於車上之零件或配件之毀損滅失。 五、輪胎、備胎（包括內胎、外胎、鋼圈及輪帽）單獨毀損或受第三人之惡意破壞所致之毀損滅失。 六、被保險汽車因第三者之非善意行為所致之毀損滅失。 七、被保險汽車遭不明車輛或物體碰撞	第三條　不保事項 因下列事項所致被保險汽車之毀損滅失，本公司不負賠償之責： 一、被保險人因被保險汽車之毀損滅失所致之附帶損失包括貶值及不能使用之損失。 二、被保險汽車因窳舊、腐蝕、鏽垢或自然耗損之毀損。 三、非因外來意外事故直接所致機件損壞或電器及機械之故障。或因底盤碰撞致漏油、漏水所衍生之毀損滅失。 四、置存於被保險汽車內之衣物、用品、工具、未固定裝置於車上之零件或配件之毀損滅失。 五、輪胎、備胎（包括內胎、外胎、鋼圈及輪帽）單獨毀損或受第三人之惡意破壞所致之毀損滅失。 六、被保險汽車因第三者之非善意行為所致之毀損滅失。 七、被保險汽車遭不明車輛或物體碰撞	兩者之差異在營業用汽車保單之不保事項㈩。亦即，即便被保險人許可他人使用或管理被保險汽車所致之毀損滅失，於營業用車，保險公司不負理賠之責，而自用車則由保險公司理賠後，向該使用人或管理人追償。

車體損失保險乙式條款	所致之毀損滅失。 八、被保險汽車遭不明刮損或其他不明原因所致之毀損滅失。 九、被保險汽車因竊盜損失險所承保事故所致之毀損滅失。 十、被保險汽車於發生肇事後逃逸，其肇事所致之毀損滅失。 因下列事項所致被保險汽車之毀損滅失，非經本公司書面同意加保者外，本公司不負賠償責任: 一、被保險汽車在租賃、出售、附條件買賣、出質、留置權等債務關係存續期間所生之毀損滅失。 二、被保險汽車因颱風、地震、海嘯、冰雹、洪水或因雨積水所致之毀損滅失。 列名被保險人許可他人使用或管理被保險汽車所致之毀損滅失，本公司於賠付後得向該使用人或管理人追償。	所致之毀損滅失。 八、被保險汽車遭不明刮損或其他不明原因所致之毀損滅失。 九、被保險汽車因竊盜損失險所承保事故所致之毀損滅失。 十、被保險汽車於發生肇事後逃逸，其肇事所致之毀損滅失。 十一、被保險人許可他人使用或管理被保險汽車所致之毀損滅失。 因下列事項所致被保險汽車之毀損滅失，非經本公司書面同意加保者外，本公司不負賠償責任: 一、被保險汽車在出售、附條件買賣、出質、留置權等債務關係存續期間所發生之毀損滅失。 二、被保險汽車因颱風、地震、海嘯、冰雹、洪水或因雨積水所致之毀損滅失。	
	第四條　自負額 被保險汽車發生本保險第一條承保範圍內之損失，第一次被保險人應按實際修理費用負擔基本自負額新臺幣 3,000 元，第二次為 5,000 元，第三次以後為 7,000 元，如被保險人選擇較高之自負額時，從其約定，本公司僅對超過自負額之損失部分負賠償之責。 被保險汽車發生前項之毀損滅失，可完全歸責於確定之第三人者，本公司於取得代位求償權後，被保險人無須負擔自負額，且該次賠款紀錄，不適用賠款加費之規定。	同　左	
	第五條　理賠範圍及方式 被保險汽車發生本保險承保範圍內之毀損滅失時，本公司依下列範圍及方式對被保險人負賠償之責: 一、理賠範圍：以本保險契約所載之保險金額為限，其理賠範圍如下: ㈠救護費用：為維持損害之現狀或為防止損害之擴大所需之保護、	同　左	

車體損失保險乙式條款	搶救、搶修之正當費用。 ㈡拖車費用：移送受損車輛至本公司同意之最近修理工廠所需之正當費用。 ㈢修復費用：包括修復工資、材料、裝配零件及訂購零件材料等所需之費用。 二、理賠方式：本公司得修復或現款賠償，並依下列方式辦理。 ㈠修復賠償： 1. 毀損可以修復者，以修復至毀損發生前與原狀相似之狀況所必要之修理費用及零配件材料費用，但不包括加班費、趕工費、加急運費、空運費、特別運費等。 2. 前款所謂修復至毀損發生前之狀況，係指合理可能範圍內與原狀相似而言，並非指與原狀絲毫無異。 3. 必須更換之零件、配件概以新品為準，且不適用折舊比率分攤，如國內市場上無法購得時，本公司得以其他廠牌之零件、配件更換之。 ㈡現款賠償： 1. 修理材料或零件在國內無法購得者，可根據經本公司認可之當時市場價格，以現款賠付。如經本公司同意由被保險人或受害人自行向國外訂購時，則照國外發票日價格按掛牌賣出外匯匯率，折算新臺幣賠付。 2. 以協議方式賠付現款自行修復者，其修復完成後，被保險人應通知本公司檢驗，否則本公司對於以後該車同一部分之損失不負賠償責任。 ㈢被保險汽車發生承保範圍內之毀損滅失而其修理費用達保險金額	同左	

<table>
<tr><td></td><td>扣除本保險條款第八條折舊後數額四分之三以上時，依本保險條款第七條、第八條規定辦理。</td><td>同　左</td><td></td></tr>
<tr><td></td><td>第六條　複保險
被保險汽車發生本保險承保範圍內之毀損滅失，如同一被保險汽車同時訂有其他相同汽車保險契約承保同一保險事故時，不問其契約之訂立，由要保人或被保險人或他人所為，本公司對該項毀損滅失，僅就其所保金額負比例分攤之責。要保人或被保險人應將其他保險人之名稱及保險金額通知本公司，故意不通知或意圖不當得利而為複保險者，本保險無效。</td><td>同　左</td><td></td></tr>
<tr><td>車體損失保險乙式條款</td><td>第七條　修理前之勘估
被保險汽車之毀損滅失，在本公司勘估前，不得逕行修理，但經被保險人通知後廿四小時內（假日順延）本公司未處理者，不在此限。</td><td>同　左</td><td></td></tr>
<tr><td>車體損失保險乙式條款</td><td>第八條　全損之理賠
被保險汽車發生本保險承保範圍內之毀損滅失而其修理費用達保險金額扣除下表折舊後數額四分之三以上時，本公司按保險金額乘以下列賠償率後所得之金額賠付之。被保險人無須負擔約定之自負額。
<table>
<tr><th>本保險單生效日至保險事故發生時本保險年度經過月數</th><th>折舊率(%)</th><th>賠償率(%)</th></tr>
<tr><td>未滿一個月</td><td>*3</td><td>*97</td></tr>
<tr><td>滿一個月以上未滿二個月者</td><td>5</td><td>95</td></tr>
<tr><td>滿二個月以上未滿三個月者</td><td>7</td><td>93</td></tr>
<tr><td>滿三個月以上未滿四個月者</td><td>9</td><td>91</td></tr>
<tr><td>滿四個月以上未滿五個月者</td><td>11</td><td>89</td></tr>
</table></td><td>第八條　全損之理賠
被保險汽車發生本保險承保範圍內之毀損滅失而其修理費用達保險金額扣除下表折舊後數額四分之三以上時，本公司按保險金額乘以下列賠償率後所得之金額賠付之。被保險人無須負擔約定之自負額。
<table>
<tr><th>本保險單生效日至保險事故發生時本保險年度經過月數</th><th>折舊率(%)</th><th>賠償率(%)</th></tr>
<tr><td>未滿一個月</td><td>*8</td><td>*92</td></tr>
<tr><td>滿一個月以上未滿二個月者</td><td>10</td><td>90</td></tr>
<tr><td>滿二個月以上未滿三個月者</td><td>12</td><td>88</td></tr>
<tr><td>滿三個月以上未滿四個月者</td><td>14</td><td>86</td></tr>
<tr><td>滿四個月以上未滿五個月者</td><td>16</td><td>84</td></tr>
</table></td><td>兩者之差異，如車體損失險甲式條款中所示，折舊率自用由3%～25%，營業用由8%～30%。</td></tr>
</table>

	滿五個月以上未滿六個月者	13	87	滿五個月以上未滿六個月者	18	82	
	滿六個月以上未滿七個月者	15	85	滿六個月以上未滿七個月者	20	80	
	滿七個月以上未滿八個月者	17	83	滿七個月以上未滿八個月者	22	78	
	滿八個月以上未滿九個月者	19	81	滿八個月以上未滿九個月者	24	76	
	滿九個月以上未滿十個月者	21	79	滿九個月以上未滿十個月者	26	74	
	滿十個月以上未滿十一個月者	23	77	滿十個月以上未滿十一個月者	28	72	
	滿十一個月以上未滿十二個月者	*25	*75	滿十一個月以上未滿十二個月者	*30	*70	
車體損失保險乙式條款	本公司以全損賠付後，本保險契約即行終止，本保險及其特約保險之未滿期保費不予退還，本公司並即取得對該殘餘物之處分權，但該殘餘物如仍有未了責任或義務應由被保險人自行處理，本公司並不因取得該殘餘物之處分權而隨同移轉予本公司承受。			本公司以全損賠付後，本保險契約即行終止，本保險及其特約保險之未滿期保費不予退還，本公司並即取得對該殘餘物之處分權，但該殘餘物如仍有未了責任或義務應由被保險人自行處理，本公司並不因取得該殘餘物之處分權而隨同移轉予本公司承受。			
	第九條　車輛之報廢 被保險汽車發生本保險承保範圍內之毀損滅失而無法加以修復，或其修理費用達保險金額扣除折舊後數額四分之三以上時，被保險人應依規定向公路監理機關辦理報廢繳銷牌照後，本公司始予賠付。			同　左			
	第十條　理賠申請 被保險人向本公司提出理賠申請時，應檢具下列文件： 一、理賠申請書（由本公司提供），並由被保險人親自填寫其所載內容。如被保險人死亡或受重大傷害時，得由其配偶或同居家屬代為填寫。 二、汽車行車執照及駕駛人駕駛執照影本。 三、修車估價單及修妥後發票。 四、實際全損或推定全損者，加附公路			同　左			

車體損失保險乙式條款	監理機關報廢證明文件。 本公司於接到上列文件齊全後，應於15日內給付之。但另有約定者，依其約定。 本公司因可歸責於自己之事由致未能在前項規定之期限內為給付者，應給付遲延利息，其利率以年利一分計算。	同　左	
汽車竊盜損失保險條款	第一條　承保範圍 被保險汽車因遭受偷竊、搶奪、強盜所致之毀損滅失，本公司對被保險人負賠償之責。	同　左	
	第二條　不保事項 因下列事項所致被保險汽車之毀損滅失，本公司不負賠償之責： 一、被保險人因被保險汽車之毀損滅失所致之附帶損失（包括貶值及不能使用之損失）。 二、被保險汽車因窳舊、腐蝕、鏽垢或自然耗損之毀損。 三、非因外來意外事故直接所致機件損壞、或電器及機械之故障。 四、置存於被保險汽車內之衣物、用品、工具、未固定裝置於車上之零件或配件之毀損滅失。 五、輪胎、備胎（包括內胎、外胎、鋼圈及輪帽）非與被保險汽車同時被竊所致之損失。 六、被保險汽車因被保險人之同居家屬、受雇人或被許可使用之人或管理之人等竊盜、侵占行為所致之毀損滅失。 七、被保險汽車因車體損失險甲式或乙式所承保事故所致之毀損滅失。 因下列事項所致被保險汽車之毀損滅失，非經本公司書面同意加保者外，本公司不負賠償之責： 一、裝置於被保險汽車之零件、配件與	同　左	

汽車竊盜損失保險條款	非被保險汽車同時被竊所致之損失。 二、被保險汽車在租賃、出售、附條件買賣、出質、留置權等債務關係存續期間所發生之毀損滅失。	同左	
	第三條　自負額 被保險人於保險契約有效期間內，發生本保險承保範圍內之損失時，對於每一次損失，應負擔基本自負額 10%。如被保險人選擇較高之自負額時，從其約定。	同左	
	第四條　理賠範圍及方式 被保險汽車發生本保險承保範圍內之毀損滅失時，本公司依下列範圍及方式對被保險人負賠償之責： 一、理賠範圍：以本保險契約所載之保險金額為限，其理賠範圍如下： ㈠救護費用：為維持損害之現狀或為防止損害之擴大所需之保護、搶救、搶修之正當費用。 ㈡拖車費用：移送受損車輛至本公司同意之最近修理工廠所需之正當費用。 ㈢修復費用：包括修復工資、材料、裝配零件及訂購零件材料等所需之費用。 二、理賠方式：本公司得修復或現款賠償，並依下列方式辦理。 ㈠修復賠償： 1. 毀損可以修復者，以修復至毀損發生前與原狀相似之狀況所必要之修理費用及零配件材料費用，但不包括加班費、趕工費、加急運費、空運費、特別運費等。 2. 前款所謂修復至毀損發生前之狀況，係指合理可能範圍內與原狀相似而言，並非指與原狀絲毫無異。 3. 必須更換之零件、配件概以新品為準，且不適用折舊比率分	同左	

汽車竊盜損失保險條款	攤，如國內市場上無法購得時，本公司得以其他廠牌之零件、配件更換之。 ㈡現款賠償： 1. 修理材料或零件在國內無法購得者，可根據經本公司認可之當時市場價格，以現款賠付。如經本公司同意由被保險人或受害人自行向國外訂購時，則照國外發票日價格按掛牌賣出外匯匯率，折算新臺幣賠付之。 2. 以協議方式賠付現款自行修復者，其修復完成後，被保險人應通知本公司檢驗，否則本公司對於以後該車同一部分之損失不負賠償責任。 ㈢被保險汽車發生承保範圍內之毀損滅失而其修理費用達保險金額扣除本保險條款第八條折舊後數額四分之三以上時，依本保險條款第七條、第八條規定辦理。	同　左	
	第五條　複保險 被保險汽車發生本保險承保範圍內之毀損滅失，如同一被保險汽車同時訂有其他相同汽車保險契約承保同一保險事故時，不問其契約之訂立，由要保人或被保險人或他人所為，本公司對該項毀損滅失，僅就其所保金額負比例分攤之責。要保人或被保險人應將其他保險人之名稱及保險金額通知本公司，故意不通知或意圖不當得利而為複保險者，本保險無效。	同　左	
	第六條　修理前之勘估 被保險汽車之毀損滅失，在本公司勘估前，不得逕行修理，但經被保險人通知後廿四小時內（假日順延）本公司未處理者，不在此限。	同　左	
	第七條　全損之理賠 被保險汽車發生本保險承保範圍內之毀	第七條　全損之理賠 被保險汽車發生本保險承保範圍內之毀	兩者之差異同車體損失險甲、乙式第七

汽車竊盜損失保險條款			

汽車竊盜損失保險條款

損滅失而其修理費用達保險金額扣除下表折舊後數額四分之三以上時，本公司按保險金額乘以下列賠償率後所得之金額再扣除第三條所約定之自負額後賠付之。

本保險單生效日至保險事故發生時本保險年度經過月數	折舊率(%)	賠償率(%)
未滿一個月	* 3	97
滿一個月以上未滿二個月者	5	95
滿二個月以上未滿三個月者	7	93
滿三個月以上未滿四個月者	9	91
滿四個月以上未滿五個月者	11	89
滿五個月以上未滿六個月者	13	87
滿六個月以上未滿七個月者	15	85
滿七個月以上未滿八個月者	17	83
滿八個月以上未滿九個月者	19	81
滿九個月以上未滿十個月者	21	79
滿十個月以上未滿十一個月者	23	77
滿十一個月以上未滿十二個月者	*25	75

公司以全損賠付後，本保險契約即行終止，本保險及其特約保險之未滿期保費不予退還，本公司並即取得對該殘餘物之處分權，但該殘餘物如仍有未了責任或義務應由被保險人自行處理，本公司並不因取得該殘餘物之處分權，而隨同移轉予本公司承受。

損滅失而其修理費用達保險金額扣除下表折舊後數額四分之三以上時，本公司按保險金額乘以下列賠償率後所得之金額再扣除第三條所約定之自負額後賠付之。

本保險單生效日至保險事故發生時本保險年度經過月數	折舊率(%)	賠償率(%)
未滿一個月	* 8	92
滿一個月以上未滿二個月者	10	90
滿二個月以上未滿三個月者	12	88
滿三個月以上未滿四個月者	14	86
滿四個月以上未滿五個月者	16	84
滿五個月以上未滿六個月者	18	82
滿六個月以上未滿七個月者	20	80
滿七個月以上未滿八個月者	22	78
滿八個月以上未滿九個月者	24	76
滿九個月以上未滿十個月者	26	74
滿十個月以上未滿十一個月者	28	72
滿十一個月以上未滿十二個月者	*30	70

同 左

條之規定，其折舊率：自用 3%～25%，營業用 8%～30%。

汽車竊盜損失保險條款	第八條　尋車費用 被保險汽車發生本保險承保範圍內之損失時，被保險人除自願負擔外，擅自承諾或給付尋回原車之任何費用，本公司不負給付之義務。	同　左	
	第九條　失竊車尋回之處理 被保險汽車發生本保險承保範圍內之損失，賠付後經尋獲者，保險人得於知悉後 7 日內領回被保險汽車並退還原領之賠償金額。逾期本公司得逕行辦理標售尋回標的物，其所得之價款，本公司按約定自負額之比例攤還。被保險人倘於領取賠款後接到尋獲被竊盜汽車或零、配件之通知，應立即以書面通知本公司，並有協助領回之義務。	同　左	
	第十條　理賠申請 被保險汽車發生本保險承保範圍內之損失時，自被保險人通知本公司之日起，逾 30 日仍未尋獲者，被保險人應辦理牌照註銷手續，並將該車之一切權益及下列有關物件等移轉本公司後，本公司應於 15 日內賠付之： 一、理賠申請書（由本公司提供），並由被保險人親自填寫其所載內容。 二、警方之失竊證明書正本。 三、汽車鑰匙。 四、汽車出廠證明或進口證明書及貨物完稅證明正本。 五、繳稅收據（牌照、燃料使用費）正本或副本。 六、汽車註銷牌照登記申請書（須辦妥註銷手續）。 七、汽車新領牌照登記申請書。 八、讓渡書兩份（須蓋妥車主印鑑章）。 九、汽車過戶登記申請書二份（須蓋妥車主印鑑章）。 十、保險單。 十一、抵押貸款車輛應向監理單位辦妥抵押註銷手續。 十二、車主身分證影本或公司營業執照	同　左	

	影本。 十三、汽車異動證明書二份（須蓋妥車主印鑑章）。 本公司因可歸責於自己之事由致未能在前項規定之期限內為給付者，應給付遲延利息，其利率以年利一分計算。	同 左	

第六節 汽車肇事責任之鑑定

一、汽車肇事責任鑑定方式

通常肇事責任可經由下列四種方式予以鑑定：

1. 肇事人承認負有肇事責任：

當汽車發生事故後，汽車駕駛人自己對肇事當時情形最為瞭解，汽車肇事人承認駕駛疏忽或不當，自願承負汽車肇事責任。

2. 經鑑定負有肇事責任：

如汽車肇事發生後，雙方當事人都不承認錯誤，由當事人申請或警方移送至當地之汽車鑑定委員會，經鑑定後認為由當事人一方或雙方負肇事責任。

3. 經覆議負有肇事責任：

汽車駕駛人經鑑定應負肇事責任後，如有不服或疑義，則可依法申請覆議，經臺灣省、臺北市或高雄市汽車鑑定覆議委員會覆議，認為應負肇事責任。

4. 法院判決確定負有刑事責任：

倘汽車肇事後，涉及人員死亡或重傷時，經地方法院檢察官提起公訴，由交通法庭或經高等法院上訴駁回，負有刑事責任。

二、汽車肇事責任之種類

汽車肇事責任經認定後，肇事人須對其本身之過失行為之輕重，接受不同程度之懲罰，其懲罰之方式，包括刑事責任、民事責任與行政責任三種，茲分述如下：

1. 刑事責任:

若汽車肇事致他人死亡或重傷，檢查官當依過失殺人或過失傷害等罪名提起公訴，肇事者將受有期徒刑、拘役或罰金等處罰。

2. 民事責任:

因汽車肇事致使他人之身體、財物受有損傷時，此乃屬民法之侵權行為，汽車肇事人應負損害賠償責任。此外，如汽車駕駛人為受雇人時，依民法第一百八十八條規定，雇用人對於受雇人因執行職務，不法侵害他人之權益者，應由雇用人與受雇人連帶負賠償責任。

3. 行政責任:

汽車肇事人除依法負刑事責任與民事責任外，肇事者通常另會受到罰鍰、吊扣或吊銷駕照等行政處分。依我國「道路交通管理處罰條例」規定，汽車駕駛人肇事受有行政處分之條文有:

(1)汽車駕駛人酒醉或患病駕車須處 15,000 元以上、60,000 元以下之罰鍰，因而肇事致人重傷或死亡者，並吊銷其駕照（第三十五條）。

(2)汽車駕駛人，在道路上蛇行，或以其他危險方式駕車者，處 6,000 元以上、24,000 元以下之罰鍰，因而肇事者並吊銷其駕照（第四十三條）。

(3)汽車駕駛人行經鐵路平交道，不遵守看守人員指示，或遮斷器開始放下，警鈴已響，閃光號誌已顯示，仍強行闖越，或在無看守人員管理或無遮斷器、警鈴或閃光號誌之平交道，不依規定暫停，逕行通過，或是在鐵路平交道超車、迴車、倒車、臨時停車等皆須處 2,000 元以上、4,000 元以下之罰鍰，因而肇事者並吊銷其駕照（第五十四條）。

(4)汽車駕駛人駕駛汽車違反道路交通安全規則，因而肇事致人死亡者，吊銷其駕照；因而肇事致人受傷者，吊扣其駕照三至六個月（第六十一條）。

(5)汽車駕駛人駕駛汽車肇事後，應立即處理，不得駛離，違者吊扣其駕照三至六個月，如肇事致人受傷或死亡，應即採取救護或其他必要措施，並向警察報告，不得逃逸，違者吊銷其駕照（第六十二條）。

三、汽車肇事責任鑑定之覆議

若汽車肇事人對於鑑定機關或司法機關所作之責任認定不服或有疑義時，則可依法申請覆議，對於不服鑑定之申請，主要有下列兩種情況：

1. 不服汽車肇事鑑定委員會之鑑定時：

   倘對汽車肇事鑑定委員會之鑑定不服時，當事人於接到鑑定書十五天之內，檢附新的證據，並說明具體事實，向當地省（市）汽車肇事覆議鑑定委員會申請覆議，此覆議採一審制，除非當事人續後提供新資料或證據外，否則不予重行覆議。

2. 不服司法機關囑託之鑑定時：

   依規定司法機關對汽車肇事之鑑定，可囑託汽車肇事當事人以外之第三人，陳述有關法規或特別經驗之意見，以供司法機關藉為法律上或事實上之判斷。當事人接到司法機關囑託之鑑定後，若有不服，應在法定期限內，以司法書狀，向原審理之司法機關陳請覆議。

四、汽車煞停距離與肇事責任

隨著時代之演進，人類各種活動漸趨頻繁，範圍亦日益擴大，只得藉由各型機動車輛以增加行動能力，汽車已成為大眾日常生活中不可或缺之工具。然在整個駕車旅程中，汽車駕駛人不斷面臨各種不同危險狀況，須即時採取緊急應變措施，期以避免發生交通事故或任何人車傷亡，使旅程得以繼續進行。

至於汽車駕駛人之緊急應變措施（或稱汽車駕駛危險管理）之過程，主要包括：

1. 確認危險之存在：

   例如道路出現急彎，路旁有障礙，以及與前方車輛相撞等危險狀況，其認知之過程，通常需要一些時間，就汽車駕駛人而言，其認知時間之長短，端視駕駛人專心程度而定。

2. 選擇危險管理方法：

   汽車駕駛人根據前項確認危險發生之地點及環境，進而採取駕駛人較易自行控制之汽車速率（如加速、減速）及位置（如控制方向、倒車）等。其決定過程亦需要一些判斷與反應時間，其時間長短亦隨不同危險狀況而異。

3. 執行應變之危險管理方法：

由於時間緊迫，駕駛人必須在一瞬間依反射作用立即採行，此多屬於經驗累積之技術層次，倘因時間緊迫，駕駛人未能即時執行或執行不當，則汽車肇事勢將發生。

第七節　煞停距離

一、煞停距離——駕駛人須知

在前述各項緊急應變措施中，汽車駕駛人較易自行採行方法，當以煞車方式處理較為常見。唯對高速率之行進車輛需在剎那間完全停駛靜止，自屬不易，且緊急煞車常易造成滑行而使車輛失控。根據我國道路交通安全規則第九十四條規定：「汽車在同一車道行駛時，除擬超越前車外，後車與前車之間應保持隨時可以煞停之距離。」顯示煞停距離對行進車輛有其必要性。因此，汽車駕駛人於車輛行進間自覺須以緊急煞車方式來處理危險狀況，其最小之煞停距離應為多少？對此駕駛人實不可不知。

所謂「煞停距離」，係指汽車駕駛人於車輛行進間，自覺有停止行駛之必要時起，至依煞車操作後車輛完全停駛止，車輛實際行進之距離；析言之，「煞停距離」亦即「空走距離」、「傳導距離」及「滑走距離」三者之總和，茲分述之：

㈠空走距離

「空走距離」係指汽車駕駛人感覺危險存在，急欲停止車輛，經傳達視覺神經、中樞神經系統，至實際採取煞車動作為止之車輛行進距離。易言之，即駕駛人確知危險，急速將腳從油門踏板移至煞車踏板間，車輛實際行進之距離，此種空走距離，常依駕駛人之熟練度、注意力及敏感性等而定。依實驗結果，空走距離所需時間約為 0.6 秒，若以時速 40 公里之車輛而言，其空走距離約為 6.6 公尺。

㈡傳導距離

所謂「傳導距離」係指自汽車駕駛人腳踏煞車踏板開始，至車輪迴輪停頓為止之車輛實際行進之距離。易言之，即自腳踏煞車板時，至停止間之行進距離。此種傳導距離，多與煞車系統效果有關。一般而言傳導距離所需時間約為 0.2 秒，至於其煞車發生漸次效果，較原來速度減速四分之一而後停止。

㈢滑走距離

所謂「滑走距離」係指自汽車車輪停止迴轉起，依慣性原理，至汽車滑行停頓為止，其間車輪與道路面所生之摩擦距離，此狀況即一般所謂之滑走痕。此種滑走距離，依路面之摩擦係數、車胎狀況、車輛重量及載重量而定。

二、煞停距離之計算方法

基本上，對於汽車煞停距離之正確計算是一件不容易之工作，主要由於汽車速度、路面摩擦係數、煞車系統性能、積載重量、道路坡度及駕駛人操作技巧等主客觀因素，存有極大之差異性。惟實際上，在普通事件中常依簡單之計算方法，概括計算汽車煞停距離，以為肇事責任評定過失之依據。至於常用之煞停距離之測定方法，較簡單者有下列數種，茲略述如下：

1. $S = \frac{V^2}{100}$
2. $S = 0.139\frac{V^2}{M}$
3. $S^* = \frac{V^2}{259f}$
4. 速度－煞停距離測定表

S：煞停距離（公尺） V：時速（公里 / 小時）

M：煞停度（公里 / 小時） f：摩擦係數

S*：滑走距離

在上述四種計算方法中，第 1 種最為簡單，通常適用於乾燥良好之道路及無故障之煞車系統，對於特殊狀況場合則不適用。例如，時速 40 公里時應有之煞車距離為 16 公尺 ($\frac{40^2}{100} = 16$)；時速 60 公里之煞停距離則為 36 公尺 ($\frac{60^2}{100} = 36$)。

第 2 種方法，係以煞停度及時速測定煞停距離。所謂煞停度，一般汽車為 14.2 公里 / 小時，而機車為 21.4 公里 / 小時。例如，以時速 60 公里之汽車煞停距離為 35 公尺 ($0.139 \times \frac{60^2}{14.2}$)；時速 60 公里之機車煞停距離為 23 公尺 ($0.139 \times \frac{60^2}{21.4}$)。

至於第 3 種方法，係以時速及道路摩擦係數併入計算。此種計算公式僅將滑走距離測定，必須再加上空走距離及傳導距離，方是汽車之煞停距離。例如，時速 40 公里，摩擦係數為 0.55，其滑走距離為 11.33 公尺 ($\frac{40^2}{259 \times 0.55}$)，若加上一般空走時間（0.6 秒）及傳導時間（0.2 秒）之距離 8.88 公尺，則汽車之煞停距離應為 20.11 公尺 (11.33 + 8.88)。

第 4 種方法，可用長尺將摩擦係數、速度、煞停距離連結交叉，即可測定其汽車時速。例如，在乾燥舊水泥路若留有一 2.5 公尺之滑痕，則汽車之時速應為 45 公里。

有關車速對照表——煞停距離之規定，1977 年 10 月 27 日交通部曾以交路 (66) 字第 10275 號函，明定「汽車煞車距離、行車速度及道路摩擦係數對照表」，並供作省市公路主管機關及內政部警政署參考依據。

三、煞停距離與肇事責任實例

假如在汽車煞停距離內發生之肇事，汽車駕駛人是否應負賠償責任？茲介紹日本判例供為參考：

被告 K 君駕駛中型貨車，以時速 40 公里東進，該道路寬度僅約 7.4 公尺且交通頻繁。被告駕駛技術未純熟，致五歲幼童 M 在右斜前方，自右至左向北跑步穿越時，在 4.4 公尺之極近距離始發現，K 君雖已緊急煞車卻已來不及，遂以汽車前部撞倒 M 童，導致嚴重骨折傷害。

關於此一肇事案件，駕駛人於接近 4.4 公尺時始發現幼童正在穿越道路，若以當時汽車時速 40 公里之正常煞停距離應為 14 公尺，故雖緊急煞車，亦無法避免撞及。然此一事件之關鍵所在，在於 K 君在緊急煞車之地點，能否發現或預見 M 童正在穿越道路。如 K 君本身不注意，致遲延其發見或能預見而不預見，則 K 君應承負過失賠償責任，倘若進入汽車煞停距離前，K 君在預見不可能之狀態者，K 君即因不可抗力而不負過失責任，前述判決採取後者，宣示 K 君無罪。

由上述例子可知，「保持距離、以策安全」，此乃大家耳熟能詳之交通規則，在整個汽車駕駛過程中，駕駛人所面臨的，乃屬未知之危險狀況，若能明瞭汽車緊急煞車之煞停距離，將直接有助於汽車肇事發生或傷害之減少，使汽車危險管理方法之最後絕招——「懸崖勒馬」發揮應有效果。

關鍵詞彙

1. 汽車
2. 汽車綜合損失險
3. 汽車竊盜損失險
4. 汽車第三人責任險
5. 附加險
6. 汽車肇事責任之鑑定
7. 煞停距離
8. 空走距離

習題

一、依照我國汽車保險之分類，將汽車分為幾類?

二、汽車保險之車損險包含哪些附加險?

三、汽車保險之費率考慮哪些因素?

四、汽車肇事責任之鑑定方式為何?

五、何謂煞停距離?

第三章

航空保險

第一節　飛機起源與空難事件之源起

一、前　言

人類在史前時代便夢想飛行，數千年來，不知有多少人為了摹擬飛鳥而犧牲生命。這些人認為，如果鳥類能以纖細的筋肉騰空飛翔，那麼人類有強壯的體魄應該更能做到。然而他們不明白鳥類翅膀的機構是如何的精巧和複雜；也不知道麻雀飛行時心跳加快至每分鐘八百下，而鴿子在飛行時每分鐘呼吸四百次，牠們身上等於裝了一具能急遽加速的發動機，是人體所無法比擬的。

十六世紀初，義大利天才達文西曾經想要利用槓桿和滑輪來增加人體的臂力和腿力，這在當時算是發揮機械力量到極致的構想，只可惜他所設計的撲翼機始終飛不起來。

1783 年 11 月，法國蒙哥費兄弟 (Joseph and Etienne Montgolfier) 所製造的熱氣球，載著二個人，上升至 2,000 公尺高度，在空中停留了十分鐘，首次完成人類翱翔天空的夢想。所謂熱氣球，就是將一個大袋子裝滿熱空氣，利用空氣加熱後膨脹變輕所產生的浮力來飛行。這種裝置說穿了不過是個比空氣更輕的飛行物罷了。

爾後德國李連塔爾 (Otto Lilienthal, 1848 ～ 1896) 在 1891 年製成的滑翔翼，是最早利用機翼的升力使得比空氣重的機體能夠在空中飛翔。不過，由於滑翔翼上沒有動力裝置，無法自行從地面起飛，因此只能從高處降下再行滑翔。

直至 1903 年，萊特兄弟 (Orirlle and Willur Wright) 發明了世界上第一架具有動力裝置並能從地面自行起飛的飛機，人類才能真正地在空中自由飛行。

在萊特兄弟用飛機作第一次飛行之後的三十年間，空中的霸王乃是飛船，原因是：

飛船比當時的飛機可裝載更多的乘客，也能一口氣飛行比飛機更長的距離。飛船，乃是在熱氣球內使用氫和氦等比空氣還要輕的氣體，來代替加熱的空氣，以獲得浮力，同時，又裝設引擎或螺旋槳，使球可以横的方向自由前進。

可是，在 1937 年 5 月，裝載七十名乘客的德國豪華飛船「興登堡」號，在美國登陸時，瓦斯袋內的氫突然著火爆炸，使得飛船在一瞬間燒成灰燼。

這次事故以後，船身龐大且沈重的飛船，遂逐漸被淘汰，繼之而起的是小型、速度快且敏捷的飛機。

由於歷經兩次世界大戰，使得飛機的製造技術日新月異、一日千里，無論在速度、續航距離、飛行高度等方面，都令人覺得恍若隔世。如今，從桃園中正機場僅僅九個小時就到達洛杉磯機場。像這樣每一年有數以萬計的人到國外旅行。在日本國內，每年全國每三個人中有一個坐過飛機。

像這樣，飛機成為一般民眾非常方便的交通工具，也因此報紙上時常出現飛機失事的消息，給人們很大的衝擊。尤其是客機常出現眾多的死傷情況，所以特別受世人注目。幾乎可以說一提到有關飛機的消息，不外乎是失事的消息。

二、飛機為何掉落

客機的事故通常死傷眾多，1982 年 10 月 13 日一架由華盛頓國際機場起飛的佛羅里達航空公司波音 737 型客機掉落勃得瑪克河的事故，令人記憶猶新。

每一次發生事故就由該國事故調查委員會進行事故原因的調查。結果公布報告書，得自事故的教訓可以用作相同或類似缺失的一項警惕，亦即改善曾經發生事故的機種之使用及保養方法或修改機身本身。而且更重要的教訓係藉以修訂或補充耐空性標準以要求將來的新型機種。

㈠令人驚訝的氣象變化

英國海外航空公司的一架波音 707 型客機於多年前墜毀於日本富士山麓，此事故據稱係典型的晴空亂流所引起的事故。當日羽田機場放晴，從東京也能將富士山看得一清二楚。但西高東低的氣流傾斜很厲害。吹著強烈的西北風。英國海外航空公司的波音 707 型客機在十三點五十八分由東京羽田國際機場，朝香港起飛。他們本來提出的是以儀表飛行 JG6 航線經大島飛向香港的飛行計劃，但是臨時在起飛之前要求以經由富士山的有視界上昇穿過日本再飛行 JG6 航線之許可。在它上昇中於御殿機場上空附近機身分解，於十四點十五分左右墜落富士山麓太郎坊山林中。

在此事故中飛行紀錄器雖然著火燒毀，但一位乘客曾以 8 毫米攝影機拍攝窗外景色的軟片，提供重要的線索，由其畫面看得出飛行途徑，並由接受衝擊時畫面之流程及軟片跳過兩格一點上，可見其衝擊力有多大。事故原因被斷定係由富士山峰下非常強的山岳波所致。

(二)對引擎的威脅

主要有三種情形：

1. 引擎轉動部分破損。
2. 飛鳥相撞：

1975 年 11 月 12 日海外國際航空公司的一架 DC10 型客機正要從紐約的甘迺迪機場起飛。在滑行當中撞向一群海鷗，機長雖然立刻停止起飛，但第三號引擎已經爆炸，脫落而起火。右主腳的三個輪胎損壞，由第三號引擎得到油壓的第二剎車系統失靈。

跳出跑道的機身被焚燒而全毀，但成功地救出了所有的乘客與機員。其所使用的第十三 R 號跑道在減輕噪音等的顧慮之下，平常均未使用，可能因此而造成成群的海鷗盤旋其上空，這架 DC10 型客機當時以超過每秒 50 公尺的速度接近而使牠們群起亂飛，造成飛機失事。

在日本，撞鳥的例子很多。單單全日空公司一家全年即發生二百件以上的撞鳥案件。其中撞機首和擋風玻璃者占 39%，輪胎與機身 21%，引擎與螺旋槳 17%，主翼 16%。在櫻島也有撞及火山灰的例子。

3. 雹及雨也是飛機的大敵：

不但是鳥，雹及雨也是飛機的大敵。1977 年 4 月 4 日美國南方航空公司的 DC9 型客機在喬治亞州羅馬的上空衝入雷雨中，在雹擊雨打之下，兩引擎都停止，被迫嘗試在高速公路上迫降，但還是跳開而飛翼起火，八十五個乘客及機上人員中死亡六十三人，另外地面上的八個人亦遭池魚之殃而喪生。

為了追查事故的原因，布拉・懷尼公司實施裝在 DC9 型客機的 JT8D7 的吸水測驗。結果發現當大量的水被吸入時，高壓壓縮機的壓力失常地上昇，一面招致壓縮機翼的失速，一面將壓縮機的葉片朝前方扭曲，觸及其前方的靜翼而遭致破壞。

㈢機身設計錯誤

曾於 1952 年率先全世界開始航行的英國「戴哈比蘭・哥米特」噴射客機，於 1954 年時發生兩次的空中爆炸，分別沈入厄爾巴島海及那波里海面的事故，在航空失事史上頗為有名。英國盡其全力收回四散在海中的碎片。哥米特是全世界最早的噴射客機。

客機飛在高空時因為外氣壓力降低，所以應將機身內壓提高到接近地上大氣壓的程度，以保障乘客的安全及舒服性。但降落時的機身內壓與外相同。即是將客機機身看成氣球時，每次飛行它都時脹時縮。

噴射機不像從前的螺旋槳機，因為它是在高空飛行，所以內外的壓力差也比以前大得多。為了測驗如此反覆發生的力量影響及機身構造的情況，曾將同型飛機浸入水槽中反覆實施機身壓力的試驗。結果發現在墜落的機身上於裝備雷達天線的部位，以及在試驗的機身上於窗戶的一角發生龜裂以致於爆裂，此現象稱之「疲勞」。

從此之後新型機規定要仔細實施使用水槽的疲勞試驗。由於哥米特機種的事故開始釀成新的想法，稱之“Fall Save”（即使毀壞也還安全）構造，即是產生龜裂也不致加大，或壞了一部分還可由另一部分擔起荷重的構造。又 1973 年 11 月 3 日由休斯頓飛向拉斯維加斯的國際航空公司的一架 DC10 型客機在新墨西哥上空，右主翼引擎發生爆炸，碎片擊破客艙的窗戶而致乘客被吸出機外。

1974 年 3 月 3 日由巴黎的奧里機場起飛的一架土耳其航空公司的 DC10 型飛機在大約十分鐘後墜毀於郊外艾爾美濃比兒的森林中。乘客、機員總共三百四十六人全部罹難，成為迄至當時為止最大的空難事件。它在失事前，正在以高度 3,660 公尺上昇途中，其門鎖不良的貨艙門突然飛走，貨艙的壓力下降，在其上面的客艙地板塌陷，使通過地板下的駕駛電纜有了障礙而導致無法駕駛。

㈣駕駛失敗

被認定是飛行員錯失的事故非常多。回想早在 1966 年多次發生的事故中，在 3 月 4 日的加拿大太平洋航空公司的一架 DC8 型客機，撞向羽田機場跑道一端而起火的例子就是其中之一。

當天曾經出現微雨濃霧的警報。由香港起飛的一架 DC8 型客機放棄降落，開始飛返臺北。但是它在後來得到管制塔的通報說，跑道的視界良好能見度轉為 900 公尺，於是再飛回並進入降落準備狀況。從高度 45 公尺左右起忽然降到 Glide Pass（進場時的正確降落途徑）以下，起落架碰到進場燈，而猛撞跑道，時間已過晚上八點。

因為該機長是擁有兩萬六千小時飛行經驗的老練飛行員，怕在惡劣的氣候下衝出跑道一端，所以瞄準跑道的前面起點落地。結果事與願違而闖禍。

飛機的起動計有兩種方式，一種是進入跑道後正對飛行方向停止片刻後起動的"Standing Take Off"（停止起飛）及不停止而一下子就起動的"Rolling Take Off"。像駕駛汽車的人都會體驗到，在滑溜溜的路上快速旋轉是很難的。

㈤人為的禍害

在飛行控制中引入電腦，開始設定使用電腦的飛行航程。以後由電腦自動駕駛，電腦在故障的假定下採取雙重系列。南極大陸遊覽之旅的事故就是軟體惹的禍。

1979 年 11 月 28 日紐西蘭航空公司的 DC10 型客機遊覽之旅的旅程應為由奧克蘭出發繞過南極的瑪克曼度基地、羅斯島附近回來。到了羅斯島前面時降低高度南下飛行時，突然過分接近地面的警報響起而立刻昇高，但已經來不及，猛撞冰山的傾斜面，使觀光客二百三十七人及機員二十人全部死亡。

根據紐西蘭空難調查局的報告，事故的原因是因為飛機背著太陽飛行時，地面被白雪覆蓋而呈幾乎凹凸不分的所謂 White Out（臨時失明）狀態，所以看不見羅斯島的埃列不斯山。

但後來經過機員親屬及飛行員協會提出不服的訴訟，才由紐西蘭政府行政調查委員會著手重新調查。結果發現該旅遊應使用電腦定下飛行計劃，再將它輸入飛機上的自動駕駛裝置。原來該計劃在失事機起飛的數小時前被變更，可是沒有通知機員。

由於電腦普遍被採用在飛機的各部位，使飛機更趨電腦化，於是電腦軟體的問題及其管理問題顯得更重要，像在發射太空梭時也有因電腦軟體的障礙而延期的實例。

第二節 航空保險投保應注意事項

航空保險 (Aviation Insurance) 發生在第一次世界大戰前一年，當時所承保之範圍僅限於墜毀險及第三者責任險，後來由於民航事業之發達，航空保險之需要更形殷切。

目前承保航空保險之最大市場為英國倫敦保險市場，以勞依茲為主，其中尤以 BAIC (British Aviation Insurance Co.) 承受量為最大。該公司成立於 1931 年，係由 British Aviation Insurance Group 與 Lloyd's Underwriters 及 Union of Canton 所組成。全世界 80% 大型飛機之保險均由該公司所承保。我國保險業承保航空保險以臺產為最早，承保對象以中華及遠東航空公司所屬之小型飛機為主。至 1967 年，由臺產、中國、太平等三家保險公司共同承保中華航空公司為開闢國際航線，而向美國波音公司購買第一架波音 727 型噴射客機之航空保險，國內保險業才正式承保航空保險業務。

一、航空保險的重要性

㈠航空風險

航空風險是指航空機在航行於空中可能面臨之風險。亦即指航空機自離陸或離水起飛開始以至於著陸或著水之間可能發生之風險，當然包括於空中發生之風險在內，同時起飛及著陸滑行中之風險亦應被包括在內。應注意的是，停於飛機場所發生之風險亦應包括在內。

㈡航空損失

此類損失可分成四種：

1. 航空機本身之財產損失。
2. 航空機所有人對他人所應負擔之賠償責任之損失。
3. 航空機乘客、駕駛員及隨機人員之死亡、傷害等之損失。
4. 航空運輸貨物之財產上之損失。

㈢航空保險之重要

從上述吾人可知，最需要航空保險的無非是航空公司或航空機所有人。目前由於航空事業之發達，航空機亦已走上大型化之趨勢，同時更以高速之性能做為爭取顧客之號召，數量亦與日俱增。航空事故之發生有增無減，尤其在航空事故發生後，其賠償責任之確定更是複雜。故為了企業經營之安全及航空安全，航空保險之購買已成航空公司或航空機所有人與經營人不可缺少之一環。

二、航空保險之投保

投保航空保險時，保險人為瞭解風險程度，以為承保條件，費率決定之資料，必須要求要保人對特定事項完成其告知義務，通常航空保險之投保乃由保險人提供一定格式之要保書以及附件，告知事項均載明於上述文件中，原則上只要填寫這些文件即算完成投保手續及告知義務。然而由於航空機及其有關事務都富有高度之技術問題存在，故保險關係發生時個別地會產生許多疑問，除了填寫規定之表格外，亦常要求要保人提供有關事項之告知。

告知事項主要之內容如下：

1. 航空機之所有人、租賃人。
2. 航空機內容及附件明細。
3. 通航證明書之有無。
4. 航空機航運及修護人員姓名或負責單位名稱。
5. 駕駛員及隨機人員名單。
6. 使用目的或航行型態。
7. 使用地域或航行路線。
8. 停泊場所或常駐機場。
9. 運輸合約（尤其是有關運輸人責任之規定）。

三、航空保險之核保因素

決定航空險費率之因素甚多，茲舉重要者如下：

1. 被保險人之經營情形是否良好，包括其修護工作。
2. 被保險飛機從事於何種用途。例如：直昇機用於噴灑農業、救災、救火等均屬危險工作，故損失率必定甚高。
3. 飛行地區及範圍。
4. 被保險飛機之型態及價值等。
5. 飛行人員之飛行經驗如何。
6. 自負額之多寡。

7. 責任限額之高低。此點乃指第三者責任保險及乘客保險而言。

8. 保費付款之方式，如一次付清可減低 5% 之費率。

四、航空保險單之種類

以下六種航空保險單為國外航空保險保單之常見類型：

1. 航空器保險單 (Aviation Insurance Policy, Aircraft Insurance Policy)：其內容大致包含航空器本身的保險、搜救費保險、第三者傷亡或財損責任保險、乘客傷亡或財損責任保險等。
2. 滑翔機保險保險單。
3. 貨物賠償責任保險保險單 (Freight Legal Liability Insurance Policy)。
4. 特殊的航空運輸保險統保保險單 (Open Policy)。
5. 機場所有者或管理者賠償責任保險保險單 (Airport Owner's or Operator's Liability Insurance Policy)。
6. 機庫管理人賠償責任保險保險單 (Hangarke Eper's Legal Liability Insurance Policy)。

上述六種保險單其內容均以英文書寫，且分成兩部分，一部分載明保險人的承保條件、保險危險事故發生時之處理、以及相關理賠責任等；另一部分載明保險標的物之承保危險事項。

第三節　我國之航空保險保單

我國之航空保險保單分為**飛機機體保險保單 (Aviation Hull Insurance Policy)** 及**飛機責任保險保單 (Aviation Liability Insurance Policy)** 兩種。

一、飛機機體保險

(一)承保範圍及不保事項

1. 承保範圍：

係指保險人對於承保飛機機體於飛行 (Flight)、滑行 (Taxying)、在地面停留或停

泊中 (on the Ground or Moored) 所發生之直接毀損或滅失負賠償責任，包括飛機起飛後失蹤已達十五日者，惟賠償金額，應以每次所發生之損失金額減除保險單所載明之自負額為限。

2. 不保事項：

⑴保險人對於承保飛機機體因使用之毀損、折舊破損或因屬於磨損、破碎、冰凍、機器上、結構上、電力供應系統上、供水系統上、氣體循環系統上之任何損壞不負賠償之責。

⑵保險人對於承保飛機機體因作為非法用途、噪音及污染、核子反應及放射性污染、以及無有效適航證不負賠償之責。

⑶保險人對於承保飛機機體之使用，超過保險單所載明之範圍時，不負賠償之責。

⑷保險人對於承保飛機機體因「戰爭及政治危險」（簡稱兵險，Political or War Risk），不負賠償之責。

⑸保險人對於非保險單內指名駕駛員所致之損失，不負賠償之責。

㈡保險金額及自負額

1. 保險金額：

採「約定價值」(Agreed Value) 方法，此方法屬「定值」保險，意即保險之決定應儘可能地接近實際價值，但發生全損時，按保險金額賠償，不必扣除折舊。

2. 自負額：

一般為保險金額之 1%，但有最低金額之限制。惟自負額僅適用於分損，全損時不必扣除自負額。

㈢各種附加險

各個飛機機體保險單通常包含了「違反特約條款保險」及「戰爭及政治危險」兩種附加險。

㈣保費費率

基本上，飛機機體保險費費率之計算並無共同費率表可適用，大部分由核保人員判斷決定。一般而言所佔之比例，若為機體全險，則其保險費率約佔保險金額的 0.2%；若為附加兵險，則其保險費率約佔保險金額的 0.07%；若僅投保停於地面，則其保險費率約佔保險金額的 0.1%。

二、飛機責任保險

(一)承保範圍

1. 飛機責任保險之承保範圍：

(1)**乘客之傷亡責任保險**：航空器發生承保危險事故致使乘客體傷、疾病或死亡。

(2)**乘客之財損責任保險**：航空器發生承保危險事故致使乘客之財產遭受毀損或滅失，所負之賠償責任，每公斤最高不得超過新臺幣 1,000 元。但託運人託運貨物或行李之性質、價值，於託運前已向運送人聲明並載明於貨物運送單或客票者，不在此限。乘客隨身行李之賠償責任，按實際損害計算，但每一乘客最高不得超過新臺幣 2 萬元。

(3)**第三人（即非乘客）之傷亡責任保險**：航空器發生承保危險事故致使第三者體傷、疾病或死亡。

(4)**第三人（即非乘客）之財損責任保險**：航空器發生承保危險事故致使第三者之財產遭受毀損或滅失。

(5)**醫療給付**：任何人（不包含駕駛員及機上服務員）於乘坐或上下飛機時，遭受體傷、疾病或死亡，保險人將給付醫療及喪葬等相關費用。

2. 我國民用航空法關於飛機責任保險之規定如下：

(1)第八十九條：航空器失事致人死傷，或毀損他人財物時，不論故意或過失，航空器所有人應負損害賠償責任；其因不可抗力所生之損害，亦應負責。自航空器上落下或投下物品，致生損害時，亦同。

(2)第九十一條：乘客於航空器中或於上下航空器時，因意外事故致死亡或傷害者，航空器使用人或運送人應負賠償之責。但因可歸責於乘客之事由，或因乘客有過失而發生者，得免除或減輕賠償。乘客因航空器運送人之運送遲到而致損害者，航空器運送人應負賠償之責。但航空器運送人能證明其遲到係因不可抗力之事由所致者，除另有交易習慣者外，以乘客因遲到而增加支出之必要費用為限。

(3)第九十三條之一：航空器使用人或運送人，就其託運貨物或登記行李之毀損或滅失所負之賠償責任，每公斤最高不得超過新臺幣 1,000 元。但託運人託運貨物或行李之性質、價值，於託運前已向運送人聲明並載明於貨物運送單或客票者，不在此限。乘客隨身行李之賠償責任，按實際損害計算。但每一乘客最高不得超過新臺幣 2 萬元。航空器使用人或運送人因故意或重大過失致生前二項所定之損害者，不得主張賠償額之限制責任。前三項規定，於航空貨運承攬業、航空站地勤業或航空貨物集散站經營業為賠償被請求人時，準用之。

㈡保險費率

保險費率多採用「合併單一費率」，即於契約生效時由被保險人預估其機隊全年之實際收費乘客飛行哩程數，以計算全年預收保險費，而於保險期間屆滿後，再計算預收與應收保費之差額。

㈢保險金額

保險金額大多採用「合併單一總限額」，即相同保險金額適用相同保單之各種責任險。

㈣有關乘客賠償限額法律依據之探討

以我國飛行國際航線之飛機而言，得適用「華沙公約」(Warsaw Convention)、「海牙議定書」(The Hague Protocol) 以及「蒙特婁協議」(Montreal Agreement，又稱 Agreement CAB No.18900)，對於國內航線之運送，則可適用我國民用航空法及行政院依據該法制定發布之「航空客貨損害賠償辦法」之有關規定，茲將有關公約及法規簡介如下：

1. 華沙公約：

正式名稱為「國際航空運送統一規定公約」(The Convention for the Unification of Certain Rules Relating to International Carriage By Air)，因係於 1929 年 10 月在波蘭首都華沙議定，故簡稱為「華沙公約」。該公約對於乘客之賠償規定為每一乘客最高賠償限額 125,000 金法郎（約折合美金 10,000 元）。

2. 海牙議定書：

該議定書於 1955 年 9 月在荷蘭海牙簽定，係華沙公約之修正案，其中最重要之一項修正即為將每一乘客之最高賠償限額由 125,000 金法郎提高一倍，即

250,000 金法郎（約折合美金 20,000 元）。

3. 蒙特婁協議：

美國於 1965 年 11 月 15 日通知波蘭政府將於 1966 年 5 月 15 日退出華沙公約，隨後又宣稱若將每一乘客之賠償限額提高為美金 100,000 元，則同意將退出之通知撤回。於是「國際航空運輸協會」（The International Air Transport Association，簡稱為 IATA）乃於 1966 年 5 月（即美國退出該公約生效日前）召集各飛美國航線之航空公司代表及美國代表，在該協會總部加拿大蒙特婁開會，會中美國代表同意接受折衷方案而達成下列協議：

⑴所有以美國各地為起站、終站及中途過境之各航空公司飛機，對於每一乘客之最高賠償限額為美金 75,000 元包括法律訴訟費用，或美金 58,000 元，不包括法律訴訟費用（即法律訴訟費用另外賠付）。

⑵對於乘客傷亡，航空公司不得依據華沙公約第二十條第一項或其海牙修正案提出抗辯。即不論航空公司或其受雇人是否有過失，均須負賠償責任。

4. 我國民航法規：

我國行政院於 1982 年修訂之「航空客貨損害賠償辦法」，對於乘客之賠償標準如下：

⑴死亡或重傷者，最低新臺幣 75 萬元；如按實際損害計算，最高不得超過新臺幣 150 萬元。

⑵非死亡或重傷者，按實際損害計算，最高不得超過新臺幣 50 萬元。所謂重傷依刑法第十條之規定。

由上觀之，我國雖非華沙公約之簽署國，但所訂賠償標準反而較華沙公約及其海牙議定書修正案所訂標準為高。

三、飛機場責任保險

㈠承保範圍

1. 第三者意外責任保險：

被保險人或受雇人在保險契約載明之飛機場內因經營業務之疏忽或過失，或是因設置、保養或管理欠缺所發生意外事故，或是因供應物品致使第三者傷亡或財損，被保險人依法負有理賠之責。

2. 代人保管或管理之飛機或航空器材損失責任保險：

被保險人在保險契約載明之飛機場內代人保管或管理之飛機或航空器材因意外事故所致之毀損或滅失，被保險人依法負有理賠之責。

㈡承保對象

主要承保對象為機場擁有者或政府有關當局（如我國民航局），另外，凡參與機場經營者，譬如飛機保養修護公司、機場勤務人員、飛機油料供應公司等亦可投保。

㈢機場加油責任保險

1. 承保範圍：

承保被保險人在保險單載明之處所（即機場）範圍內因供應飛機油料，包括於飛機載客時或乘客上下飛機時執行飛機加油及卸油業務，發生意外事故致第三人傷亡或財物受有損害依法應負之賠償責任。本保險包括執行加油業務之過失引起飛機發生事故所致之賠償責任，以及加油車輛在機場範圍內撞損飛機或其他第三人財產或撞傷第三人之損害賠償責任。

2. 不保事項：

⑴被保險人自有財產之損失。

⑵加油車輛在機場以外之公路上行駛發生意外事故所致之賠償責任。

⑶被保險人之受雇人在執行職務時之傷亡責任。

⑷除經約定加保者外，被保險人以契約或協議承受他人依法應負之賠償責任。

⑸戰爭、劫機等所致賠償責任。

⑹噪音、污染所致賠償責任。

⑺放射性污染所致賠償責任。

3. 其他一般條款與飛機責任保險類似。

4. 保險金額及保費：

每一意外事故合併單一總限額訂為美金 2 億元。而保險費則按保險期間內之實際加油量計算，例如費率為每一千加侖美金 2.5 元，保險單生效時先按全年預估加油量計算預收保險費，而於保險期間屆滿時再按實際加油量計算應收保險費，預收與應收保險費之差額，多退少補，但應受最低保險費之限制。

第四節 航空保險之理賠

本節僅就航空責任保險為例，簡述其理賠之處理。

一、理賠之處理

航空危險事故發生後，被保險人應為之處理如下：

1. **危險事故發生之通知：**

應通知之主要項目包括七項：

⑴保單之號碼。

⑵危險事故發生之地點及當地之氣象狀況。

⑶航空器之型式、名稱、登錄號碼 (Registration Marks)。

⑷飛行之目的 (Purpose of Flight)。

⑸駕駛員姓名（包括副駕駛之姓名）。

⑹事故發生之狀況及損害程度之概略情形。

⑺事故現場處理之方針。

2. **現場之處理：**

⑴現場之保全：事故現場之保全，是保險人調查航空器發生意外事故之原因及其損害程度應具備之條件，但對於乘客或機員之救護，貨物之搶救及火災之防止等所採之緊急措施，則不在此限制範圍之內。又若因暴風雨即將來臨，為防止損失擴大，或因現場之情況會影響其他航空器之起飛或降落，或車輛之通行，不得已而必須改變現場原狀者外，應保全事故發生之原狀。若為前述情勢所迫必須移動現場之財物時，為日後調查方便起見，則在移動前應將原來之狀況分別拍攝照片作為憑證。

⑵防止損害擴大義務之履行：通常採取之有效措施為：

①防止航空器之燃料起火。

②防止現場財物被竊。

③為防止風雨造成更大的損失，應以覆蓋物覆蓋財物。

④對死傷之乘客或其他人員，作適當之處理或救護。

⑶對乘客之救護及貨物之救助。

3. 索　賠：

被保險人除於事故發生時應通知保險人外，嗣後應提出有關文件及資料，以便保險人審查複核，確定賠償之責任及金額。

該有關之文件及資料為：

⑴保單。

⑵意外事故發生當時航空器之駕駛員及其他機員之姓名及其有關之資料。

⑶被保險航空器之情況。

⑷飛行之情況。

⑸被保險航空器之空中適航證明。

⑹危險事故發生之情形。

⑺證人。

⑻損害情況之照片或略圖。

⑼人體傷害或死亡，或財物損害之證明。

⑽其他有關的證明文件（例如：救助費、損害防止費用等之證明文件）。

此外，保險人在接到危險事故發生之通知後，必須立刻選派查勘員 (Surveyor) 趕赴現場作實際的調查。查勘員到達現場後，應調查之事項包括：

1. 現場之地形及當時之氣象。
2. 事故發生之原因。
3. 飛行計劃 (Flight Plan)，駕駛員姓名，飛行或駕駛執照，航空器之類型及啟用之日期。
4. 該航空器之維護狀況及飛行時之狀態。
5. 意外事故發生時，所有在地面及空中執行勤務者是否均具有資格，應予認定。
6. 深入地調查搭乘該航空器之乘客及機員，其所運載之行李或貨物，及第三者之身體或財物等，其傷害、死亡或損害之情況。

二、損失賠償金額之計算

(一)計算之依據

航空危險事故發生後,被保險人對被害人應負的賠償金額之計算有依特別法規者,如羅馬公約、華沙公約體系及我國航空客貨損害賠償辦法等;有依契約約定者,凡此均應依其規定計算。若無者或其規定有所不足者,則依地方法律之規定計算之。有關計算所依特別法之規定,由於篇幅有限,不予敘述。

(二)法院之裁決

航空危險事故發生後,被保險人對被害人之賠償責任之確定或損害賠償金額之估計,如有任何爭議則應由法院裁決之。危險事故如係在國外發生,或在國內發生但牽涉到他國之人或物之損害時,則其情形甚為複雜。故羅馬公約為免除此種紛歧起見,則採取單一法庭解決制及一個法院之裁決,其他各締約國之法院均有共同認可與協助執行之義務兩種方法來解決此種紛爭。

三、我國航空乘客責任保險賠償之規定

茲就我國有關航空運送人(航空公司)對乘客負賠償責任的有關法規,及其乘客責任保險配合運作的情形淺述如下。

(一)航空公司對乘客應負絕對賠償責任

我國民法第六百五十四條規定:「旅客運送人對於旅客因運送所受之傷害及運送之遲到,應負責任。但因旅客之過失,或其傷害係因不可抗力致者,不在此限。」自此條文觀之,運送人因過失行為而導致乘客之傷害,始負賠償責任。若損害的發生係由乘客的過失或不可抗力之原因所導致者,則不負賠償責任,亦即採過失責任主義。

但由於航空運送危險性高且航空乘客不僅限於國人,為配合國際間採行絕對賠償主義、統一賠償標準、避免無謂的爭端以及加強乘客的保障起見,政府另頒「民用航空法」及「航空客貨損害賠償辦法」,以便優先民法之規定,使航空公司的賠償責任有較明確的指示。

依民用航空法第六十七條前段規定,航空器失事致人死傷,或毀損動產不動產時,不論故意或過失,航空器所有人應負損害賠償責任。其因不可抗力衍生之損害亦應負

責。此所謂「致人死傷」，係指凡因航空器失事而致人死傷者，不論是機上的乘客或地面之人，均在其範圍內。故航空公司對乘客之死傷，不論是故意、過失、或不可抗力之原因所致，一律須負損害賠償責任，亦即負絕對賠償責任。

㈡航空公司對損害賠償負有限責任

在運送法中，就運送人責任加以限制之有限責任方式，係被廣泛地採用，就國際公約言之，如 1924 年布魯塞爾船舶所有人有限責任公約 (International Convention for the Unification for Certain Rules Relating to the Limitation of the Liability of Owners of Sea-Going Vessels)、1956 年國際公路物品運送公約 (Convention relative au Contrat des Transports International de Maschandises Par Route) 均是；就國內法言之，如我國民法第六百三十八條、第六百三十九條，日本商法第五百八十條，德國商法第四百三十條，瑞士債務法第四百四十七條、第四百四十八條等是。

上述運送人有限責任原則，目前亦為航空運送人責任原則之一，在有關航空私法之國際公約中，最先採取有限責任者，是前述的 1929 年在華沙 (Warsaw) 所簽訂之「國際航空運送統一規則公約」(參閱該公約第二十二條，詳後述之)，此項限制責任原則，為 1933 年之有關造成地面第三人損害的羅馬公約 (Convention for the Unification of certain Rules relating to the Precautionary Arrest of Aircraft, Rome, 29 May 1933，參閱第十三條）及同公約之改正公約 1952 年新羅馬公約 (Convention on Damage Caused by Foreign Aircraft to Third Parties on the Surface, Rome, 7 October, 1952，參閱第十一條）所繼受，使此制度在航空私法上得到國際性的確定，其後如 1955 年之「關於 1929 年 10 月 12 日於華沙簽署之為統一國際航空運送若干規則公約修改議定書」(Protocol to Amend the Convention for the Unification of Certain Rules Relating to International Carriage by Air Warsaw, 12 October, 1929，以下稱海牙議定書），1961 年之瓜達拉哈拉公約 (The Convention Supplementary to the Warsaw Convention for Unification of Certain Rules relating to International Carriage by Air Perfomed by a Person other than the contracting Carriage Guadalajara, 18, September, 1961) 等，皆設有有限責任之規定，而承認航空運送人之限制責任。此項國際航空私法所採取之運送人有限責任原則，隨著華沙公約之參加國的增加，而為各國國內航空運送法所繼受，故有限責任，現已成為有關航空運送人責任之支配性原則。由於華沙公約及海牙議定書為目前規範國際航空運送人責任之有效公約，故本書擬以華沙公約及海牙議定書關於航空運送人所設限制責任規定為中心，就國際航空運送人有限責任加以分析及檢討，用供參考，倘蒙方家指正，不勝感幸。

㈢限制航空運送人責任之理由

如前所述，關於航空運送人之限制責任或有限責任制度，係為各國航空法及國際條約所廣泛採用。此等航空法上之有限責任制度，係移自海商法上船舶所有人有限責任制度，此觀之於華沙公約的成立過程，即可充分的加以肯定。然而此不過為沿革上的情事而已，一個制度由他處移入時，對移入方面而言，一定有為移入之必要的內在理由。關於航空運送人之責任，所以採有限責任之理由，一般所舉者有下列幾點：

1. 航空運送企業需要保護：

華沙公約或其他有關運送人責任之法規，所以採取限制運送人責任制度，其最主要的理由，乃為對航空運送事業之保護。蓋航空運送發展之初期，是為一種脆弱的企業，航空交通量非常少，其投資額、設備費、風險性等，遠較其他運送事業為高，從事航空運送事業者，無法為盈餘之估計，而且從公益之觀點，亦有促進其發展之必要，因而必須加以特別的保護。隨著科技之進展，目前之航空運送事業顯非昔日可比，而成為巨大的企業，但由於種種的費用，提高了運航成本，航空運送的成長率在量的方面，是大大的增加了，而且其安全性亦遠非昔日所可比擬，但在實質方面，卻未能使航空運送因而成為一種已達成熟階段的企業，故仍有加以特別保護之必要。如何減少空運成本，提高服務水準，當然是為最重要的工作，於悲慘的空難事故發生後，使航空運送人負有限責任，減輕其經濟上之壓力，以期其能在極短的時間內恢復正常的營運，此對於航空企業者及社會雙方均為有利。

此外，在企業經營上所有的損失或危險，有些是企業者可以預先加以估計的，如實行運送所需要之費用，基於市場之變動所造成運費高低之損失等是，有些為企業者所無法預先加以計算的，如在運送途中，由於通常無法預測得到之事故所造成的損害是。在後者之情況下，由於企業者在企業經營上無法預先將此種損失估計算入成本，如使企業者就此種損害負賠償責任，勢將危及企業經營之基礎，並造成其財務營運之困難，而陷於無法經營之困境。假如將此等無法預測得到之損害，在企業經營上加以計算，必然會影響到運費之高低，對消費者或利用人亦甚不利。為保護並助長諸如航空運送等對國家社會有用而且為其所需之企業，在其營運上賦予成本計算可能性，而謀其經營之確實及穩健，承認企業者之限制責任制度，自有其必要。

2. **責任保險所必要：**

就近年來所發生之航空事故觀之，其損害皆達很大的數額，因而為安定航空運送企業之經營基礎，並維持其安全的營運，利用責任保險將此等危險在幾年間加以分散於多數企業間，自有其必要。可是在保險技術上，為將危險付保，必須先訂定投保數額，因而為使航空運送企業得以將其危險付保，自有限制運送人責任而使損害賠償責任定額化之必要。對旅客言之，將運送人責任以定額方式表示之，則旅客可就超過運送人責任限額以上之損害另行付保，對旅客亦有利。

3. **損害賠償定額化之要求：**

民法上之契約，是由當事人雙方相互為對立之意思表示一致而成立，因而每個契約皆有其特性，故由於債務不履行所發生之損害賠償關係，自亦各有不同，從而有依其各別情況，具體的、妥當的加以解決之必要。就損害賠償之範圍而言，除了由於債務不履行通常所可能發生的損害外，其他特別的損害，如為當事人所預見或可能預見者，亦應加以賠償（民法第二百十六條）。然而此項對於特別損害之賠償，在現代企業之交易上，是否完全妥當，不無問題。蓋現代企業之交易，是為大量的、定型的交易，如運送瓦斯、自來水等之供應是。因而在企業交易之成本計算上，所考慮到的只是在一般情況下所可能有的利益或損害，同時以低廉而合理之價格提供產品或服務，使交易雙方皆蒙其利，為應此種交易之新情勢，損害賠償亦應隨之而定額化，即僅以在通常情況下可能有的損害為限，負損害賠償責任，就特別之損害，則由被害人另依保險而獲得賠償，此為現代企業者契約責任之趨勢。

上述損害賠償之定額化，就物的損害言之，因其有客觀的交易市價可資依據，在應用上固無問題，於諸如旅客運送等情況下所造成之人的損害，則不無問題。蓋依理言之，人命無價，於決定有關人之損害的賠償額，在一般情況下，除了因債務不履行通常所可能產生之損害外，尚須斟酌被害人及其家屬之狀況、收入之多寡、社會地位等特殊情形。然而此是否合乎現代企業交易之迅速的劃一的處理之要求，固不無問題，而且亦未顧及旅客僅支付低廉、定額的運費，而接受運送之事實，在某種意義上言之，就人的損害所定之不同數額的損害賠償額，亦有違人人平等之原則。

更進一步言之，諸如旅客收入之多寡等特殊因素，亦非以低廉而合理之運費，從事大量運送之運送人所得預測，而且如依某些與運送無任何關係之特殊情形，如被害人收入之多寡、社會地位等，來決定損害賠償額，則會產生支付相同之運費，而某些人能夠得到巨額的賠償，某些人則僅能得到小額的賠償之不合理結果。又運送人為免除或減輕此等因特殊情況所負之損害賠償責任，自有利用保險將之轉嫁的必要。此時如以基於特殊情形而須負擔之高賠償額為標準投責任保險，勢必提高保險費，此等高保險費，將會以運費之型態而轉嫁於乘客，此對僅能得到低賠償額之乘客，顯然不利，有違公平正義。因而就人之損害，亦有使其損害賠償定額化之必要，蓋企業者可以因而合理的利用責任保險，同時旅客本身亦可另外投意外保險，或與運送人締結運送契約之際，使運送人依其指示或受其委託，而將超過定額之損害，另訂保險契約，凡此皆為對被害人之救濟。

關鍵詞彙

1. 航空保險 (Aviation Insurance)
2. 飛機機體保險保單 (Aviation Hull Insurance Policy)
3. 飛機責任保險保單 (Aviation Liability Insurance Policy)
4. 約定價值 (Agreed Value)
5. 華沙公約 (Warsaw Convention)
6. 海牙議定書 (The Hague Protocol)
7. 蒙特婁協議 (Montreal Agreement)
8. 查勘員 (Surveyor)

習題

一、何謂航空保險?

二、航空保險之核保應考慮哪些因素?

三、何謂兵險?

四、何謂海牙議定書?

五、何謂蒙特婁協議?

六、航空保險之理賠應包括哪些項目?

第四章 工程保險

第一節　工程保險業務之分類

工程保險之起源為應英國工業革命後英國曼徹斯特紡織業所需要而發展之鍋爐保險，我國產險業自 1964 年引進營造險，鑑於工程險之專業性，1966 年臺灣產物及友聯產物發起籌組「營造綜合保險聯合小組」，其他十一家產險公司陸續贊助參加，自 1970 年起聘請工程人員擔任共保業務之核保與理賠，1974 年配合安裝險之開辦改組為「工程險聯合處理委員會」，1984 年為加強工程保險之研究發展經籌劃改組登記成立「財團法人工程保險協進會」。

工程保險雖以「工程」為名，但並不以「工程」方面的保險為限，其範圍包括與機械的操作有關的危險，故工程保險的範疇很廣；而就承保內容言，並不以財產為限，尚包括責任及利益損失方面的危險。目前我國已開辦的工程保險有下列六種：

1. 營造綜合保險。
2. 安裝工程綜合保險。
3. 營建機具綜合保險。
4. 機械保險。
5. 鍋爐保險。
6. 電子設備保險。

第二節　營造綜合保險

一、定　義

營造綜合保險 (Constructors' All Risks，簡稱 CAR) 為承保各型營造工程及其臨時工程，在營建過程中，因發生火災、颱風、洪水、地震、山崩、竊盜、第三人惡意行為、施工缺陷等事故所致其工程本身或營建機具、設備、材料等之意外毀損或滅失之損失，包括鄰屋之龜裂、倒塌、第三人傷亡或財物受損，負賠償責任之一種綜合保險。

二、承保對象

凡由有營業執照的營造廠商所興建、擴建、或改建的各種土木及建築工程，均為營造綜合保險的承保對象：

1. 各種土木工程（包括水利工程）：

   如灌溉工程、河道堤防工程、水壩工程、道路工程、橋樑工程、隧道工程、港灣工程，以及整地、護坡、防洪、給排水系統等工程。

2. 各種建築工程：

   如住宅、辦公大樓、醫院、學校、戲院、工業建築物及廠房、會堂、倉庫、停車場等工程。

三、保險標的

營造綜合保險的承保內容，包括營造工程綜合損失險及營造工程第三人意外責任險兩項，分述如下。

(一)工程綜合損失險

承保與工程有關的財產保險，可承保的標的包括下列幾項：

1. 工程本體 **(Construction Works)**：

   即工程建築物的本體。

2. 臨時工程 **(Temporary Structure)**：

即為完成工程本體的興建所需搭建，而於工程本體完工後即行拆除或廢棄不用的工程。如鷹架、圍堰及擋排水設施。

3. 施工機具設備 (Construction Machinery and Equipment)：

指配置於施工處所，作為施工用的機具設備，如挖土機、壓路機、碎石機、抽水機、瀝青撒布機等。施工機具設備亦可單獨投保營建機具保險。

4. 鄰近財物 (Surrounding Property)：

指業主所有而在施工處所周圍或鄰近地點既存的房屋或設施。這些鄰近財物可能因工程施工發生意外而受損。

5. 拆除清理費 (Clearance of Debris)：

係指保險標的物受到損害時，為拆除受損標的物及清理災害現場或搬離廢棄物等，以恢復工程的進行所發生的費用。一般言之，在港灣工程及橋樑工程因其拆除清理工作的進行非常不容易，所需的拆除清理費用數額較大。

㈡第三人意外責任險

其保險標的為依法對第三人應負的損害賠償責任。亦即指在工地或鄰近工地因履行營建工程發生意外，致使第三人遭受財損或體傷時，依法應由被保險人負責的損害賠償責任。所謂第三人，係指與工程無關之人，如過路行人或鄰居。

四、保險期間

㈠保險期間的訂定

一般工程合約，營造商除在施工期間應對其承建的工程負全責外，並應於工程完工後一定期限（即保固期間）內，對其完成的工程負保固責任 (Maintenance Liability)。因此，營造綜合保險的保險期間，除包括施工期間外，如有必要，亦可加保保固期間。

㈡保險人責任的起迄

保險人之責任，於保險單所載期間內自工程開工或保險標的物卸置於工地後開始，至啟用、接管或驗收，或保險期間屆滿之日終止。如僅一部分工程經啟用、接管、或驗收時，則保險人對該部分的責任即行終止。如施工期間須延長時，則保險期間亦可隨之延長，惟須加附保險費。

㈢施工機具設備的保險期間

保險人對施工機具設備責任的起迄，除受保險期間的約束外，應自施工機具卸置施工處所，經安裝完成試車或負荷試驗合格之後開始，至運離施工處所日終止；唯施工機具在安裝、試車或負荷試驗時所發生的損失，應另投保安裝綜合保險。

㈣保固期間

工程合約中約定保固期間的目的，在使營造商在工程完工後一定期間（如一年、二年或三年），負保固（養護）責任。如工程驗收合格之日起至工程合約所訂保固期間屆滿之日止，但一般以不超過三年為限。被保險人加保保固期間時，可選擇加保有限保固責任或擴大保固責任。如加保有限保固責任，則僅承保營造商因履行工程合約內所約定的保固責任過程中，所致原營造工程的毀損或滅失。如加保擴大保固責任時，則除對前述的情形負責外，亦對保固期間內發生的毀損或滅失，且其原因在保固期間開始前已存在者，負賠償責任。

五、保險事故

營造綜合保險對保險事故係以全險方式（或稱概括方式）加以規範。亦即在保險單中並不將承保的事故一一列出，僅概括的說明凡在保險期間發生的意外事故，除保險單載明的不保項目外，保險人均應負賠償責任。茲分別從營造工程綜合損失險及營造工程第三人意外責任險兩方面說明之。

㈠工程綜合損失險

營造綜合保險單基本條款第一條約定其承保範圍（保險事故）：「本保險單所載保險標的在本保險單所載施工處所，於保險期間內，因突發而不可預料之意外事故所致之毀損或滅失，當予修復或重置時，除本保險單載明不保事項外，本公司對被保險人負賠償之責。」保險事故雖非一一列舉，但一般言之，營造綜合保險的保險事故通常包括下列幾項：

1. 火災、閃電雷擊、爆炸、航空器墜落。
2. 淹水、洪水、雨水。
3. 颱風、颶風、旋風、暴風。
4. 地震、海嘯、地陷、山崩、落石。

5. 偷竊、竊盜、第三人非善意行為。

6. 施工缺陷或施工機具設備所致之意外事故。

7. 其他未於不保事項中列載之危險事故。

㈡第三人意外責任險

營造綜合保險單基本條款第二條約定的承保範圍為:「被保險人為營建保險單承保之工程,在本保險單所載施工處所,於第三人死亡或受有體傷或第三人財物受有損害,被保險人依法應負賠償責任,而受賠償請求時,除本保險單載明不保事項外,本公司對被保險人負賠償之責。」

六、不保項目

營造綜合保險保險事故的規範方式,既然是全險方式(概括方式),因此,不保項目的內容對被保險人或保險公司的核保人員或理賠人員,是非常重要的。依營造綜合保險單基本條款第七條至第九條的規範,不保的項目如下:

㈠一般不保事項

即適用於工程綜合損失險及第三人意外責任險的不保事項。包括:

1. 戰爭(不論宣戰與否)、類似戰爭行為、叛亂或強力霸佔。

2. 罷工、暴動、民眾騷擾。

3. 政治團體或民眾團體之唆使或與之有關人員所為之破壞或惡意行為。

4. 政府或治安當局之命令所為之扣押、沒收、徵用、充公或破壞。

5. 核子反應、核子輻射或放射性污染。

6. 被保險人或其他代理人之故意、重大過失或違法行為。

7. 工程之一部分或全部停頓。

㈡適用於工程綜合損失險的不保事項

1. 任何附帶損失,包括貶值、不能使用、工程合約所定違約金、罰鍰以及延遲完工、撤銷合約、或不履行合約等之損失。

2. 因工程規劃、設計或施工規範之錯誤或遺漏所致之毀損或滅失。

3. 直接因材料材質瑕疵、使用不合規定材料、施工不良所需之置換、修理及改良費用,但因上述原因導致本保險單所承保其他保險標的之毀損或滅失,不在此限。

4.保險標的之腐蝕、氧化、鏽垢、變質或其他耗損。

5.各種文稿、證件、圖說、貨幣、股票、債券、郵票、印花稅票、票據及其他有價證券之毀損或滅失。

6.任何維護或保養費用。

7.清點或盤存時所發現任何保險標的之失落或短少。

8.衣李、家具及營業生財器具，但經約定並載明於本保險單者不在此限。

9.下列財物之毀損或滅失：

(1)各型船隻、航空器及其裝載之財物。

(2)領有公路行車執照之車輛及其裝載之財物，但車輛在施工處所用作施工機具，經約定並載明於本保險單且未投保汽車車輛損失險者不在此限。

10.施工機具設備之下列損失：

(1)機具設備本身之機械性或電氣性損壞、故障、斷裂、失靈，及因冷卻劑或其他流體凍結、潤滑不良、缺油或缺冷凍劑等直接所致之毀損或滅失。

(2)鍋爐或壓力容器因內部蒸氣或流體壓力發生爆炸及內燃爆炸所致之毀損或滅失。

(3)因任何試驗或用於非原設計用途時發生之毀損或滅失。

(4)製造或供應廠商依法或依約應負責賠償之損失。

(三)適用於第三人意外責任險的不保事項

1.因下列原因損害第三人土地、建築物或其他財物所致之賠償責任，但經約定並載明於本保險單者不在此限。

(1)土地下陷、隆起、移動、震動或土砂崩坍陷落。

(2)地層軟弱或土砂流動。

(3)地下水增加或減少。

(4)基礎擋土或支撐設施之薄弱或移動。

2.被保險人、定作人或與本保險單承保之營造工程有關廠商，或上述人員之代理人、受雇人或家屬之體傷、死亡或疾病。

3.被保險人、定作人或與本保險單承保之營造工程有關廠商，或上述人員代理人、受雇人或家屬所有、保管、管理或使用之財物，發生毀損或滅失之賠償責任。

4. 依工程性質、施工程序或方法為不可避免之賠償責任。

因所有、保管、管理或使用下列財物所致之賠償責任：

(1)各型船隻、航空器、及其裝載之財物。

(2)領有公路行車執照之車輛及其裝載之財物，但車輛在施工處所用作施工機具，且未投保汽車第三人意外責任險者不在此限。

5. 因損害管線、管路、線路或其有關設施所致任何附帶損失。

6. 被保險人第三人允諾或要約所增加之賠償責任。

七、特約條款

因營造綜合保險承保的對象為各種土木工程及建築工程，而各工程間之性質差異甚大，因此，其特約條款亦多，目前約有八十種，大致上可分為兩類，一類為擴大承保範圍者，如「加保罷工、暴動、民眾騷擾特約款」及「加保加班、趕工及加急運費特約條款」；一類為針對不同工程性質而應注意之安全措施者，如「隧道工程特約條款」及「橋樑工程特約條款」。

八、常見的附加險

(一)鄰屋（第三人所有）龜裂 (Cracking)、倒塌 (Collapse) 責任險

加保被保險人在營建保險單所承保的工程時，所致鄰近施工處所的第三人房屋龜裂或倒塌，依法應負的損害賠償責任。所謂「倒塌」係指房屋全部或部分傾倒或發生嚴重位移、沉陷，已達無法修復的程度，並經建築主管機關書面通知為危險房屋不得繼續使用應予拆除者。所謂「龜裂」係指房屋發生裂縫未達上述「倒塌」程度者。

(二)雇主意外責任保險

為承保被保險人的受雇人在保險期間執行職務時，因發生意外事故所致的體傷或死亡，而依法應由被保險人負責的損害賠償責任。

九、費率決定因素

(一)工程綜合損失險應考慮因素

1. 營造廠商、設計者、顧問工程師及次承包商過去的信譽及經驗。

2.工地暴露的危險，如洪水、颱風等。

3.設計特色及建材以及施工方法。

4.工程地質及地下水的情況。

5.工地安全防範措施的情形。

6.施工季節。

7.保險期間的長短。

8.承保範圍的擴大，如加保保固期間的責任、拆除清理費用等。

9.自負額的多寡。

㈡第三人意外責任保險應考慮因素

應考慮營建工程的地點、性質、保險期限、保險金額、安全措施以及補償限額等因素，對第三人造成體傷死亡或財損的可能性，個案釐訂之。

十、核保詢價之重要詢問事項

㈠隧道工程

1.座落地點。

2.隧道長度、寬度、高度。

3.定作人名稱、工程內容。

4.開挖深度。

5.承包合約價款多少？是何種契約（總價契約、單價契約、或實際費用加固定報酬契約）？定作人供給材料價值多少？合計多少？並請將定作人供給材料之數量、單價、複價開列清單。若係投標前問價亦請要保人概估其標價。

6.工程合約內規定之開工完工期間為何？或規定多少工作天完工？欲投保之保險期間為何？

7.是否加保倘發生毀損或滅失時所需之拆除清理費用？每一次限額訂為多少？茲建議不超過工程總保險金額之3%。

8.是否加保施工用之機具設備（如拌合設備、推土機、挖土機、起重機、壓路機、打樁機、支撐、擋土設備等）？如是，請按其重置價格投保，分別列明數量、種類、型式、規格、編號。如非在全部保險期間內使用，可分別列明使用期間以供參考。

9. 氣象、水文資料如每時、每日、每月最大降雨量、洪水流量、最大風速、恆風向、季節風之季節、風向、最大強度、及風速。

10. 地質資料，如土壤岩石之種類、基礎承載力之計算、是否經地質鑽探調查？由誰負責調查？請提供鑽探報告或土壤分析資料，地質師或土壤專家之建議為何？附近有無坍方之紀錄？坍方是否可影響至本工程？

11. 距離工地最近之河川、湖泊之名稱、平均深度、寬度，以往十年工地附近有無淹水之經驗？水深多少？流速多少？附近河川是否有堤防？河川之低水、中水及最高水位各為多少？堤防是什麼種類？最近五年有無決堤之紀錄？工地之平均標高是多少？是否受潮水之影響？

12. 抽水設備如何？請說明抽水機之馬力、口徑、臺數、營造廠是否有考慮洪水或地下水流量估算抽水設備？如有，請提出書面資料。有無備用設施？現有排水系統如何？是什麼斷面？何種結構？通水斷面是否保持流暢？有無淤積之現象？排水系統何時完成？本工程是否會影響現有排水系統？如何維護或保持？或改道？

13. 工程述要：包括斷面、高度、尺寸、材料、寬度、施工方法、基礎種類、開挖及混凝土總數量及其金額、樁之長度、尺寸等。有無特殊施工法？

14. 是否需採取開炸？炸藥有多少？有無安全管制辦法？

15. 是否包括機械設備之安裝工作？主要安裝標的是什麼？價值多少？是否需負責試車？試車期要多久？

16. 營建得標商是否負責全部工程？何部分係轉包？是否為工程合約所允許？轉包給誰？

17. 施工中之消防措施如何？消防水源為何？距離多少？可使用多久？有無警告系統？工地有無安全管制人員？工地是否可任意出入？

18. 臨時工寮、倉庫、宿舍、便道、便橋、臨時設施之價值是否已包含在保險總金額之內？如欲加保，請分別列明其重置價格。

19. 是否加保第三人責任保險？請分別訂定每一個人，每一次意外事故之體傷死亡及每一次意外事故財損及保期內最高賠償金額。

20.請概述工地環境，500 公尺以內有無第三人財產？是什麼？人口居住情形？交通道路狀況如何？本工程是否跨越現有道路、鐵路？是否需經過農地草園？與農地草園之距離多少？

21.是否加保保固責任？欲保幾個月？有限保固抑擴大保固責任？

22.請檢附預定施工進度表，營造廠是否可嚴格按進度施工？或保證最多不落後一段時間（一個月、兩個月)？

23.本工程是否足額投保？抑或僅投保工程之一部分？如僅欲投保一部分工程，仍請說明全部工程之內容。

24.是否加費投保發生災害後所需之趕工費、捷運費？

25.是否欲將置於工地或位於工地附近為被保險人（業主或營造廠）所有或歸其保管使用之財物（注意：不包括各型機動車輛、機具設備及臨時設施)？如是，請訂明每一次意外事故之賠償金額。並請說明其種類及距離。

26.是否欲投保其他特殊事項（保單內列為除外之部分)？

㈡房屋工程詢價資料

1.營造綜合保險一般用詢價資料。

2.建築物用途、名稱、共有幾種？各為幾層？各自原地面起算之高度是多少？如包括數幢建築，請分別說明並將保險金額亦分別開列。

3.自原地面開挖最大深度是多少？有無地下室？地下室分為幾層？各層之高度是多少？是何種基礎（單獨基腳、筏式基礎、沈箱、樁基)？並說明基礎之材料、斷面、長度。基礎之面積是多少（長、寬)？

4.地下室採取何種開挖法（留斜坡 Open Cut 法、擋土牆 Open Cut 法、Island 法)？擋土設施之材料、斷面、尺寸、層數，如欲加保鄰屋險，請依「鄰屋險詢價資料」提供資料。

5.如地下室開挖深度超過 7 公尺（或兩層以上）請儘量提供有關基礎土壤之鑽探或土壤試驗報告。是何種土壤？請將土壤種類深度說明之，曾經做過什麼試驗（直接剪力、三軸試驗、無圍壓縮試驗)？土壤承載力及基礎物之沈陷是否均經計算？土壤試驗是由什麼單位做的？一共鑽了幾孔？孔距、孔深是多少？500 公尺以內有無類似建築？如有，請列舉至少兩幢。

6.建築主要材料（樑、柱、牆、樓板、屋頂）之最大跨距是幾公尺（柱至柱之距離）？有無特殊設計（採預鑄法、預力混凝土、其他新工法）？屋頂之形狀（平、波浪、半圓）？

7.建築基地原來使用情形（河川地、新生地、浮覆地、填築地、山坡地、農田、菜園、舊有建築地）？土地是否經過改善？如何改善加強？如係山坡地請說明排水計劃（包括排水設施種類、尺寸、設計標準等）及防止坍方之擋土設施（坡度、種類、高度、材料），附近 100 公尺以內曾否發生坍方？或擋土設備損壞之紀錄？

8.建築物之總建坪（地下室共多少、地上共多少）？

9.施工中之排水計劃（深井、Well Point、集水坑排水）？是否有預估地下水量資料？預計使用多少臺抽水機（請概述抽水機之臺數、尺寸、馬力、口徑）？有無備用設施？有無防雨水流入之設備或方法？

10.鷹架採取竹子抑或鋼管？外側有無用竹幕或金屬網保護之？工地有無圍柵？外人可否任意出入？

11.內部裝飾是否同時投保？如是，請說明其主要材料。

12.電梯、升降梯、空調、水電設備是否同時投保？如是，亦請將主要項目分別列出。

13.臨時支撐設備使用什麼材料？互相如何搭接？工程合約內有無特別要求（諸如提出支撐計劃，結構計算，布置圖等）？

14.如屬大型建築，請說明其消防計劃。

15.是否包括機械設備之安裝工作？主要安裝標的是什麼？價值多少？是否需負責試車？試車期要多久？

16.營建得標商是否負責全部工程？何部分係轉包？是否為工程合約所允許？轉包給誰？

17.施工中之消防措施如何？消防水源為何？距離多少？可使用多久？有無警告系統？工地有無安全管制人員？工地是否可任意出入？

18.臨時工寮、倉庫、宿舍、便道、便橋、臨時設施之價值是否已包含在保險總金額之內？如欲加保，請分別列明其重置價格。

19.是否加保第三人責任保險？請分別訂定每一個人，每一次意外事故之體傷死亡及每一次意外事故財損及保期內最高賠償金額。

20.請概述工地環境，500 公尺以內有無第三人財產？是什麼？人口居住情形？交通道路狀況如何？本工程是否跨越現有道路、鐵路？是否需經過農地草園？與農地草園之距離多少？

21.是否加保保固責任？欲保幾個月？有限保固抑擴大保固責任？

22.請檢附預定施工進度表，營造廠是否可嚴格按進度施工？或保證最多不落後一段時間（一個月、兩個月)？

23.本工程是否足額投保？抑或僅投保工程之一部分？如僅欲投保一部分工程，仍請說明全部工程之內容。

24.是否加費投保發生災害後所需之趕工費、捷運費？

25.是否欲將置於工地或位於工地附近為被保險人（業主或營造廠）所有或歸其保管使用之財物（注意：不包括各型機動車輛、機具設備及臨時設施)？如是，請訂明每一次意外事故之賠償金額。並請說明其種類及距離。

26.是否欲投保其他特殊事項（保單內列為除外之部分)？

㈢道路工程詢價資料

1.營造綜合保險一般詢價資料。

2.總長度是多少？路寬是幾公尺？是哪一級道路（國道、省道、縣道、鄉道)？屬於哪一級設計(超級式，一至七級中的哪一級)？路線縱斷面最大縱坡是多少%？道路之起訖點及經過鄉鎮、功用。

3.路面種類（基層、路基、路面）各層材料及其厚度，請檢附標準斷面圖。

4.是否需大量之挖方或填方？如是，請說明借土區及棄土區之位置、地形等及說明填方、挖方、挖填方之數量、單價、複價，並說明土質（砂土、黏土、卵石、硬岩、軟岩)，是否需要開炸？

5.全部工程分為幾組施工？每段約多少距離(幾公里幾公尺)？各段預定何時開工？何時完工？營造廠商之人力及機械數量是否已經經過估計以配合工作分組之進行？

6.工程是否分段驗收使用？如是，請說明之。

7. 請說明工程附近地區之交通現況（公路、鐵路、水路）。

8. 地下水位是多少？挖方工作是否觸及地下水？設計中有無考慮應如何排除地下水及地面水？如有，請概述其方法及設計標準。

9. 經過地區土質種類（或借土區之土質），路側坡邊坡開挖後或填築後之坡度是多少（水平與垂直的比例）？如何採取邊坡之保護措施（植草、噴漿、砌卵石、砌塊石、R.C. 擋土牆、框架式牆等）？請儘量檢附上述保護措施之斷面圖或說明其材料及斷面。

10. 請檢附全線工程布置圖或說明本工程與現有河川溪流之相關位置（例如平行、交叉），本工程與現有河川溪流或山谷出水處如何交叉通過（如橋、涵洞、管線、過水橋、過水路面）？請概述其材料、斷面、工程經過地區是否有洪水沖襲之危。

11. 過去三年之中附近路面及其邊坡有無坍方或沖毀之紀錄？附近排水溪道是否流水通暢抑堵塞淤積？是否有淹水之情形？原排水系統是否為本工程所影響？如何維持排水（如改道或埋涵管等）？

12. 原有既成道路施工中車輛是否需改道？

13. 有無洪水預報系統？有無應變計劃？材料貯存地點及方法是否良好？

14. 填土之每層厚度有無限制？是多少？填壓方法有無規定？要求壓密度是百分之多少（檢驗方法及檢驗標準）？

15. 有無 Underpass（穿越道）及 Overpass（陸橋）？如有，請說明其結構及跨度。

㈣水利工程詢價資料（灌溉、防洪、排水、給水）

1. 營造綜合保險一般詢價資料。

2. 請說明工程內容（如攔河堤、明渠、倒虹吸工、陡槽跌水工、隧道、漸變槽、制水閘、淨水池、分水閘、量水槽、量水堰、涵管、涵洞、溢洪道、堤、攔污柵、魚柵、橋、堤防、護岸、護腳工、丁堤、蛇籠、梢工、管線、沈砂池、濾水池、處理廠等），請說明數量、長度、主要結構物之斷面、材料、工程金額或占總工程費之比例。

3. 請說明開挖填土工作進行分組及挖方、填方最長暴露於未保護狀況下之長度是多少（即尚未對邊坡加以砌石或鋪設混凝土）？護坡工作如何進行？是配合開挖或填土同時進行抑全部土方完成後進行之？

4. 臨時擋水、排水費用預算內編列金額是多少？請說明設計之斷面、材料、長度。如合約內該項預算係考慮施工中擋水堤流失一次或兩次計算？或流失百分之幾計算？實際擋水費用是否超過預算？如是，請另行加保差額。

5. 請說明由臨時排水道之種類（明渠、隧道、或僅利用現有溪道使流水轉向）？預算金額、斷面、材料、排水能力（每秒多少立方公尺？相當洪水頻率）、臨時便道、便橋有無列在預算內？如無法另行加保並說明其種類、金額等。

6. 臨時工程是否除外不保以降低保險費？

7. 請提供施工進度表。

8. 工程合約內有無規定何時完成何部分工作？

9. 請檢附有等高線之工程布置圖。

10. 工地附近是否有堤防？請概述之。

11. 工程所在地之河川或溪道之坡降是多少？是否在河床突然束狹地區？如是，請說明在束狹區之上游或下游。如位於兩河交會處請說明其工程相關位置及相交角度。如兩河川之混濁程度不同請說明之。

12. 工程位於河川彎曲段或直岸？若在彎曲段請說明其在凸岸或凹岸？目前河川之橫斷面兩岸坡降均勻抑一邊平緩一邊陡立？工程位於哪岸？目前河軸偏向何岸？（河心深水線）

13. 請問工程是新建、加高、加厚、加強或擴大？過去三年內是否曾經發生毀損？

14. 工程總價在新臺幣 3,000 萬元以上的工程請檢附工程合約。

15. 防洪、灌溉、排水工程請加批水利工程特約條款。

㈤橋樑工程詢價資料

1. 營造綜合保險一般詢價資料。

2. 橋之種類（樑板橋、丁型樑橋、箱式橋樑、懸臂樑橋、拱橋、吊橋、簡支橋、連續樑橋、其他）、材料（混凝土、圬工、鋼筋混凝土、預力混凝土、鋼、其他）、用途（公路、鐵路、人行、產業道路）、車道數、橋寬等。

3. 橋之總長度是多少公尺？跨徑各為多少公尺？最長的是幾公尺？各跨距上部結構是什麼？各橋墩及基礎各為什麼結構（沉箱、樁基、普通淺基礎）？請分別說明上下部結構及尺寸。如有引道亦請說明其尺寸、結構。

4. 請說明橋址之最高洪水位（設計及紀錄水位）、中水位及低水位，鋼筋加工廠、鑄樑場、其他如工作場之位置及標高，倉庫、工寮之位置、標高，如可能請檢附有等高線之施工布置圖。
5. 在洪水季節將進行什麼工作（如哪個橋墩或哪一部分進行什麼工作）？請檢附預定施工進度表（需經業主同意者）。
6. 河川之流速是多少？請提供水位及其流量之水文資料？營建廠商是否曾蒐集或分析水文資料以供決定工作場及材料儲存場所（如有，請提出具體書面資料）？
7. 請按下列工程項目分列其保險金額（包括材料）或其占總保險金額之百分比 (A) 橋臺 (B) 引道 (C) 橋墩 (D) 基礎 (E) 上部結構 (F) 其他。
8. 橋面或樑底距離設計洪水位之距離是幾公尺？本橋上下游有無橋樑？如有，請概述其距離及橋之種類？
9. 本工程在施工中將採取什麼擋水及使水流改道措施？對於進行中之工程於洪水來臨時將採取什麼保護措施（排樁、圍堰）？請說明之。對於必須於河床加工或使用之材料其存量是否予以限制？颱風來襲時將採取什麼措施？請說明之。上游有無調洪水庫？水庫放水估計到達時間是多少？有無無線電收音機之設備可接收有關氣象資料？營造廠過去曾完成什麼橋樑？請列舉之。
10. 請說明施工便道及便橋之結構、價值，是否可同意保險公司對上項工程不負賠償之責？
11. 何部分工程需排水？工地準備之抽水設備請予說明。

第三節　營造綜合保險承保範圍

營造綜合保險之承保內容包括下列四大項：

1. 營造工程財物損失險（合約工作內容）：

   依投保內容之財物於承保範圍受損，需修復或重置時，對被保險人負賠償之責。

2. 營造工程第三人意外責任險：

   被保險人依法應負賠償責任而受賠償請求時，除約定不保事項外，本公司對被保險人負賠償之責。

3. 雇主意外責任險：

依法應負賠償責任而受賠償請求時。

4. 鄰屋龜裂、倒塌責任險：

依法應負賠償責任而受賠償請求時。

以上第 1、2 項為營造綜合保險之基本承保範圍，其承保及不保範圍在保單之基本條款中皆有詳細之說明。依保單基本條款第二章第九條第㈠項，因震動等因素損害土地、道路、建築物或其他財物所致之賠償責任，列為第三人意外責任險之不承保範圍，若工程施工時有可能因上述原因造成第三人之建築物之損失時，可以加保「鄰屋龜裂倒塌責任險」附加條款投保。保單基本條款第二章第九條第㈡項，亦將被保險人、被保險人等列為第三人意外責任險之不承保範圍，其主要原因為第三人應為與該工程無直接關係之人，而被保險人及定作人與工程有直接之參與，其風險遠高於第三人之風險，因此若需加保與施工相關人員之責任險時，則需以加保「雇主意外責任險」之附加條款投保，但公司負責人及定作人仍不在該責任險之承保範圍。

營造綜合損失險之承保範圍有四大項，而各項之保險內容說明如下：

1. 營造綜合財物損失險：

⑴合約金額。

⑵供給材料。

⑶施工機具。

⑷拆除清理費。

2. 第三人意外責任險：

⑴每一個人體傷或死亡。

⑵每一事故體傷或死亡。

⑶每一事故財物損害。

⑷保險期間內最高賠償限額。

3. 雇主意外責任險：

⑴每一個人體傷或死亡。

⑵每一事故體傷或死亡。

⑶保險期間內最高賠償限額。

4.鄰屋龜裂、倒塌責任險:

⑴每一事故最高賠償限額。

⑵保險期間內最高賠償限額。

第四節　營造綜合保險報價單

當被保險人打算投保營造綜合保險時，對於保險報價單之填選應注意以下事項:

1.營造工程財物損失險之保險金額，應為該工程完成時之工程費（包括定作人提供之材料費），否則為不足額投保，出險後本公司僅負比例賠償之責。

2.報價單僅供報價用，待被保險人正式通知並經本公司書面同意後始生效力。

3.附加特約條款:

在報價單上應註明特約條款第幾項以規範承保之範圍與事項。

4.報價單未記載事項仍依基本條款辦理。

5.報價單有效期間:

工程保險不同於其他保險，在於工程之危險因素隨著時間季節而有不同，因此報價單有一定時效。

營造綜合保險的報價單格式，如表 7-4-1 所示。

表 7-4-1　營造綜合保險報價單

<table>
<tr><td>被保險人</td><td colspan="3"></td><td>住所</td><td colspan="3"></td></tr>
<tr><td>定作人</td><td colspan="3"></td><td>住所</td><td colspan="3"></td></tr>
<tr><td>營造工程名稱</td><td colspan="3"></td><td>施工
處所</td><td colspan="3"></td></tr>
<tr><td>保險期間</td><td colspan="7"></td></tr>
<tr><td>保險種類</td><td colspan="2">保險項目</td><td>保險金額</td><td colspan="2">每次事故自負額</td><td>費率</td><td>保險費</td></tr>
<tr><td rowspan="3">營造工程財物
損失險</td><td rowspan="2">營造工程及
其臨時工程</td><td>合約金額</td><td></td><td colspan="2" rowspan="3"></td><td rowspan="3"></td><td rowspan="3"></td></tr>
<tr><td>供給材料</td><td></td></tr>
<tr><td colspan="2">施工機具設備</td><td></td></tr>
</table>

		拆除清理費用			
		總保險金額			
第三人意外責任保險		每一個人體傷或死亡		體傷: 財損: 每一次:	
		每一事故體傷或死亡			
		每一事故財物損害			
		保險期間內最高責任			
雇主意外責任保險		每一個人體傷或死亡		每一次:	
		每一事故體傷或死亡			
		保險期間內最高責任			
鄰屋龜裂、倒塌責任保險	龜裂	每一事故最高賠償限額			
		保險期間內最高賠償限額			
	倒塌	每一事故最高賠償限額			
		保險期間內最高賠償限額			
				總保費	

第五節　雇主意外責任保險

一、承保項目

1. 被保險人之受雇人在保險期間內因執行職務發生意外事故遭受體傷或死亡，依法應由被保險人負責賠償而受賠償請求時，本公司對被保險人負賠償之責。本公司依前項對被保險人所負之體傷賠償責任，除本保險單另有約定，以超過勞工保險條例、公務人員保險法或軍人保險條例之給付部分為限。
2. 本保險單所稱之「受雇人」係指在一定或不定之期限內，接受被保險人給付之薪津工資而服勞務年滿十五歲之人而言。

二、承保對象

以公民營企業（雇主）為承保對象，不以受雇人個體為被保險人。依營業性質，大致區分為三大類：

1. 甲類：政府機關、學校、金融業、公私企業、事務所、教堂、寺院。
2. 乙類：店鋪、診所、醫院、旅社、餐館、俱樂部、招待所。
3. 丙類：工廠、營造商、農場、礦場、遊藝及娛樂場所。

三、基本保險金額及自負額

要保人得依實際需要，估算每人可能最高索賠金額及一個意外事故可能涉及人數及金額後，扣除已投保之公保、勞保之賠償額後訂定保險金額。基本保險金額及自負額如表 7–4–2 所示。

表 7–4–2　雇主意外責任保險基本保險金額及自負額

承保範圍	基本保險金額	自負額（每一意外事故）
每一個人身體傷亡	$200,000	
每一意外事故傷亡	$1,000,000	$2,500
保險期間最高賠償金額	$2,000,000	

四、保險期間

保險期間以一年為期，不足一年者按短期費率計算。

五、綁票與雇主意外責任險

在這個複雜的社會裡，員工出勤遭綁票而發生意外事故，是否可包含在雇主意外責任險的承保範圍內?

雇主意外責任保險是承保被保險人的受雇人「在執行職務」時發生意外事故而該受雇人遭受身體傷亡，依法應由被保險人負賠償責任，而受賠償請求時，由保險公司對被保險人負賠償之責。

所謂「在執行職務」指在上班時間內從事內部或外部勤務，並可包括在上下班途中發生意外事故所致傷亡。在這複雜的社會裡，員工外出執行職務除有發生意外事故之風險外，並有可能遭綁票而發生意外事故，這種意外事故是否可包含在雇主意外責任險的承保範圍內？實在是一個值得探討的有趣問題。

雇主意外責任保險的承保範圍既然是承保員工在執行職務時發生意外事故所致傷亡，原則上凡是員工受雇主指派外出執行職務發生傷亡應負賠償責任者，都應包含在承保範圍內，而不問發生傷亡的原因為何，依此解釋，員工遭綁票而發生意外事故而致傷亡者也應包含在承保範圍內。這種意外事故包括員工遭綁票後歹徒向雇主勒索贖金未遂而員工遭撕票殺害，以及員工為抵抗或逃離歹徒控制時受到傷害。

至於員工遭綁票後雇主為救出該員工，而結付歹徒贖金或其他金錢上的損失，則非雇主意外責任險的承保範圍，保險公司不負賠償責任。

雇主意外責任保險是責任保險的一種，受雇人（即員工）在執行職務時發生意外傷亡，原則上須雇主有過失責任，保險公司始負賠償責任。但是倘歹徒因與某員工結有怨仇而綁架該員工，或於綁架後向該員工的家屬勒贖未遂，而殺害該員工，此種情況與該員工是否在出勤時間內並無多大關連，雇主似無責任。

我國現行雇主意外責任保險單對於員工出勤遭綁票而發生傷亡事故是否承保在內，並無明確規定，「承保範圍」既未載明承保在內，「不保事項」亦未列明為不保危險事故。既未列為不保危險事故，似應作有利於被保險人之解釋，視為承保在內。惟既無明確約定，萬一發生這種綁票狀況時，保險公司與被保險人之間恐將引起爭議。保險業為適應這個複雜而犯罪率日益升高的社會，以保障員工安全，倘不予承保，亦應訂明於「不保事項」，以資明確。或者，將「執行職務」之意義及範圍做明確的解釋，於承保前予以說明，亦不失為另一可行的方法。

第六節　安裝工程綜合保險

一、安裝工程綜合保險方興未艾

安裝工程綜合保險，英文簡稱 EAR(Erection All Risks)。我國保單係以德國慕尼黑再保險公司保單為藍本，並參酌國情來編訂而成。

安裝工程綜合保險係承保各種機器、器具、設備及整廠機械設備在安裝及試車過程中，因發生火災、爆炸、颱風、洪水、地震、地陷、山崩、竊盜、安裝錯誤、電氣短路，或離心作用造成之撕裂等意外事故，造成安裝標的物或施工機具之毀損或滅失，以及對第三人造成體傷、死亡或財損之法定賠償責任之一種綜合保險。凡是要安裝之各型鋼架結構、各類機械設備、甚至整廠設備，均可投保安裝工程綜合保險。

國營事業如中油、台電等皆已使用安裝工程綜合保險承保其新建工廠，但是仍然有很多政府機關在工程合約中指定承包商購買營造綜合保險來保障安裝工程。如此必然使得保險人忽略為客戶設計最好的承保條件，也會因損失統計的不正確性，導致不合理的費率結果。

二、承保對象

適合以安裝工程保險承保的工程有：

1. 整廠機械設備安裝工程：

   如石化工廠、鋼鐵工廠、紡織廠、發電廠等。

2. 各種鋼鐵金屬構造物：

   如鐵橋、鐵塔、油槽、車輛組合等。

3. 建築物機械設備及公共設施：

   如水電、空調工程、電梯、電腦、通訊設備等。

4. 單獨機械之吊裝工程。

5. 機械之拆卸、搬運、維修工程。

三、承保範圍

安裝工程綜合保險主要是承保機器設備於安裝期間及試車或負荷試驗時，因意外事故所致工程之損失，及依法對第三人體傷死亡或財物損害應負之賠償責任。至於機器設備於內陸運輸、儲存或保固期間的危險，亦可約定承保在內。

試車或負荷試驗係指機器設備完工時，測試其實際操作能力、生產效率或耐壓抗溫各種負荷能力是否達到設計之需求。保單上約定的期間以二十八天為限，但對於整廠中個別機器之測試期間，則不計算在內。二十八天如有不足，可事先或於事後延長。

四、保險有效期間

保險人之責任自保險標的在保險期間內，自卸置於施工處所後開始，至定作人接收或第一次試車或負荷試驗完畢終止。但保險標的並非全新者，則保險人責任於試車或負荷試驗開始時即告終止。

五、安裝工程常見意外事故

1. 碰撞摔落：

此為發生頻率最高的事故，大半是因起重機操作手疏忽所致。

2. 破壞及竊盜：

因管理上的疏忽使宵小有機可乘，或員工情緒不滿之洩憤行為。

3. 水　災：

戶外施工或置存低窪地區的材料，容易遭水侵害導致嚴重損失。

4. 火　災：

絕大部分是因電焊不慎，疏忽隔離安全措施所引發。

5. 爆　炸：

高溫高壓設備於測試時因操作生疏或關閉安全閥所致。

安裝工程保險與營造綜合保險相同，亦以全險概括方式承保不保事項以外的所有事故，以上所列者，皆為承保事故。

六、保險金額

1. 安裝工程本體：

   應為安裝完成時的總價格，包括運費、關稅、安裝費用及附屬工程在內。保險金額如事先無法確定，可以預算金額為保險金額，並約定於完工時調整之。

2. 拆除清理費用為約定的賠償限額。
3. 在施工處所定作人所有或由被保險人管理或保管之財物為約定的賠償限額。
4. 安裝機具不論新舊應為重置價格，即重新購置的新品價格。
5. 第三人責任險為約定的賠償限額。

七、費率因素

安裝工程保險並無財政部核定的費率表，保險公司核保人對費率的釐訂，主要的根據是工程種類、施工方式、承包商經驗、施工處所、保險期間等因素。由於核保人本身經驗有限，被保險人除工業機密外應坦誠提供工程內容，告知可能發生的危險並採取應對防範措施。

八、營造綜合保險及安裝工程綜合保險之比較

營造綜合保險及安裝工程綜合保險有何異同？水電工程應投保何者為宜？

營造綜合保險與安裝工程綜合保險，均係承保施工中的工程意外毀損及對第三人賠償責任的工程保險。顧名思義，營造險之保險標的係營造廠負責營造施工之各型建築及土木工程，如灌溉、排水、堤防、橋樑、道路及隧道工程等。後者則承保各型機械設備之安裝工程，例如發電機、變壓器、渦輪、冷凍、空調、起重、運輸設備及各型生產、製造設備等。

營造綜合險自 1964 年開辦以來，陸續承保國家重大建設中之桃園機場、高速公路、北迴及南迴鐵路、蘇澳港、捷運及其他重大工程及民間興辦之各型工程，為我國目前工程險中，保單件數最多、保費最高的險種。安裝險則延至 1974 年始行開辦，時正逢國家十大建設工程陸續開工，對於投資金額龐大，價值高昂的石油化學工業、中船、中鋼建廠工程、鐵路電氣化工程以迄目前台電之大型發電機等安裝工程均提供相當廣

泛而有效的保險，其重要性不亞於營造險，然而兩者除了保險業標的的不同外，到底有何異同？為何要分為兩個險種？如果同一工程包括或涵蓋兩者時應如何辦理？

營造及安裝險均採承保危險概括式及不列舉式之綜合保險，凡其保險標的在施工處所，於保險期間內，因突發而不可預料之意外事故致有毀損或滅失及導致第三人受有傷害或財物受損而依法應負之賠償責任，除保單載明不保者外，均予理賠。就承保危險而言，屬於「全險」性質，包括火災、爆炸、水災、風災、竊盜、人為疏忽缺失等，承保範圍相當廣泛，優於逐項列舉承保危險的方式，且為綜合了財產保險及責任保險兩者於一張保單的綜合保險。許多保單基本條款除外不保事項也可加費承保，使保單承保範圍可隨要保人的需要再予擴大，工程定作人（業主）及營造廠商以及提供貸款之金融機構或其他有保險利益者均可彈性運用。目前政府各型工程契約內已多將投保營造或安裝險列入標準契約規範，價值已獲肯定，毋需置疑。

一般而言，工程可概分為土木及機械兩大類，土木工程大致包括土石方、土工、圬土、混凝土工程為主，而以玻璃、五金、鐵作、裝修等工程為輔，我國俗稱之營造廠係指經營建築及土木工程之營造業者而言，依營造業管理規則之規定，其承攬工程之「主體工程」應自行負責施工，而「專業部分」如電器、給水、空調、消防等設備得分包有關專業廠商承辦。目前土木工程之承攬人（即營造廠商），承攬工程內容可以包括機械工程在內，至於大型或公共工程，定作人常將上類機電工程分別或合併數類發包，也有部分自辦、部分發包而由業主自行辦理投保事宜者，或雖全部發包而自辦保險者，以上各種情形究應如何投保保險較為允當？

土木工程乃由營造廠商聘雇之專業人員及技工，依據工程設計圖樣規格及施工規範，在監督人員之監督指示下施工。因此，營造廠乃有別於裝配或製造，包含了許多零組件之機械製造業。在承保實務中，係以所佔之金額高低為準，何者較大即以其為準，看來十分簡單，實際仍涉及不少問題。

土木工程於工程完工後一般即可交由定作人驗收接管或啟用，屆時保險公司之保險責任也隨之終止較為單純。但機械工程在安裝完畢尚需經過試車或負荷試驗，以檢視其是否符合安全標準及原設計要求，並視需要修正調整改進。有些設備之試車或負荷試驗較為繁複，甚至需時數月，故安裝險之保險效力係至工程完成第一次試車或負荷試驗後終止。標準保單規定之試車係以四週為限，但得視需要延長，例如石油化學廠即需時二至三個月，甚至更長。

至於工程完成後，承攬人對於瑕疵之擔保，土木工程所規定者多為保固（或稱養護）責任；而機械類則視安裝者是否同時為製造者有所不同。製造者所負之保證責任固然不應由安裝者負責，但機械設備如由原製造者安裝，對於機械本身之品質缺陷所需修理或置換及改良，不論施工中或在契約規定之保證期內均應負責。而一般安裝者僅對負責安裝工作部分之缺陷負責。承保的工程完工後，承攬人可加保之危險也有所不同。保險業者對於原施工者在契約規定之保固期內，為履行其保固責任發生意外所致工作毀損可以加貼「保固保險特約條款」承保之，安裝工程亦同。但安裝險還可以加保「保證期間」，承保安裝工程因安裝、設計或製造上缺陷發生意外所致損失，營造險則不承保類似危險。

鑒於上述土木與機械類工程性質差異，營造險與安裝險承保範圍的另一區別在於營造險僅對於直接因材料材質瑕疵，使用不合規定材料、施工不良（品質）所需改良、置換或修理費用列為除外不保事項；因上述原因導致其他標的物之損失則在承保之列。但安裝險對於因而所致其他標的物之損失，標準保單也列為除外事項。這是鑒於安裝者需對安裝機械本身之缺陷負責，故不予承保。倘安裝工作由製造廠商負責時，可加保「製造者危險」，由保險公司承保前述間接附帶損失。大型工程倘由業主投保，亦可加保此種危險，而由保險人賠償後向原製造商代位求償。

我國營造險之開辦較早，工程機構多習於規定工程承攬人投保營造綜合險，對單獨發包之水電、空調或昇降設備並不適用，應改為投保安裝綜合險。大型工程既依土木與機械工程所占比例較高者為準來選擇投保險種，在承保時需對保單加以調整批改。保險公司之核保人員當然必需瞭解外，工程定作人及承攬廠商也最好多加瞭解，使工程能獲更大保障。

第七節　營建機具綜合保險

營建機具綜合保險為承保各種施工機械設備、器具、工具因突發而不可預料之意外事故所致毀損或滅失，以及因保險標的物之所有、使用、維護及保管發生意外事故所致對第三人之法定賠償責任之綜合保險。凡是供各種營造建築工程所使用之各型機具、設備器具工具，也包括各型機械設備於安裝工程或養護工程所使用者，均可投保營建機具綜合保險。

營建機具種類繁多，包括建築、土木、安裝及養護等營建工程所使用之各型挖掘、搬運、裝載輾壓、起重及打樁、混凝土瀝青、電氣動力等之各型營建機械設備。現代工程多漸以機械替代人工施工，不僅經濟效率高，並可擔任從事許多人工所無法完成的複雜精密工作。施工技術固因施工機械不斷改進而發展創新，施工機具亦為因應施工法創新之要求而發展改良，兩者可謂相得益彰。

施工機械化自然會引起購買資金龐大的問題，此外，機械之有效利用，經理保養等及人員之養成維持與更新等都與營建廠商與競標能力有直接關聯。更重要者為持有與使用機械的費用高低，一般包括折舊、維護、保養、修理、投資負擔、潤滑油及燃料等。其中所謂投資負擔係指利息、稅捐、存放費及保險費等。保險制度可以使機具之持有者獲得較安全穩定之經營保障，相當重要。在歐美日等保險進步國家早視為當然。在我國恐係業者對企業管理之觀念落伍兼以保險觀念不夠，投保之普及率估計不到一成。

營建機具過去在我國，係合併於營造綜合險內與工程一併投保。但因承保範圍僅及於該特定工地內發生之意外事故所致毀損，未能涵蓋工地外之運輸、儲存或保養修理期間之風險，更遑論其他工地使用之危險，因此未能切合實際需要。即若逐工要保，保費負擔可能過高。反之對保險公司而言，遂選擇性的投保，常使業務品質惡化經營不易。產險業有鑑於此，經於 1981 年起開辦營建機具綜合保險，以綜合保險方式承保各型施工機具，凡在保期之內（一年期為原則）在保單所載施工處所（可訂為全臺灣地區）發生之意外性毀損，概由保險公司理賠。

被保險人因施工機具之使用，保管管理或使用，或於保養修理時發生意外事故，致第三人有體傷死亡、財物受損，依法應負之賠償責任亦可於本保險中加保第三人意外責任險，使本保險更具兼承保財產保險及責任險之綜合險，要保人可自行視需要採擇。但本保險不單獨承保第三人意外責任險。

本險之承保範圍很廣，應可符合營造廠之需要，舉凡保單內所未列舉之不保事故或損失，包括火災、水災、竊盜、碰撞、地震、爆炸等均在承保之列。但保單之設計中為配合危險評估的需要，對於標的物使用於地面之下如隧道、坑道內或載浮於水面使用者需採特別約定加保方式。要保書內已特別列出，投保時要詳細閱讀考慮是否加保，以免遺漏。

此外，內陸運輸期間之危險亦可加費承保，對於無法自行移動或不允在一般道路行駛之機具應予加保，可以較一般運輸險之保費更為低廉，使在保期內所有的內陸運輸風險均轉嫁予保險公司，兼避免逐次要保之繁瑣或遺漏。

至於保險金額應如何訂定較為特別。本險係依重置價格投保為準，但亦可做其他約定，與電子險、機械險與鍋爐險等其他工程保險相同。所謂重置價格係重新置換與保險標的同一規格、廠牌、型式之新品價格，此種方式使保險費之計算較為簡易，且對於「部分損失」時修理或置換所更新之零組件不必考慮折舊問題，可獲得十足補償，避免引起置換之零件應否折舊之複雜問題。在全損時當以實際價值為限。

營建機具乃營造廠商之營業生財器具，自需妥為保管使用，更應妥加利用保險制度使價值昂貴之設備獲得保障。一般費率在 1% ～ 2% 之間並不算高，但被保險人所需負擔之自負額遠高於汽車險。此因施工機具價值昂貴，修理費用亦高所致，倘須減低自負額，相對之費率勢需提高甚多，對被保險人未必有利。

工廠場房、礦場、機房內所使用之各型上述起重、搬運或電氣動力機械均可比照上述方式以營建機具綜合險投保，又碼頭工廠區內使用類似性質非製連生產機器設備亦可妥為應用，較火險內投保更為有利。

第八節　機械保險

一、機械保險 (Machinery Insurance) 的定義

機械保險亦稱為「機械故障損壞」保險，係承保各種原動機械設備、生產製造設備或工具機械及其附屬機械設備，因機械性或電氣性損壞及其他意外事故如碰撞、傾覆人為損壞所致損失。

機械經製造、採購、電輸、電裝、試車而進入正常操作運轉，機械仍然會因為許多無法預知或控制的因素而突然損壞，要應付這些突發事故，就莫如投保機械保險。只須每年定期支付定額的保險費，投保適當的機械，倘若工廠不幸發生意外，當然不

至於影響財務或營運，就企管角度探討也就十分重要，惜在我國尚未受重視。

機械保險對於承保標的物，在保險期間內，不論是固定或移動的，只要在保單所載處所，不論於操作中、使用中及為清理、檢查或移動所為之拆卸、搬動及其重新裝配與安裝過程中發生的突發意外損失，均由保險公司負責賠償，非係以操作中之損失為限。但此所謂意外事故非指火災及天災等意外事件，而係針對機械性、電氣性及一些碰撞、傾覆及人為疏忽而言。

二、機械保險之費率

機械險之費率係因機械之種類、廠牌、規格、型式、企業種類、工廠之管理操作人員經驗水準而異，並以機械維修能力或備用零組件之取得難易等而逐案釐定，一般均需由保險公司或其委任之專業機械工程師赴現場查勘，俾瞭解工廠布置、評估潛在危險與工廠水準，提供防阻危險意外事故發生之損失控制或防阻建議，並估算保險費。在歐美日保險高度發達國家，在購買機械保險之同時，也等於購得保險公司之良好豐富的防災經驗與定期檢查服務，萬一發生事故也可取得良好的災害減少措施，故頗能受工業界所歡迎。我國產險業者因此也逐漸瞭解培養專業人員之重要性，以尋求藉與國外專業保險公司之合作方式，逐漸提昇服務水準，使產險界亦能逐漸擺脫只是收取保費與賠償損失的消極補償性角色而能對防止工業災害，減少經營損失有更積極的貢獻。

投保機械保險，可免提撥自保基金，機械保險於歐美、日本皆相當普遍。以德國為例，機械保險的年保費即佔了整個工程保險的 40% 左右。反觀我國機械保險自 1977 年開辦以來，仍未打開市場，投保件數寥寥無幾。究其原因，可能係因保險公司缺乏專業人才推廣業務，且被保險人未能預期從保險得到技術上的回饋服務。但就工廠經營管理而言，為機械能正常運轉，機械保險仍有其重要地位。因為工廠除了須支付機械日常保養維護費用外，還須應付可能突發之機械故障或損壞而提撥一筆相當的金額，累積形成不流動資金，加重經營上的負擔，因此不如逐年支付小額的保險費，而將風險轉嫁予保險公司。

機械保險是專為承保各種原動機械設備、生產製造設備或工具機械設備及其附屬機械設備等，因設計不當、材料材質或尺度之缺陷、裝配或安裝之缺陷、操作不良、物理性爆炸，電氣短路，電弧或離心作用造成之撕裂等事故所致之損失，但本保險之保險標的物均限於已安裝完工，經試車或負荷試驗合格並經正式操作者為限。

三、機械之種類

事實上，所有各種機械設備幾乎全可以投保機械保險，除了上述的鍋爐之外，最常見的機械包含：

1. 發電機，電動馬達。
2. 變壓器及電氣開關設備。
3. 幫浦及風扇。
4. 冷凍及空調設備。
5. 壓縮機。
6. 柴油引擎及渦輪機。
7. 起重設備，如吊車、搬運車、載客載貨升降梯等。

許多工廠的生產設備亦常需投保機械保險。雖然專業性的保險公司，傳統上比較樂於承保發電廠設備或者主要原動設備。這些機械設備與上述生產設備大不相同，其所以樂於承保該類設備的原因，乃是這種工廠多聘有許多熟悉鍋爐及電廠設備的工程師，而對於其他生產設備工廠而言，只有製造廠商才具備該機械的詳細專業知識。

機械險的承保範圍很廣。機械險對於「意外」的定義乃「突發而不可預料」的毀損，其中較為常見損失的原因為：

1. 因鍋爐水位下降而致過熱。
2. 變壓器、電動馬達、發電機因絕緣失效引起短路或燃燒。
3. 因軸承或潤滑系統缺陷而毀損機械。
4. 因過量負荷而使起重設備傾覆。

機械保險承保範圍相當廣泛，甚至心懷惡意的員工故意破壞機械所致損失亦屬承保範圍之內。外物掉入所致損毀也屬承保危險，因為甚至連一粒細砂或金屬掉入，都會使機械嚴重受損。

基本上，機械險亦為一種綜合險保單，因為只要是「突發而不可預料」的意外事件所造成的損失，除特別約定除外不保者外，均予理賠。

除了常見的戰爭危險外，其餘屬於火險承保之危險，機械險均予除外，因機械險並無意取代火險或竊盜險。而且也很少有鍋爐被竊的紀錄。

顯然無可避免的損失，例如，磨損、孔蝕、鏽鋼、腐蝕、侵蝕等等，均不予承保，此外，經常需置換或者使用年份壽命較短之零組件，如切割刀具及模具等，均屬不保事項。

發生突發意外所致毀損，機械險可以賠付將機械修復至良好可用狀況所需費用，該費用包括購買新零件及因修理置換工作所需人員費用。依保單規定，這些費用可以全部獲得賠償而毋需扣除，因為是舊機械本應該考慮扣除折舊。當然，這必需以按重置價格投保為先決條件。倘若保險金額低於此一重置價格時，保險人僅依低保比例負賠償責任，因此，機械險之保額需要經常檢查，以避免發生不足額保險的情形，當然藉採用 Eslation 條款，即可以解決此一難題。

受損機械如果無法修復（對機械險而言甚少發生），賠款將以發生損失時，受損機械之實際價值為準。所謂實際價值乃按其使用年數及狀況而定，換言之，對可以修復的「部分損失」而言，賠償係以恢復原狀為準，而全損時，則按一般其他保險賠償的方式辦理之。

機械險均訂有自負額，俾避免對較小的故障或損壞理賠，因為這類損失的理賠費用相對偏高。大多數的大型企業並無意於投保輕微損失，常願負擔超過 10 萬美金的自負額，甚或更高。自負額之高低乃視機械之大小種類及金額而定。對於水管式鍋爐及渦輪交流發電機而言，因價值高達數百萬元美金，由保險人的觀點來看，自負額應訂在相當標準，以使保費支出更為經濟。

四、機械保險承保範圍

工廠的機器如已投保火災保險及其附加險如颱風、洪水、地震等，那麼再加上機械保險，則除了竊盜及一般不保事項如戰爭、政治危險、核子危險以外，幾乎已有完全保障。

機械保險主要承保範圍如下：

1. 由於操作或保養上的疏忽，或技術不良造成的損壞。
2. 員工或第三人的惡意破壞。

3. 設計、製造、材質或安裝上的瑕疵造成意外事故的損壞。

4. 電力系統超壓過載造成的損壞。

5. 因爆炸或離地心力作用造成的破壞毀損或第三人體傷死亡財物損失。

根據統計資料顯示，機器發生意外事故的頻率相當高，其中以人為疏忽、操作不當所佔比重最高。科技越發達，機器製作越精密，功能也越複雜，對於操作者的水準也相對提高。員工如情緒不穩定或缺乏專業知識，稍有不慎，即可能造成意外事故。

機械本身缺陷很可能造成嚴重故障損壞，而這種機械上的缺陷，即使最有經驗的維修人員，也無法事先測知的。

惡意破壞也可能是一個重要問題。機器操作人員事實上也就是最容易破壞機器的人，因為即使他有嫌疑，你也無法去證明是他幹的。一般火險保單對於所加保惡意破壞所造成之損失，被保險人多需負舉證責任，機械保險則無此種限制。

電力供應不穩定變動，常使電器設備毀壞，而且即使火險保單中有關電器條款採擴大規定，對於像交流發電機大型電動馬達、變壓器等昂貴設施，仍然需要投保機械險才行。

每當與客戶討論機械保險之時，他們常說「我的機器是新的啊!」然而機械卻有它特別的問題，例如不熟練的操作人員可能在錯誤的時間按錯了按鈕，這種情況，保證書內的「保證」將不會負保證責任。

機械的一年保證期間也並非意味就不需投保機器保險了。保證責任一般範圍頗為有限，我甚至看過一個例子，保證期是從機器離開工廠時起算，等到機器運到工地安裝試車完成後，保證期間幾乎已經到期了。

另外一種典型的反對意見是「我們有自己的工程專家」。這當然不錯，但是，這並不能構成反對意見，因為這正是保險公司是否予以承保其機械之重要因素之一。世界上購買此種保險的組織也多是聘有一流維護保養專家的公司，例如電力公司及其他大型工業等，但彼等均已體認，即使實施最佳安全檢查的最佳工廠，仍然可能發生麻煩，簡單一句話，「蘇俄的車諾比事件」即為證明。

機械保險的保險標的物，限於已安裝試車或負荷試驗並經正式操作的機械。舉凡各類工業生產機械、倉儲碼頭設備、大樓機電設備、或工程施工用機具，皆可為保險標的物。整廠機械最好一併投保，保障較完整，但是亦可選擇重要的機械如發電機、變壓器、壓縮機、鍋爐、大型馬達等投保，以節省保費負擔。

針對機電設備裝設在總樓板面積 800 平方公尺（約 240 坪）以上建築物，如公寓、辦公大樓、百貨公司、旅館、餐館、醫院、學校、遊樂場所等，保險公司特別設計一種總括承保的方式，即建築物內的空調、水電、衛生、消防、電梯、垃圾處理設備及相關的管線，皆承保在內，無須一一列明。該種方式非常簡易而且保費低廉。

機械的保險金額，原則上應以重置價格為準，即重新購置相同類型新機器的金額，包括運費、關稅及安裝費用。以重置價格為保險金額，在機器遭遇損失時，修復所須的零件是以新品置換，無須扣除任何折舊。但如機器無法修復全損時，被保險人仍須負擔折舊。實際上，95% 的損失案例，皆可以修復方式處理，因此除自負額外，皆由保險公司負擔。

機械保險的費率，主要是依據工業類別、機器種類、製造廠商、製造年份、運轉速度、操作溫度和壓力、保險金額及管理維護情形而訂定。實地勘查是獲取以上資料及做危險評估最好的方式。一方面被保險人可借助保險公司對損失案例的經驗，來改善操作管理上的缺失，二方面保險公司在瞭解生產製造流程後才能評斷危險的高低，訂定合理的承保條件。

第九節 鍋爐保險

一、鍋爐保險 (Boiler Insurance) 的定義

大部分的人都能瞭解鍋爐保險。鍋爐保險有時也稱之為「鍋爐與壓力容器保險」。「壓力容器」這幾個字是很重要的。因為有鍋爐的地方伴之必有壓力容器——譬如壓力鍋蒸餾器、消毒器、加硫器以及其他類似的設備等。事實上，幾乎每一座工廠都有空壓設備，或利用空壓設備之處。有空壓設備必有一個存氣箱 (Air Receiver) 的壓力容器存在。問題乃在上述任一種設備都可能發生爆炸，而爆炸正是此一保險的主要承保範圍。

上個世紀發生許多嚴重鍋爐爆炸事件，促成了英國第一家專業性工程保險公司的成立。幾年前，雖然純為鍋爐檢查團體所組成的協會業已成立，並且與原鍋爐保險並

無關聯。英國的鍋爐保險單迄仍為兼含保險與安全檢查的契約，而由保險公司聘雇的工程師對該公司承保的鍋爐，依法律規定進行有關檢查。Eagle Star 為英國主要專業性保險公司之一，僅次於 National Vulcan 及 British Engine 而排名第三。鍋爐、壓力容器、吊車及其他吊卸設備之檢查，為該公司在英國主要業務範圍，聘請工程人員超過四百人。

在遠東地區保險公司並無提供此種檢查服務，但是，一般核保人員均堅持只承保政府檢查人員或授權代檢查單位定期檢查合格的鍋爐，而且，此種保證 (Warranty) 都於保險單中以文字載明之。

二、英國鍋爐保險單

傳統的英國鍋爐保險單，目前也仍為遠東地區許多國家地區採之為主要藍本，例如，香港、新加坡、馬來西亞等，其承保範圍主要包括有：

1. 鍋爐及壓力容器之毀損。
2. 被保險人所有之鄰近財物之毀損。
3. 第三人意外責任。

除「爆炸」之外，鍋爐保險亦承保「壓潰」(Collapse) 的危險。壓潰之損失都發生於鍋爐的煙管或火管，因鍋爐缺水承受過高壓力之狀況下。至於鍋爐內煙道氣體爆炸 (Flue Gas Explosion)，如必要時也可以加保，並視該地區之火險保單而異（註：我國係屬鍋爐保險中承保）。此所謂 Flue Gas Explosion 意指鍋爐的鍋爐或煙道內，積存未燃瓦斯而突然起火燃燒引起的爆炸而言。

欲投保「壓潰」危險者，不管在任何情況下都需購買鍋爐保險，況且，鍋爐還會遭受其他嚴重損失，目前最常採行的方式是以機械險來代替鍋爐保險。

關鍵詞彙

1. 營造綜合保險 (CAR)
2. 工程本體 (Construction Works)
3. 臨時工程 (Temporary Structure)
4. 施工機具設備 (Construction Machinery and Equipment)
5. 鄰近財物 (Surrounding Property)
6. 拆除清理費 (Clearance of Debris)
7. 安裝工程綜合保險 (EAR)
8. 鍋爐保險 (Boiler Insurance)

習題

一、何謂營造綜合保險？

二、臨時工程之功能為何？

三、何謂拆除清理費用？

四、工程損失險費率應考慮哪些因素？

五、何謂安裝工程綜合保險？

六、何謂機械保險？

七、何謂鍋爐保險？

第五章 電子設備保險

電子設備保險 (Electronic Equipment Insurance) 為機械保險中的一個分支，由於電子設備與其他一般機器有很大的差別故需要一種更適合其特性的保單，該種保險單是在 1920 年時由德國慕尼黑再保險公司設計問世，為現在該公司所使用該種保單的前身。電子設備之所以能達到如此普及的地步，主要原因在於其價格的急劇下降，這必須歸功於其所使用元件的製造技術不斷的進步。電子時期由早期的真空管的發明使人類進入電子時代的嶄新領域，也使計算機真正進入「電子」計算機的時代，電子計算機俗稱電腦 (Computer)，到了 1954 年美國麻省理工學院裝成第一部用電晶體零件組成的高速電子計算機起，使電子計算機進入第二代，而在短短的十餘年間由於積體電路 (IC) 的發展成功使得計算機的體積大為縮小，可靠度提高而堂堂邁入第三代，最重要的是其作業速度大大增加，使計算機的運算速度不再以百萬之一秒為單位，而改以十億分之一秒為單位。電子計算機在近數十年來的成就為電子工業大放異采，由於其優點在於它高速的運算能力與巨大的記憶容量，其應用範圍非常廣泛，各行各業幾乎都可以利用電子計算機來提高其效率，故可做為電子設備的代表，因此電子設備保險單的制定可以說是以電腦為主幹。

第一節　保險標的

電子設備的保險標的可分為以下十類:

1. 電腦或電子資料處理設備 (Electronic Data Processing Equipment)。
2. 醫療用途之電子及放射設備: 例如 X 光設備，α、γ 放射線機，鈷 60 放射線機，心肺機，大型消毒設備，牙醫設備，電子顯微鏡，超音波身體檢查儀器，即所有醫院內之醫療設備及醫學實驗，研究分析之設備。
3. 辦公室內之各種設備，如影印機，電動打字機，電子會計發票及簿記機，桌上型計算機等。

4. 交通控制燈號設備，計時系統。

5. 電動廣告裝置。

6. 攝影，製片設備，放映設備，顯微膠片製作設備。

7. 天文、氣象臺內之觀測設備，如電子望遠鏡、雷達天線。

8. 通訊設備：如打字電報機、電話交換機、電報設備、雷達及無線電通訊設備、航空、航海及衛星通訊設備之地面電臺，無線電及電視之發報機。

9. 報業印刷設備、照相製版設備、電子檢字排版印刷機、電子傳真系統等。

10. 電子微波工業用電視設備、電子音響、電視臺設備、電波探測設備等。

第二節　承保之標的

電腦已被廣泛應用於研究、發展、商業、行政及工業上，同時包括了工廠的監督及管理。電腦包含了輸入及輸出裝置，算術及控制線路，及記憶器三大部分。經由輸入裝置接受外在的資訊，按照既存於其記憶器的程式規律，使其與記憶器中原有的資訊共同處理，然後經由其輸出裝置向外送出資訊。一般之電腦包括中央處理單元及記憶器及其他附屬之進出裝置與資訊儲存器如打字機、卡片、閱讀機、卡片戳孔機及磁帶、磁碟或磁鼓等資訊儲存器。

而電子設備保險承保的範圍即針對上述的設備分為三部分：

1. 財物損失——即對電子設備本身受到意外災害所致之損失負賠償之責。

2. 機外資料儲存裝置——如打孔卡、紙帶、磁帶、磁碟等受到承保災害所造成之損失負賠償之責。

3. 因意外災害所增之額外租賃費用——如承保的標的受到損害必須另外租借電子設備繼續工作所增之費用。

對於第三者所造成之意外責任亦可加保。

電子設備保險，顧名思義，係專門承保各型電子設備的險種，保險標的物大致可分為以下四類：

1. 電腦或電子資料處理設備，舉凡各種研究、商業、行政暨工業用之各型電子設備，包括其中央處理設備及周邊設備，以及外在資料儲存體如磁片、磁碟及磁帶等均可投保。

2. 醫療診斷用各型電子儀器設備，如放射線機、核子斷層掃描儀、超音波檢查設備等。

3. 通訊系統如電子電報打字機、傳真機、電子交換機、飛航導航系統、無線電電視發射接收系統。

4. 其他各種實驗研究用設備、天文觀測設備、攝影電視錄影設備，以至辦公用之各型事務機器等。

我國現行電子設備險之承保範圍甚廣，保單之結構可分為：1. 電子設備本體綜合損失險，2. 外在資料儲存體綜合損失險，3. 額外費用險等三類險種。2. 與 3. 兩種保險僅適用於電腦及電子資料處理設備。其中本體綜合險之保險費與火險與其附加險相較，相當低廉，頗受工商企業及政府機構之歡迎，業務迅速成長，在工程險中保險費僅次於營造綜合險及安裝綜合險。故擁有前述各型電子設備的單位，可以由火險中單獨拿出來投保電子設備險，以獲得更完整妥善之保障，茲將此三種不同的承保範圍敘述如下：

1. 本保險之主體為電子設備本體綜合損失險，為不逐項列舉承保危險的綜合險，故凡保險單載明不保事項以外，任何意外性毀損或滅失均在承保之列。承保事故主要包括火災、碰撞、傾覆、製造或設計錯誤及材料材質瑕疵引起之意外損失、操作不當、人為破壞及電氣性故障損賠等均在承保之列。但天災（颱風、地震、洪水）及竊盜以批單方式加保，於要保時需特別考慮，此外，對於不保事項應加逐項檢視，並詢問可否加價承保。

2. 外在資料儲存體綜合損失險及承保磁帶、磁片或磁碟因上述「本體綜合損失險」承保之危險事故所造成之損失由保險公司負責賠償。電腦輸入資料一般均另有備份另行保管以避免發生資料損失後的不便。保險公司對被保險人為恢復上述儲存媒體至損失前之原狀所需重置及資料重製費用均負責賠償，但以保險金額為限。

3. 至於額外費用險，乃指保險的電腦因發生承保事故無法使用，需予修理或置換時，由保險公司對於被保險人為繼續原有作業，租用替代同功能型式或類似設備期間所需支付之額外費用負責補償。增加的人工費用、文件、運費等經載明於保單者亦負責補償，但以原投保時約定之賠償期間內發生為限，一般為一至十二個月。至於在等待期間所發生之費用，被保險人應依全部損失之比例自行負擔。

電子設備保險為較新穎的險種，其保險費率係乃逐案釐訂，不適用費率規章之限制。故市場難免競爭激烈。但因電子設備大多精密昂貴，危險高度集中，一般於承保前保險公司大多需勘查瞭解危險程度及安全措施，使用及維護情形等，以評估危險，尤以巨額業務為甚。

目前投保標的仍以電腦為多，其他電子設備仍亟有限，尚待業者向社會大力推展，如能更普遍，咸信費率當不但更為低廉，價值昂貴的設備也可獲得更妥善之保險保障。

第三節　被保險人

具有下列任何一項資格的人，都可作為本保險的被保險人：

1. 上述設備的所有人，即業主。
2. 對上述設備提供貸款的銀行或金融機構。
3. 擁有上述設備的租賃公司。
4. 承租上述設備的人，或對上述設備具有保險利益的人。

第四節　承保危險事故

本保險採承保危險不列舉式之綜合保險，凡保險標的在保單列明之處所，於保險期間內，因不可預料及突發之意外事故致有毀損或滅失，需予修復或重置時，除保險單載明為不保者外，均予理賠，而主要的危險事故有下列各項：

1. 火災、煙熏、爆炸、閃電、航空器墜落所造成之損害。
2. 水淹、潮溼、水管破裂造成之損害。
3. 電器上的短路、電弧、超額電壓、絕緣不良及其他意外所造成之損害。
4. 設計錯誤、製造或鑄造不良、材料瑕疵、裝配及安裝欠妥引起的損害。

5. 操作失誤、經驗不足、疏忽所產生之損害。

6. 工人、職員或第三者惡意行為所產生之損害。

7. 偷竊、盜竊所造成之損失。

8. 地陷、山崩、落石、暴風雨等所造成之損害。

第五節　不保事項

本保險不保事項主要分為以下幾種：

1. 腐蝕、生鏽、或自然耗損引起之直接損害。

2. 戰爭、類似戰爭行為、罷工、暴動、民眾騷擾。

3. 核子反應、核子反射或放射性污染。

4. 被保險人或代理人之重大過失或故意行為。

5. 經常需更換的物件，如皮帶、鐵鍊、燈泡、玻璃及潤滑劑、觸媒等。

6. 因電子設備受損所引起之附帶損失（但如加保額外工作之費用則該部分之費用保險公司仍需負責）。

第六節　保險期間與保險金額

電子設備保險的期間通常為一年，到期可經雙方同意續保之。電子設備保險的三大部分其保險金額各為：

1. 財物損失——應為承保標的之重置價格，就是重新置換標的同一廠牌、型式、規格等的新品價格，該項價格應包括購置新品之成本、運費、關稅、安裝費用及其他必要之費用。

2. 機外資料儲存裝置——乃各項資料儲存裝置之重置價格，如果承保標的並非全新，保險公司應避免接受以現值投保。

3. 因意外災害所增之額外租賃費用——包括另外租借電子設備之費用，文件及機外資料儲存裝置之運費、員工之加班費及其他額外工作之費用。

第七節　理　賠

保險公司對於財物損失和機外資料儲存裝置二部分的保險標的受到承保災害而有損失時將負責賠償，其方式有二：

1. 部分損失——保險公司將負責賠償所有修復費用，對於零件均採不扣除折舊金額的方式，即以全新的零件置換而不考慮折舊。但如修復費用已超過其實際價值，則賠償金額以實際價值為限，且不包括任何在修復時變更或改良設計所需之費用。
2. 全部損失——保險標的受到意外災害而全損或無法修復，保險公司將負全部賠償之責，但仍以保險金額為限。如保險標的並非全新，折舊金額應由賠償金額中扣除。

但不論上述哪種方式，保險公司之賠款還要扣除被保險人的自負額。

第三部分因意外災害所增之額外租賃費用，其賠償辦法係扣除時間自負額，即保險公司僅就超過雙方當初約定之時間的損失負賠償責任，而後在賠償期間內實際支付的金額。

至於被保險人的自負額則分為：

1. 財物損失——依其價值、特性、危險程度等決定自負額的高低。
2. 機外資料儲存裝置——按照其數量、單價、種類等釐定。
3. 因意外災害所增之額外租賃費用——視其費用高低、賠償時間長短和租賃類似設備之難易等而定。此一自負額通常以天數或金額來表示。

第八節　電子設備之損害防阻

電子設備通常都是外貌整潔且都置放於條理清潔的環境，常常使人忘記它應有的災害預防措施。電子設備的配件如層式的電路版、電線、電纜、電動馬達、磁性記憶盤的外殼等都是易燃的物料做成。而電子設備本體更容易受到輻射、熱煙屑、燃燒生成的腐蝕性氣體，消防水管的漏水，或者是由救火而造成的積水等損壞。而最重要且又龐大的損失，則是由於系統不能正常操作而來的間接損失。工商業的電腦，常常是個別設計的，因此在短期之內很難補充齊全，更重要的，就是它要處理機密的資料，不容許外人替代整理；又假若它是一部工廠裡主持生產控制的電腦的話，情況就更複雜了。另外一個主要的危險是電器上的失靈，所以電線的絕緣要定期檢查及更換，防溼以及避免與酸性物質的接觸。存放電子設備及機外資料儲存裝置的地方應有完善的防火防水設備。

對於置放電子設備的場所，下列數點有效的損害防阻措施可供大家參考：

1. 電子設備應該選擇安放在不受風暴、泛濫、地震或其他自然災害波及的地方，最好置放在一獨立隔離的房間，房間內每隔 15 公尺設置一個 10 磅的二氧化碳手提式滅火器，在含有塑膠材質的房間內，置有 9 公升的水質滅火器，壓力水龍頭，消防水帶，開關閥等設備，並應該在設備上註明「禁止使用於工作中的電器」字樣。
2. 必須禁止非指定人員進入電子設備房中。
3. 必須禁止在電子設備房間中吸煙、使用火力加熱工具、燒銲、割切、使用明火等。
4. 聘用合格的操作員以減低因操作錯誤所造成之意外事故。
5. 禁止隨便操作自動灑水設備。
6. 切實遵照製造商的指示操作機器設備。
7. 對於電子資料處理系統的防護應考慮建立一副本制度，副本儲存在遠離電腦的一處場所，以應不時之需。
8. 對於無法估計的意外，投買適當的電子設備保險。

一般的工業裡的投資密度是每平方呎 50 至 150 美元，而電子設備的投資密度是每平方呎 1,000 至 2,000 美元之間，可見，任何微小的事故，可能造成的實際和間接之損失之大，而對於吾人所無法預料及突然之意外事故實有投保電子設備保險的必要。

關鍵詞彙

1. 電子設備保險 (Electronic Equipment Insurance)
2. 額外費用保險
3. 機外資料儲存裝置
4. 絕緣
5. 投資密度

習題

一、何謂電子設備保險？

二、電子設備保險之承保範圍為何？

三、電子設備場所如何作損害防阻工作？

四、電子設備之賠償辦法為何？

五、電子設備其保險金額如何訂定？

第六章

公共意外責任保險

第一節　適用對象

公共意外責任保險適用對象如下：

1. 官署、金融業、公私企業、事務所。
2. 行號店鋪（不包括特種營業）。
3. 學校、工廠、旅社、飲食業、浴室業、理髮業、遊藝及娛樂場所及其他公共場所。

第二節　承保範圍與不保事項

一、承保範圍

被保險人因在保險期間內發生下列意外事故所致第三人體傷、死亡或第三人財物損害，依法應負賠償責任，而受賠償請求時，由承保公司對被保險人負賠償之責：

1. 被保險人或其受雇人，因經營業務之疏忽或過失在保險單載明之營業處所內發生之意外事故。
2. 被保險人營業處所之建築物、通道、機器或其他工作物，因設置、保養或管理有所欠缺所發生之意外事故。

由以上條文觀之，可知公共意外責任保險係承保被保險人或其受雇人，在「營業處所」內因過失或設施有缺陷致第三人傷亡或財物受損，依法應負之賠償責任。

公共責任風險一般係指企業或團體於從事營業或業務活動時，因過失行為所致公眾（第三人）之傷害或財物受損，依法應負之賠償責任風險。

二、特別不保事項 (Special Exclusions)

承保公司對下列事項亦不負賠償之責（即除責任保險共同基本條款所列「一般不保事項」外，承保公司對下列事項亦不負賠償責任）：

1. 被保險人或其受雇人或其代理人因出售或供應之商品或貨物所發生之賠償責任（即產品責任）。
2. 被保險人在經營業務時，因工作而發生之震動或支撐設施薄弱或移動，致第三人之建築物、土地或其他財物遭受毀損滅失之賠償責任（即營繕承包人責任）。
3. 被保險人之家屬或在執行職務之受雇人發生體傷、死亡或其財物受有損害之賠償責任（受雇人傷亡部分屬於雇主責任）。
4. 被保險人因所有、使用或管理電梯（包括電扶梯、升降機）所致第三人體傷、死亡或第三人財物毀損滅失之賠償責任（即電梯責任）。
5. 被保險人為住宅大樓管理單位時，於住戶或承租戶住居所室內發生意外事故所致體傷、死亡或財物損失。

第三節 公共意外責任險與電梯意外責任險之差異

公共意外責任險承保企業（即被保險人）因經營業務之疏忽或過失，以及營業處所之建築物、通道、機器或其他貨物之設置、保養或管理欠缺所導致第三人受有損害之賠償責任。但是在其特別不保事項之規定中，對於被保險人因所有、使用或管理電梯（包括電扶梯、升降機）所致第三人體傷、死亡或第三人財物毀損滅失，保險公司不負任何賠償責任。

電梯屬於營業處所之機器設備，若其保養、管理有所缺失，被保險人應負損害賠償責任。而公共意外責任險之所以不包括電梯上所發生之意外事故，最主要之原因是電梯為一種特殊之機器設備，它需要特殊專業之維護人才管理才能維持安全之營業，因此保險業對於此項普遍使用，卻需要專業維護之機器設備，另行設計一種電梯意外責任保險，使得此項機器設備能夠單獨計算保險費，並且訂定更合適之保險條款來承保，而使得公共意外責任險能夠較單純而更普遍適用。

目前對於電梯之意外責任，被保險人可以兩種方式投保。一種是單獨投保電梯意外責任保險，被保險人將電梯之數量、製造年份、廠牌、號碼、載重、建築物層數及建築物使用性質等基本資料提供給保險人，並且訂定每一個人體傷死亡、每一事故體傷死亡及每一事故財物損害之基本保險金額。保險人依據上述之資料簽發電梯意外責任保險單，此項電梯意外責任保險，與公共意外責任險各為獨立之保險單，被保險人可以同時購買，亦可僅單獨購買其中之一。另一種方式為購買綜合責任保險，綜合責任保險之基本承保範圍包括公共意外責任及電梯意外責任，因此在同一保險金額下保險人承保被保險人之公共意外責任及電梯意外責任。

無論被保險人利用何種方式投保電梯意外責任，必須特別注意，保險公司對於電梯裝載重量或乘坐人數超過該電梯之負荷量所發生之意外事故，及電梯發生損壞或故障未經修復或經政府主管機關命令停止使用，而繼續使用所發生之意外事故均不負任何賠償責任。因此被保險人投保電梯意外責任險之後，仍須依規定使用電梯，並且按時實施檢查及保養，才能於發生意外事故時，獲得完全之保障。

第四節　核保與費率

一、核　保

本保險核保的項目主要如下：

1. 被保險人經營業務種類或處所使用性質。
2. 每年營業總額或受雇員工人數。
3. 處所之坐落地區、位置、面積大小、鄰近環境及第三人財產、居住人口狀況。
4. 進出處所或經過之人數多寡。
5. 處所內設施、走道及一般管理之優劣。
6. 是否經營、製造危險品？如有危險品存貨是否隔離存放？
7. 最近五年是否曾發生過意外第三人傷亡或財損？

二、費　率

本保險之保險期間訂為一年。凡保險期間不足一年或被保險人中途要求退保者，應按短期費率計收保險費。每一張保險單之最低保險費不得少於新臺幣 2,000 元正。

第五節　強制保險之規範

內政部與財政部依據「公寓大廈管理條例」第十七條第一項規定，於 1996 年 11 月訂頒「公寓大廈公共意外責任保險投保……辦法」，規定公寓大廈內經營餐飲、瓦斯、電焊或其他危險營業或存放有爆炸性或易燃性物品之住戶應投保公共意外責任保險，其最低保險金額如下：

每一個人身體傷亡：200 萬元。

每一意外事故身體傷亡：1,000 萬元。

每一意外事故財產損失：200 萬元。

保險期間總保險金額：2,400 萬元。

臺北市政府於 1995 年 9 月發布「公共營利場所強制投保公共意外責任保險辦法」，並於 1996 年 11 月再訂頒作業要點，規定下列場所應投保公共意外責任保險：

1. 三溫暖、視聽歌唱業（MTV、KTV、卡拉 OK 等）、PUB、大型理容院（總面積 300 平方公尺以上）、電影院、酒家、酒吧、舞廳、夜總會、歌廳及綜合用途大樓等高危險性場所。
2. 補習班、百貨公司（總面積在 500 平方公尺以上）、大型餐廳（總面積在 300 平方公尺以上）、旅館、保齡球館。
3. 遊藝場（電動玩具、遊樂場、撞球場）、醫院、幼稚園、托兒所、老人安養院等及其他供公眾使用建築物及各級政府機關建築物。

以上所應投保之對象為建築物所有權人或使用人，而每一場所應投保之最低保險金額如下：

每一個人身體傷亡：200 萬元。

每一意外事故傷亡：1,000 萬元。

每一意外事故財產損失：200萬元。

有照營業且營業項目屬「臺北市供公共使用營利場所強制投保公共意外責任保險實施辦法」第三條所列場所者，其每一投保單位之最低保險金額如下：

每一個人傷亡：100萬元。

每一意外事故傷亡：400萬元。

每一意外事故財產損失：100萬元。

此外，臺北市政府於1999年8月研擬完成「臺北市廣告物管理自治條例」草案規定設置廣告物者應投保公共意外責任保險，所稱「廣告物」包括招牌廣告、豎立廣告、張貼廣告、遊動廣告及電子媒體廣告。

高雄市政府亦於1998年5月7日發布公共使用營利場所強制投保公共意外責任保險辦法，其內容與臺北市政府所發布之辦法大致相同。

關鍵詞彙

1. 過失行為

2. 特別不保事項

3. 電梯意外責任

4. 公寓大廈管理條例

5. 強制保險

6. 廣告物

習題

一、公共意外責任保險之適用對象有哪些?

二、公共意外責任保險之承保範圍為何?

三、公共意外責任保險與電梯意外責任保險有何差異?

四、公共意外責任保險之核保應注意哪些事項?

五、依據公寓大廈管理條例對於公共意外責任保險有何種規定?

第七章 員工誠實保險

第一節　投保方式

員工誠實保險是承保被保險人（雇主）的金錢財物被員工挪用、侵佔所致的損失，由保險公司對被保險人負賠償之責。員工日常經管或接觸金錢財物，少數不誠實者可能暗萌貪念，或因其家庭發生變故而周轉不靈而臨時起貪圖之心，而致挪用、侵佔公款或財物。因此，各金融機構、公私企業及政府機構，為保障其金錢財物安全，均應投保員工誠實保險。

保險公司對於員工誠實保險訂有下列三種承保方式：

1. 列名方式：

   在保險單附貼明細表列明員工姓名、職位及每人的保險金額。

2. 列職方式：

   於保險單附貼明細表列明各種職位名稱，每種職位在職人數及每人保險金額，各該職位的員工必須全部投保。

3. 混合方式：

   要保人的全部員工除經管財物人員依照列名或列職方式投保外，其他人員按總人數統保之，每人的保險金額應一律並須全部投保。

要保人的員工人數較少時，可以列名方式投保，投保後員工有異動或每人保額有增無減時，都要通知保險公司批改；要保人的員工人數較多時，其中經管財務會計人員可以列名或列職方式投保，其餘員工僅按總人數統保之，例如要保人共有員工一百名，其中出納三名，會計七名以列名或列職保較高保額（譬如出納每人 100 萬元，會計每人 50 萬元），其餘員工九十人，每人一律投保 10 萬元，不必列明個別員工的姓名及職位；倘要保人的員工更多，則除直接及間接經管現金財物人員以列職方式投保較高保險金額外，其餘員工按總人數統保之。例如要保人共有員工一千人，其中出納人員及外務收費人員共五十人，按列職方式每人投保 100 萬元，會計人員二十人亦按列職方式每人投保 50 萬元，其餘員工九百三十人按總人數每人一律投保 20 萬元，在保險有效期間內如員工雖有異動但人數或保額不變時，不必通知保險公司批改，譬如上述會計人員二十人當中張三離職後由李四遞補，仍為二十人，或其餘員工九百三十人於投保生效後有三十人離職，隨即遞補三十人，總人數仍不變，此兩種情況都不需要保險公司批改。這種列職方式對員工人數多且流動性大的要保人，可以免除要經常通知保險公司簽批單變更之煩，手續較為簡便。

近年以來，員工挪用、侵佔公款高達上千萬元者時有所聞，因此，要保人為獲得進一步保障，應再投保「超額保險」，例如上述一千人員工照前述方式投保後，要保人可再投保「超額員工誠實保險」1,000 萬元，此 1,000 萬元適用於任一員工，即任一員工單獨或與其他員工共謀挪用、侵佔公款或財物，保險公司除按上述列職方式或統保之每人保額先予賠償外，其不足之損失可由「超額保險」賠償，最高可另行賠付 1,000 萬元。

要保人的「內部控制制度」(Internal Control System) 如果健全，員工之間可以相互牽制，而較不易挪用、侵佔公款，例如出納與會計分開，現金收入立即存入銀行，大額支出均開支票支付，簽發支票經三人簽章。保險公司在核保時，非常重視要保人的內部控制制度，對於制度不健全者多不願接受承保。

第二節　承保的危險事故

員工誠實保險是承保被保險人的哪些危險事故？

員工誠實保險是承保被保險人所有或代保管的財產，被任一承保在內的員工在保險期間內，因單獨或共謀之不誠實行為所致的直接損失，由保險公司對被保險人負賠償責任。

前述所稱「財產」包括貨幣、票據、有價證券及有形財物在內；而「員工」應以接受被保險人聘雇、受有人事管理約束，並領有薪資者為限；又所稱「不誠實行為」是指員工之強盜、搶奪、竊盜、詐欺、侵佔或其他不法行為而言，這些都是犯罪行為，所以員工誠實保險是屬於「犯罪保險」(Crime Insurance) 的一種，而這些犯罪行為也就是員工誠實保險所承保的主要危險事故。

員工可能單獨從事上述犯罪行為，亦可能與人共謀之。所謂「單獨」是指個別員工的行為，而無其他任何人牽涉在內；而所謂「共謀」則至少有二人（含）以上牽連在內，此二人以上可能都是被保險人的員工，亦可能只有一名員工與外界歹徒串通共謀。

舊式的員工誠實保險（即「員工信用保險」），僅承保被保險人的員工暗中從事竊取、詐欺、侵佔被保險人的金錢財物等犯罪行為，民國 75 年修訂實施的員工誠實保險，則擴大包括員工的強盜、搶奪。一般員工的「不誠實行為」多是秘密多次挪用或一次捲逃巨款，或連續挪用、侵佔公款，即一般所稱的「監守自盜」或「內賊」，經管現金出納人員並有所謂「拆東補西」(Lapping) 的現象，即以今日收入之現金挪用一部分，而以明日收入一部分現金補入今日挪用部分的帳，如此日復一日，可能累積相當龐大的金額。至於員工對於被保險人（即雇主）的金錢財物從事公開的強盜、搶奪，雖迄未所聞，但亦並非不可能，所以新修訂的保險單條款亦將強盜、搶奪兩種危險事故列入承保範圍，以資周全。

被保險人的內部控制、稽核制度如果健全，員工就不容易從事挪用、侵佔被保險人的金錢財物。例如出納與會計的工作分開由不同單位或人員辦理，現金收入即存入銀行，內部僅留小額零用支出，大額支出皆開支票支付，支票須經三人簽章以資牽制，實施內部輪調，經管現金財物人員實施強迫一至二星期的連續休假，休假期間由代理人經辦，如有弊端，即可發現。

保險公司的核保人員在核保時，非常重視被保險人的內部控制，稽核制度是否健全，制度健全可以防止詐欺、侵佔等犯罪行為，使承保危險降低，因此，必須是制度健全的承保對象，才可以承保。

第三節　不保事項

保險公司於下列損失，不負賠償責任：

一、被保證員工故意行為所致之損失

員工誠實保證保險係承保被保證員工之故意行為（如詐欺、侵佔等皆為故意行為）所致被保險人之財物損失。然而依我國保險法第二十九條第二項但書之規定，承保公司亦可不負賠償責任。本條所謂「被保險人之故意行為」，係指被保險人與被保證員工串通、共謀之行為。

二、被保證員工之疏忽或過失所致之損失

員工誠實保證保險係承保被保證員工之故意行為所致之損失，至於員工之疏忽或過失行為則不保在內。惟如後述，金融業之現金出納人員可加保「疏忽保險」。

三、借貸或使用財物之損失

被保證員工向被保險人所為金錢借貸或使用財產所致之損失均不保在內。因借貸或使用財產事先必經被保險人同意，縱被保證員工不予歸還因而發生損失，亦非本保險之承保範圍。

四、點查財產不符之損失

由於點查財產不符之損失不保在內，但確係由於被保證員工之不法行為（例如偷竊財產）所致者不在此限。

五、附帶損失

由於承保範圍內之損失結果所致之附帶損失，承保公司亦不負賠償責任。例如現金被挪用侵佔以後之利息損失或其他財產被侵佔後不能使用之損失等是。

第四節　一般事項

一、變更通知

保險單所載事項之任何變更，被保險人均應以書面送達承保公司，並須經承保公司簽批後始生效力。例如下列情況之變更即應通知承保公司簽批始生效力：

1. 列名承保方式：

明細表所載被保證員工姓名、人數、或職務或保險金額有變動時。

2. 列職承保方式：

明細表所載被保證職位、或任一職位之在職人數或任一職位之每人保險金額有變動時。

二、內部控制制度變更之通知

內部控制制度 (Internal Control System) 健全，則其員工不易發生挪用公款或其他不誠實行為，因此，保險公司於核保時對於要保人之內部控制制度須深入瞭解，同時承保以後，被保險人對於員工經管財產之程序、帳務、覆核抽查之手續以及其內部監督與稽核，均應切實依照其所訂之制度執行，以防止損失之發生。

三、經管財產之限制

在保險期間內，被保險人如發現任何被保證員工有不誠實行為時，不得繼續交託該員工經管財產，否則因此所發生之損失，承保公司不負賠償責任。

第五節　理賠事項

一、出險通知及索賠程序

被保險人發現任一被保證員工有不誠實行為而導致保險單承保範圍內之損失時，

應按下列規定辦理：

1. 立即以書面通知承保公司，並於三個月內提出詳細損失情形及金額。
2. 經承保公司之要求，應儘速控告員工，並協助承保公司辦理有關理賠事宜。
3. 提供承保公司所需之有關帳冊、資料及文件；必要時提供承保公司所認可之執業會計師有關損失之證明，所需之公費經承保公司書面允諾者，由承保公司負擔之。

二、索賠金額之計算

被保險人提出賠償請求時，須扣減應付未付有關員工薪資、報酬或其他款項，以及在承保公司賠付前已收回之任何財產，作為抵償損失之一部分，承保公司將賠償其差額，並以該員工之保險金額為限。

三、妥協之禁止

保險單承保範圍內之損失，被保險人如與有關員工有所折衷妥協或自行了結情事，承保公司對上述損失不負賠償責任。但事先經承保公司書面同意者，不在此限。

四、損失金額爭議之解決

被保險人對於承保公司應賠付之金額與承保公司發生爭議時，得交付仲裁。仲裁時，依商務仲裁法之規定辦理。

五、複保險之理賠

承保公司依照保險單之規定應負賠償責任時，如同一賠償責任訂有其他保險契約，承保公司對該項賠償責任僅負比例分攤之責。

六、代位求償權之行使

遇有保險單承保範圍內之損失發生，承保公司得於給付賠款後，代位行使被保險人對於有不誠實行為員工或第三人之損害賠償請求權。承保公司行使此項請求權時，被保險人應提供一切資料並協助承保公司辦理。

但上述所稱「第三人」，並不包括有不誠實行為之員工之人保或鋪保。即承保公司不得向被保證員工之保證人（或鋪保人）追償損失，此乃開辦本保證保險之目的之一在取代人保、鋪保。

七、追回款項之處理

被保險人之實際損失超過承保公司之賠償金額時，承保公司依法訴追之所得，應先扣除一切訴訟有關費用後，再與被保險人按損失比例分配之。

關鍵詞彙

1. 列名方式
2. 列職方式
3. 混合方式
4. 內部控制制度 (Internal Control System)
5. 犯罪保險 (Crime Insurance)
6. 仲裁法

習題

一、員工誠實保險之承保方式有哪些？

二、員工誠實保險所謂之內部控制其規定為何？

三、何謂不誠實行為？

四、員工誠實保險之理賠應注意哪些事項？

五、員工誠實保險有關妥協之禁止其規定為何？

第八章

玻璃保險

第一節 承保範圍

玻璃保險的承保範圍有哪些?

某銀行的大門透明玻璃有一天被一個趕三點半的客人匆忙中撞破，靠近路邊的窗玻璃又不知被何人用石子擊破，更湊巧的是，該行員工張君在他的辦公桌玻璃上裝訂文件時，因用力過猛而使桌面玻璃壓破。幸好這家銀行全部門窗及桌面玻璃都向保險公司投保玻璃保險，上述各項破損的玻璃都由保險公司換裝賠付，保險公司於賠付後並向撞破大門玻璃的莽撞客人行使代位求償權。

玻璃保險是承保被保險玻璃（即保險標的物）因意外事故所致之毀損或滅失，由保險公司對被保險人負賠償之責。被保險玻璃毀損或滅失所需拆除、重新裝配或為減輕損失所需合理的「費用」，保險公司亦負賠償之責。但保險金額低於保險價額者，亦即一般所稱的「不足額保險」時，被保險人對於上述「費用」應按比例分擔。至於玻璃破損部分則按重置成本賠償不必分擔。

第二節 不保事項

由以上說明可知，玻璃保險所承保範圍是被保險玻璃因意外事故所致毀損或滅失所需重置的成本及拆除、安裝費用。而所謂「意外事故」一詞範圍相當廣泛，凡被保險玻璃的毀損或滅失除保險單列舉不保者外，皆可視為意外事故所致者，保險單列舉不保事故及損失計有下列各項:

保險公司對於下列各項事故不負賠償責任:

1. 戰爭（不論戰爭與否）、類似戰爭行為、叛亂或強力霸佔。

2. 核子反應、核子輻射或放射性污染。

3. 政府治安或消防當局之命令所為之扣押、沒收、徵用、充公或故意破壞。

4. 罷工、暴動或民眾騷擾。

保險公司對於下列各項損失亦不負賠償責任：

1. 自然耗損、刮損、磨損、原有瑕疵或破損。

2. 裝置保險標的物（即保險玻璃）之房屋無人居住連續達六十天以上所發生之任何毀損或滅失。但經保險公司書面同意者不在此限。

3. 被保險人或其家屬或其受雇人之故意行為所致之毀損或滅失。

4. 火災、爆炸、颱風、洪水、地震所致之毀損或滅失。

5. 因保險標的物毀損或滅失所致之任何附帶損失。

以上各項損失被排除於承保範圍外，各有其原因或理由，例如戰爭、核子事故列為不保事項的理由，是由於戰爭或核子事故可能在同一次事故，同時造成同一地區多數保險標的物之損失，導致「不可估計之巨災損失」(Incalculable Catastrophic Loss)；地震也有類似情況。至於火災、爆炸等列為不保事項，是由於倘裝置玻璃（即保險標的物）的房屋已投保火災保險（並可附加爆炸險）時，則玻璃因火災（或及爆炸）所致損失，已在火災保險單的承保範圍，故列為不保事項，以避免與火災保險單重複承保。

總之，玻璃保險是意外保險的一種，以因被保險人或其受雇人或其家屬的疏忽或過失，導致突發而不可預料的毀損或滅失，或被外來不明原因所擊破之損失為主要承保範圍，自然耗損、磨損及被保險人之故意行為所致損壞均非被保險人不可預料的損失，故不保在內；戰爭、天災所致玻璃（保險標的物）的損失，雖屬意外損失，但為少量保險費所能負擔的巨災損失，故亦除外不保。

關鍵詞彙

1. 重新裝配
2. 重置成本
3. 自然耗損
4. 原有瑕疵
5. 巨災損失

習題

一、玻璃保險之承保範圍為何?

二、玻璃保險之列舉不保事項有哪些?

三、玻璃保險中之巨災損失指何種狀況?

四、舉例說明玻璃保險代位求償。

第九章

產品責任保險

第一節　產品責任保險定義

一、一般商品導致危險

產品製造商對於其所供應或出售的產品，因有缺陷導致產品使用人或其他第三人發生意外傷害事故，應負損害賠償責任。製造商負責賠償的要件須產品有缺陷並因該缺陷而引起意外傷害事故，即產品缺陷與傷害事故有直接因果關係存在。產品具有缺陷的原因可能由於設計或製造錯誤，或使用說明不當所致。製造商供應或出售有缺陷的產品即有過失，故對該有缺陷的產品導致使用人或其他第三人之傷害應負賠償責任。

由上可知，製造商供應或出售的產品如無任何缺陷，對於因使用該產品所致傷害，應不負賠償責任。例如小孩拿鋒利的剪刀當玩具而發生意外傷害事故，家庭主婦拿鋒利的菜刀在切菜時發生意外傷害事故，如剪刀或菜刀並無任何缺陷，製造商原則上應不必負賠償責任，因為這些意外事故都是使用人使用不慎、不當或錯誤所造成的。但是由於鋒利的剪刀或菜刀是具有高度危險性的產品，使用時一有不慎，即可能發生意外傷害事故，因此，製造商對於這種意外事故是否應負賠償責任，尚有進一步加以探討的必要。

家庭主婦或一般成年人只要具有一般常人應有的注意力及識別能力，應知剪刀或菜刀的危險性，使用時莫不格外小心，其偶因不慎發生意外傷害事故，應由其自行負責，製造商應無賠償責任。但如一般小孩，尤其是七歲以下無行為能力的小孩，會拿鋒利的剪刀或菜刀當玩具，因其欠缺一般成年常人應有的注意力及識別能力，不知剪刀或菜刀的危險性，而容易發生意外傷害事故，這種意外事故主要應歸咎於小孩的父母親管教不嚴或疏忽，未將剪刀或菜刀置於小孩拿不到的地方。至於製造商是否應負賠償責任，仍應視這種產品是否有缺陷，如無任何缺陷，應不負賠償責任。而如前所述，產品具有缺陷的原因可能由於設計或製造錯誤或使用說明不當所致，倘上述的剪刀或菜刀設計及製造均無錯誤，使用說明亦無不當，則產品既無缺陷，製造商應無責任。但鋒利的剪刀或菜刀既為具有高度危險性的產品，製造商不但應有適當的使用說明並應加以警告，例如：「剪刀鋒利，請小心使用，嚴禁七歲以下小孩使用或把玩!」等語，則如小孩拿去當玩具發生意外傷害事故，製造商應無任何賠償責任；倘製造商使用說明不當亦未加警告，甚至無任何使用說明，則似乎難以說完全無過失責任。

近來消費者保護意識日益強烈，廠商供應或出售的產品應具有合理的安全性，以保護消費者的安全。以上述剪刀為例，倘製造商將剪刀裝於盒內，除於盒外加上列警語外，並加「用畢裝於盒內置於小孩拿不到的地方」等語，再予以出售，應已盡到安全防護措施的責任，倘再發生事故，則不負任何賠償責任。

二、石綿製品與產品責任保險

颱風發生時，往往會在臺灣本島造成房屋的倒閉或損毀，一般受災戶急於復原乃採最便捷的方法，以石綿瓦來從事緊急的修復工作，根本顧不了石綿瓦對人體有嚴重損害的警告。幸而在這方面有研究的學者專家大聲疾呼下，石綿材料的危險性倒是引起大眾的普遍注意。

石綿在歐洲查理曼大帝時代就被人類發現了。石綿是個神奇的物質，它的樣子像植物纖維，其實是礦物。它是火燒不壞、酸蝕不爛的，是矽酸鎂或鐵之纖維狀結晶性化合物。石綿堅強超過鋼，張力可達每平方英吋 10 萬磅，纖細超過蜘蛛絲，每一磅石綿可以織成 6 英哩長的石綿線。由於石綿兼備防火、抗酸、堅強、纖細的特性，在工業有廣泛的用途，而一度供不應求。目前世界上所使用的有白石綿、青石綿、褐色石綿三大類，它的主要產地在加拿大東部的魁北克省，該省的石綿礦中心是個小城，有趣的是城的名字就叫石綿 (Asbestos)。而國內石綿相關工廠多達九十餘家遍布全省，原料絕大部分仰賴進口，小部分來自舊船解體和東部一些小礦場。進口原料在國內製造加工，國內一年的使用量多達 4 萬公噸，最主要以製造建材或交通工具、零件最多。

經過多年的研究發現長期暴露在石綿製品的環境下包括石綿瓦、石綿水泥、石綿織布、及汽車煞車器之製造廠環境下，易導致許多呼吸器官的疾病。因為石綿纖維十分纖細，會隨風飄盪，是灰塵的一種，很容易吸入肺部，只要吸入 5,100 微米的石綿粉塵，便插在肺泡膜上很難出來，因此肺部形成廣範圍的細支氣管炎病變及不整形小纖維化，變成肺泡型塵肺症。其多集中於下肺部，在胸膜會有石灰沈著及肥厚斑現象出現，石綿曝露者的痰及肺組織中能檢出石綿小體。石綿的續發症有幾種如肺癌、惡性中皮腫大症，食道、胃、直腸、腺體等癌症發生，以上其最大的症狀有呼吸困難、乾咳、食慾不振、虛弱、皮膚炎、肋膜炎等。

由於石綿被發現如此嚴重的危及人體健康，美國早已禁用石綿產品，而且限制採礦、輸入。其他先進國家如英國、法國、德國、荷蘭等早已嚴格規定工廠內石綿的容許濃度、限制使用，並鼓勵用代用品。而國內的建材業界卻認為石綿瓦耐用，抗腐蝕性高且價廉，但石綿瓦日久風化後，石綿纖維就不斷逸出，對公眾的健康構成威脅，卻不受大家的注意。再反觀國內石綿工廠多不太注意工廠環境的維護，且多門戶洞開作業，使得石綿纖維飛入空氣中或流到水裡。尤其是經濟單位在風災過後，為有效制止石綿瓦價格惡性上漲，還協調石綿工廠大量生產，真是飲鴆止渴的作法，使得環境保護單位大為扼腕。

位於加拿大魁北克的世界最大石綿礦中心，是由滿富利企業公司 (Manville Corp.) 負責經營。這個公司的總部在美國，依 1981 年美國紐約股票市場列名在有名的道瓊斯三十大公司之一，該年的營業額高達美金 22 億元，年盈餘約美金 6,000 萬元。但是到了 1982 年 8 月滿富利企業公司卻宣布破產，破產的原因在美國企業史上可說是首開紀錄。因為一般的破產是由於公司資金周轉不靈，也就是說不動產或未售出的產品一時無法轉換為現金，而債務到期需要現金付還。而滿富利企業公司在資金周轉上並沒有問題，問題是出在該公司涉及責任方面的訟案繁多，索賠的金額很高。當時估計約美金 25 億到 30 億，訟案種類包括了雇主責任及產品責任等；該公司的資產只有美金 22 億，因此該公司的會計師把這些將要付的賠款，依保留金記在財務平衡表上面宣布破產。這些涉訟案件最主要的求償者，乃是在滿富利企業公司工作的工人在石綿礦場及工廠中，因設備不良以及沒有對石綿做有效的管制，使得工人的肺葉如吸塵器般塞滿了石綿灰塵，肺活量因而減少導致呼吸困難，許多人得了癌症，因此控告公司要求雇主賠償。其他則是使用該公司產品的消費者得病而對該公司之產品責任提出告訴。一直到 1986 年結案時滿富利企業公司與二十七個保險公司達成理賠協議，結案總金額達美金 7.13 億元，這些基金主要是提供給滿富利企業公司破產法重組機構的賠款基金，準備以後對受害者加以分配；當然這還不是賠款的全部。

石綿損及人體健康，從呼吸器官吸入石綿與肺癌的關係在 1935 年就有科學報告，而現在研究調查越來越見石綿危害之甚。而反觀國內，石綿工廠對於石綿致癌的說法，仍有許多人掉以輕心甚至嗤之以鼻。但是石綿不僅會對石綿業者的健康構成直接的危害，而且石綿逸散到環境中影響更是深遠。所以工礦安全檢查單位和環境保護單位，應切實執行現有法規並加緊訂定石綿禁用的時間表，新修訂的空氣污染物排放標準中已增列了石綿管制。政府如何輔導石綿業者生產對人體無害的代替品，而完全禁用石綿以保護國人身體的健康實在刻不容緩的。

談到這裡，再舉個最近的例子來說明美國人對石綿危害的恐懼。在美國一幢高樓內部如有採用石綿建材，那麼不管它的外表是多雄偉氣派，地點是多麼適中，如果要出售，那它的售價則一定要被大打折扣了。當愛克森石油及洛克菲勒企業集團 (Exxon and Rockefeller Group Inc.) 要標售位在紐約市洛克菲勒中心同一條街上五十四層樓高的愛克森石油公司總部大廈時，就發現不但乏人問津，且所出的標價比他們預期要賣的價碼低了許多。最後得標的三井不動產開發公司 (Mitsui Real Estate Development) 以這幢摩天大樓的防火建材內包含有石綿的成分為由來殺價，而以美金 6.1 億元成交，比愛克森石油公司原來想賣的價碼大約低了美金 1 億元。在二次世界大戰以後，美國國內的約四百萬幢辦公大樓及公寓房子中，有五分之一遭遇到上述愛克森石油公司大廈同樣的困境，因為它們的建材中均採用了石綿。當然像愛克森石油大廈一樣，這些房子目前並沒有什麼立即對人體健康的危險，因為這些石綿建材均被牆壁或天花板隔離開了。但是一旦房屋內部要重新裝潢或日子一久，這些石綿粉塵難免會散溢在空氣中。這些致命的危險使得美國大部分的保險公司及業主非常耽憂他們潛在的法律責任，因此聯邦政府已禁止以石綿為房屋的建材，同時許多大的不動產投資人均不再以有石綿建材的大廈為財務投資的對象。業主要解決石綿的問題需要時間及金錢，例如在紐約擁有泛美航空公司大廈的大都會人壽保險公司，當其大廈某一層空下來沒有租戶時，為了要把石綿建材從該層中拿走就訓練了一批工人，將工作的地方用塑膠布圍起來，工人均戴上防毒面具，這麼謹慎的工作花費當然很大，大約每平方呎要花美金 20 元。而要把上面提到的愛克森石油大廈全部處理到沒有石綿建材，據三井不動產公司估計大概要花美金 5,000 萬元，而且直到 1998 年才全部完成。

第二節 我國產品責任保險保單條款分析

一、承保範圍

依據保險單條款第一條約定承保範圍如下:「本保險單對於被保險人因被保險產品之缺陷在保險期間內或『追溯日』之後發生意外事故，致第三人身體受有傷害或財物受有損失，依法應由被保險人負損害賠償責任，而在保險期間內受賠償請求時，保險公司對被保險人負賠償之責。保險公司對『追溯日』以前已發生之意外事故或被保險人非在保險期間內所受之賠償請求不負賠償責任。」依本條約定，必須同時符合下列要件，承保公司始能對被保險人負賠償之責:

1. 須因被保險產品之缺陷而發生意外事故：
所謂「被保險產品」係指載明於保險單由被保險人生產、製造、裝配、加工、處理或採購，並銷售於約定地區範圍內之產品，包括該產品之容器。而所謂「被保險產品之缺陷」係指「被保險產品之瑕疵或缺點，或具有不可預料之傷害或毒害性質，足以導致身體傷害或財物損失者。」
2. 須在保險期間內或「追溯日」之後發生意外事故，才能獲得理賠。
3. 須第三人受有「身體傷害」(Bodily Injury) 或「財物損失」(Property Damage)。
4. 須被保險人依法應負賠償責任。
5. 須被保險人在保險期間內受賠償請求。

二、承保對象

分為甲、乙兩類（甲類費率較高):

甲類：生產者、製造、裝配、加工廠商及進口商。

乙類：批發商、經銷商、零售商。

三、承保產品種類

分為：1. 有形產品；2. 完工責任。

所謂「完工責任」(Completed Operation Liability) 係承保產品售後提供安裝、維修、保養等服務而因服務之缺陷於完工後產生之損害賠償責任。

四、保險金額之訂定

保險金額訂定之方式與第十一章第六節保險金額之訂定方式相同，而目前之基本（最低）保險金額為每一個人傷亡新臺幣 100 萬元，每一事故傷亡總額 400 萬元，每一事故財損 100 萬元，保險期間內累積限額 1,000 萬元。此一最低保險金額與公共意外責任保險大致相同，且有各種不同之更高保額組合。外銷產品之保額通常訂得較高，且多採用「合併單一總限額」，例如外銷美國之產品，其保額至少多在 CSL 美金 100 萬元以上。

五、自負額

現行基本（最低）自負額為每一事故 2,500 元，可以提高至 50,000 元，自負額愈高則費率愈低。

六、保險費之預收與調整

於保險單生效時按全年預計銷售總金額乘費率以計算全年預收保險費，而於保險期間屆滿後，依據被保險人聲報之全年實際銷售總金額乘費率以計算實際保險費。

七、核保所需要之資料

要保人於要保時應提供下列資料：產品種類、性質、用途、使用年限、是否具有危險性、銷售地區、銷售金額，是否有編號或其他方法可辨認其銷售日期，是否有標明製造日期及保存期限，過去曾否發生意外事故以及要保金額、自負額高低等。

第三節 產品責任保險之發展趨勢

產品責任保險之發展趨勢主要包含下列各項:

1. 訴訟抗辯費用包含於保額之內:

   實務上，產品責任保險保單通常多將訴訟抗辯費用包含於保險金額之內，因此不會另外賠付。

2. 污染責任列為不保項目:

   1986 年之後，產品責任保險將意外污染責任保單列為除外不保。

3. 「索賠基礎」與「事故發生基礎」:

   為解決「事故發生基礎」(Occurrence Basis) 所產生的「長尾」**(Long Tail)** 業務與責任問題，而有所謂以「索賠基礎」(Claims Made Basis) 之保單的設計，但其實在實務上，歐美各國仍出現兩種賠償基礎之保單同時存在的情況。

關鍵詞彙

1. 身體傷害 (Bodily Injury)
2. 財物損失 (Property Damage)
3. 完工責任 (Completed Operation Liability)
4. 事故發生基礎 (Occurrence Basis)
5. 長尾 (Long Tail)
6. 索賠基礎 (Claims Made Basis)

習題

一、產品責任保險之承保範圍有哪些?

二、產品責任保險之發展趨勢為何? 請說明之。

三、何謂完工責任?

四、產品責任保險核保所需資料有哪些?

五、產品責任保險之承保對象有哪些?

參考文獻

一、中　文

1. 財政部頒訂汽車保險自用汽車保險單、營業用汽車保險單條款，2002年。
2. 國民年金規劃第27次委員會議，1999年10月15日。
3. 國家發展會議「跨世紀國家建設計劃」，1996年12月。
4. 經建會「年金制度專案小組」規劃報告，1994年3月。
5. 《保險大道》，臺北市產物保險商業同業公會，1994年。
6. 《保險季刊》9卷4期，1969年12月31日。
7. 《風險管理雜誌》，劉君毅，〈企業危險管理實務〉；劉紹樑，〈我國金融機構融合態勢與法制之探討〉，2001年。
8. 《壽險推銷大全》，國泰人壽，1981年。
9. 《BOT月眉風險管理規劃案》，富邦產險、泰安產險、第一產險、月眉國際開發股份有限公司。
10. 王明智，《現代汽車保險理論與實務》，華泰，2001年。
11. 吳秋蓉，《理賠金頭腦》，平安出版，2001年。
12. 宋明哲，《人壽保險學》，增訂新版，三民書局，1999年。
13. 宋明哲，《風險管理概要》，基準企管，1994年。
14. 宋明哲，《保險學——純風險與保險》，二版，五南圖書，1990年。
15. 呂廣盛，《個人壽險核保概論》，三民書局經銷，2002年。
16. 林麗銖，《人身保險實務》，平安出版，2001年。
17. 施文森，《保險法總論》，三民書局總經銷，1994年。
18. 柯木興，《社會保險》，中國社會保險學會，三民書局總經銷，1996年。
19. 胡宜仁，《保險實務》，增訂四版，三民書局，2001年。
20. 范姜肱，《保險學》，三版，前程企業管理，2001年。
21. 淩氤寶，《商業財產風險管理與保險》(上、下)，中華民國產物保險核保學會，1995年。
22. 淩氤寶、康裕民、陳森松，《保險學理論與實務》，三版，華泰，2001年。
23. 淩氤寶、陳森松，《人身風險管理》，二版，華泰文化，2002年。
24. 陳俊郎，《保險法規》，三民書局，1998年。

25. 陳彩稚，《保險學》，三民書局，1990 年。
26. 陳雲中，《保險學要義——理論與實務》，修訂二版，三民書局經銷，1995 年。
27. 陳雲中，《人壽保險的理論與實務》，三民書局，1994 年。
28. 陳森松、康裕民、吳瑞雲、莊文昌，《保險經營》，中華民國產物保險核保學會，1995 年。
29. 梁憲初、冉永萍，《社會保險》，三版，五南圖書，2002 年。
30. 陳繼堯，《再保險——理論與實務》，智勝文化，2001 年。
31. 陳繼堯，《危險管理論》，三民書局經銷，2001 年。
32. 黃秀玲、游杰，《人身與財產危險管理》，平安出版，2001 年。
33. 湯俊湘，《保險學》，修訂再版，三民書局，1994 年。
34. 楊誠對，《意外保險——理論與實務》，修訂六版，三民書局經銷，2001 年。
35. 劉福標，《工程保險與保證》，漢天下工程管理，1999 年。
36. 鄭燦堂，《風險管理理論與實務》，五南圖書，1995 年。
37. 簡宣博、黃秀玲、胡宜仁，《保險學》，空中大學，1992 年。
38. 藍秀璋，《保險與生活》，五南圖書，2002 年。

二、英　文

1. Adel Salah El Din, *Aviation Insurance Practice, Law and Reinsurance*, 1971.
2. *A Report on Spacecraft Insurance*, 1998, Johnson & Higgines, New York.
3. *Aviation Liabilities in the 1980's*, Swiss Reinsurance Co.
4. *Consumers Guide on Automobile Insurance*, New York State Insurance Dept.,1998.
5. C. Arther, Jr. Williams, M. L. Smith, P. C. Young, *Risk Management and Insurance*, 7th edition, 1995.
6. D. W. LaRocque, *Concept of No-Fault Automobile Insurance*.
7. G. E., Rejda, P*rinciples of Risk Management and Insurance*, 5th edition, 1995.
8. G. Head, *Essentials of Risk Control*, Vol. I & II , 1989, Insurance Institute of America, PA, USA.
9. G. Head, *Essentials of Risk Control*, Vol. I & II , 3rd edition, 1995.
10. G. Head, *Essentials of Risk Financing*, Vol. I & II , 1988, Insurance Institute of America, PA, USA.

11. G. Head and S. Horn, *Essentials of Risk Management*, Vol. I & II , 2nd edition, 1994.

12. G. Head, M. W. Elliott, and J. D. Blinn, *Essentials of Risk Financing*, Vol. I & II , 2nd edition, 1993.

13. G. L. Wood etc., *Personal Risk Management and Insurance*, 4th edition, 1989, American Institute for Property and Liability Underwriters.

14. M. Dorfman, *Introduction to Risk Management and Insurance*, 2000, Prentice-Hall, Inc., NJ, USA.

15. M. Greene and O. Serbein, *Risk Management: Text and Cases*, 2nd edition, 1983, Reston Publishing Co., VA, USA.

16. M. Greene, J. Trieschmann and S. Gustavson, *Risk and Insurance*, 8th edition,1992, South-Western Publishing Co., OH, USA.

17. P. Feldstein, *Health Care Economics*, 3rd edition, 1998, John Wiley & Sons, Inc., NY, USA.

18. Vaughan, *Risk and Insurance*, 1986.

19. W. A. Dinsdale, *Motor Insurance*, 4th edition, 1965.

財務報表分析 洪國賜、盧聯生／著
財務報表分析題解 洪國賜／編著

財務報表是企業體用以研判未來營運方針，投資者評估投資標的之重要資訊。為奠定財務報表分析的基礎，本書首先闡述財務報表的特性、結構、編製目標及方法，並分析組成財務報表的各要素，引證最新會計理論與觀念；最後輔以全球二十多家知名公司的最新財務資訊，深入分析、評估與解釋，兼具理論與實務。另為提高讀者應考能力，進一步採擷歷年美國與國內高考會計師試題，備供參考。

管理會計 王怡心／著
管理會計習題與解答

資訊科技的日新月異，不斷促使企業e化，對經營環境也造成極大的衝擊。為因應此變化，本書詳細探討管理會計的理論基礎和實務應用，並分析傳統方法的適用性與新方法的可行性。除適合作為教學用書外，本書並可提供企業財務人員，於制定決策時參考；隨書附贈的光碟，以動畫方式呈現課文內容、要點，藉此增進學習效果。

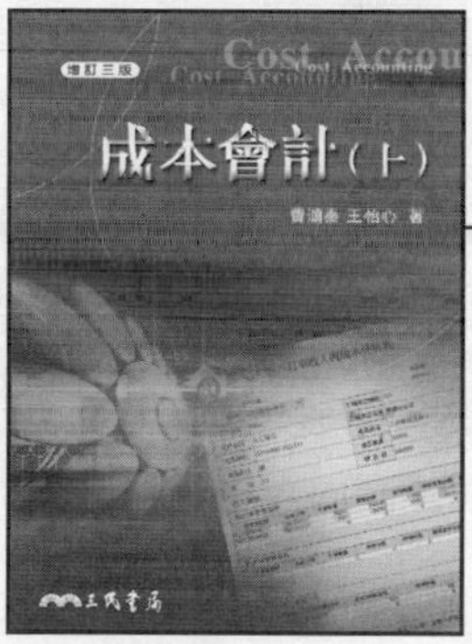

成本會計（上）（下） 費鴻泰、王怡心／著
成本會計習題與解答（上）（下）

本書依序介紹各種成本會計的相關知識，並以實務焦點的方式，將各企業成本實務運用的情況，安排於適當的章節之中，朝向會計、資訊、管理三方面整合型應用。不僅可適用於一般大專院校相關課程使用，亦可作為企業界財務主管及會計人員在職訓練之教材，可說是國內成本會計教科書的創舉。

政府會計——與非營利會計 張鴻春／著

迥異於企業會計的基本觀念，政府會計乃是以非營利基金會計為主體，且其施政所需之基金，須經預算之審定程序。為此，本書便以基金與預算為骨幹，對政府會計的原理與會計實務，做了相當詳盡的介紹；而有志進入政府單位服務或對政府會計運作有興趣的讀者，本書必能提供您相當大的裨益。

期貨與選擇權　陳能靜、吳阿秋／著

本書以深入淺出的方式介紹期貨及選擇權之市場、價格及其交易策略，並對國內期貨市場之商品、交易、結算制度及其發展作詳盡之探討。除了作為大專相關科系用書，亦適合作為準備研究所入學考試，與相關從業人員進一步配合實務研修之參考用書。

銀行實務　邱潤容／著

現代商業社會中，銀行已成為經濟體系運作不可或缺的一環。本書旨在介紹銀行之經營與操作，包括銀行業務之發展趨勢、內部經營及市場之競爭狀況。用深入淺出的方式陳述內容，著重經營與實務之分析，以利讀者瞭解銀行業者之經營以及市場之發展現況與趨勢，而能洞燭機先。

行銷學　方世榮／著

本書定位在大專院校教材及一般有志之士的進修書籍，內容完整豐富，並輔以許多實務案例來增進對行銷觀念之瞭解與吸收。增訂版的編排架構遵循目前主流的行銷管理程序模式，主要的特色在於提供許多「行銷實務」，一方面讓讀者掌握實務的動態，另一方面則提供教學者與讀者更多思考與討論的空間。此外，配合行銷領域的發展趨勢，亦增列「網路行銷」一章，期能讓內容更為周延與完整。

生產與作業管理　潘俊明／著

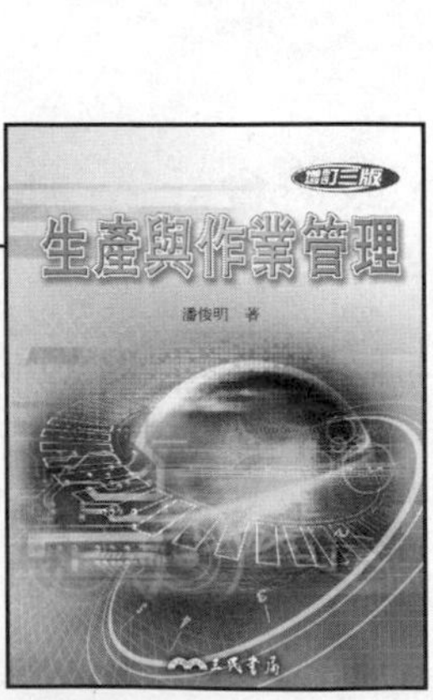

本學門內容範圍涵蓋甚廣，而本書除將所有重要課題囊括在內，更納入近年來新興的議題與焦點，並比較東、西方不同的營運管理概念與做法，研讀後，不但可學習此學門相關之專業知識，並可建立管理思想及管理能力。因此本書可說是瞭解此一學門，內容最完整的著作。